# 肩と肘の スポーツ障害

## 診断と治療のテクニック

[編集]
**菅谷啓之**
船橋整形外科スポーツ医学センター

[編集協力]
**落合信靖**
千葉大学大学院医学研究院整形外科

中外医学社

■執筆者（執筆順）

| | |
|---|---|
| 望月 智之 | 東京医科歯科大学大学院医歯学総合研究科関節機能再建学分野准教授 |
| 二村 昭元 | 東京医科歯科大学大学院医歯学総合研究科臨床解剖学分野 |
| 秋田 恵一 | 東京医科歯科大学大学院医歯学総合研究科臨床解剖学分野教授 |
| 德永 進 | 佐倉整形外科病院整形外科 |
| 近 良明 | 医療法人社団 KOSMI こん整形外科クリニック院長 |
| 斉藤 忍 | 城東社会保険病院整形外科主任部長 |
| 永井 宏和 | 蘇生会総合病院整形外科医長 |
| 高松 晃 | 名古屋大学大学院医学系研究科整形外科 |
| 森原 徹 | 京都府立医科大学大学院医学研究科整形外科講師 |
| 皆川 洋至 | 城東整形外科診療部長 |
| 藤井 康成 | 鹿屋体育大学保健管理センター所長 |
| 泉 俊彦 | 恒心会小倉記念病院整形外科 |
| 永浜 良太 | 恒心会小倉記念病院整形外科 |
| 瀬戸口芳正 | みどりクリニック院長 |
| 田中 稔 | 東北労災病院スポーツ整形外科部長 |
| 岩堀 裕介 | 愛知医科大学整形外科特任教授 |
| 鈴木 智 | 船橋整形外科病院スポーツリハビリテーション部副部長 |
| 仲島 佑紀 | 船橋整形外科病院理学診療部課長 |
| 落合 信靖 | 千葉大学大学院医学研究院整形外科 |
| 河合 伸昭 | 船橋整形外科スポーツ医学センター |
| 菅谷 啓之 | 船橋整形外科スポーツ医学センター肩関節・肘関節外科部長 |
| 高橋 憲正 | 船橋整形外科スポーツ医学センター |
| 西中 直也 | 昭和大学藤が丘病院整形外科 |
| 上原 大志 | 昭和大学藤が丘病院整形外科 |
| 池上 博泰 | 東邦大学医学部整形外科（大橋）准教授 |
| 高原 政利 | 泉整形外科病院副院長 |
| 松浦 健司 | 島田病院整形外科医長 |
| 松浦 哲也 | 徳島大学病院整形外科講師 |
| 山崎 哲也 | 横浜南共済病院スポーツ整形外科部長 |
| 古島 弘三 | 慶友整形外科病院スポーツ医学センター長 |
| 伊藤 恵康 | 慶友整形外科病院病院長 |
| 田中 寿一 | 兵庫医科大学整形外科教授 |
| 新井 猛 | 聖マリアンナ医科大学整形外科講師 |

# 序文

　本書はオーバーヘッドアスリートにみられる肩と肘のスポーツ障害にフォーカスを当て，機能解剖から理学所見の取り方，画像診断，機能診断と理学療法，そして肩・肘それぞれの各論についてと，この分野で臨床に携わる医師やセラピストがマスターすべき必須事項をほぼ網羅している．各項目の執筆者も，いずれも経験豊富で第一線で活躍されている若手の先生方に敢えてお願いした．上肢のスポーツ障害の特性として，つい局所の画像所見に目が行きがちであるが，実は肩甲帯や体幹などの中枢部の機能的影響を受けやすいという特徴があり，この機能異常の修正なくして局所の解剖学的異常を手術によって治したとしても，症状にまったく変化がないか，症状が軽減したとしてもパフォーマンスの低下までは改善させることはできない．したがって，肩と肘のスポーツ障害では，局所所見を評価すると同時に，肩甲胸郭関節機能などの中枢側の機能障害を見極め，異常があればこれを修正していくことが重要となる．本書では，まず解剖と理学所見の取り方と画像診断について新進気鋭の若手医師に解説して頂き，次いで上肢のスポーツ障害という括りの中で，機能的問題点と解剖学的問題点，および投球フォームについて，現場での経験豊富な先生方にそれぞれの視点から述べていただいた．また，スポーツ選手の治療経験豊富な理学療法士に，肩と肘それぞれについての理学療法の実際についても解説していただいた．各論では，肩・肘のそれぞれについて，投球スポーツにみられる典型的な疾患について第一線で活躍される先生方に執筆していただいた．

　以上のように，本書は肩と肘のスポーツ障害の診断と治療に関して最新かつ実践的な内容となっており，スポーツ障害に携わるすべての医療関係者にとって必携のテキストとなり得ると確信している．

　　　2012年8月

菅谷啓之

# 目次

## 1 診断・治療に必要な機能解剖

**A．肩関節** ［望月智之，二村昭元，秋田恵一］ 1
 1．肩甲上腕関節の骨形態 1
 2．関節唇の付着形態 1
 3．関節包と関節上腕靱帯の構造 2
 4．腱板筋群の構造と停止部 4
 5．烏口上腕靱帯の構造と機能 7

**B．肘関節** ［德永 進］ 9
 1．骨・形態 9
 2．関節 12
 3．関節包 13
 4．靱帯 13
 5．滑膜ヒダ 15
 6．血管 16
 7．神経 18

## 2 理学所見の取り方

**A．肩関節** ［近 良明］ 26
 1．問診 26
 2．視診 27
 3．触診 28
 4．理学所見 28

**B．肘関節** ［斉藤 忍］ 41
 1．問診 41
 2．視診 44
 3．触診 46
 4．特殊検査 47

# 3 画像診断

## A．肩関節の画像診断 ［永井宏和］ 50
1．X線で見えること，診るべきこと …………………………50
2．CTで見えること，診るべきこと …………………………53
3．MRIで見えること，診るべきこと …………………………54

## B．肘関節の画像診断 ［高松　晃，森原　徹］ 59
1．X線で見えること，診るべきこと …………………………59
2．CTで見えること，診るべきこと …………………………63
3．MRIで見えること，診るべきこと …………………………65
4．超音波検査 …………………………………………………69

## C．上肢のスポーツ障害に対する超音波診断の応用 ［皆川洋至］ 71
1．エコー診断の有用性 ………………………………………71
2．診断のポイントとコツ ……………………………………72

# 4 上肢のスポーツ障害に対するアプローチ

## A．上肢のスポーツ障害によくみられる機能的問題点
### ①投球障害肩・肘の機能的問題点とは？―運動連鎖の重要性
［藤井康成，泉　俊彦，永浜良太］ 82
1．足部：足部および足関節 …………………………………84
2．股関節と骨盤 ………………………………………………85
3．胸郭と肩甲骨，肩関節 ……………………………………89

## B．上肢のスポーツ障害によくみられる機能的問題点
### ②機能障害から投球フォームへ―throwing plane concept ［瀬戸口芳正］ 97
1．TERの違いからthrowing planeの違いへ …………………98
2．Throwing planeの違いと関節応力 ………………………100
3．Throwing planeの違いと運動効率と筋力発揮部位 ……101
4．投球肩肘障害を発生する投球フォームの分類 …………104
5．Hook typeとout of plane …………………………………105
6．THABER（total horizontal abduction & external rotation）concept …………107
7．まとめ―投球肩肘障害の選手をみたら …………………108

### C．上肢のスポーツ障害によくみられる解剖学的問題点 ［田中　稔］109
  1．肘関節 109
  2．肩関節 114

### D．投球障害に対する投球フォームへの介入 ［岩堀裕介］120
  1．投球フォームへの介入の必要性 120
  2．投球フォームのチェック方法 122
  3．投球フォーム不良の原因 124
  4．代表的な投球フォーム不良 128
  5．投球フォーム指導における留意点 134
  6．具体的な介入方法 135

### E．肩のスポーツ障害に対する理学療法の実際 ［鈴木　智］144
  1．肩のスポーツ障害における診断 144
  2．肩のスポーツ障害における理学療法施行上の留意点 144
  3．肩のスポーツ障害における理学療法評価のポイント 146
  4．スポーツ障害肩における理学療法の実際 152

### F．肘のスポーツ障害に対する理学療法の実際 ［仲島佑紀］158
  1．理学療法の流れ 158
  2．理学療法評価のポイント 158
  3．理学療法アプローチ 162

### G．上肢のスポーツ障害に対する体外衝撃波療法の適応と効果 ［落合信靖］168
  1．整形外科領域における対外衝撃波療法 168
  2．体外衝撃波療法の治療効果 168
  3．体外衝撃波発生装置 169
  4．対外衝撃波療法の適応 171
  5．肩石灰性腱炎に対する対外衝撃波療法 171
  6．上腕骨外側上顆炎に対する対外衝撃波療法 172
  7．上腕骨内側上顆炎に対する対外衝撃波療法 173

## 5 肩のスポーツ障害

### A．リトルリーグショルダーの病態と治療法 ［河合伸昭，菅谷啓之］175
  1．定義・概念 175
  2．病態 175
  3．診断 176
  4．治療 178

5．症例提示 179

B．投球肩における SLAP 損傷・腱板不全断裂の病態と治療法
　　　　　　　　　　　　　　　　　　　　　　　　　　　　　　［高橋憲正，菅谷啓之］181
　　　1．SLAP 病変 181
　　　2．腱板不全断裂 188

C．スポーツ選手にみられる肩鎖関節障害の病態と治療法 ［西中直也，上原大志］193
　　　1．解剖と機能 193
　　　2．受傷機転と病態 194
　　　3．診断 194
　　　4．分類 195
　　　5．治療 196

D．スポーツによる肩関節周辺の神経障害 ［池上博泰］201
　　　1．腕神経叢 201
　　　2．腋窩神経 203
　　　3．肩甲上神経 204
　　　4．長胸神経 205
　　　5．肩甲背神経 206

# 6 肘のスポーツ障害

A．上腕骨小頭離断性骨軟骨炎の病態と治療法—診断と治療選択 ［高原政利］207
　　　1．病態 207
　　　2．診断 209
　　　3．治療 213

B．上腕骨小頭離断性骨軟骨炎の病態と治療法—進行期を中心に ［松浦健司］218
　　　1．診断 218
　　　2．治療 219

C．成長期野球肘内側障害の病態と治療法 ［松浦哲也］225
　　　1．病態 225
　　　2．診断 226
　　　3．治療 228

D．肘関節後内側インピンジメントの病態と治療法 ［山崎哲也］231
　　　1．病態 231

  2．診断･････････････････････････････････････････････････････････････････････ 231
  3．治療･････････････････････････････････････････････････････････････････････ 234
  4．術後成績･････････････････････････････････････････････････････････････････ 238

## E．投球障害にみられる尺骨神経障害の病態と治療法･･････････････････［岩堀裕介］240
  1．要因･････････････････････････････････････････････････････････････････････ 240
  2．症状･････････････････････････････････････････････････････････････････････ 243
  3．理学所見と診断･･･････････････････････････････････････････････････････････ 243
  4．治療･････････････････････････････････････････････････････････････････････ 245

## F．野球選手の肘内側側副靱帯損傷―伊藤法による再建術･････［古島弘三，伊藤恵康］251
  1．病態･････････････････････････････････････････････････････････････････････ 251
  2．診断･････････････････････････････････････････････････････････････････････ 251
  3．治療･････････････････････････････････････････････････････････････････････ 252

## G．野球選手の内側側副靱帯損傷―TJ screw system を用いた再建法を中心に
                              ［田中寿一］260
  1．病態･････････････････････････････････････････････････････････････････････ 260
  2．診断･････････････････････････････････････････････････････････････････････ 260
  3．治療･････････････････････････････････････････････････････････････････････ 262

## H．スポーツ選手の変形性肘関節症の病態と治療法･･････････････････････［菅谷啓之］270
  1．病態･････････････････････････････････････････････････････････････････････ 270
  2．治療･････････････････････････････････････････････････････････････････････ 272

## I．上腕骨外側上顆炎の病態と治療法･･････････････････････････････････［新井　猛］279
  1．病態･････････････････････････････････････････････････････････････････････ 279
  2．診断･････････････････････････････････････････････････････････････････････ 279
  3．治療･････････････････････････････････････････････････････････････････････ 279

索引････････････････････････････････････････････････････････････････････････････ 285

## 1 診断・治療に必要な機能解剖

# A 肩関節

### 1 ● 肩甲上腕関節の骨形態

　肩関節つまり肩甲上腕関節は，上腕骨頭と肩甲骨関節窩がつくる球関節で，運動範囲が非常に大きな多軸性関節である．肩甲骨の関節窩は板状の肩甲骨の外端が著しく大きくなって作られ，卵円形をなす．この中心部には軟骨が薄くなった bare spot とよばれる領域が存在する．関節窩の前縁には，glenoid notch とよばれるくぼみがみられ，卵円形である関節窩はしばしば洋梨型にみえる（図1-1a）．

　上腕骨近位外側には結節とよばれる骨隆起が存在し，結節間溝によって前方の小結節と中後方の大結節とに分けられる．大結節には腱板筋群が停止する広い面があり，その向きによって3面に分けられ，位置によって上方を向く上面，後下方を向く中面，後方を向く下面とよばれる（図1-2）．

### 2 ● 関節唇の付着形態

　上腕骨頭は球の約1/3くらいの形をなすが，肩甲骨の関節窩は狭く，浅く，上腕骨頭の1/3〜2/5を容れるのみである．そのため，関節窩の周縁を全周性に関節唇で補うことによって関節窩全体の深さと大きさを拡大させてはいるが，それでもなお関節窩の大きさは，上腕骨頭よりはるかに小さ

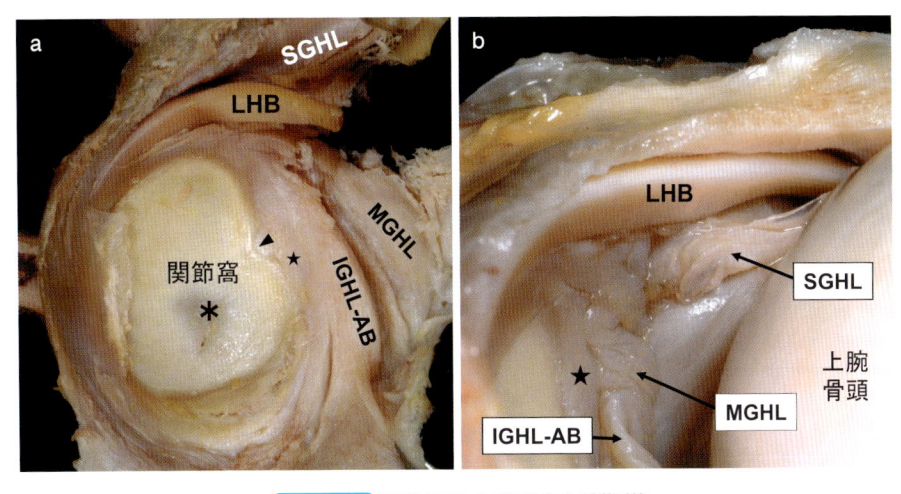

**図 1-1　関節窩および関節上腕靱帯**

a：右肩関節から上腕骨頭を除去して関節窩を外側から観察．
b：右肩関節内を後上方より観察．
LHB：上腕二頭筋長頭腱，SGHL：上関節上腕靱帯，MGHL：中関節上腕靱帯，IGHL-AB：下上腕関節靱帯の前索，►：glenoid notch，＊：bare spot，★：前方関節唇

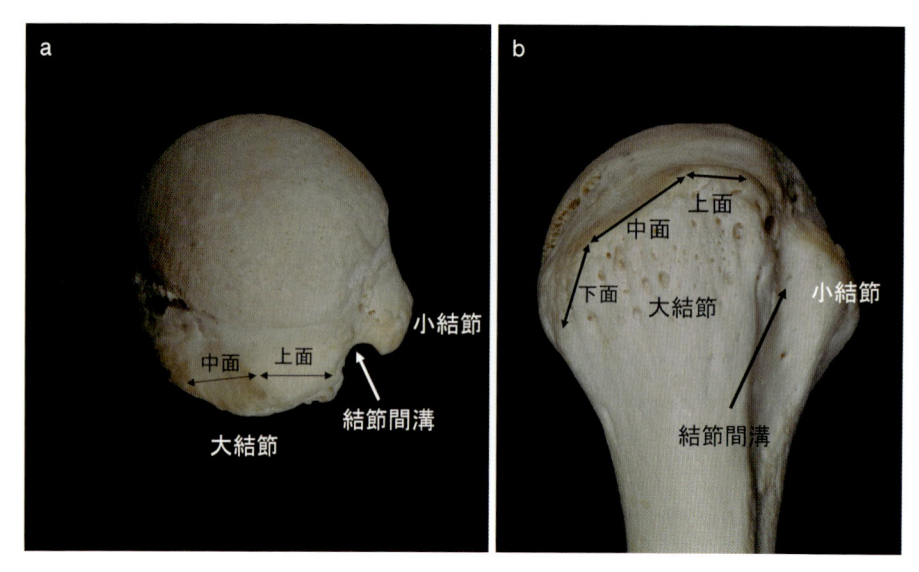

**図 1-2** 上腕骨の骨形態

a：右上腕骨を上方からみたところ．
b：右上腕骨を外側よりみたところ．
上腕骨近位外側には大結節ならびに小結節という骨隆起が存在し，結節間溝によって分けられる．
大結節は，その向きによって上面，中面，下面とよばれる3面に分けられる．

く，不安定である．関節窩の下方では，関節唇が関節軟骨と強く密着している．一方，上方では関節唇は上腕二頭筋長頭腱（long head of biceps：LHB）と一体として，関節窩の上方の関節上結節に付着している．上方では，関節唇は関節軟骨とは密着しておらず，関節窩辺縁と関節唇の付着部との間に，間隙がみられる[1]．このように，上方の関節唇には多少の遊びができることになるが，LHBの動きに柔軟に対応するためであると考えられる．また，上方の関節唇に対し，LHBは，前上方から後方にかけて，斜めに付着しており，LHBが上方関節唇の後方により多くの線維を出して連続している[2]（図1-1a）．

## 3 関節包と関節上腕靱帯の構造

### A 関節包

　肩甲上腕関節の関節包は，関節窩を囲むように肩甲骨の頸部および関節唇とその外周から起こり，下方は上腕骨の解剖頸，上方は大・小結節に付く（図1-3a）．原則として上腕骨頭の関節軟骨の外縁に関節包が付着しているが，上腕骨頭の後方には関節包の停止部の内側に軟骨の覆わない bare area とよばれる領域が存在する（図1-3b）．関節包は腱板筋群によって囲まれ，関節包の前は肩甲下筋，上は棘上筋，後ろは棘下筋と小円筋が囲む．このうち，棘上筋，棘下筋，小円筋は関節包に比較的密着しており，これらの間には明確な間隙はみられない．肩甲下筋も関節包を囲むが，関節包と密着しているのは肩甲下筋の下方の部分であり，前方部は強い筋内腱性部が関節包の前を走ることになる．また，肩甲下筋と棘上筋との間の腱板疎部とよばれる間隙は筋がその外側を被うことはない．また肩甲下筋と小円筋との間も密着しているわけではなく，関節包の下部に狭い筋間隙がみられる．よって，肩甲下筋腱の上下は関節にとって弱い部位となると考えられる．

　関節包は腱板の関節側の裏打ちとして非常に薄い膜状の構造であるが，その上腕骨付着部は同部

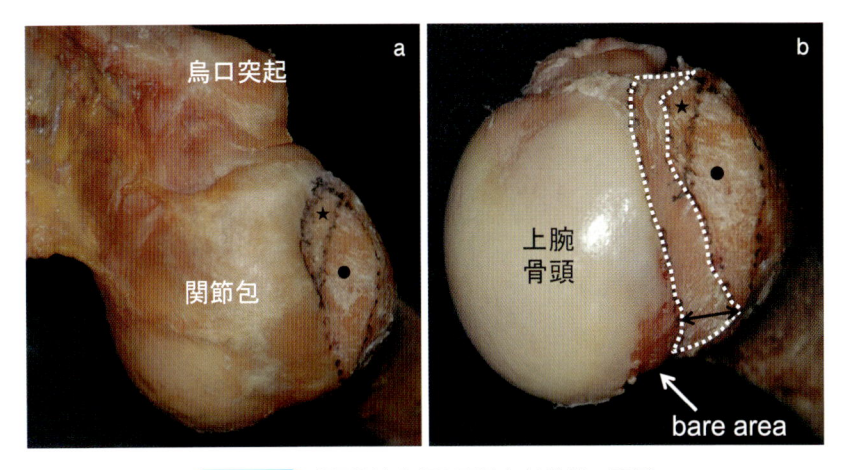

**図 1-3** 腱板筋停止部と関節包付着部の関係

a: 右肩を上方から観察している．関節包と分離して腱板筋群を除去し，棘上筋（★），棘下筋（●）の上腕骨停止部を黒線で示す．
b: さらに関節包を除去し，その上腕骨付着部を白点線で示す．棘下筋停止部の後縁においては関節包付着部の内外幅はとても厚く約 9 mm にもなる（↔）．

において意外にも約 3, 4 mm の幅を持って付着している（図 1-3b）[3]．しかし同部位における関節包はこれでも他の部位と比較してもっとも薄い付着部をなす．すなわち棘下筋の停止部はこれより後方では徐々にその内外幅を狭めていき，小円筋との境界においては骨に停止しなくなる．その部位をよく観察すると一見しっかりとした付着部を形成しているようにみえるが，実際その付着部はほとんどが関節包そのものによって構成され，その付着幅たるや約 9 mm にもなる．肉眼的にも組織学的にも関節包とその浅層に存在する棘下筋腱とは分別することは解剖手技的に可能ではあるが，関節包の上腕骨への付着部の構造は線維軟骨を介した Benjamin ら[4]の提唱するいわゆる "fibrocartilaginous enthesis" 構造をとっており，腱板筋と一体になってその動力を一緒に骨へと伝導していることが推測される．腱板筋群が幅広く停止する部分では関節包は薄く，また腱板筋群の停止が欠損する部分ではその空隙を埋めるかのように幅広く関節包が付着する様子からも両者は相補的に上腕骨頭に付着して上方より骨頭を保持しているようにみえる．

### B 関節上腕靱帯

関節包側からみると，周囲の筋に密着され補強されている部分と，密着されずに関節包周囲が肥厚し強化された部分がみられ，この肥厚し強化された部分にみられる索状構造を呈したものが関節上腕靱帯（glenohumeral ligament: GHL）とよばれる．関節上腕靱帯には上関節上腕靱帯（superior glenohumeral ligament: SGHL），中関節上腕靱帯（middle glenohumeral ligament: MGHL），下関節上腕靱帯（inferior glenohumeral ligament: IGHL）があるとされる．これらの構造については線維状に繋いでいる構造ということで，「靱帯」という名称が用いられてきた．

後方から肩関節内を観察すると，SGHL は肩甲骨の関節窩上縁から上腕二頭筋長頭腱（LHB）の下方を横走する線維束として認識されるが，関節包および前方の烏口上腕靱帯（coracohumeral ligament: CHL）との境界は肉眼的には明らかでなく，両者を分別することはできない（図 1-1b）[5,6]．これに対し MGHL は肩甲骨の関節窩上縁から斜めに下りてくる線維束であり，SGHL に比較すると前方の組織からの独立性が高く，柔軟性はあるものの比較的太い線維束である（図 1-1）．さらに IGHL の前索（AB）は肩甲骨の関節窩上縁から MGHL の下方を下行する線維束であり，SGHL，

MGHL と比較して太く，固い．IGHL-AB と後索（PB），その間の腋窩嚢（axillary pouch）を合わせて下関節上腕靱帯複合体を形成するとされる．この領域は解剖体では通常たるんでいるところであるが，外転位にさせると強く緊張する．上腕三頭筋長頭は関節窩下結節のより後方より起始し，その線維は関節包と連続している．上腕三頭筋長頭の付着する部位の関節内に対応する部位は，IGHL-PB に一致している．これらの関節上腕靱帯を組織学的に検討すると，MGHL と IGHL-AB は骨や腱・靱帯に発現することの多いタイプ I コラーゲンが比較的豊富に発現しているのに対して，SGHL ではほとんど発現していないことから，SGHL は CHL とともにいわゆる線維性の強い「靱帯」の構造とは異なり，疎性結合組織に近い構造であるといえる[5,6]．

## 4 腱板筋群の構造と停止部

　肩関節は関節窩の部分が小さく，上腕骨頭が大きい．このような不安定な構造ながら運動範囲がきわめて大きいという，構造的には非常に弱い関節である．また，関節包に付く直接の靱帯が強くないことから，上腕骨頭を保持する役目は主として関節周囲の筋が担う．肩関節は，上からは棘上筋，前からは肩甲下筋，後ろからは棘下筋と小円筋が，前上部の腱板疎部と下部を除いてほとんど一続きに包んで停止している．これらの筋は，関節包を前面，上面，後面から包み，これらの筋の腱が一塊となってみえること，またこれらの筋が肩関節の回旋作用を持つことから，肩関節を被う腱性部は回旋筋腱板（rotator cuff）とよばれる．肩の回旋筋群は運動に際してたえず活動することによって，関節を動かすのみならず関節包をも緊張させ，関節包が関節に挟まるのを防ぐことができる．

### A 肩甲下筋

　肩甲下筋は肋骨面（肩甲骨前面）つまり肩甲下窩に広く起始し，上腕骨の小結節に停止するとされる．しかし実際には，小結節そのものよりも上下に広く停止している（図 1-4a）．肩甲下筋には筋内腱が数本あり，幅広く扇状に広がっている筋線維の中に，扇の骨のように数本の腱が走る．そして停止部ではそれらの腱が面として合する．小結節の粗面には確かに本筋の尾側 2/3 から集まる腱が強く付着するが，数本ある筋内腱のうち一番太くて強い最頭側の腱は，小結節の上面に続く領域に停止したのち，結節間溝と関節軟骨との間の上腕骨頭窩（fovea capitis of the humerus）とよばれる領域に舌のように上外側へ連続する部分を伸ばし付着している（図 1-4b）[7]．SGHL は関節窩近傍の関節腔内壁前上面より外側にむかってねじれるように末梢に至り，この舌部に付着している（図 1-1b）．この部分では CHL とともに LHB と舌部の間に LHB の前下方から取り囲むあたかも「樋」のような構造を形成し，LHB が関節内から結節間溝へと走行する導通路の役目をなしていると考えられる．肩甲下筋腱断裂時に破綻した最頭側腱に連続する同部が "comma-shaped arc" をなすことから，関節鏡視下に肩甲下筋腱断端の最頭側部を同定できるとする "comma sign" の存在はこのような解剖学的な構造により規定されるものと考えられる．

### B 棘上筋

　棘上筋は肩甲骨の棘上窩と肩甲棘の上面から起始し，上腕骨の大結節に停止している（図 1-5a）．本筋の筋線維の多くが，本筋前方に位置する太い筋内腱に向かって収束しており，その筋内腱の停止部は大結節の前方である．さらに本筋の後方の腱部は細く短くなり，大結節における停止部は後方に行くほど薄くなる．そしてその薄くなった部分の外側を棘下筋の腱線維が覆っている（図 1-5b）．

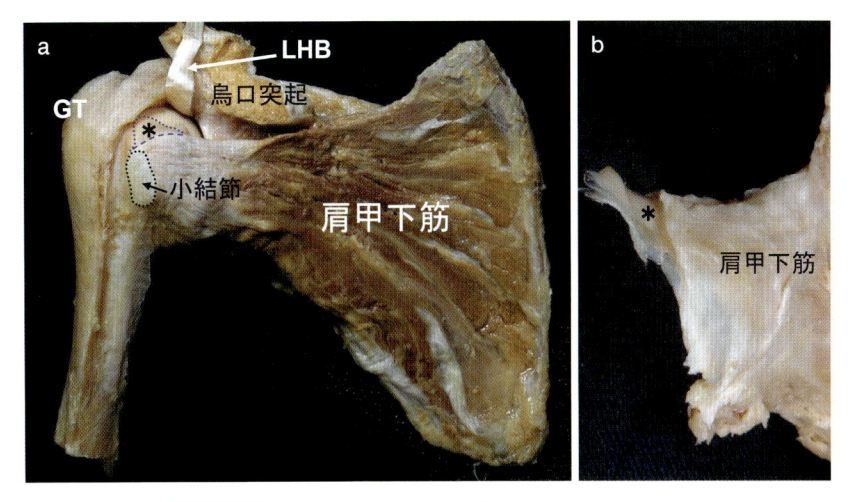

**図 1-4** 肩甲下筋の形態と停止部（文献 5 より改変）

右肩を前方からみたところ．
a：肩甲下筋は小結節に停止するとされるが，実際に停止しているのは本筋の肩甲下筋腱尾側 2/3 であり，最頭側部 1/3 は小結節の上部に停止している．この上部の停止部からさらに上外側に小さく薄い舌部と呼びうるような腱性組織（＊）が伸び出しているのが認められ，この舌部は上腕骨の上腕骨頭窩（fovea capitis of the humerus）に付着していた．
b：肩甲下筋の停止部を骨からはがしてみると，舌部（＊）が伸び出しているのが，よりはっきりと確認できる．

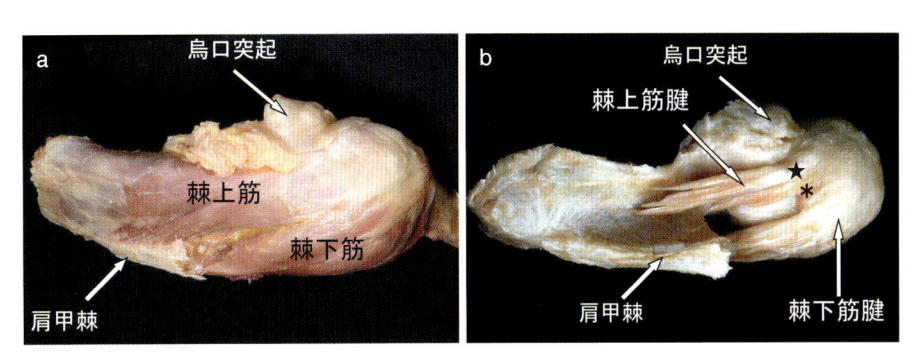

**図 1-5** 棘上筋の形態（文献 8 より改変）

右肩の肩峰を除去し，上方よりみたところ．
a：棘上筋および棘下筋はともに上腕骨大結節に停止している．
b：棘上筋と棘下筋の筋線維を除去してみると，棘上筋腱の前方 1/2 は長く厚い腱性部（★），後方 1/2 は短く薄い腱性部（＊）で構成されているのがわかる．また，棘下筋腱も筋全体というより，筋の上部のほうにのみ強い腱がみられる．

本筋は約 1/5 の例では大結節にとどまらず，結節間溝をまたぐように乗り越えて小結節の上前部にまで達している[8]．一般に棘上筋の作用は肩関節の外転であるとされてきたが，その停止部が大結節の前方にとくに強いことから考慮すると，肩関節外旋位では外転作用が，内旋位では屈曲・内旋作用が強まるのではないかと推測される．

### c 棘下筋

棘下筋は肩甲骨の棘下窩と肩甲棘下面から起始し，上腕骨の大結節に停止している．棘下筋は肩

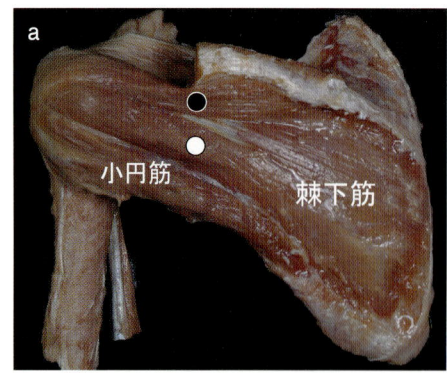

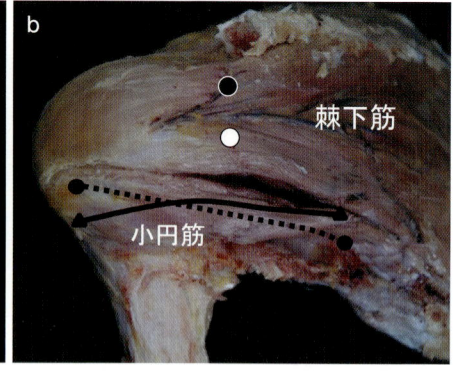

**図 1-6** 棘下筋と小円筋の形態

a：左肩を後方より観察．肩峰を除去し，棘上筋の筋線維を除去した．棘下筋は肩甲骨の棘下窩と肩甲骨下面から起始し，上腕骨大結節に停止している．棘下筋は肩甲棘下面から起始して横走する筋束（横走部：●）と，棘下窩から広く起始して斜めに収束しながら走行する筋束（斜走部：○）から構成されている．

b：左肩を後下方より観察．小円筋は近位部では一塊にみえるが，遠位部では上部と下部の筋束にわかれて二頭筋のようにみえる．

甲棘下面から起始し背側を横走する領域（横走部）と，棘下窩から起始し腹側を斜走する領域（斜走部）に区別することができる（図 1-6）[9]．この横走部は上腕骨頭付近で斜走部の腱組織の外面に付着しているのみであり，厚い腱組織は含んでいない．斜走部の腱性部は，斜走部の上半部にみられ，下半には強い腱性部はみられず，薄く短い腱がみられる程度である．よって棘下筋の主たる作用は本筋の上半に集まっていると考えられる．この棘下筋の強い腱性部はかなり前方に向って走ることになる．つまり棘上筋の外側を回り，大結節の上面の前端部近くにまで達している．よって最前方では棘上筋の筋内腱の最も強い部分とほとんど接するようにみえる．Clark and Harryman[10] は棘上筋腱と棘下筋腱は大結節停止部付近では癒合していて分離できないとし，Minagawa ら[11] は両腱が停止部において重なり合うとしている．たしかに同部では CHL の線維が被っており境界が一見不明瞭であるが，CHL を丁寧に除去し，棘上筋の後半部と棘下筋の腱とはその走行方向が違うことが確認されれば区別することができる．ただ両筋の停止部は CHL の線維により抑えられているので，各々が独立して働くというよりは，協同して作用していると推測される．棘上筋と棘下筋の肩甲上神経による神経分布の解析によると，横走部を支配する枝は棘下筋枝から分枝するのみならず棘上筋枝から分枝する場合も 25％ほどの例で認め，棘下筋横走線維は棘上筋と棘下筋の中間に位置していると考えられる[9]．

## D 小円筋

小円筋は棘下筋の下方に位置し，肩甲骨の棘下窩に起始している（図 1-6b）．棘下筋と小円筋との間には，腱膜性の中隔が明瞭である場合と不明瞭である場合がある．この中隔に接している棘下筋と小円筋の一部はこの腱膜から起始している．しかし中隔が近位部で明瞭である場合も，遠位部ではほとんどみられないのが一般的である．

小円筋は近位部では一塊にみえるが遠位部では上部と下部の筋束にわかれて二頭筋のようにみえる[12]．上部筋束は肩甲骨外側縁の下部から起始し，比較的太い腱に移行して大結節の下面に付着する．下部筋束は棘下筋との間にある中隔様の膜および棘下窩より起始し，主として筋性に短い腱性部を介して上部筋束の下の上腕骨外科頚に縦に広く付着している．両筋束は起始と停止で互いに交

差するように走行する．下部筋束が外科頸に停止する部分が独立してみえる場合，それを最小円筋とよぶことがある．解剖体において小円筋が棘下筋と区別できず小円筋が棘下筋に癒合して欠如してみえるという例が日本人で9％程度あるとされる[13]が，小円筋を支配する腋窩神経はほとんど欠如しないので，小さいながらも実際には欠如ということはないとされる．

## 5 烏口上腕靱帯の構造と機能

　CHLは烏口突起の基部外側面から突起の下面にかけて広く起始し，腱板疎部および腱板筋を被っている（図1-7）．CHLのうち烏口突起基部より起こる線維は肩甲下筋最頭側部の前面と後面に挟み込むように広がっている[14]．上部では関節窩のレベルを超えて近位内側へ，下部は小結節を超えて肩甲下筋下部筋性部の停止まで及ぶ．肩甲下窩は後方に凸面を示し，上腕骨頭は前方に突出しているため，関節窩から上腕骨頭にかけての部分においては肩甲下筋上部の腱はかなり前方寄りを走り，小結節に向うときに後方に角度を変えることになる．前述の通りCHLは明確な靱帯構造を保っているわけではないことから，柔らかく伸張性があると推測され，肩関節の屈曲・伸展によってCHLは形を変え，肩甲下筋腱の浮き上がりを防ぐ役割を担う．

　また烏口突起下面より起こる線維は小結節から腱板疎部を超え大結節後方へ棘上筋の上面と下面に広がり，特に下面では腱板筋の深層をなす関節包と一体化して付着している[6]．Clark and Harryman[10]が「棘上筋，棘下筋は5層構造より構成される」と報告していることはあまりに有名であるが，その中でCHLを第4層，関節包を第5層としているが，実際にはその間は分別することがほとんどできない．さらに結節間溝ではLHBの表面を覆い上腕へ放散している．前述したようにCHLとSGHLとが明確な境界を持たずLHBを取り囲むような構造を持つことから，CHL-SGHL complexとしてLHBと一体化することで，肩関節の屈曲・伸展に合わせてLHBの走行に合わせて柔軟に対応しながらこれを支えていると考えられる．よって，肩甲下筋から棘下筋にかけての腱板

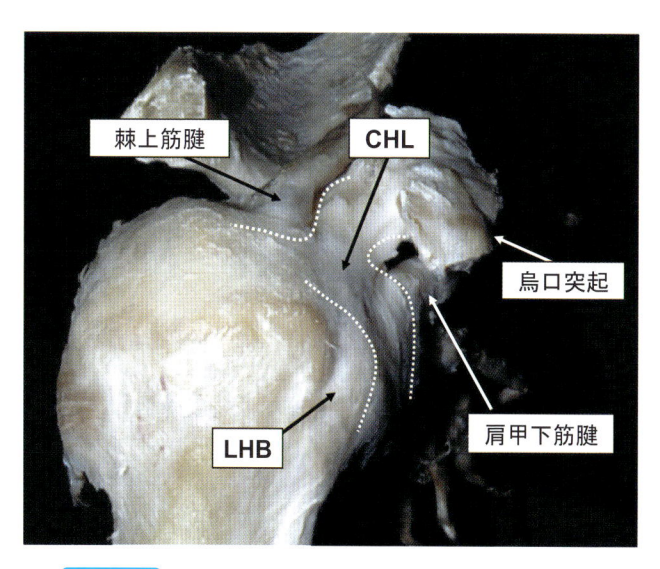

**図1-7　烏口上腕靱帯（CHL）の腱板筋群への広がり**

右肩から鎖骨，肩峰と腱板の筋成分を除去して前外側より観察している．白破線で示すように，烏口突起から肩甲下筋と棘上筋の表層へCHLが広がって，両者の停止部をしっかりと支持している．

筋群は，関節包やLHBなどとともに，CHLによってまとめられ，一体的な構造として働く可能性が示唆される．これが肩の滑らかな運動機能に関与しているのであろう．

■**文献**
1) Cooper DE, Arnoczky SP, O'Brien SJ, et al. Anatomy, histology, and vascularity of the glenoid labrum. An anatomical study. J Bone Joint Surg Am. 1992; 74: 46-52.
2) Vangsness CT Jr, Jorgenson SS, Watson T, et al. The origin of the long head of the biceps from the scapula and glenoid labrum. An anatomical study of 100 shoulders. J Bone Joint Surg Br. 1994; 76: 951-4.
3) Nimura A, Kato A, Yamaguchi K, et al. The superior capsule of the shoulder joint complements the insertion of the rotator cuff. J Shoulder Elbow Surg. 2012; 21: 867-72.
4) Benjamin M, McGonagle D. The anatomical basis for disease localisation in seronegative spondyloarthropathy at entheses and related sites. J Anat. 2001; 199 (Pt 5): 503-26.
5) Arai R, Mochizuki T, Yamaguchi K, et al. Functional anatomy of the superior glenohumeral and coracohumeral ligaments and the subscapularis tendon in view of stabilization of the long head of the biceps tendon. J Shoulder Elbow Surg. 2010; 19: 58-64.
6) 山口久美子, 加藤敦夫, 秋田恵一, 他. 関節上腕靱帯の組織学的検討. 肩関節. 2009; 33: 253-6.
7) Arai R, Sugaya H, Mochizuki T, et al. Subscapularis tendon tear: an anatomic and clinical investigation. Arthroscopy. 2008; 24: 997-1004.
8) Mochizuki T, Sugaya H, Uomizu M, et al. Humeral insertion of the supraspinatus and infraspinatus. New anatomical findings regarding the footprint of the rotator cuff. J Bone Joint Surg Am. 2008; 90: 962-9.
9) Kato A, Nimura A, Yamaguchi K, et al. An anatomical study of the transverse part of the infraspinatus muscle that is closely related with the supraspinatus muscle. Surg Radiol Anat. 2012; 34: 257-65.
10) Clark JM, Harryman DT 2nd. Tendons, ligaments, and capsule of the rotator cuff. Gross and microscopic anatomy. J Bone Joint Surg Am. 1992; 74: 713-25.
11) Minagawa H, Itoi E, Konno N, et al. Humeral attachment of the supraspinatus and infraspinatus tendons: an anatomic study. Arthroscopy. 1998; 14: 302-6.
12) 加藤敦夫, 山口久美子, 秋田恵一, 他. 小円筋の形態とその支配神経の解剖学的解析. 肩関節. 2010; 34: 301-4.
13) Nishi S. Miologio de la Japano. Statistika raporto pri muskolanomalioj ĉe japanoj. I. Muskoloj de supra membro. Gumma J Med Sci. 1952; 2: 1-13.
14) 吉村英哉, 望月智之, 秋田恵一, 他. 烏口上腕靱帯の肩甲下筋腱付着部に関する解剖学的研究：その意義について. 肩関節. 2011; 35: 707-10.

［望月智之，二村昭元，秋田恵一］

# 1 診断・治療に必要な機能解剖

## B 肘関節

　肘関節は上腕骨，尺骨，橈骨の3つの骨から構成され，1関節包の中に腕尺関節，腕橈関節，近位橈尺関節の3関節が存在している複雑な構造をなしている．肘の屈伸と前腕の回内外に関与するが，回内外は手関節の遠位橈尺関節と前腕骨間膜も関連するため，肘関節単独で可能な運動は屈伸のみである．肩，肘，手関節と3つ連続した関節の中央にあり，生物に必要な摂食行動という観点から，手に持った食べ物を口に運ぶためのreachと物を支持するという2点で重要な関節である．そのため可動性と支持性の両立が要求される．以上の特殊性と解剖学的知識をよく理解して治療に当たるべきである．本項では肘関節の治療上，重要な点を中心に骨・形態，関節，関節包，靱帯，滑膜ヒダ，血管，神経について述べる．

## 1 骨・形態[2]

### A 上腕骨

　上腕骨は遠位で扁平化し中央の部分は前方の鈎突窩と後方の肘頭窩の間で薄く，その内外側は支柱状となり内・外側顆上稜から内・外側上顆を経て外側関節面である上腕骨小頭と内側関節面の滑車を支える（図1-8）．この小頭と滑車は上腕骨軸から30～45°前方へ弯曲し，関節回転中心軸は前額面で2.5～6°外反，さらに横断面で内外上顆を結んだ線より0～5°内捻している（図1-9）．上腕

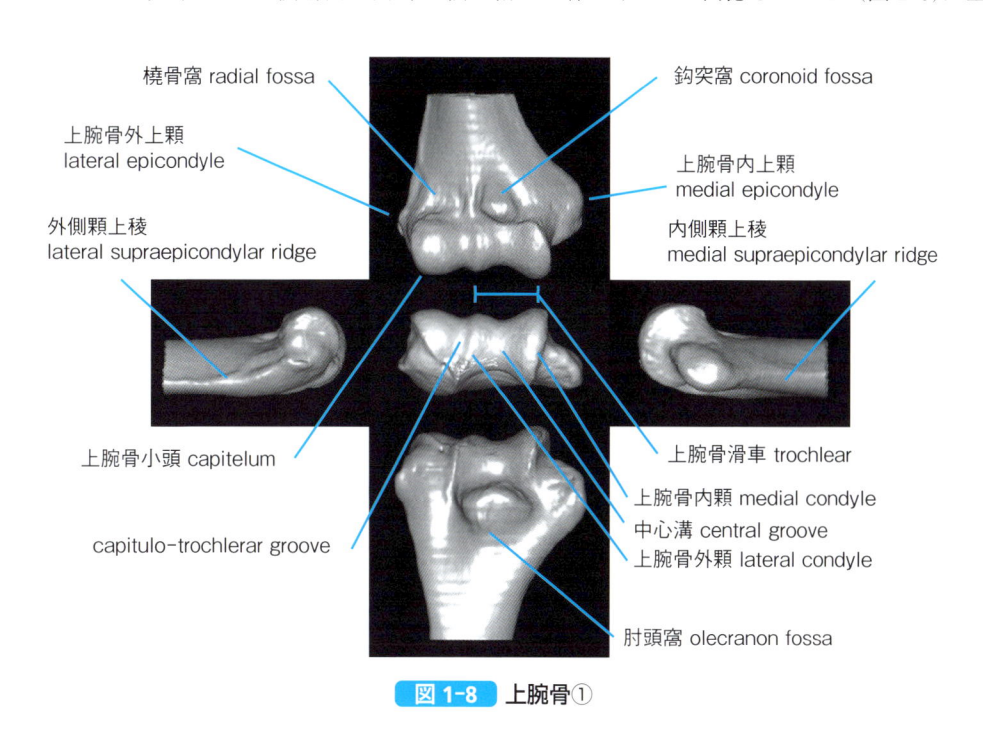

**図 1-8** 上腕骨①

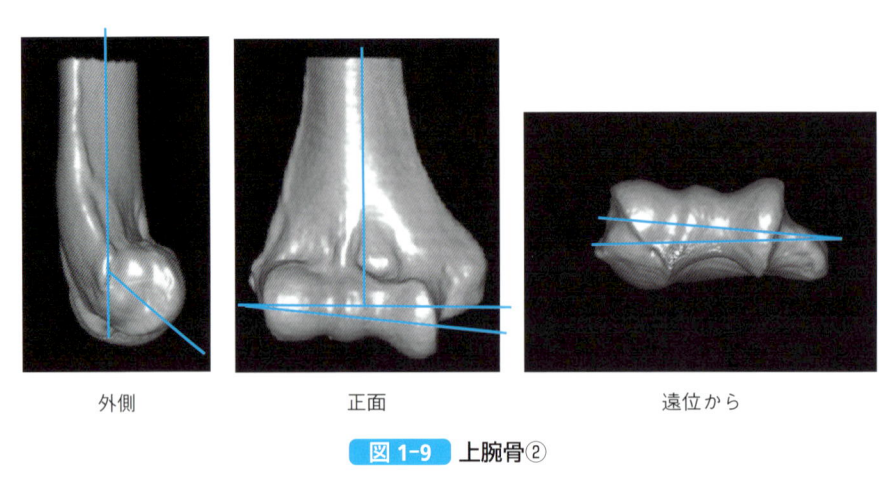

外側　　　　　　　　正面　　　　　　　　遠位から

**図 1-9** 上腕骨②

小頭と滑車は上腕骨軸から30〜45°前方へ彎曲，関節回転中心軸は前額面で2.5〜6°外反，横断面で内外上顆を結んだ線より0〜5°内捻している．

骨小頭は半球状で外側遠位では軟骨がなく，内側のみになる．また小頭近位前方は陥凹して橈骨頭窩をなす．滑車は糸巻き様で210〜250°の範囲が硝子軟骨で覆われている．中央矢状面に中心溝があり，尺骨の滑車切痕と相対する．中心溝の内外側は隆起し内顆，外顆を形成し，外顆と小頭の接合部は円錐形の斜面（capitulo-trochlerar groove）となる．滑車の近位は前方で鈎突窩，後方で肘頭窩となり，肘屈伸の際に鈎状突起および肘頭が滑り込む空間を形成している．

### B 尺骨

近位端は上腕三頭筋の付着する肘頭，前方は鈎状突起となり上腕筋で覆われる．その間は滑車切痕となる．滑車切痕の矢状面は尾根状に隆起し両側の凹面が滑車の内外顆と接し，腕尺関節を形成する．肘頭先端と鈎状突起先端を結んだ線は尺骨軸に対して30〜45°開いているが，これは上腕骨

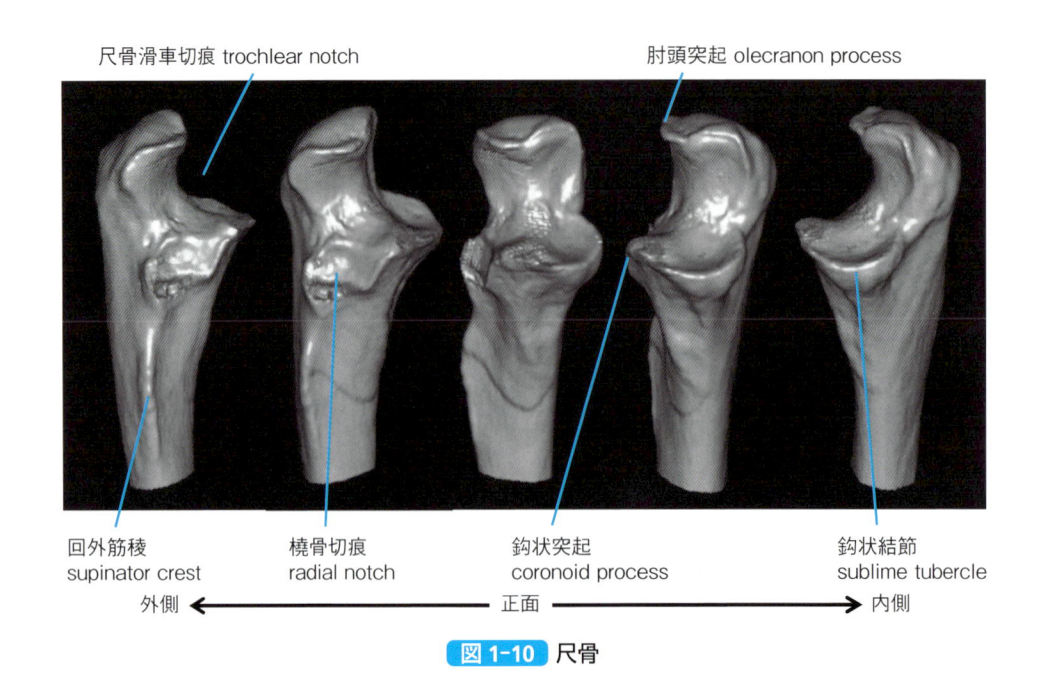

尺骨滑車切痕 trochlear notch　　　　　　肘頭突起 olecranon process

回外筋稜　　　橈骨切痕　　　鈎状突起　　　鈎状結節
supinator crest　radial notch　coronoid process　sublime tubercle

外側 ←　　　　　　　　正面　　　　　　　　→ 内側

**図 1-10** 尺骨

関節面の前方への弯曲との組み合わせで肘の屈伸可動域を得るために重要な構造である．鈎状突起の内側は鈎状結節として隆起し内側側副靱帯付着部となる．外側は陥凹して橈骨切痕となり，橈骨頭との間で近位橈尺関節を形成する．その遠位やや後方には回外筋稜があり，回外筋の起始となっている．またその遠位結節部には外側尺側側副靱帯（LUCL）が付着する（図 1-10）．

### C 橈骨

橈骨近位は円板状の橈骨頭となるが，真円ではなくわずかに楕円形となっている．表面中央は陥

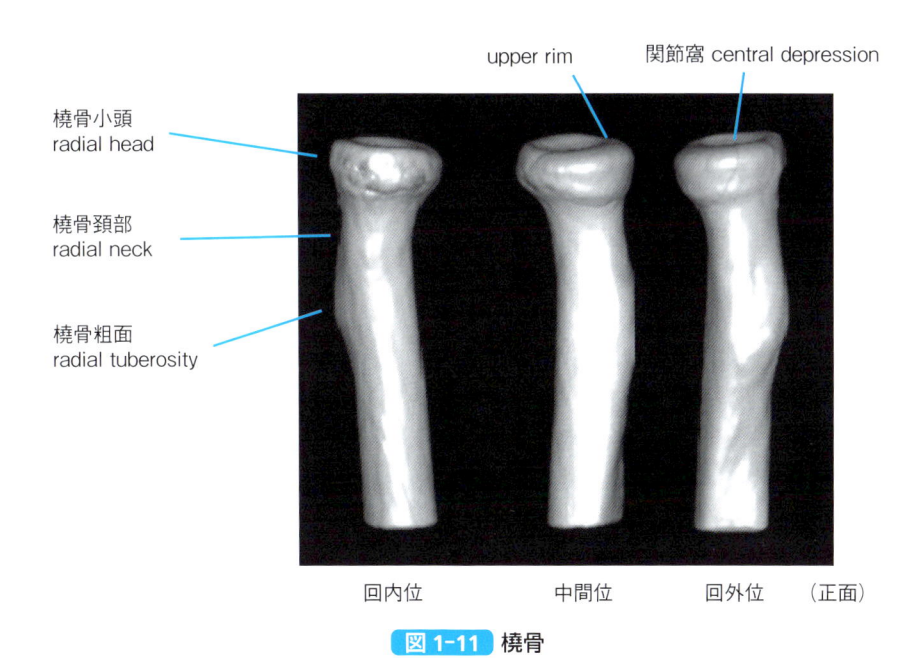

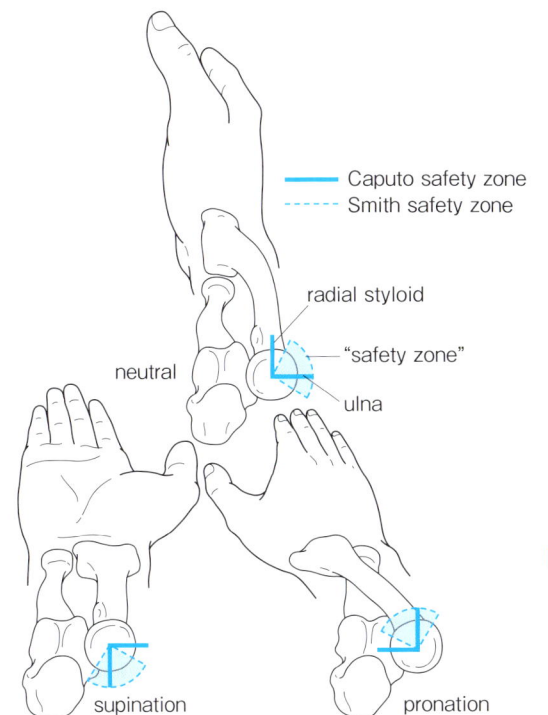

**図 1-11** 橈骨

**図 1-12** 橈骨頚部における safety zone[3]

Smith らは最大回外から最大回内の間で関節に接しない部位をもって safety zone とし，Caputo は Lister 結節と橈骨茎状突起の line で safety zone を決定している．

凹し関節窩となり，上腕骨小頭に相対する．縁はなだらかな土手状（upper rim）で小頭と滑車間の capitulo-trochlerar groove と接する．その遠位は細くなって橈骨頚部となり，骨折しやすい（図1-11）．骨頭周囲は360°軟骨であるが尺骨の橈骨切痕は約60°の円弧であり，橈骨は回内外運動で180°回旋するため，関節として接するのは約240°となり，残る約120°は関節をなさない．そのため頚部骨折でプレート固定が可能となる．プレートを設置しても問題ないとされる部位は約90°とされており，これを safety zone という[3]（図1-12）．橈骨頚部の遠位は橈骨粗面となり上腕二頭筋が付着する．粗面以遠が骨幹部となる．頚部と骨幹部は約15°の角度をなす．

## 2 関節

### A 腕尺関節

上腕骨滑車と尺骨滑車切痕とで形成される蝶番関節であり，肘関節の屈曲・伸展を行う．上腕骨

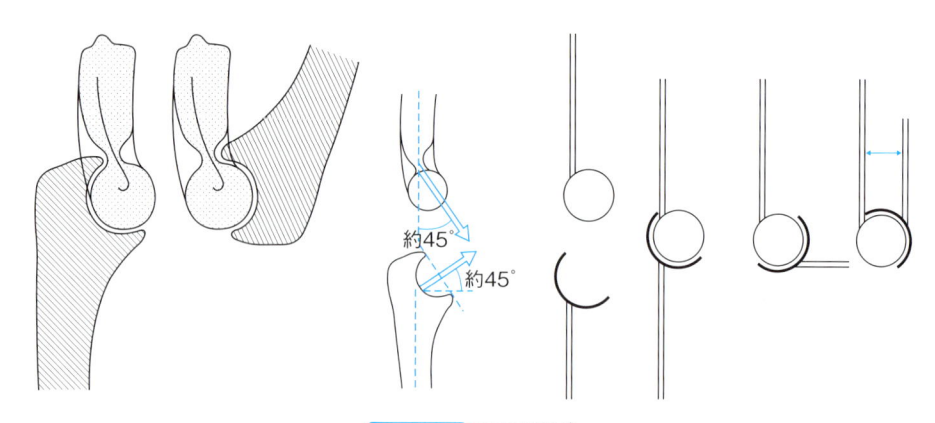

**図 1-13** 腕尺関節[4]

上腕骨遠位関節面の前方への弯曲，肘頭窩，鉤突窩の存在，および尺骨骨軸と肘頭・鉤状突起間の開きによって伸展 0〜5°，屈曲 135〜145°の可動性が得られる．

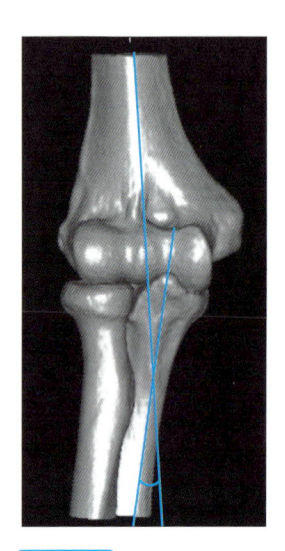

**図 1-14** Carrying angle

伸展位での上腕骨軸と尺骨軸のなす角を Carrying angle という．

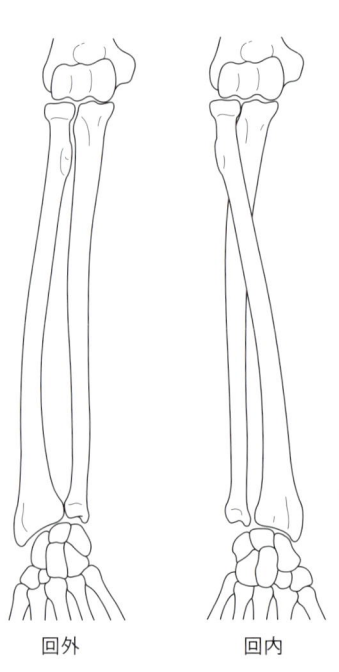

**図 1-15** 回内外

回外，回内は近位橈尺関節単独での動きではなく，前腕全体および遠位橈尺関節の動きも伴う．

回外　　回内

1. 診断・治療に必要な機能解剖

遠位関節面の前方への弯曲，肘頭窩，鈎突窩の存在および尺骨骨軸と肘頭・鈎状突起間の開きによって伸展 0〜5°，屈曲 135〜145°の可動性が得られる[4]（図 1-13）．上腕骨軸と尺骨軸は伸展位でわずかに外反しており，carrying angle といわれる．男性では 11〜14°，女性では 13〜16°で利き手の方が約 1°大きい（図 1-14）．

### B 腕橈関節

解剖学的には球関節に分類されるが，近位橈尺関節と腕尺関節に動きを制限されているため，屈伸と回内外以外の動きはできない．

### C 近位橈尺関節

解剖学的に車軸関節であり回内外を行うが，前腕の回内外は手関節の遠位橈尺関節と前腕骨間膜も関連しており，この関節単独での動きではない（図 1-15）．

## 3 関節包

前方関節包は近位では内側で鈎突窩，外側で橈骨頭窩に，遠位では内側で鈎状突起，外側で輪状靱帯に付着している．薄く透明で横走と斜走の線維が強度を上げている．後方関節包近位は肘頭窩辺縁に，遠位は滑車切痕の内外側縁に付着している．関節包は伸展位で前方が緊張し，屈曲位では後方が緊張するが，軽度屈曲位では両方弛緩する．そのため関節包の容量は屈曲約 80°で最大となり，25〜30 mL の容積となる．強度としては前方の方が後方より強靱である（図 1-16）．

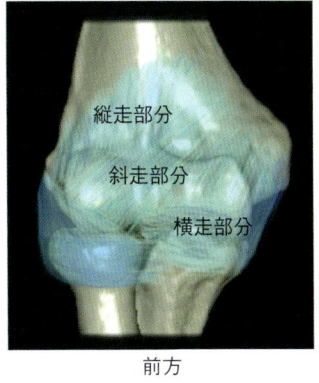

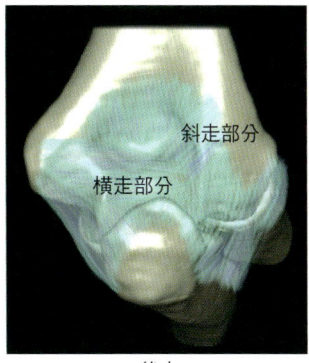

図 1-16 関節包

## 4 靱帯

側副靱帯は内外側の関節包が肥厚特化して形成される．関節外にも方形靱帯，斜索などの支持組織がある．

### A 内側側副靱帯（図 1-17）

前斜走靱帯，後斜走靱帯，横走靱帯の 3 つの部分からなる．

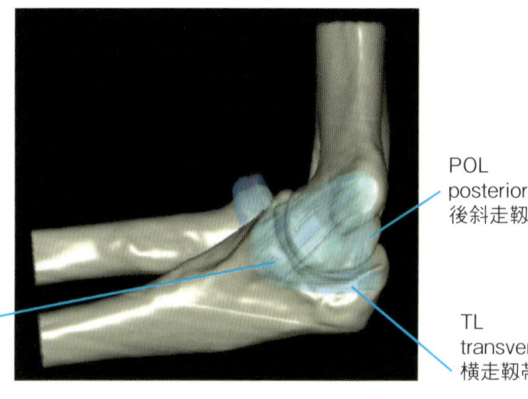

図 1-17 内側側副靱帯

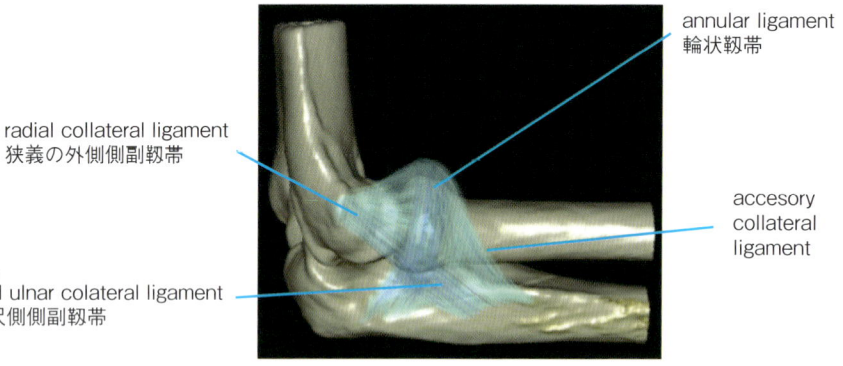

図 1-18 外側側副靱帯

### 1．前斜走靱帯（anterior oblique ligament：AOL）
　上腕骨内上顆前下縁から起始し尺骨鈎状突起内側面の尺骨鈎状結節（sublime tubercle）に幅4～5 mm にわたって停止する．外反動揺性の制動としての primary stabilizer とされる．

### 2．後斜走靱帯（posterior oblique ligament：POL，Bardinet ligament ともいう）
　上腕骨内上顆下面から起始し尺骨滑車切痕の内側面の幅5～6 mm にわたり扇状に付着する．前方は AOL に覆われて2重構造となっているが，後方は徐々に関節包へ移行し境界は不鮮明．表面は尺骨神経の床部となっており，豊富な血管網で覆われている．

### 3．横走靱帯（transverse ligament：TL，Cooper ligament ともいう）
　内側側副靱帯の後方部分を覆うように横走している．一部は AOL の後縁にも付着している．諸説はあるが機能的意義は不明である．

## B 外側側副靱帯（図 1-18）
　狭義の外側側副靱帯（radial collateral ligament）の他に輪状靱帯，外側尺側側副靱帯，accesory collateral ligament などがあるが，内側側副靱帯ほどは個々の区別がつきにくい．

### 1．輪状靱帯（annular ligament）
　橈骨切痕前縁から橈骨頭を取り囲むように走行し橈骨切痕後縁に付着している．

### 2．狭義の外側側副靱帯（radial collateral ligament）
　上腕骨外上顆から輪状靱帯へ付着している．

### 3．外側尺側側副靱帯（lateral ulnar collateral ligament: LUCL）

上腕骨外上顆から後内側へ向かい尺骨外側縁の回外筋稜に付着している．

起始ではECRBの起始に，停止部では回外筋に融合している．

かつては狭義の外側側副靱帯は上腕骨外上顆から輪状靱帯へ付着し，上腕骨と橈骨との間で肘の内反動揺性を制動するものと考えられていた[6]．しかし最近では外側尺側側副靱帯が内反動揺性の制動の上で最重要と考えられている．この靱帯の破綻で後外側回旋不安定症（postero-lateral rotatory instability）を起こすといわれている[7]．

しかしこの靱帯の存在がはっきりしない例もあり，LUCLの重要性に対しては異論がある．前述したように外側側副靱帯は個々の靱帯が区別しにくく，関はY型の立体構造をした複合体として機能し，回外筋起始腱により補強されているとしている[8]．また熊井は腱付着部（enthesis）の組織学的検討から外側靱帯付着部は前腕伸筋群共通腱と外側靱帯がfused enthesisを形成していると述べている[9]．

## C その他の靱帯（図1-19）

### 1．方形靱帯（quadrate ligament, Denuce's ligament）

橈骨切痕および輪状靱帯の下縁から斜めに走行し橈骨頚部に付着している．関節包の下縁を支えるとともに橈骨の過度の回旋を抑制している．前方部分は近位橈尺関節が完全回外したとき，後方部分は完全回内のときに関節を安定化している．

### 2．斜索（oblique cord）

前腕骨間膜より近位に存在し，尺骨粗面から外下方へ走行し橈骨粗面の少し下方に付着している．この構造の存在意義ははっきりとはしない．最大回外で緊張する．この靱帯と前腕骨間膜との間の骨間裂孔は背側骨間動脈の通路となる．

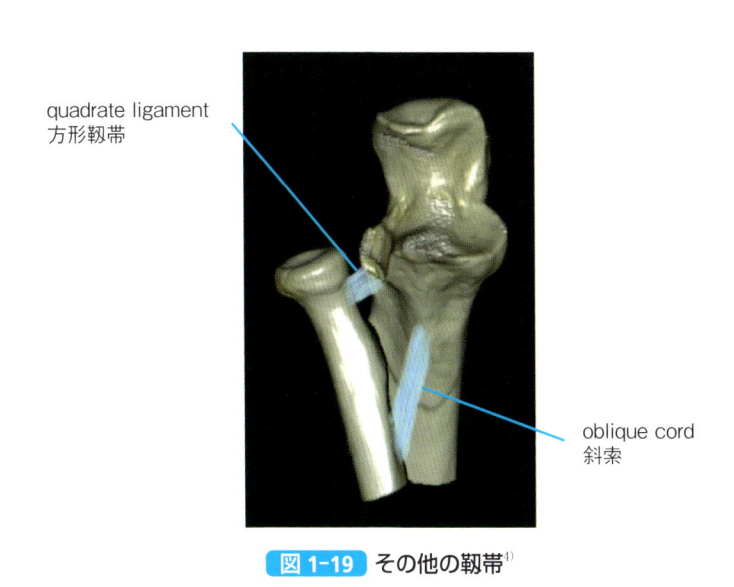

図1-19 その他の靱帯[4]

## 5 滑膜ヒダ（synovial fringe, radiocapitellar plica）（図1-20）

滑膜ヒダは膝では胎生期の関節内隔壁の遺残として古くから知られているが，肘にも同様の組織がある．近年弾発現象や外上顆炎との関連から腕橈関節ヒダが注目されているが，腕尺関節での弾

図1-20 滑膜ヒダ[10]

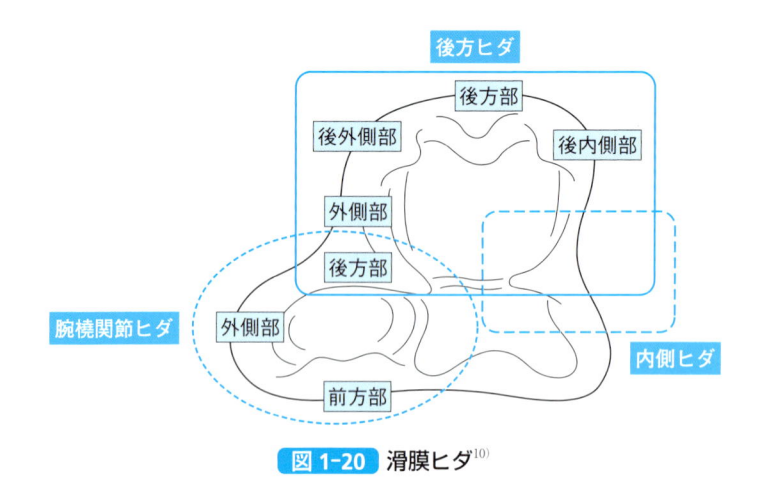

発現象も報告が散見される．現在のところ大歳ら[10]の報告が腕橈関節のみでなく，腕尺関節のヒダまで記述があり，もっとも詳細である．

　腕橈関節には前方，後方，外側にヒダがあり，前後は全例に存在するが外側部は半数程度にしかみられない．磯貝ら[11]の報告でも腕橈ヒダは前方後方は成人，胎児とも100％存在するが，外側ヒダは胎生期には存在せず，成人では38％に認められるとしており，加齢と共に変化する可能性が示唆されている．このヒダの障害は肘関節外側部痛を起こし，外上顆炎との関連が考えられている．

　後方ヒダは肘頭を囲んで外側，後外側，後方，後内側部に細分され，全例に存在している．そのうち32％では後外側，後方，後内側部で連続性がみられている．

　さらに腕尺関節内側にもヒダがあり，これも全例で確認されている．後方ヒダおよび内側ヒダによる肘内側での弾発現象の報告も散見される．全例で認められるヒダは生理的に存在する正常組織と考えられるが，これらが障害を生じる原因に関してはいまだに完全には解明されていない．

## 6 血管

　肘周辺では上腕動脈から多くの分枝と吻合が起こり，側副血行路を作成している．Yamaguchiら[12]の報告に詳細に記載されているごとく，この血行路には内側，外側，後方の3つのアーケードがあり，肘周辺の骨外および骨内血行を理解する上で重要である．まず血管の分岐について順を追って述べ，血行路，骨外，骨内血行について記載する（図1-21，1-22）．

### A 分岐

　上肢を栄養する腋窩動脈は大胸筋下縁で上腕動脈と名を変え，内側筋間中隔前方を走り上腕筋と上腕二頭筋の内側に接して下行する．最終枝である橈骨動脈と尺骨動脈に分岐するまで内側に正中神経が伴走する．

　前後の上腕回旋動脈を分岐後に上腕近位1/3で上腕深動脈を出し，その後肘近位外側で橈側側副動脈（RC），中側副動脈（MC）に分かれる．上腕深動脈は14％では欠損し，この場合は上腕動脈から上記2つが直接分岐する．

　上腕動脈はさらに上腕遠位2/3で上尺側側副動脈（SUC）を分岐しさらに遠位で下尺側側副動脈（IUC）を分岐する．その後，肘窩の遠位で橈骨および尺骨動脈を分岐する．橈骨動脈の外側からは橈側反回動脈（RR）が尺骨動脈の内側からは前尺側反回動脈（AUR）ついで後尺側反回動脈（PUR）

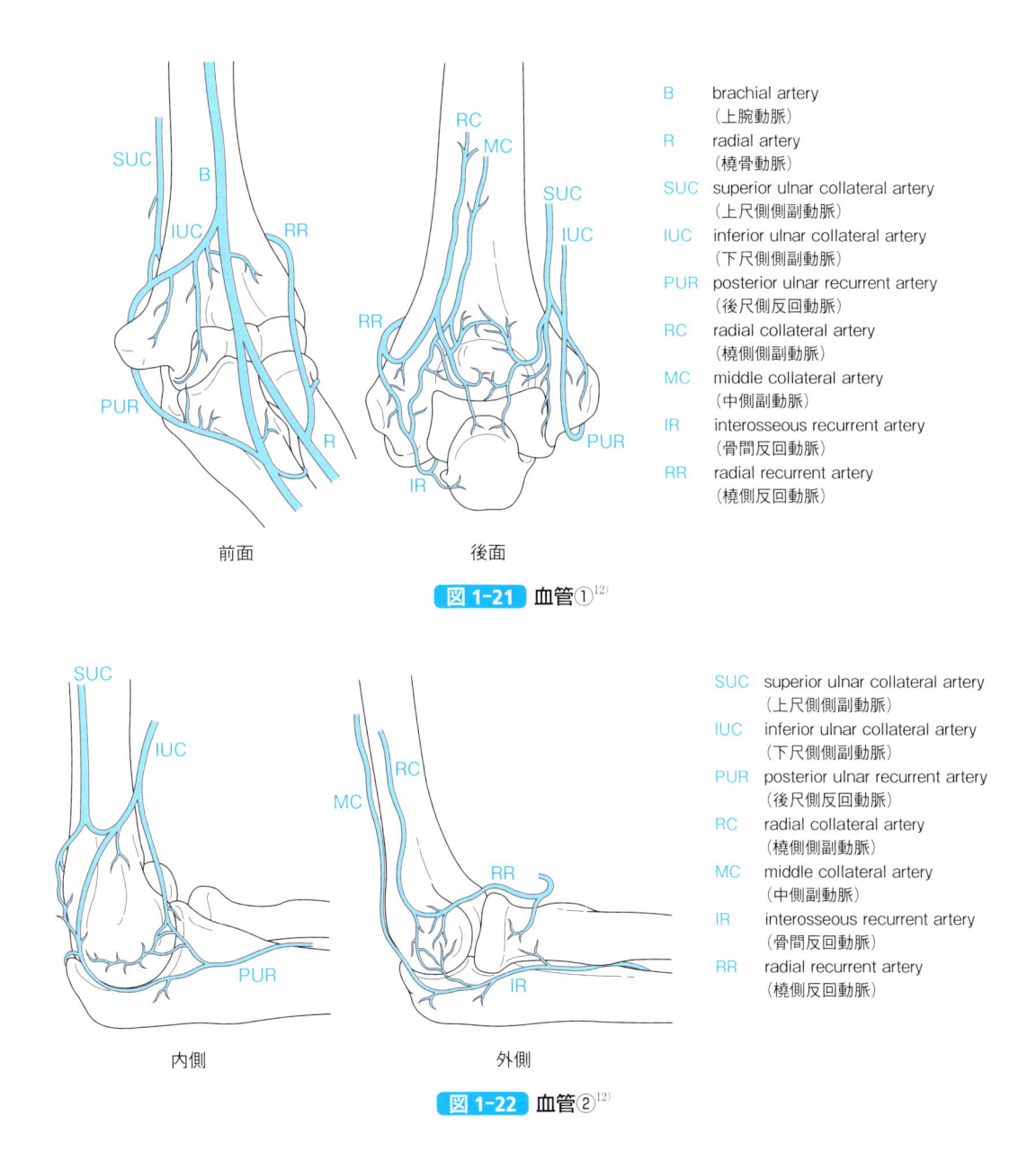

| | |
|---|---|
| B | brachial artery（上腕動脈） |
| R | radial artery（橈骨動脈） |
| SUC | superior ulnar collateral artery（上尺側側副動脈） |
| IUC | inferior ulnar collateral artery（下尺側側副動脈） |
| PUR | posterior ulnar recurrent artery（後尺側反回動脈） |
| RC | radial collateral artery（橈側側副動脈） |
| MC | middle collateral artery（中側副動脈） |
| IR | interosseous recurrent artery（骨間反回動脈） |
| RR | radial recurrent artery（橈側反回動脈） |

図 1-21 血管①[12)]

| | |
|---|---|
| SUC | superior ulnar collateral artery（上尺側側副動脈） |
| IUC | inferior ulnar collateral artery（下尺側側副動脈） |
| PUR | posterior ulnar recurrent artery（後尺側反回動脈） |
| RC | radial collateral artery（橈側側副動脈） |
| MC | middle collateral artery（中側副動脈） |
| IR | interosseous recurrent artery（骨間反回動脈） |
| RR | radial recurrent artery（橈側反回動脈） |

図 1-22 血管②[12)]

が分かれ，そのあと後方に向けて総骨間動脈が分岐し骨間膜の近位縁で前後の骨間動脈になる．後骨間動脈からはさらに骨間反回動脈（IR）が分かれる．

### B 吻合とアーケード

　上腕深動脈から分岐した後に RC は外側筋間中隔を貫き，橈骨神経と伴走，肘前方のスペースへ回り外上顆レベルで RR と吻合する．MC は上腕三頭筋内側頭を栄養しながら肘後方を下行し IR と吻合する．この4つで外側アーケードを形成する．上腕遠位 2/3 で上腕動脈より分岐した SUC は尺骨神経と伴走し肘後方を下行，後に IUC，PUR と吻合して内側アーケードを形成する．またRC，MC，SUC と IR は肘頭窩で吻合し後方アーケードを形成する．

## C 骨外，骨内血行

　上腕骨骨幹部で骨皮質を貫く1本の血管が骨内動脈として遠位へ走行するが顆上部から入る穿通枝よりも近位すなわち肘頭窩の近位3～4 cmで終わる．この栄養動脈と遠位の局所循環の間には境界があり，骨内で吻合を形成しない．上腕骨外上顆へは前面からRCの枝が入り，後面では外側アーケードから栄養血管が進入する．外側アーケードにより後面から進入した骨内動脈は前方内側へ向かい上腕骨小頭から滑車の外側までを栄養しているが，滑車内側との間にはやはり境界がある．上腕骨内上顆は前面ではIUC，後面では内側アーケードから栄養を受ける．滑車の側面ではIUCからの大きな枝が内側前方を下行し後方へ向かって取り巻くようにIUC自身やSUC，PURと吻合して環状の血管を形成しており，この環状血管から栄養される．これは滑車内側を栄養するが，中心溝までで終わり，先ほど述べたように外側との間に境界が存在する．

　橈骨では橈骨遠位骨幹部からの骨内栄養血管は近位へ走行し上腕二頭筋結節部で終了している．RRから多数の血管が回外筋を貫き，関節外で環状血管を形成し橈骨頚部を栄養している．この骨外血管は関節包のすぐ遠位から橈骨頚部を貫いている．頚部から入り骨内血管となると橈骨頭の辺縁まで近位へ走行する．橈骨頭はほとんどの場合，別の単一血管で栄養されており，橈骨粗面から後外側に平均120°の部位で尺骨と関節をなさない面から骨内に進入し，関節直下の横断面で血管叢を形成する．

　尺骨でも骨幹部からの骨内血行は近位へ向かい橈骨頭窩のすぐ遠位で終了している．尺骨近位への血行は後内側からはPURからの枝が，後外側からはIRからの枝が入っている．さらに肘頭窩で形成された後方アーケードが肘頭先端に血行を与えている．この3つの間で多数の骨内吻合があり，半数で上腕三頭筋腱付着部のすぐ近位の肘頭先端に血管叢を形成している．後内側のPURからの血液供給が優位である．鉤状突起先端には最小限の血管分布しかみられない．

## 7 神経

　C5～8およびTh1神経根から形成される腕神経叢から分岐した神経のうち，肘において重要な神経としては筋皮神経，正中神経，橈骨神経，尺骨神経があげられる．以下各神経について詳述する．

### A 筋皮神経（図1-23）

　C5～8神経根から起こる外側神経束から分岐する．通常烏口腕筋を貫き，肘の主な屈筋である上腕二頭筋と上腕筋を支配している．上腕二頭筋と上腕筋への運動枝は，烏口突起から約15および20 cm遠位で各々進入する．その後で上腕二頭筋腱の外側へ向かい，上腕筋膜を通って表層に出て，最終枝である外側前腕皮神経となり，前腕橈側皮膚に分布する．

### B 正中神経（図1-24）

　腕神経叢の内側および外側神経束から形成される．外側神経束からは主に感覚神経が，内側神経叢からはおもに運動神経が進入する．この神経は上腕では枝を出さない．上腕動脈の前外側に沿って遠位へ向かい上腕中央付近で動脈の前方を横切り，内側に沿って上腕筋と内側筋間中隔の間を遠位へ進む．その後上腕二頭筋腱膜（lacertus fibrosus）の下を通り，肘窩へ到達する．肘窩で肘関節への関節枝を出し，さらに肘関節皮線のわずか上方で円回内筋への筋枝を出す．前腕に入ると上腕動脈と分かれて円回内筋の深頭と浅頭の間を通る．この部位で橈側手根屈筋，長掌筋，浅指屈筋へ

図1-23 筋皮神経

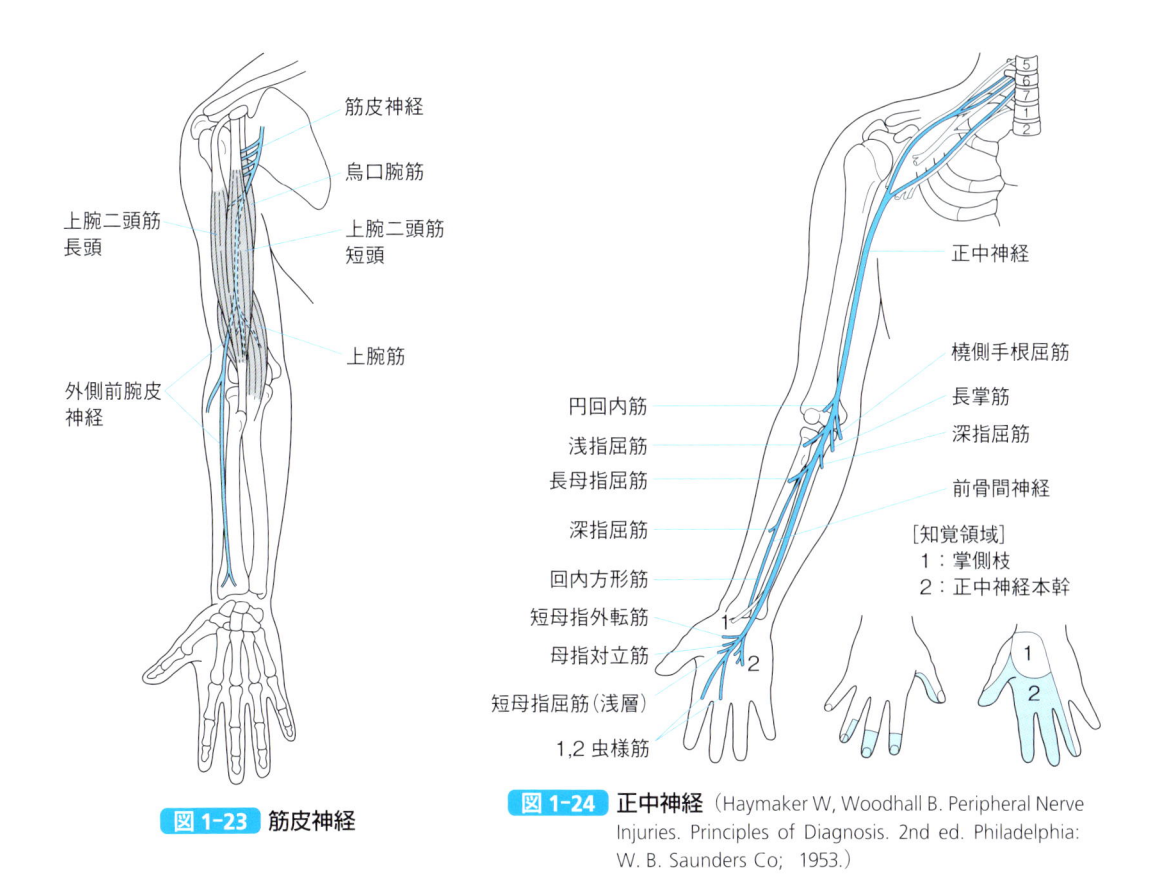

図1-24 正中神経 (Haymaker W, Woodhall B. Peripheral Nerve Injuries. Principles of Diagnosis. 2nd ed. Philadelphia: W. B. Saunders Co; 1953.)

筋枝を出す．これら前腕浅層筋群への筋枝は尺側に出ているため，肘関節前方の展開では正中神経を尺側によるのが安全とされている．しかしこれらの筋枝を出した直後に橈背側へ前骨間神経を分岐しているので要注意である．前骨間神経は深指屈筋掌側面を走り橈側半分に筋枝を出した後，長母指屈筋，方形回内筋に筋枝を送り，最後に手関節周囲に知覚枝を出して終わる．円回内筋を出た後，正中神経本幹は浅指屈筋の線維性アーチの下を進み，前腕遠位で表面に出て手根管内に向かう．

肘から前腕にかけて正中神経には様々な絞扼性神経障害を起こすことが報告されている．上腕骨内側に suprachondylar process のある人では上腕骨内上顆との間に Struthers' ligament を形成しこの下を正中神経および上腕動脈が通過することで圧迫が起こる（図1-25）．上腕二頭筋腱膜の副腱での前骨間神経麻痺や上腕筋腱の弾発で正中神経知覚枝の麻痺も報告がある．円回内筋の2頭間にある線維性バンドも圧迫の原因となり，円回内筋症候群として知られる（図1-26）．ほかに浅指屈筋の線維性アーチ，長母指屈筋の副筋頭（Gantzer筋），palmaris profundus，短橈側手根屈筋などの破格筋による圧迫も報告がある．また Parsonage と Turner によって報告された神経痛性筋萎縮症は前骨間神経にまれに起こり，前角細胞との関与やウイルス疾患による発症も疑われているが，近年この症状を発症した神経に砂時計様のくびれが認められるという報告も多い（図1-27）．

## C 橈骨神経（図1-28）

腕神経叢の後神経束から分岐し，腋窩動脈と上腕動脈の後方を通り，この分枝である上腕深動脈と共に上腕三頭筋長頭の前を通ってその深部を後外側へ向かい，上腕三頭筋外側頭の深部，内側頭の浅層を通って螺旋溝の近くを走行する．その間に上腕三頭筋への筋枝と後前腕皮神経を出した

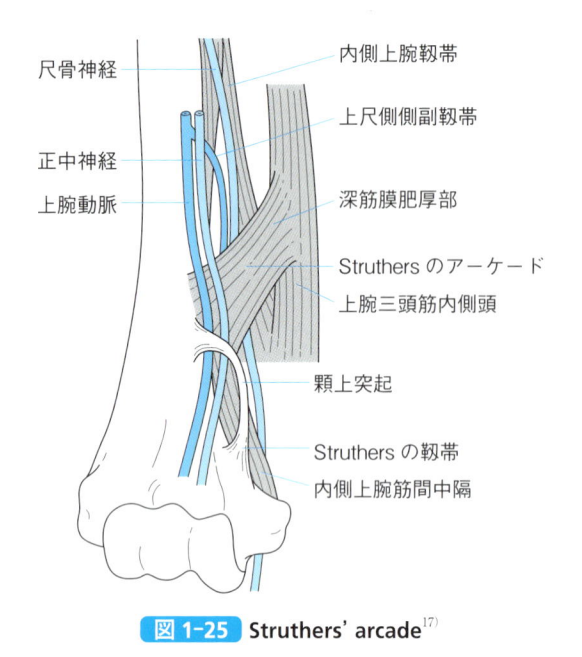

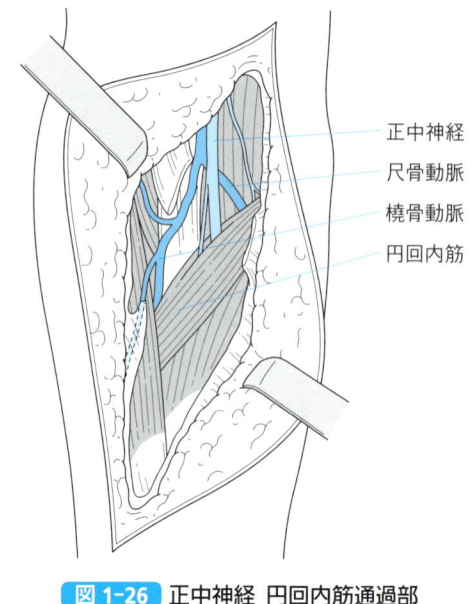

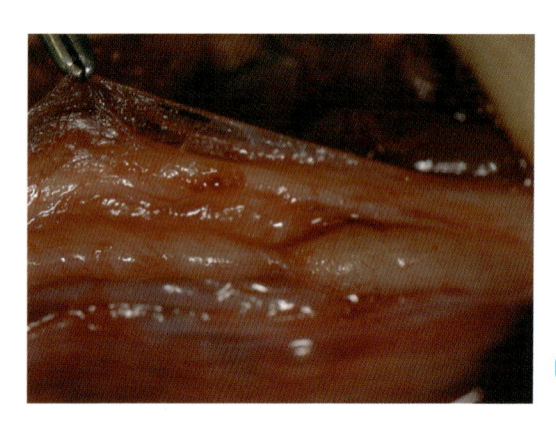

図 1-25 Struthers' arcade[17]

図 1-26 正中神経 円回内筋通過部

図 1-27 神経における砂時計様のくびれ

後，外上顆の約 10 cm 近位で外側筋間中隔を貫き上腕前方コンパートメントへ入る．ここでは上腕筋と腕橈骨筋の間を走行しこれらの筋に筋枝を与える．さらに遠位で長橈側手根伸筋に筋枝を出した後に肘関節橈側前方に至り，外上顆レベルで浅枝と深枝（後骨間神経）に分かれる．短橈側手根伸筋への筋枝はこの分岐部付近より出るため変異が多く，橈骨神経本幹，浅枝，深枝いずれからも分岐することがある．浅枝はこれ以降は純粋な知覚神経となり腕橈骨筋の内側縁に沿って末梢へ走る．深枝は関節枝は出すものの皮膚知覚神経はなく，ほぼ純粋の運動神経である．浅枝と分かれた後に遠位背側へ向かい回外筋の近位縁から橈側反回動脈（RR）を伴ってこの筋の 2 頭間を通過する．回外筋の近位縁には腱性のアーチがあり arcade of Frohse と呼ばれる．回外筋内でこの筋に筋枝を出し，後骨間神経は橈骨近位部の橈側を回って前腕背側に向かう．回外筋を出た後，指伸筋，小指伸筋，尺側手根伸筋へ筋枝を出し，さらに長母指外転筋，長母指伸筋，短母指伸筋に筋枝を出し，最後に示指伸筋への筋枝を出すと手関節背側へ関節枝を出して終わる．

橈骨神経においても上腕から前腕にかけて様々な部位での絞扼性神経障害が知られている．上腕骨後方での就寝時における圧迫障害は Saturday night palsy として有名であるが，重労働やスポーツによる筋負荷により上腕三頭筋外側頭による橈骨神経の圧迫が起こり，麻痺に至った報告もある．

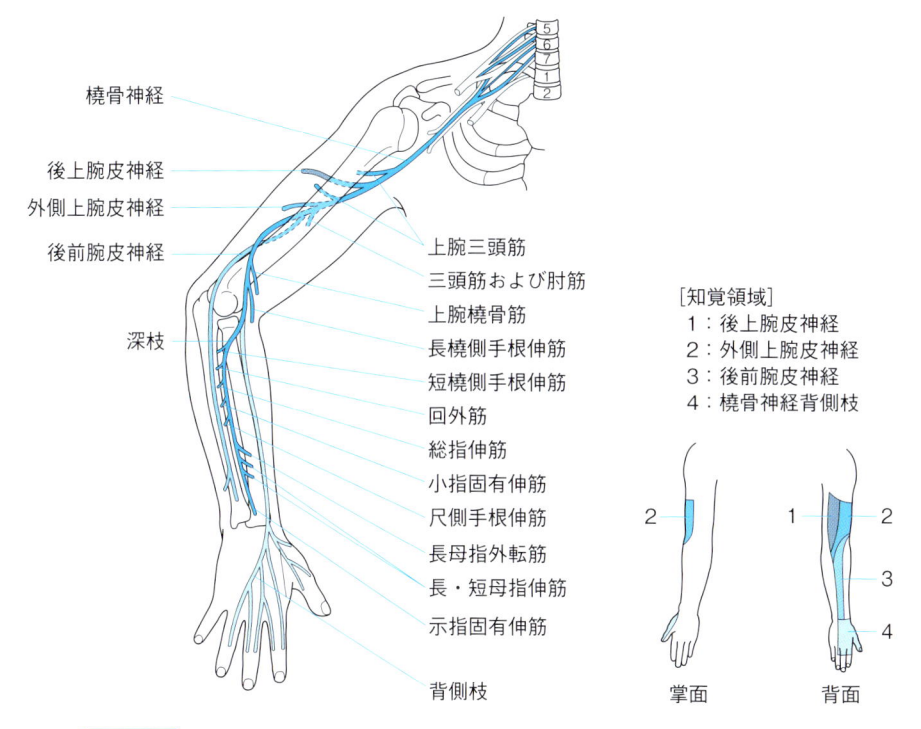

**図 1-28** 橈骨神経（Haymaker W, Woodhall B. Peripheral Nerve Injuries. Principles of Diagnosis. 2nd ed. Philadelphia: W. B. Saunders Co; 1953.）

　また上腕外側筋間中隔の線維性アーチによる麻痺も起こりうる．前述した arcade of Frohse による絞扼，同部でのガングリオン，外傷などは回外筋症候群として知られ，後骨間神経麻痺を起こす．また前骨間神経同様に後骨間神経でも神経痛性筋萎縮症および砂時計様くびれの報告が散見される．

　ほかに難治性外上顆炎との鑑別上重要視されているものとして Roles らによって提唱された橈骨神経管症候群がある[14]（図 1-29, 1-30）．橈骨神経管は腕橈関節前方で約 5 cm の長さにわたり，外側は腕橈骨筋，長・短橈側手根伸筋，内側は上腕二頭筋腱と上腕筋，後方は腕橈関節包で形成される．前方は腕橈骨筋，長・短橈側手根伸筋が外側から前方へ横切ることで屋根を作る．佐藤は短橈側手根伸筋腱性起始部の橈骨神経への被覆程度と形態および回外筋入口部の線維性バンドの細分類を示し，絞扼との関係を詳細に検討している[15]（図 1-31）．

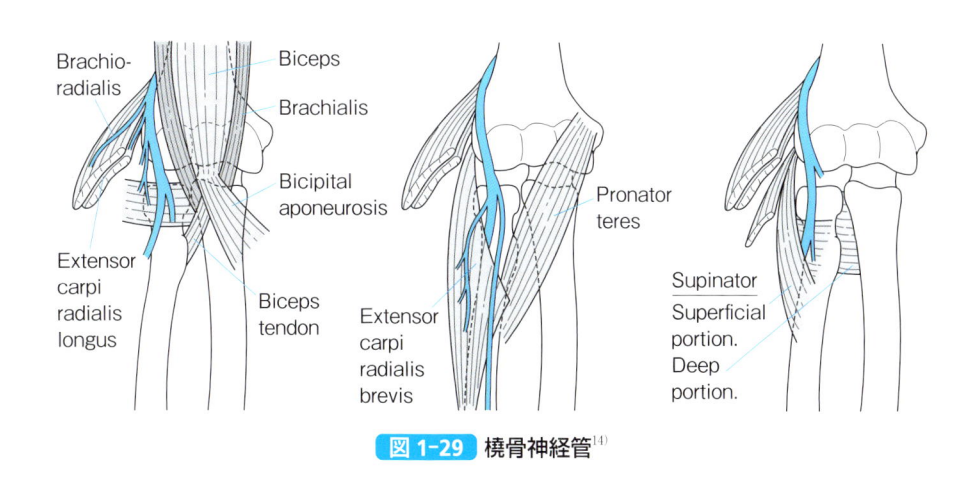

**図 1-29** 橈骨神経管[14]

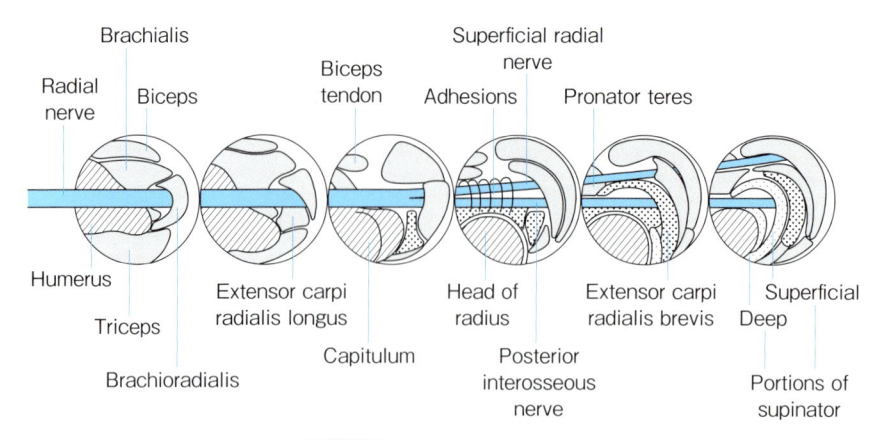

**図 1-30** 橈骨神経管断面[15]

**短橈側手根伸筋起始部のタイプ**（各図は右肘）
ECRB　短橈側手根伸筋
Frohse　回外筋入口部
Deep br.　橈骨神経深枝

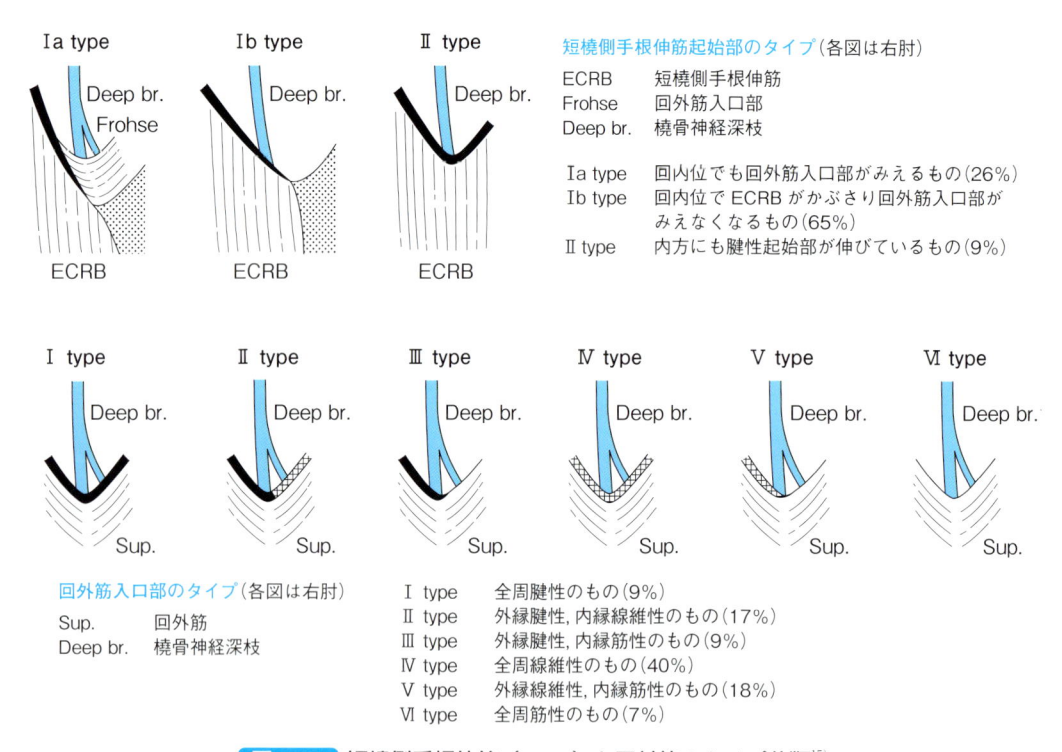

Ia type　回内位でも回外筋入口部がみえるもの（26%）
Ib type　回内位でECRBがかぶさり回外筋入口部が
　　　　みえなくなるもの（65%）
Ⅱ type　内方にも腱性起始部が伸びているもの（9%）

**回外筋入口部のタイプ**（各図は右肘）
Sup.　　　回外筋
Deep br.　橈骨神経深枝

Ⅰ type　全周腱性のもの（9%）
Ⅱ type　外縁腱性，内縁線維性のもの（17%）
Ⅲ type　外縁腱性，内縁筋性のもの（9%）
Ⅳ type　全周線維性のもの（40%）
Ⅴ type　外縁線維性，内縁筋性のもの（18%）
Ⅵ type　全周筋性のもの（7%）

**図 1-31** 短橈側手根伸筋（ECRB）と回外筋のタイプ分類[15]

　橈骨神経管症候群は臨床症状としては外上顆炎と似て，肘外側部痛を起こし，Thomsen'sテスト，中指伸展テストとも陽性であるが，通常運動麻痺を伴わず，知覚鈍麻は軽度もしくは認めない．鑑別診断としては最大圧痛点が外上顆より遠位にあり，橈骨神経管上の圧痛もみられ，腕橈骨筋と短橈側手根伸筋の間で後骨間神経を圧迫し両前腕を比較することが重要である．また抵抗下に前腕回外することや駆血による症状の誘発，回外筋に局所麻酔注射（後骨間神経ブロック）することで症状の軽快が得られることも鑑別のうえで重要とされる．

## D 尺骨神経 （図1-32）

　腕神経叢内側神経束の最終枝であり，腋窩動脈，上腕動脈の内側を遠位へ向かって走行する．上

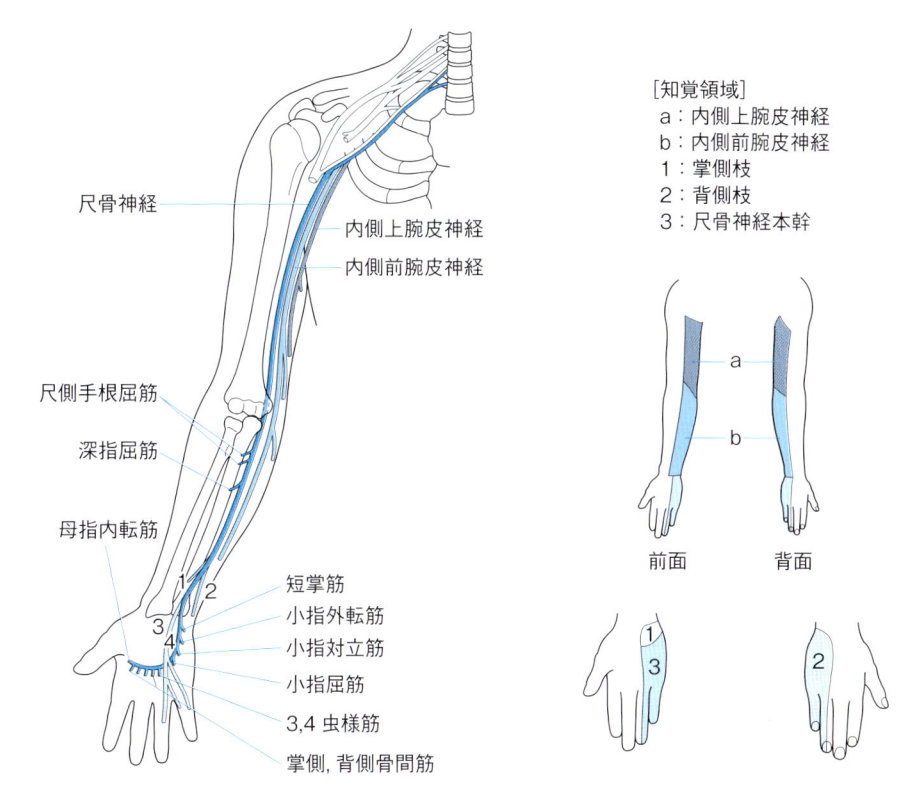

[知覚領域]
a：内側上腕皮神経
b：内側前腕皮神経
1：掌側枝
2：背側枝
3：尺骨神経本幹

**図 1-32** 尺骨神経 (Haymaker W, Woodhall B. Peripheral Nerve Injuries. Principles of Diagnosis. 2nd ed. Philadelphia: W. B. Saunders Co; 1953.)

腕のほぼ中央で上腕動脈から上尺側側副動脈（SUC）が分岐するとこれと共に背側に向かい内側筋間中隔を貫き，この後方で上腕三頭筋内側頭の前方を走行する．ついで肘頭内側，内上顆後方を通り，肘部管に入る．この直前で肘関節への関節枝を出し，さらに肘部管内で尺側手根屈筋に筋枝を与える．尺側手根屈筋の 2 頭間を通り抜けた後，深指屈筋の尺掌側に出て手関節へ向かう．この部位で深指屈筋尺側部への筋枝を出す．

尺骨神経における上腕から前腕にかけての絞扼性神経障害は他の神経よりも頻度が高い．Struthers' arcade での絞扼や肘部管症候群がよく知られている．

Struthers' arcade（腱弓）は先述した Struthers によって報告された靱帯と同じレベルで尺骨神経麻痺を起こす膜様物を 1973 年に Kane が"arcade"と記載して以来用いられている言葉であり，Struthers 自身による記載はない[16]．上腕骨内上顆より約 8 cm 近位に存在し上腕遠位部の深層筋膜が肥厚したものと，上腕三頭筋内側頭の浅層筋線維，内側上腕筋間中隔および内側上腕靱帯の付着部とにより構成されている．狭義では typical Struthers' arcade とも言われる三頭筋から内側筋間中隔に至る筋膜の肥厚部を示すが，尺骨神経の表層や深部に多数の靱帯様組織があるタイプや三頭筋内側頭に尺骨神経が埋もれる型などが存在する．上肢の外転・外反と上腕三頭筋の収縮を反復するようなスポーツ動作により神経が繰り返し圧迫を受けることが要因として考えられている[17]．尺骨神経溝における遅発性尺骨神経麻痺に対する前方移行術の際，この腱弓が存在する場合にはこの部位での新たな絞扼障害が起こる可能性がある．

肘部管症候群は肘部管での絞扼性神経障害であり，上肢の絞扼性神経障害では手根管症候群についで頻度が高い．Osborne[18] が 1959 年に内上顆から肘頭へ，さらに FCU の 2 頭間の三角形を覆う

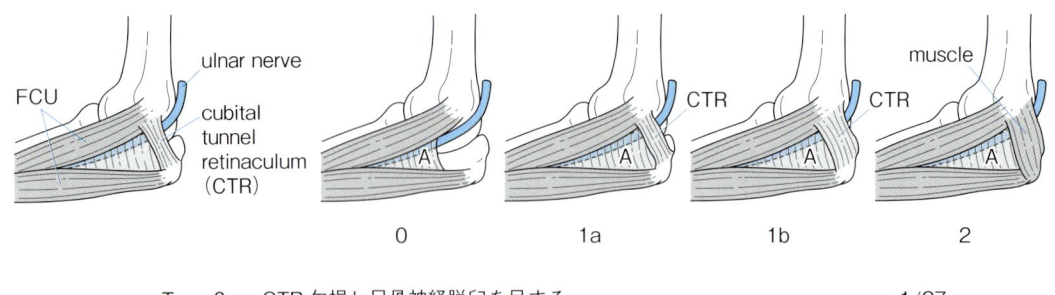

| Type 0 | CTR 欠損し尺骨神経脱臼を呈する | 1/27 |
| Type 1a | CTR が緩く，肘最大屈曲で緊張するが尺骨神経を圧迫しない | 17/27 |
| Type 1b | CTR が肥厚し固く肘屈曲 90°から 120°で緊張し尺骨神経を圧迫 | 6/27 |
| Type 2 | CTR の上に滑車上肘筋が存在する | 3/27 |

**図 1-33** Cubital tunnel retinaculum の分類[19]

線維を発表し，後に Osborne band や Osborne ligament と呼称されているが，この線維には様々な呼称があり，統一性がとれていない．内上顆から肘頭への固い線維のみを滑車上靱帯や肘部管支帯という表記もみられる．また尺側手根屈筋 2 頭間の線維は弓状靱帯，絞扼靱帯ともいわれている．Osborne 自身はこの 2 つを含めて絞扼の原因と記載している．

O'Driscoll ら[19]は内上顆から肘頭への固い線維のみを cutibal tunnel retinaculum（CTR），尺側手根屈筋 2 頭間の線維は腱膜として 4 つに分類している．

Type 0 は CTR 欠損群で 27 肢中 1 肢に，Type 1a は CTR が緩く，肘最大屈曲で緊張するもので 27 肢中 17 肢に，Type 1b は CTR が肥厚して固く肘屈曲 90°から 120°で緊張するもので 27 肢中 6 肢に，Type 2 は CTR の上に滑車上肘筋が存在するもので 27 肢中 3 肢に存在すると報告した．このうち Type 0 では肘の屈伸に伴い尺骨神経脱臼が観察されており，屈伸を伴うスポーツ動作で尺骨神経障害の原因となりうる（図 1-33）．

また尺側手根屈筋の深層での腱膜もしくは筋膜構造も尺骨神経を圧迫する可能性がある．これは 1986 年 Amadio ら[20]によって屈曲回内筋群深部腱膜（deep flexor pronator aponeurosis）として報告されているが，2007 年 Siemionow ら[21]により，さらに詳細に検討され，2 つのタイプに分けられるとしている．Type 1 は内上顆から平均 5.6 cm 遠位まで筋膜がみられ，3 カ所でバンド状に肥厚

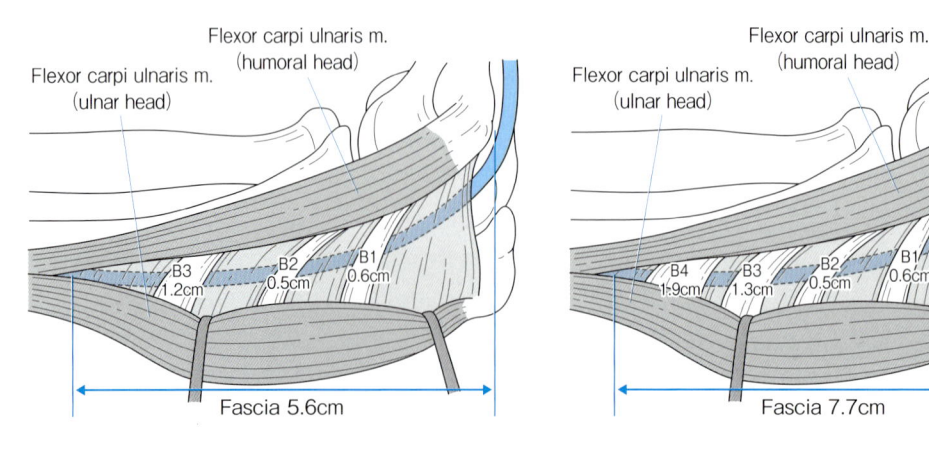

Type 1　内上顆から平均 5.6cm 遠位まで筋膜  
　　　　3 カ所バンド状に肥厚

Type 2　内上顆から平均 7.7cm 遠位まで筋膜  
　　　　4 カ所バンド状に肥厚

**図 1-34** 前腕近位で尺骨神経を覆う筋膜[21]

した部位がある．Type 2 は内上顆から平均 7.7 cm 遠位まで筋膜がみられ，4 カ所でバンド状に肥厚した部位がある．これらの筋膜は尺骨神経の絞扼性神経障害を起こす素因であるとともに切離不十分であると肘部管症候群の単純除圧後に症状が残る場合や，尺骨神経前方移行の際にこの部位での新たな絞扼障害が起こる可能性があるので注意が必要である（図 1-34）．

■文献
1) Morrey BF, editor. The Elbow and Its Disorders. 4th ed. Philadelphia: Saunders; 2008.
2) 司馬良一．肘関節拘縮の治療/機能解剖 肘関節の骨格構造と機能解剖．関節外科．1990; 9: 287-96.
3) Rockwood and Green's Fractures in Adults. 7th ed. Baltimore: Lippincott Williams & Wilkins; 2009.
4) カパンディ 関節の生理学．東京: 医歯薬出版; 1986.
5) 飛騨 進，内西兼一郎，伊藤恵康．肘関節拘縮の治療/機能解剖 肘関節の軟部支持組織と機能解剖．関節外科．1990; 9: 299-305.
6) 堀井恵美子．外側側副靱帯の解剖と機能．関節外科．1994; 13: 45-50.
7) O'Driscoll SW, Bell DE, Morrey BE. Posterolateral rotatory instability of the elbow. J Bone Joint Surg. 1991; 73A: 440-6.
8) 関 敦仁．肘不安定症の病態と治療 肘関節外側側副靱帯の機能解剖 輪状靱帯の組織学的検討．臨整外．2006; 41: 1261-6.
9) 熊井 司．上腕骨外側上顆炎の病態に迫る 腱・靱帯付着部の構造と機能―上腕骨外側上顆炎の理解に必要な enthesis biology の知識―．整・災外．2011; 54: 5-12.
10) 大歳憲一，菊地臣一，関口美穂，他．肘関節滑膜ヒダの解剖学的検討 関節症性変化との関連．臨整外．2010; 45: 245-53.
11) 磯貝 哲，和田卓郎，山下敏彦，他．肘関節外側支持機構に関する解剖学的研究．整・災外．2003; 46: 197-202.
12) Yamaguchi K, Sweet FA, Bindra R, et al. The extraosseous and intraosseous arterial anatomy of the adult elbow. J Bone Joint Surg. 1997; 79A: 1653-62.
13) Wolfe SW, Hotchkiss RN, Pederson WC, et al. Green's Operative Hand Surgery. 6th ed. Edinburgh: Churchill Livingstone; 2010.
14) Roles NC, Maudsley RH. Radial tunnel syndrome, resistant tennis elbow as a nerve entrapment. J Bone Joint Surg. 1972; 54B: 499-508.
15) 佐藤哲雄．肘部での橈骨神経 entrapment に関する解剖学的研究．お茶の水医学雑誌．1979; 27: 275-85.
16) De Jesus R, Dellon AL. Historic origin of the "Arcade of Struthers". J Hand Surg. 2003; 28A: 528-31.
17) 奥山訓子，宇沢充圭，久保井二郎，他．スポーツ選手の Struthers' arcade における尺骨神経絞扼性障害．日肘会誌．2001; 8: 5-6.
18) Osborne GV. Ulnar neuritis. Postgrad Med J. 1959; 35: 392-6.
19) O'Driscoll SW, Horii E, Carmichael SW, et al. The cubital tunnel and ulnar neuropathy. J Bone Joint Surg. 1991; 73B: 613-7.
20) Amadio PC, Beckenbaugh RD. Entrapment of the ulnar nerve by the deep flexor-pronator aponeurosis. J Hand Surg. 1986; 11A: 83-7.
21) Siemionow M, Agaoglu G, Hoffmann R. Anatomic characteristics of a fascia and its bands overlying the ulnar nerve in the proximal forearm: a cadaver study. J Hand Surg. 2007; 32E: 302-7.

［徳永　進］

# 2 理学所見の取り方

## A 肩関節

スポーツ選手の肩関節疾患の診断においては，解剖学的破綻や炎症などの局所的な病態診断に加え，運動連鎖を基に肩関節以外の機能不全を考慮した機能診断が重要である．そこで，肩の理学所見を取るときは，選手の現在の症状，状態に至るまでのストーリーを常に考えながら総合的に判断することが必要である．

### 1 問診

一度の大きな怪我により発症した"外傷"であるのか，オーバーユースなど繰り返される運動で発症した"障害"であるのかを区別する．
選手の発する key word より疾患，障害を想定する．

#### A 痛みが主訴の選手の問診
①外傷の有無：外傷による急性発症であるか，障害による慢性的な痛みか．
②時期，種類：いつから，どのような痛みか（安静時痛，運動時痛，夜間痛）．
③位置，範囲：触診により確定される．

#### B 肩の動かしにくさが主訴の選手の問診

##### 1．外傷がある場合
a）外傷直後からの挙上不可
腱板断裂，上腕骨大結節骨折，肩関節脱臼など．
b）外傷後徐々に起こる挙上制限
腱板断裂，外傷後拘縮，肩関節脱臼時の腋窩神経麻痺など．

##### 2．外傷がない場合
a）腱板断裂や腱板機能不全，肩甲帯機能不全，運動連鎖の破綻
投球障害，swimmer's shoulder など．
b）頚椎由来の疾患や，神経内科的疾患
①Keegan 型麻痺
知覚障害を伴わない頚椎症で，頚神経前根および前角の障害で C5, 6 レベルでの麻痺を起こす．
②Neuralgic amyotrophy
急激な強い痛みを伴う長胸神経麻痺により肩甲骨周囲筋の機能障害を起こす．

#### C 肩の緩さが主訴の選手の問診
①外傷の有無：初回肩関節脱臼，反復性肩関節脱臼．

外傷なく緩い：習慣性肩関節脱臼，動揺肩．
②脱臼肢位および緩さを自覚する肢位（apprehension 肢位）の確認
③スポーツの種目：コンタクトスポーツ，投球競技．

## 2 視診

### A 立位で診るべきポイント

#### 1．前方からの評価（図 2-1a）
手の位置（肘が伸びて大腿の外側にあるか，手の甲が前に向いていないか），肩の高さの左右差．

#### 2．後方からの評価（図 2-1b）
筋の萎縮，肩甲骨の位置異常や翼状肩甲の有無．

#### 3．側方からの評価
立位姿勢：耳介，肩峰，大転子のライン（図 2-1c）．
動的安定姿勢：下腿近位 1/3，大腿 1/2，第 7～9 胸椎のライン（図 2-1d）．

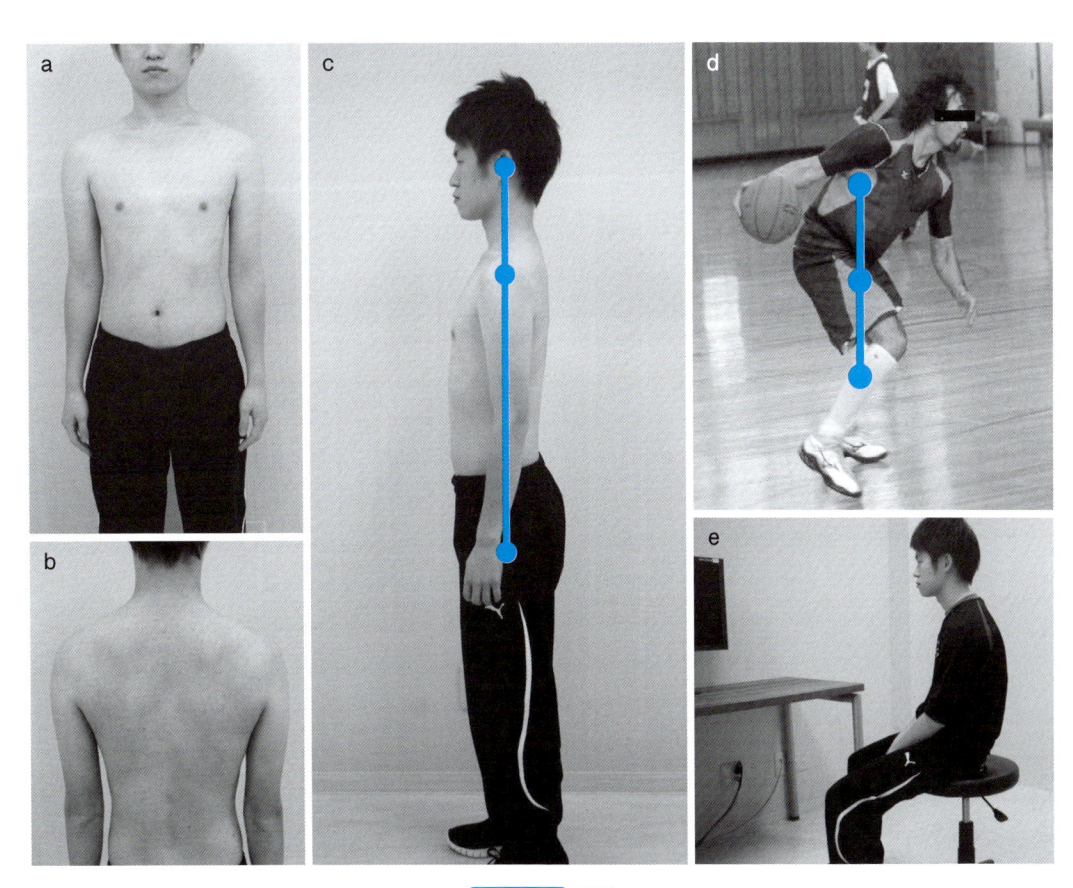

**図 2-1** 視診
a：前方からの評価．
b：後方からの評価．
c：側方からの評価．耳介，肩峰，大転子のラインを示す．
d：側方からの評価．下腿近位 1/3，大腿 1/2，第 7～9 胸椎のラインを示す．
e：座位での評価．

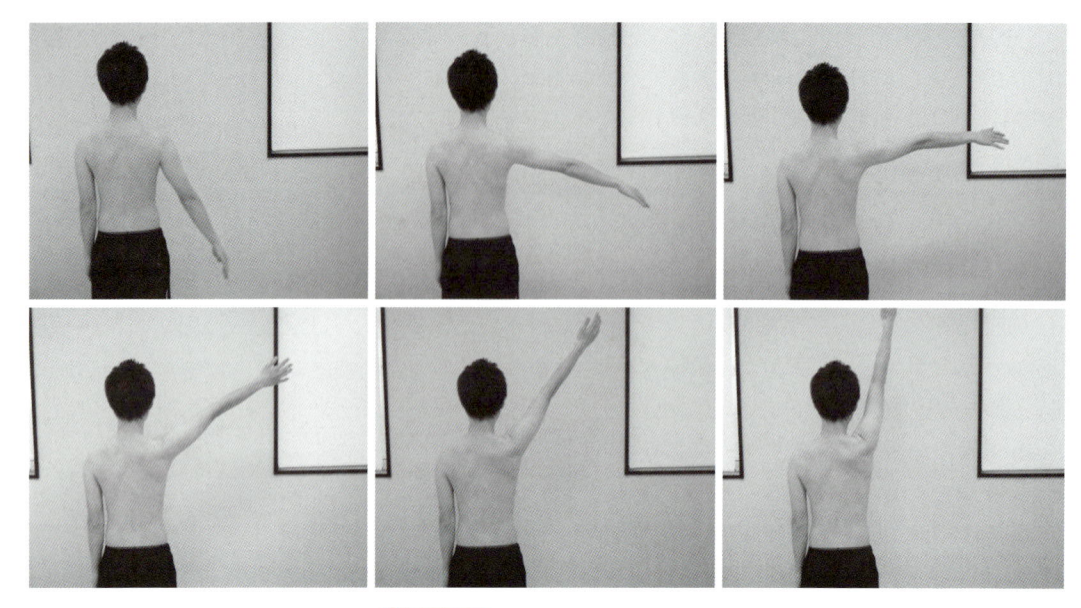

**図 2-2** 肩甲上腕リズムの評価

### B 椅子に座った時に診るべきポイント（図 2-1e）

座位での骨盤の傾き：座位で骨盤が後傾し，腰椎前弯が消失している選手が多い．

### C 肩甲上腕リズムの視診：立位での自動外転運動を後方から評価（図 2-2）

外転初期では肩甲骨は体幹に固定し（setting phase），その後，インピンジを避けるために肩甲骨は上方回旋する．この動きが，左右対称にスムーズに行われるかをチェック．

## 3 触診

圧痛点を把握するための触診のポイントを図 2-3 に示す．

### 1．前方から

①肩鎖関節，②烏口突起，③腱板疎部，④結節間溝および上腕二頭筋長頭腱，⑤大結節（腱板付着部），⑥三角筋（知覚異常もチェック），⑦上腕骨近位骨端線部．

### 2．後方から

⑧肩甲骨下角．

その他に僧帽筋，肩甲挙筋，菱形筋，肩峰後角も触診する．

## 4 理学所見

### A 肩関節可動域

①前方挙上（屈曲），②外転，③下垂位外旋，④90°外転位外旋，⑤90°外転位内旋，⑥90°屈曲位外旋，⑦90°屈曲位内旋，⑧複合内旋．

絶対値としての可動域，最終可動域の痛みを同時に評価．

さらに可動域制限を起こしている原因が痛みであるのか，インピンジメントなどの物理的要因か

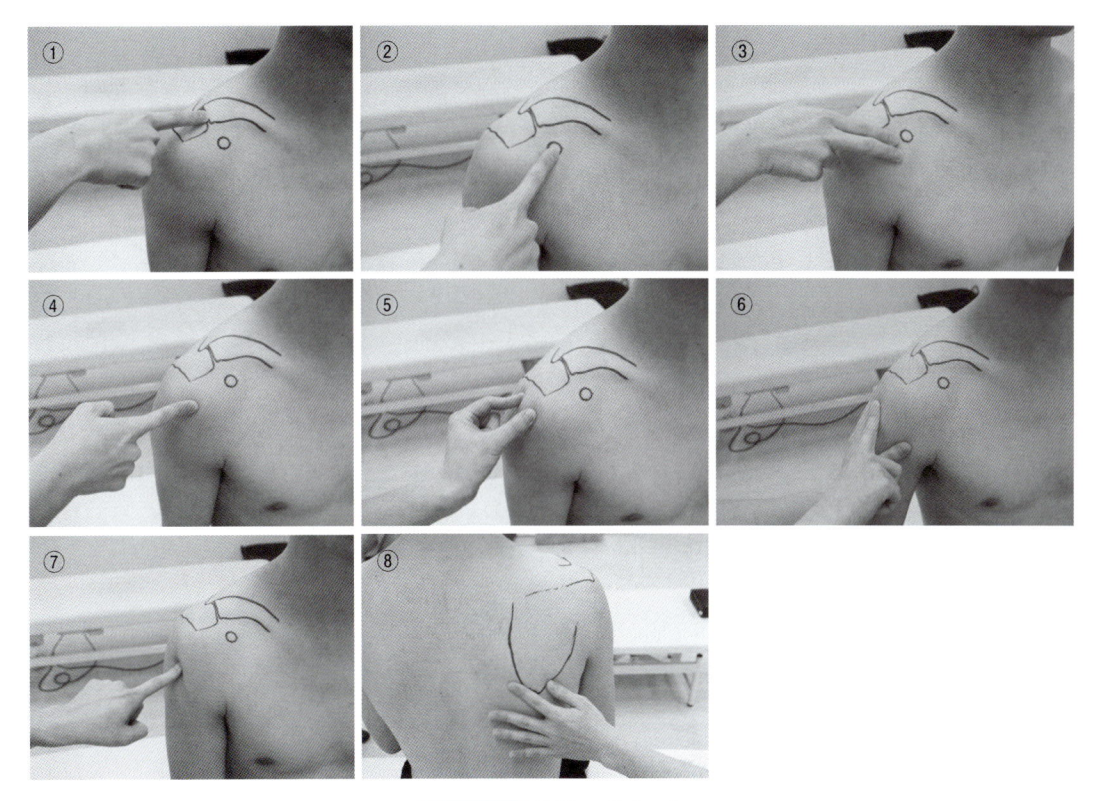

**図 2-3** 触診のポイント

①肩鎖関節，②烏口突起，③腱板疎部，④結節間溝および上腕二頭筋長頭腱，⑤大結節（腱板付着部），⑥三角筋，⑦上腕骨近位骨端線部，⑧肩甲骨下角

を評価．

[考え方]

日本整形外科学会評価判定基準（JOAスコア）では，基本的に座位で自動運動可動域を測定することになっているが，スポーツ選手の場合は，下肢・体幹の影響を大きく受けるため，立位で測定することもある．また，他動可動域の測定も必要になる．そのため検者自身のスタイルでよいと思われる．

## B 徒手筋力評価

①肩外転筋力，②下垂位外旋筋力，③下垂位内旋筋力，④外転90°外旋筋力．

下垂位外旋筋力：ガングリオンによる肩甲上神経麻痺では下垂位外旋筋力が選択的に低下する．

## C 肩の特殊検査

### 1．腱板機能，肩甲帯機能の評価

a）Initial abduction（初期外転）テスト（図2-4）

立位にて肩甲骨面上で下垂位からの外転運動に対し検者が徒手的に抵抗を加え，等尺性の初期外転筋力を評価．

肩甲骨の下角を触診し，肩甲骨の胸郭上の動きと安定性をチェック．脊柱の傾きなど代償運動をチェック．

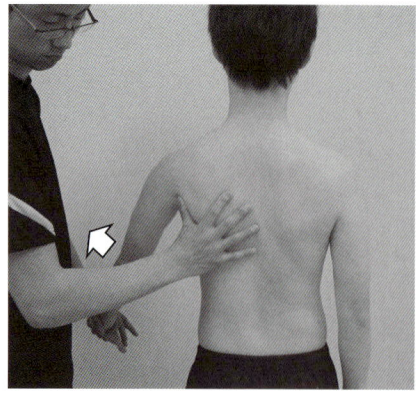

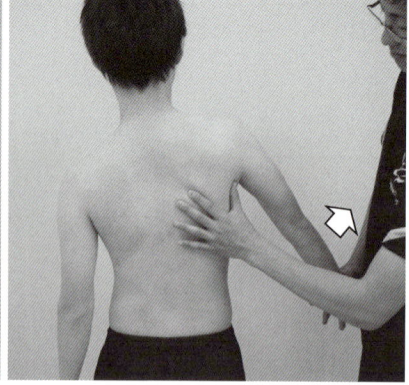

**図 2-4** Initial abduction（初期外転）テスト

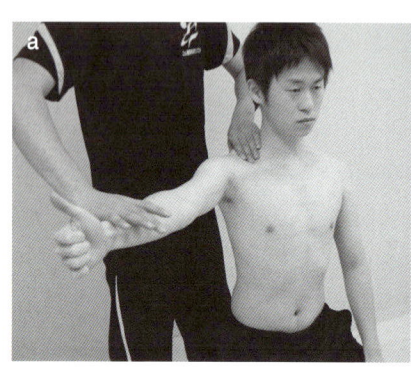

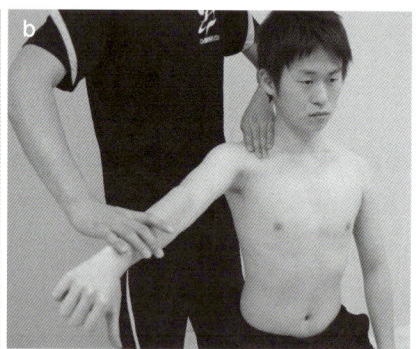

**図 2-5** 腱板出力テスト（Cuff テスト）

　初期外転時，肩甲骨は軽度内転（脊柱方向に平行移動）し，胸郭上に固定され，上方回旋運動が始まる[1]．

　機能不全があると，肩甲骨が上方移動，翼状肩甲を起こす．また，脊柱を傾け代償する．

### b）腱板出力テスト（Cuff テスト）

肩甲面上約 90°での外転筋力の評価．

腱板の解剖学的付着部の研究[2]より，手掌上向きで棘上筋の筋出力（図 2-5a），手掌下向きで棘下筋の筋出力（図 2-5b）を評価．

### c）Whipple テスト（図 2-6）

挙上約 90°で水平内転位での腱板の出力の評価．

求心位を外し，より腱板の出力しにくい状況をつくる．腱板の付着部より棘下筋の評価としている．

### d）Lift-off テスト（図 2-7）

肩甲下筋の筋出力を評価．

手を背部に回し，脊柱から手を離すように押し返し，等尺性筋力を評価．

拘縮がある症例，インピンジの強い症例では検査肢位がとれないことがある．

### e）Bear-hug テスト（図 2-8）

肩甲下筋の等尺性筋力を評価．

肩関節内転内旋位で手掌を胸の前に置き，検者はその手を胸から離す方向に力を入れ，等尺性筋

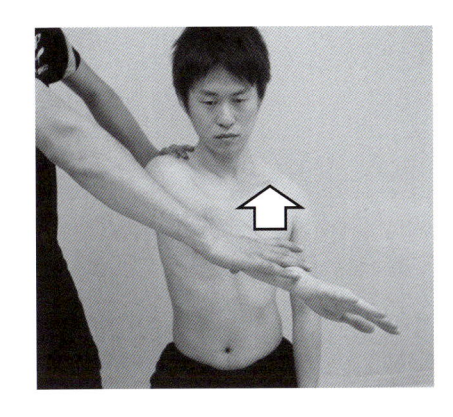

図 2-6 Whipple テスト

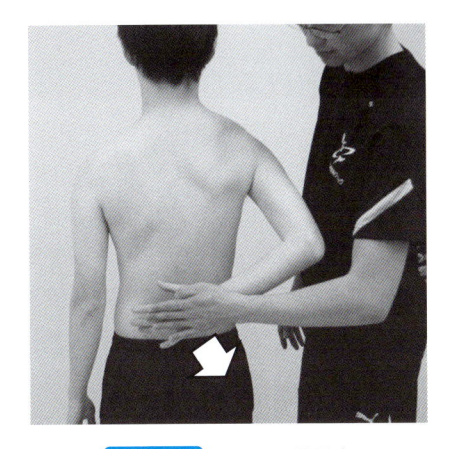

図 2-7 Lift-off テスト

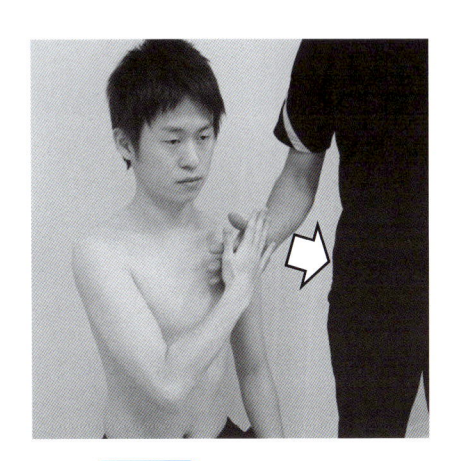

図 2-8 Bear-hug テスト

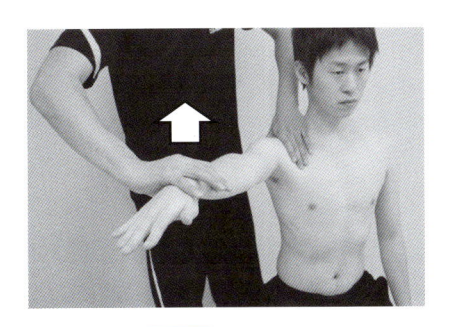

図 2-9 Neer テスト

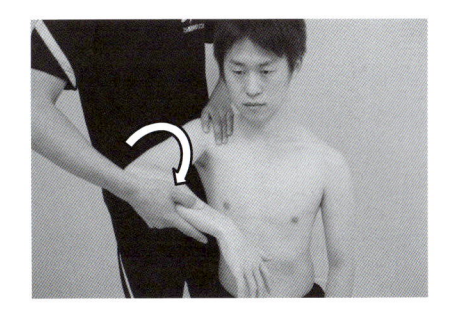

図 2-10 Hawkins テスト

力を評価.
　大胸筋の内旋要素を少なくでき，肩甲下筋単独の筋出力をチェックできる．
## 2．インピンジメントテスト
　a）Neer テスト（図 2-9）
　肩甲骨を上から押さえ，肩甲骨の挙上と上方回旋を抑制し，他動外転運動を行い，疼痛，クリックを評価．
　b）Hawkins テスト（図 2-10）
　肩甲骨を上から押さえ，肩甲骨の挙上と上方回旋を抑制し，肩関節外転位で他動的に内旋運動を行い，疼痛，クリックを評価．

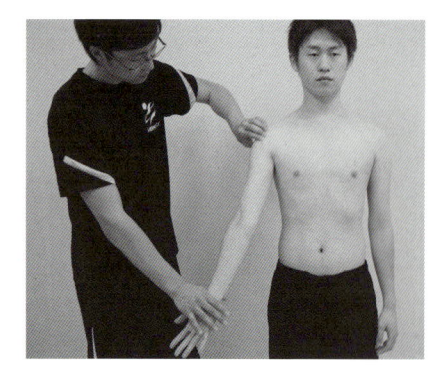

図 2-11　Speed テスト

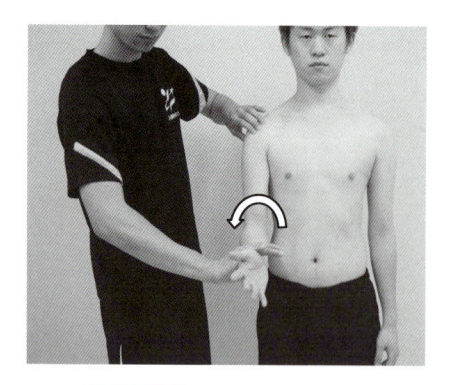

図 2-12　Yergason テスト

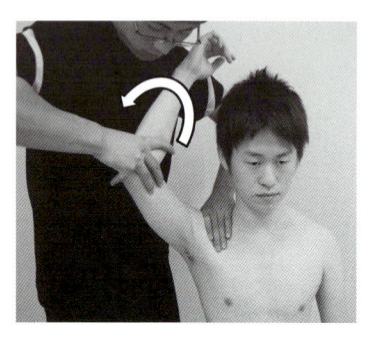

図 2-13　Crank テスト

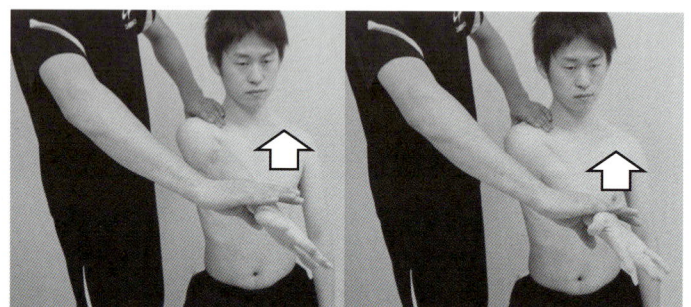

図 2-14　O'Brien テスト

### 3．上腕二頭筋腱の検査
　a）Speed テスト（図 2-11）

肘関節伸展，前腕回外位で抵抗に対して肩関節挙上させ，結節間溝に痛みがあるかを評価．

　b）Yergason テスト（図 2-12）

肘関節 90°屈曲位で，前腕を回内位から検者の抵抗に逆らって回外し，結節間溝に痛みがあるかを評価．

### 4．SLAP テスト
　a）Crank テスト（図 2-13）

肩関節外転位をとらせ，肩甲上腕関節に軸圧をかけながら内外旋させ，疼痛，引っかかりを評価．

　b）O'Brien テスト（図 2-14）

肩関節 90°挙上，10°水平内転，最大内旋位で保持させ，検者の抵抗に逆らって挙上させ評価．この肢位で痛みがあり，外旋位（手掌を上向き）にして疼痛が消失すれば陽性．

### 5．肩関節不安定症，肩関節脱臼
　a）Anterior apprehension テスト（図 2-15）

①座位で肩関節 90°外転位から外旋をかけて前方不安定感を評価．
②臥位で肩関節外転 0°，30°，60°，90°，120°，最大外転位での前方不安定感を評価（図 2-15 右）．

外転の低い位置で陽性の症例は骨性 Bankart 病変，Hill-Sachs 病変の大きさによるなどの報告あり．

　b）Relocation テスト（図 2-16）

肩関節前方不安定感の評価と手術による前方安定化手術の術後のシミュレーション．

図 2-16 Relocation テスト

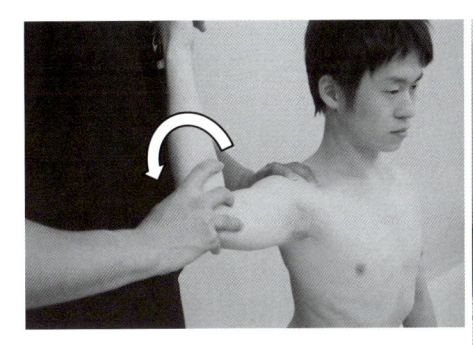

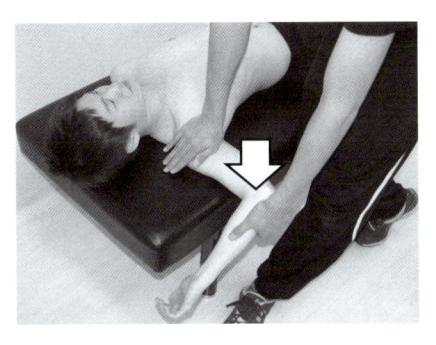

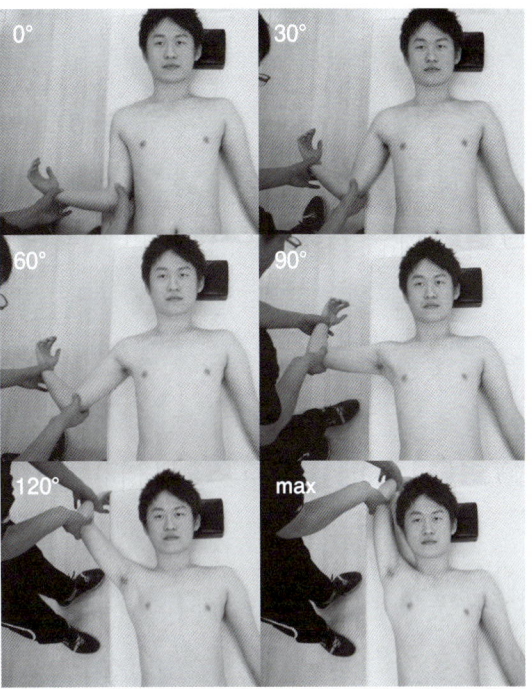

図 2-15 Anterior apprehension テスト

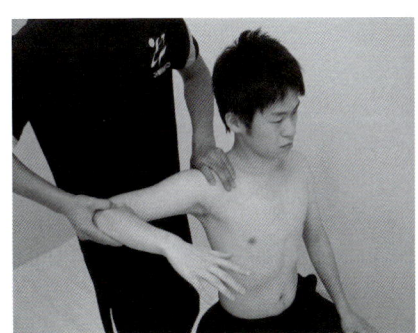

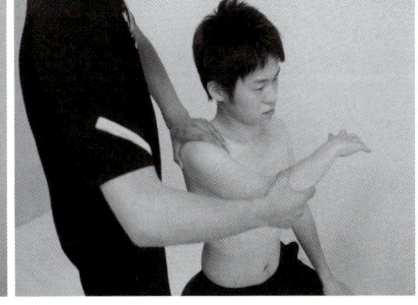

図 2-17 Posterior jerk テスト

臥位にて肩関節外転外旋位で前方不安定感があるとき，前方から上腕骨近位を後方に押すことにより不安定感が軽減すれば陽性とする．

c）Posterior jerk テスト（図 2-17）

肩関節後方不安定性の評価．

臥位または座位にて，肩関節 90°挙上，内旋位で肘関節屈曲 90°に保持し後方へ軸圧をかけることによって，肩関節が後方に脱臼し，水平外転させると整復される．

### 6．肩鎖関節の検査（図 2-18）

水平内転テスト：自動または他動的に水平内転し，肩鎖関節の疼痛を評価．

### 7．投球障害に関する肩の特殊検査

a）CAT（combined abduction test）[3]（図 2-19）

肩の後下方組織の柔軟性の評価．

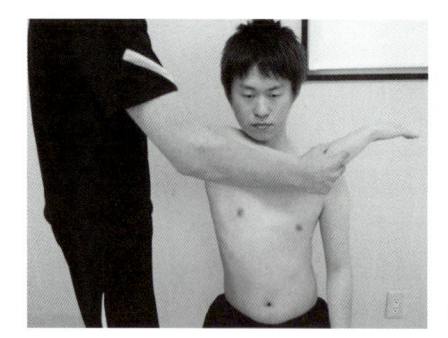

**図 2-18** 水平内転テスト

臥位にて，検者は肩甲骨を固定し，他動的に肩関節を外転させ，左右差を診る．

b）HFT（horizontal flexion test）[3]（図 2-20）

肩の後方組織の柔軟性の評価．

臥位にて，検者は肩甲骨を固定し，他動的に肩関節を水平内転させ，左右差を診る．

　　　［考え方］
　　　　CAT，HFT とも肩甲骨を固定した肩関節の動きを診るが，後下方の関節包靱帯の硬さだけでなく，後下方の支持組織全体の柔軟性を評価できる．

c）ET（elbow extension test）[3]（図 2-21）

足を接地せず座位にて肩関節挙上 90°，肘屈曲位から抵抗に逆らって肘を自動伸展する筋出力を左右差で評価．上腕三頭筋の筋力だけでなく，肩甲骨の安定性，肩甲帯の機能不全の指標となる．

d）EPT（elbow push test）[3]（図 2-22）

足を接地せず座位にて腕組の姿勢で抵抗に逆らって前方に肘を押し出す筋出力を左右差で評価．前鋸筋の筋力だけでなく，肩甲骨の安定性，肩甲帯の機能不全の指標となる．

e）HERT（hyper external rotation test）[3]（図 2-23）

臥位にて肩関節外転 90°およびゼロポジションに近い肢位で，肩関節外旋位からさらに過外旋運動を他動的に行い，投球時の最大外旋位からの切り返しの動きを再現させ，痛みが出現するかを評価．

## D 投球障害を診るために必要な体幹の機能評価

### 1．片脚スクワッティングテスト（dynamic Trendelenburg test）[4,5]（図 2-24）

片脚立位で立脚側の膝を軽度屈曲し，骨盤の後傾を評価．動的な骨盤/股関節の安定性の低下した症例，股関節後方の柔軟性の低下した症例で骨盤後傾がみられる．骨盤後傾がみられる投手は投球動作解析上，投球動作中のフットプラント時の投球側の肩の水平外転角度が大きい．すなわち，肘を引きすぎる投球になっている[6]．

### 2．下肢の柔軟性

a）股関節内旋可動域（図 2-25）

臥位もしくは腹臥位にて内旋可動域を測定．

股関節回旋筋群の柔軟性の評価．

非投球側（投球時の踏み出し足側）の内旋制限が多い（図 2-25b）．

b）股関節内転可動域（図 2-26）

臥位にて内転可動域の左右差を評価．

股関節外転筋群の柔軟性の評価．

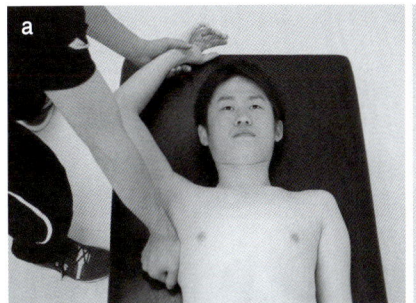

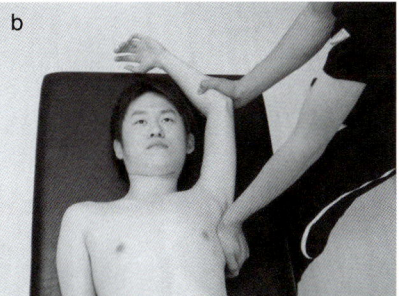

**図 2-19** CAT（combined abduction test）
a：患側，b：健側

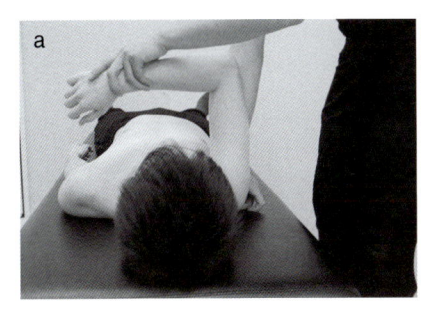

**図 2-20** HFT（horizontal flexion test）
a：患側，b：健側

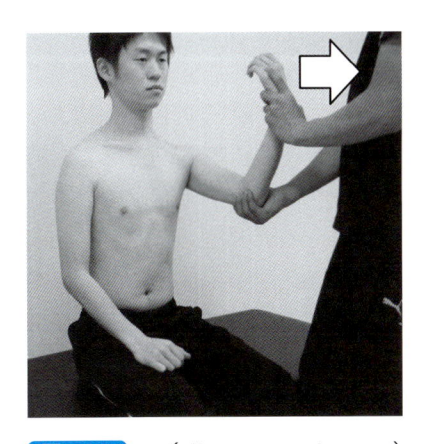

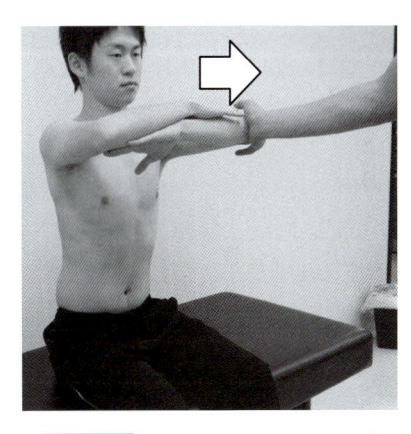

**図 2-21** ET（elbow extension test）

**図 2-22** EPT（elbow push test）

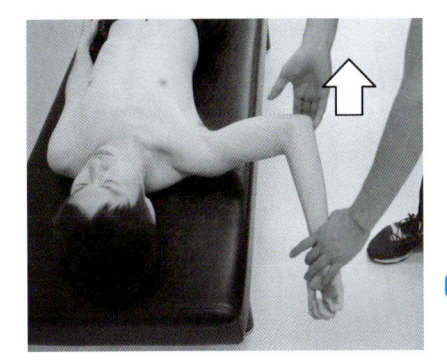

**図 2-23** HERT（hyper external rotation test）

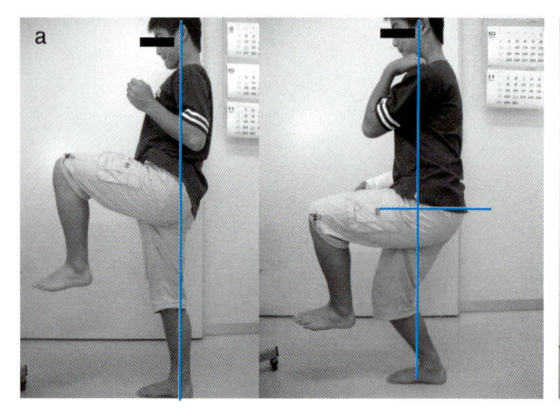

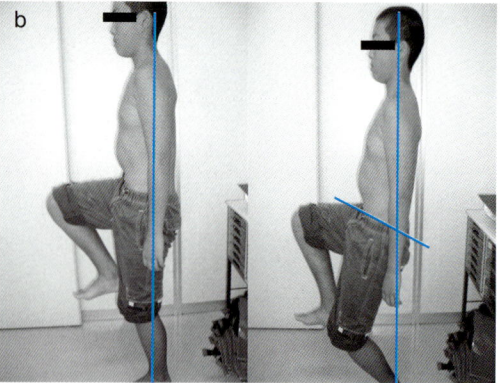

**図 2-24** 片脚スクワッティングテスト（dynamic Trendelenburg test）
a: 正常（陰性）例. b: 陽性例. 骨盤後傾している.

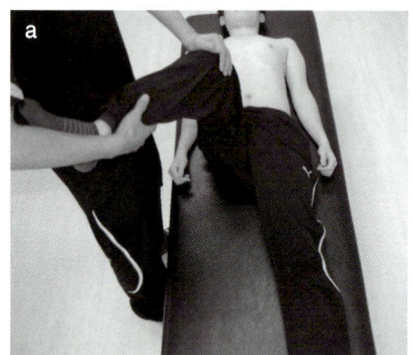

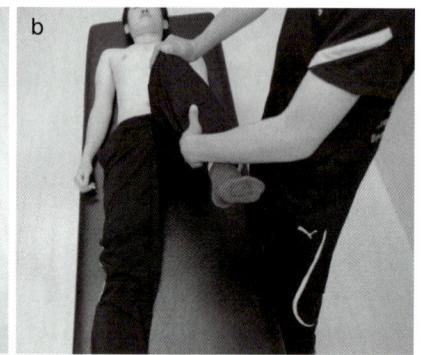

**図 2-25** 股関節内旋可動域
a: 正常側, b: 制限側

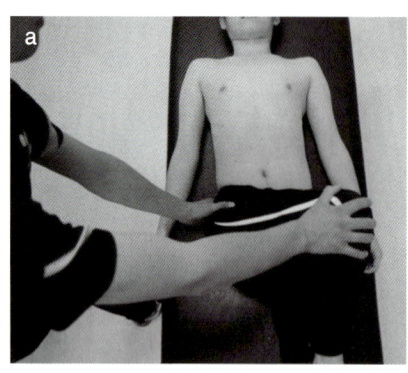

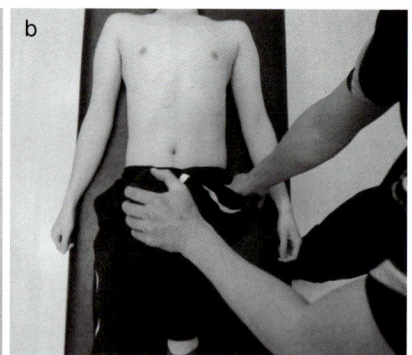

**図 2-26** 股関節内転可動域
a: 正常側, b: 制限側

非投球側（投球時の踏み出し足側）の内転制限が多い（図 2-26b）.
　　［考え方］
　　　右投手で考えてみる．投球時の左股関節の内旋，内転に制限がある場合，フットプラント以降，左膝が外側に倒れ開く方向に動かざるをえない（図 2-27）．そのため，左側（踏み

図 2-27 股関節・骨盤機能良好の投手（a）と股関節可動域の制限のある投手（b）

図 2-28 FFD（finger floor distance）

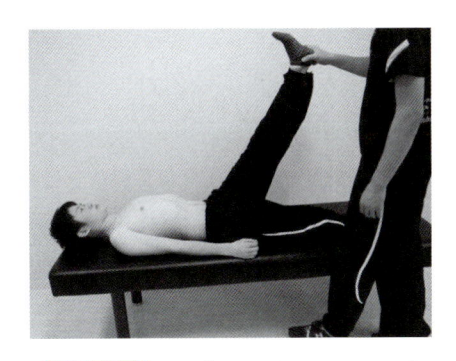

図 2-29 SLR（straight leg raising）

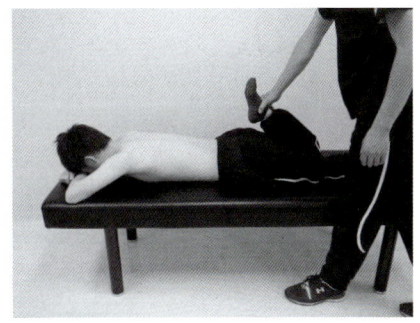

図 2-30 HBD（heel buttock distance）

　　出し足側）に体重移動し左の膝を軸に左股関節内転筋で左側の壁をキープし筋膜連結している右腹斜筋群の収縮で，強い体幹回旋運動が起こるという一連の動きができないため，選手は体幹の回旋を使った投球から，いわゆるあおり投げやかつぎ投げという体幹の屈曲を使う投球になる．

c）FFD（finger floor distance）（図 2-28）
前屈し床と手指の距離を測定．
脊椎と股関節後方の柔軟性を評価．

d）SLR（straight leg raising）（図 2-29）
臥位で他動的に下肢を持ち上げ角度を測定．
股関節の後方の柔軟性を評価．

**図 2-31** スクワットテスト（浜田）

e）HBD（heel buttock distance）（図 2-30）
腹臥位で膝を他動的に屈曲し踵と臀部の距離を測定．
股関節の前方の柔軟性を評価．
f）スクワットテスト[7,8]
スクワット 1：両手を前にしてしゃがみこむ（図 2-31a）．
スクワット 2：両手を後ろに組みしゃがみこむ（図 2-31b）．
下肢の柔軟性の低下がどこに由来するかをチェックする．

### 3．体幹の柔軟性
a）骨盤入れ替えテスト[7,8]（図 2-32）
座位で骨盤の入れ替え動作がスムーズにできるか評価．
b）体幹回旋テスト[9]（図 2-33）
座位で被検者は腕組の姿勢で，検者は被検者の両ひざを足で挟むように固定し，体幹を回旋させる．
左右差および，腹斜筋や広背筋など制限している部位を評価．
c）お祈りテスト[7,8]（図 2-34）
両前腕を顔の前で合わせ，離さないように挙上し，あご，鼻，額とどの高さまで肘が上がるかを測定．広背筋の柔軟性の評価．

### 4．体幹の安定性
a）Janda 腹筋評価（図 2-35）
臥位にて股関節，膝関節とも 90°に屈曲させ，検者は被検者の踵を下から支えるようにセットする．被検者は踵を離さないようにしながら起き上る．頸椎，胸椎，腰椎のどのレベルまで床から上がるかで評価．
ハムストリングに収縮を入れることにより姿勢反射で股関節屈筋群が抑制されるため，腹直筋を単独で評価できる．
b）股関節内転筋力テスト（図 2-36）
座位で股関節の等尺性内転筋力の評価．体幹特に筋膜連結をしている反対側腹斜筋の安定性も評価．

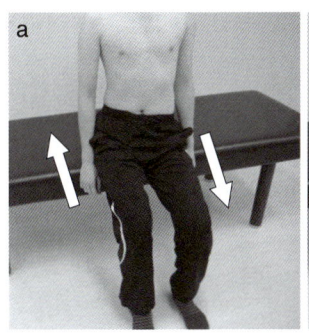

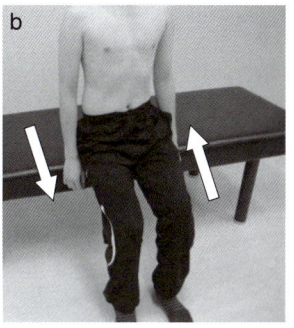

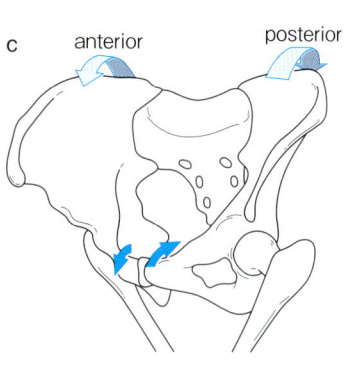

図 2-32 骨盤入れ替えテスト

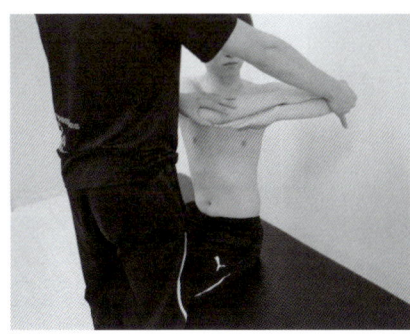

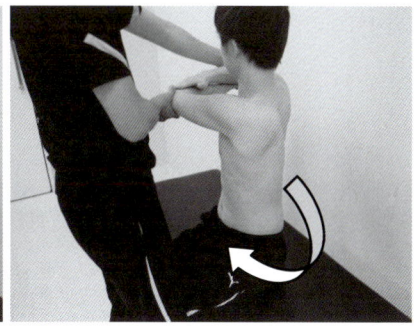

図 2-33 体幹回旋テスト

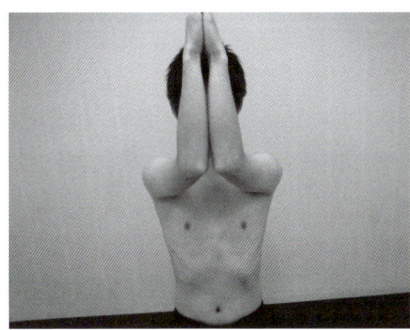

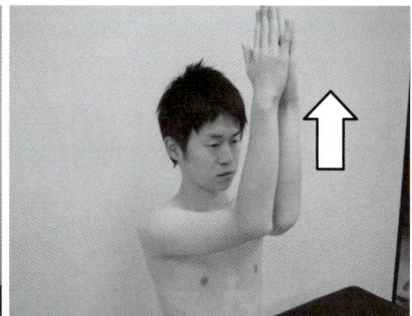

図 2-34 お祈りテスト

図 2-35 Janda 腹筋評価

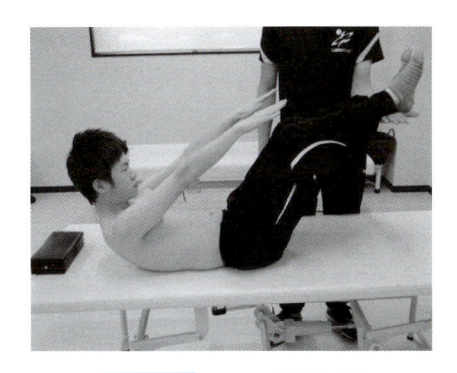

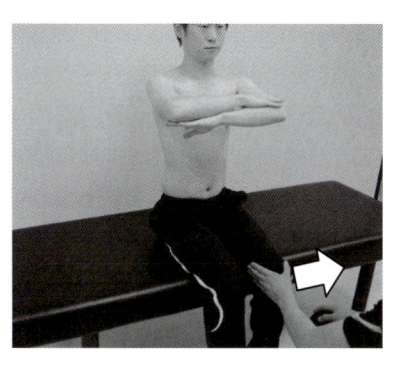

図 2-36 股関節内転筋力テスト

A. 肩関節

■文献
1) Kon Y, Nishinaka N, Banks SA, et al. The influence of handheld weight on the scapulohumeral rhythm. J Shoulder Elbow Surg. 2008; 17: 943-6.
2) Mochizuki T, Sugaya H, Akita K, et al. Humeral insertion of the supraspinatus and infraspinatus. New anatomical findings regarding the footprint of the rotator cuff. J Bone Joint Surg Am. 2008; 90: 962-9.
3) 原　正文. 復帰に向けて何を目安にどう選手に指導したらよいか―肩の投球障害を中心に―. 関節外科. 2003; 22: 1189-94.
4) 藤井康成. Knee-inのメカニズムの解明 動的Trendelenburg testを用いた骨盤機能評価とKnee-inとの関連性. 臨床スポーツ. 2004; 27: 827-31.
5) 岩堀裕介. 成長期の投球障害への対応とアプローチ. 臨床スポーツ医学. 2012; 29: 67-75.
6) 近　良明, 塩崎浩之, 西野勝敏, 他. 投球動作解析. 臨床スポーツ医学. 2005; 22: 1343-51.
7) 浜田純一郎, 藤田和樹, 遠藤和博, 他. 高校野球選手にみられる肩・肘障害とコンディショニング. 臨床スポーツ医学. 2008; 25: 657-63.
8) 遠藤和博, 浜田純一郎, 藤田和樹. 体幹機能の評価法とコンディショニング. コーチングクリニック. 2008; 3: 41-50.
9) 藤井康成, 東郷泰久, 前田昌隆, 他. 投球スポーツにおける体幹機能の特徴―Trunk rotation testの有用性―. 肩関節. 2005; 29: 663-6.

［近　良明］

## 2 理学所見の取り方

# B 肘関節

## 1 ● 問診

　我々が日常診療業務に当たる際，まず来院してきた患者の訴えを聞くところから始まる．特にスポーツに伴う疾患の場合，受傷の原因となったスポーツの特性により引き起こされる病変が偏在する傾向があるため，罹患者の話を聞くことは診断をくだすうえで重要な役割を果たす．それゆえどのようなスポーツで，どのようなことをして症状が出たのかあるいは出てきたのか，いいかえれば一度の大きな外力により発症したもの（急性の外傷）なのか，小さな外力が繰り返されることで起きたもの（慢性の障害）なのか，またそれはどの部位に生じたものかを訊ねることは必要不可欠なことである．当然その症状が痛みなのか不安定感あるいは可動域制限なのか，手のしびれ・筋力低下といった神経障害なのか，痛みなら運動時痛，安静時痛または圧痛を伴うものなのかといった症状の質に対しても細かく情報を得る必要がある．また同じスポーツを行っていても対象者の年齢により異なる疾患に至ることも稀ではないため，現在の年齢はもちろんのこと慢性的な障害の場合には症状の発現時の年齢，特に骨端線閉鎖前なのか後なのかを確認することも重要である．ときには現在行っているスポーツと過去に行っていたスポーツが異なり，症状の主因が過去のスポーツによることもあるためスポーツ歴，既往歴を確認することも怠ってはならない．以上の話はスポーツ障害全般について述べたものだが，当然肘関節に関わるスポーツ障害についても同様なことがいえる．

　ここからは肘のスポーツ障害における問診のポイントについて述べるが，その前に肘関節およびその周囲組織の機能解剖および代表的疾患についての知識がないと問診から得られた情報をもとに答えを導きだすことは困難であるためこれらについて簡単に触れておく．詳しいことはそれぞれの項に譲るが，肘関節は屈曲・伸展，回内・回外運動に関わる自由度の大きい関節であり，体幹からの力を手に伝え，また手に負荷がかかった力を体幹に伝える中継地となる関節である．また肘周囲には起始，停止する筋肉が豊富に存在し，これらの筋群は関節を支持する役割を果たす一方，関節に過度のストレスをかける要因ともなる．そのため肘関節面および関節支持組織である靱帯には，スポーツ施行時に生理的な範囲を超えた関節の動きや加重などが強いられることがある．たとえば野球選手，特にピッチャーの場合投球時に関節の複合運動に伴い関節面同士に擦れるような力（剪断力）や引っ張られる力（牽引力）が働き，体操選手では鞍馬や跳馬といった種目などで押し付ける力（圧迫力）が負荷される．またラグビーなどコンタクトスポーツで他者との接触による外力が肘関節部に過度に及び関節および周囲組織に破綻をきたすこともある．このような肘関節を取り巻く環境を考慮することで，患者の訴えをよりいっそう深く理解できるであろう．

　それでは具体的に問診の取り方について考えてみよう．問診をとるうえでのポイントをまとめると以下の通りになる．

- 症状発現部位：内側，外側，後方，前方
- 年齢：現在の年齢と症状初発時の年齢
- 症状発症の原因（スポーツ）
- 症状の発現状況：急性，慢性
- 症状の特徴：痛み（運動時痛，安静時痛），不安定感，関節可動域制限，神経障害（しびれ，筋力低下）
- スポーツ歴，既往歴

実際の診療では問診を聞く順番は決まっていないが，ここではまず症状の発現する部位別，すなわち内側，外側，後方，前方に分けてこれらの部位に好発する疾患をあげ，次に得られる情報をもとに疾患を特定していくことにする．

## A 内側に症状の訴えのある代表的スポーツ外傷

- 内上顆骨端線離開
- 内上顆骨折
- 内側側副靱帯損傷
- 滑車離断性骨軟骨炎
- 内上顆炎
- 尺骨神経障害

症状発現時の年齢が骨端線閉鎖前だとすると内上顆骨端線離開，内上顆骨折，滑車離断性骨軟骨炎などが好発年齢として一致する．内上顆骨端線離開と内上顆骨折はともに少年野球選手，特にピッチャーで起こることの多い疾患であるが，前者は通常上腕骨内上顆に付着する前腕回内・屈筋群の慢性的なストレス（牽引力）によって引き起こされる．特に野球のピッチャーに発症することが多いため"リトルリーグ肘"と呼ばれることもある[1]．そのため慢性的な障害で発症当初はピッチングなどを行ったときにのみ疼痛を感じ，日常生活では症状が軽微であることも少なくない．それに対し後者は野球のほかに器械体操で鉄棒，段違い平行棒などからの落下で手をつき受傷するなど大きな外力が内上顆に働いたときに生じる．急性に発症した肘内側の痛みを訴える小学生高学年から中学生の患者に遭遇したら，まずはこの疾患を頭に浮かべるとよいであろう．

滑車での離断性骨軟骨炎は上腕骨小頭部に発現するものと比較すると発生頻度はかなり低いが，骨端線閉鎖前後の症例が大半を占める．少年野球選手（ピッチャー），器械体操選手での報告がみられるが，特に体操競技の場合は肘関節が加重関節として働くことを強いられるため，腕尺関節にかなり大きな圧迫力を主としたストレスが負荷されるものと思われる．著者自身，高校生体操選手で内顆に骨壊死が生じ，それに引き続き滑車部に広範な離断性骨軟骨炎病変を呈したと思われる症例を経験したことがある．ただこの疾患も発症初期は軽微な痛みで，慢性的な経過を辿り障害の進行に伴いlockingなどの症状を訴えることもある．

内側側副靱帯は骨端線閉鎖前に発症することは稀で，野球などでの投球時に自分自身の筋力による外反ストレスにより損傷するケース，またラグビー，柔道といったコンタクトスポーツで急激な外反ストレスが外力として働いたときなどに生じるケースなど発症原因となるスポーツは様々であ

る．大きな外力が働いて生じた内側側副靱帯の場合，同時に外側支持機構，前方支持機構の損傷を合併し脱臼，脱臼骨折を引き起こすこともある．

内上顆炎はゴルフ肘と呼ばれることもあるが，原因となるスポーツはゴルフに限らずテニス，ボーリング，アーチェリー，ウエイトリフティングなど多岐にわたる．好発年齢は他のスポーツ外傷に比べて高く，中年期以降での発症も少なくない．発症の原因は内上顆に付着する回内・屈筋群の繰り返しによる刺激で，そのため症状発現までには時間がかかる．疼痛部位は回内・屈筋群の付着部からこれらの筋の近位筋腹にかけてで，症状の進行により軽い関節可動域制限がみられる．

尺骨神経障害はスポーツとはまったく無関係に発症することも多い疾患であるが，スポーツが原因となる場合には次のようなケースが考えられる．1つめは外反ストレスが要因となるもので，内側側副靱帯損傷を伴うとさらに過度の外反がかかり発症のリスクが高まる．2つめは上腕三頭筋筋腹の増大により肘屈曲時に尺骨神経が前方に押し上げられ神経が過緊張となり発症するもの．3つめは肘の外反ストレスに伴い鉤状突起結節部に骨棘形成など変形が生じ，これが尺骨神経を下から突き上げて発症するもの[2]．その他にもいくつか要因と考えられるものもあるが，厳密にスポーツが原因といいきれないこともよくある．発症年齢は幅広く認められる．症状の訴えとしては神経を刺激したときの痛み，小指・環指のしびれ・知覚鈍麻，進行してくると握力，ピンチ力の低下をきたすこともある．

## B 外側に症状の訴えのある代表的スポーツ外傷

- 上腕骨小頭離断性骨軟骨炎
- 外側側副靱帯損傷
- 外上顆炎

これら3疾患を好発年齢で比較すると最も若いのが小頭離断性骨軟骨炎で11〜15歳．外側側副靱帯損傷は骨端線閉鎖後より比較的幅広く起こりうる疾患であるが中心は若年者であり，外上顆炎はそれよりさらに年長者に好発する傾向がある．小頭離断性骨軟骨炎は日本で少年野球が盛んなこともあり少年野球ピッチャーに好発する疾患としてよく知られている．その他のスポーツとしてはテニス，バドミントン，ウエイトリフティング，器械体操などの報告も多くみられる．症状の訴えは運動時痛，特に原因となっているスポーツ動作によって発現するが，安静時痛はほとんどない．ただし骨片が遊離し，いわゆる関節ねずみとなり関節内で骨片が嵌頓されると疼痛が出現し，遊離骨片の位置で疼痛の強さ・部位も変化してくる．外側側副靱帯損傷は内側側副靱帯損傷と異なり，度重なるストレスで損傷することは少なく大きな外力により損傷するものが大半を占める．ラグビーなどコンタクトスポーツが原因で急性に発症したものなどでは，内側側副靱帯損傷同様に他の肘関節支持組織の合併損傷を起こし脱臼を起こす症例も少なくない．またスポーツに限らず過去に外側側副靱帯損傷を起こしその後不幸にして靱帯の修復が行われず陳旧例となる症例もあり，過去の受傷状況を詳しく聴取することが重要である．症状は内反動揺性やclick, lockingなどの訴えもあるが，後側方回旋不安定性を訴える場合が多い．

外上顆炎は回外・伸展筋群のストレスにより発症する慢性障害であり，症状は重だるさ，痛みで外上顆から回外・伸展筋群，特に短橈側手根伸筋近位部に疼痛を訴える．テニス肘と呼ばれるようにテニスプレーヤーに発症するケースが多いが，ゴルフ，野球，バドミントンなどのスポーツでも発症することがあり，スポーツが原因でないケースの方が実際には多い．テニスの場合疼痛は片手

打ちのバックハンドストロークで症状を発現することが多いが，日常生活の中でも物を持ち上げたり，絞る動作などで外上顆部に症状を発現する．

### C 後方に症状の訴えのある代表的スポーツ外傷

- 肘頭骨端線離開
- 肘頭窩インピンジメント

　上記2疾患は若年層に起きるが，肘頭骨端線離開は骨端線閉鎖前の疾患であり，病態としては膝でみられるOsgood-Schlatter病とほぼ同じで上腕三頭筋の牽引力によって引き起こされる．それに対し肘頭窩インピンジメントは野球の投手のフォロースロー時にみられる肘伸展外反ストレスや体操，ボクサー，ウエイトリフティングなどでみられる肘過伸展ストレスの繰り返しが病因と考えられている．似た疾患であり判別が困難なときもあるが，前者は肘頭上腕三頭筋付着部の痛みで後者は後内側（肘頭-肘頭窩関節内側）部の痛みということで微妙に疼痛部位が異なる．

### D 前方に症状の訴えのある代表的スポーツ外傷

　前方にのみ症状を呈するスポーツ外傷は稀で，鉤状突起骨折あるいは鉤状突起に付着する上腕筋，前方関節包の剥離により疼痛，後方への不安定性を呈することがあるが，通常柔道，ラグビーなどによる橈骨頭骨折，外側側副靱帯損傷，内側側副靱帯損傷などと合併して後方脱臼時に発症することが大半である．ただこれらの組織が完全には修復されず，その後新たに加えられた肘への衝撃で症状が再燃されることもあるので，直近の受傷がそれほど大きなものでない場合は過去のスポーツ外傷歴，既往歴を把握することが重要である．その他に肘前方に起こるスポーツ外傷に上腕二頭筋遠位腱断裂がある．これも非常に稀な疾患であるが，肘を屈曲すべく上腕二頭筋に力が加わった状態で，反対に伸展する外力が加わった際に起こることが多く，体操，ウエイトリフティングなど上腕二頭筋の筋力が大きいものに起きることが多い．急性の外傷で訴えとしては肘前方の痛みに加え，肘の自動屈曲障害である．

## 2 視診

　診察の流れとしては問診で得られた情報をもとに局所を視ていくわけだが，スポーツ外傷が対象となると腫脹，萎縮，変形，皮膚色など外観上の異常の有無に加え，関節可動域制限，筋力低下といった機能障害の有無に注意して診察を進めていく．

### A 腫脹

　腫脹は急性の外傷でもoveruseによる慢性の障害でもみられる所見であるが，急性の外傷の場合は慢性の障害に比べ程度が強い傾向がある．また疼痛部位と腫脹のみられる部位はおおむね一致するが，関節水腫を伴うようなものだと疼痛部位とは関係のない皮下組織の薄い後方の関節包周囲に腫脹がみられる場合もあるので，腫脹があるからといってそこに症状の原因があると決めつけてはいけない．

### B 萎縮

　萎縮は筋肉が原因でみられる所見がほとんどで，障害がもとで長期間患肢を使用してないために起こる廃用性の筋萎縮や神経障害による筋萎縮などが考えられる．特に神経原性の筋萎縮の場合，障害部位と症状発現部位が異なるので注意を要する．たとえば肘内側部で起こる尺骨神経障害は手内筋の萎縮を引き起こすため，原因となる部位は肘内側部で症状が発現するのは手部ということになる．また肘周囲筋の筋萎縮が頸椎レベルでの神経根障害によるものということもあり得る．

### C 変形

　変形をみるポイントは大きく分けて2つある．

　1つめは外傷が原因で生じた変形で，急性のものであれば骨折，脱臼のような high energy によるものがまず候補にあがる．ラグビーでタックルする際に，あるいはラックに巻き込まれて受傷した，また柔道で投げられるのをこらえようとして手をつき肘を捻った，などといった事例が頭に浮かぶ．その他に稀ではあるが体操選手が吊り輪などで肘を急激に屈曲させようとして上腕二頭筋の遠位部を断裂し上腕部の腫脹・変形を生じる，などという例も考えられる．また慢性的な障害でよくみるのは，長年の overuse がもとで起こる肘関節の変形で，幼少時に野球を始めその後野球肘を経験し，さらにその後も野球を続け青年，成人となったころには肘関節の変形に伴う肘関節周囲の腫大，場合によると内反肘，外反肘に至るといった症例を経験することもあるであろう．これらの症例は急性，慢性の違いはあるがともにスポーツを行ったために生じた症状である．

　それに対して2つめはスポーツに関係なく生まれつきあるいは以前に起こした骨折などが原因で生じた変形，肘でよくみかけるのは上腕骨顆上骨折や外顆骨折後に生じる内反肘，外反肘といった変形である．生来抱えた変形の場合健側にもみられることが多いので，変形が主訴となる場合には必ず健側もチェックする必要がある．

　このような変形はそれ自体がスポーツ外傷により生じたものではなく，その変形がスポーツ外傷の原因となる可能性がある．たとえば外反肘を抱えた野球のピッチャーが徐々に握力，ピンチ力の低下を起こし，満足のいく投球ができなくなる，というような外反肘が引き起こした尺骨神経障害などはよい例かもしれない．それゆえ肘の変形をみた場合，それが結果なのか原因なのか問診の内容も含め十分に検討する必要がある．

### D 皮膚色

　皮膚色が肘周囲の外傷で問題となるのは，骨折，靱帯損傷，筋挫滅など急性外傷時にみられる皮下出血，あるいは脱臼骨折に伴う上腕動脈損傷が原因で肘より末梢，特に手部などに蒼白色を呈するものなどがある．後者は非常に稀なものであるが，前者はよく目にする所見である．皮下出血は外傷の程度を評価するうえで役に立つ所見だが，受傷直後より2, 3日経過して顕著になることが多く，出現する場所も患肢を下垂していた場合には肘より末梢に，挙上していた場合は中枢に生じるため，その出現部位に障害の原因が潜んでいると決めつけてはいけない．柔道で肘関節を相手に極められ受傷したという患者が受傷後数日して来院した．そのときやや外反肘を呈しており，内側側副靱帯損傷の可能性が高いが肘内側から前腕にかけかなりの皮下出血がある．骨折を合併しているかとX線写真を撮ってみたら骨折はない，などという場合靱帯損傷に加え回内・屈筋群の損傷を合併している可能性がある．このように皮下出血は外傷の程度を評価する指標となるので注意深く観察する必要がある．

### E 肘関節障害の視診における注意

次に肘関節障害であるが，視診として評価する場合自動運動障害についてということになるが，他動運動障害について一緒に考えた方が理解しやすいので触診の領域をここではあえておかして話を進める．

肘に限らず関節の運動制限の原因となるのは大きく分けて3つある．1つめは関節自身．2つめはその関節の運動に関わる筋肉．3つめは関節周囲の軟部組織．肘関節の動きは伸展/屈曲，回内/回外の複合運動によってなりたつ．それゆえ単独で屈伸運動，回旋運動のみをスポーツの場で行うことは少ないが，話をわかりやすくするためにここでは伸展/屈曲，回内/回外の2つの運動に分けることにする．まず肘の伸展/屈曲運動に関わる関節は腕橈関節，腕尺関節で，もしこれらの関節に変形性関節症などがありそれが原因で関節可動域制限が生じる場合，自動運動，他動運動ともに同程度の障害が生じる．それはたとえ麻酔下に他動運動を行ったとしても大きな変わりはないであろう．筋肉が原因で生じる可動域制限の場合，筋肉の麻痺・筋力低下と筋肉の拘縮では病態が大きく異なるのでさらに2つに分けて考えると，前者の場合自動運動制限が著明に出現するが，他動運動制限は原則としてない．それに対して後者は自動運動，他動運動ともに制限があり，筋肉の拘縮（筋肉の柔軟性）の程度にもよるが，自動運動に比べ他動運動の方が通常制限が少ない．次に靱帯，関節包など周囲軟部組織が原因となる場合であるが，これは関節自体の障害同様自動・他動運動ともに同様の制限が出る．実際の場合にはこれら3つの要素に加え，痛みという要素も加わるので，病態を正確に把握するのは容易なことではない．回内/回外運動の場合についても同様なことがいえるが，ただこの運動に関わるのは肘では近位橈尺関節であるが，そのほかに骨間膜，遠位橈尺関節も回内/回外運動に大きく関わるので話はより複雑になる．それゆえ回旋制限があるからといって肘に原因があると即断しないよう注意してほしい．

## 3 触診

問診→視診と進めてきて次は触診となる．触診のポイントは症状の訴えのある部位を直接触れることにより，聞いたり視たりするだけではわからない情報を新たに得ることである．では具体的にどのように触診を進めていくか．スポーツ障害の場合，程度の差こそあれ症状に疼痛が含まれていることがほとんどである．疼痛には運動時痛，安静時痛に加え圧痛があり，圧痛の部位または程度を評価することは原因となる疾患を特定するのに大いに役立つであろう．たとえば中年のテニス好きの患者が肘外側部の痛みを訴えている．外上顆部に強い圧痛があれば当然テニス肘を強く疑うことになるが，外上顆よりやや遠位で腕橈関節部あるいは橈骨頭を触れるような部位で圧痛を認めたとしたら，前者は腕橈関節の変形性関節症あるいは滑膜ヒダに伴う症状を，後者は橈骨神経知覚枝や後骨間神経の絞扼性神経障害を疑う必要がある[3]．また離断性骨軟骨炎ですでに遊離した骨片が関節内にあるような場合，遊離骨片が陥入している部位が一定しない場合は疼痛部位も移り変わり，骨片が関節内で刺激しない部位に存在しているときには疼痛は消失していることもある．このように患者自身が痛いという部位と圧痛部位が異なることもあり，患者自身が痛みの部位を認識していないような場合もあるので，丹念に患部を触れ，圧痛の有無を確認する必要がある．

次に触診でチェックするものに熱感，冷感がある．一般的に熱感は炎症の程度を表し，冷感は血行障害を反映したものと考えられている．急性期のスポーツ外傷では局所に熱感があって当然で，それにより重症度を評価するのは困難である．ただ慢性的スポーツ障害では熱感を伴わない場合もよくあるので，熱感がないからといって症状が落ち着いていることにはならないし，もし熱感を伴

うとしたら重度の障害である可能性がある．急性期の外傷で冷感を認めることは少ないが，脱臼骨折のようなhigh energy外傷で肘周囲の腫脹が強まり，それに伴い上腕動脈の血流障害が出現した場合，末梢の冷感が出現する．このような場合は緊急処置を要する場合もあるので，急性期に出現した冷感は要注意である．この他に不安定性，神経障害などの評価や疼痛誘発テストなど診断に直結する触診による検査があるが，これらについては特殊検査として以下疾患ごとにまとめる．

## 4 特殊検査

### A 上腕骨外上顆炎

#### 1. Thomsen test（図 2-37）
肘関節を伸展位，前腕回内位にて抵抗下に手関節を背屈させ外上顆部の疼痛再現を評価する．

#### 2. Chair test
肘伸展位，前腕回内位で椅子の背もたれを持ち上げさせ外上顆部に疼痛が出現すれば陽性である．

#### 3. Middle finger（extension）test（図 2-38）
肘関節を伸展位，前腕回内位にて抵抗下に中指MP関節を伸展させ外上顆部の疼痛再現を評価する．ただしこのテストの場合radial tunnel syndromeやposterior interosseous nerve（PIN）syndromeでも陽性になるので，さらに追加のテストとして肘伸展位にて抵抗下に前腕を回外させ回外筋に緊張をかけ，疼痛の再現があればradial tunnel syndrome，PIN syndromeを，再現がなければ外上顆炎を疑う[3]．

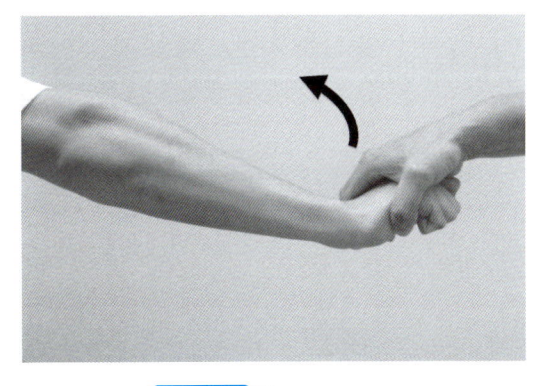

**図 2-37** Thomsen test
肘関節を伸展位，前腕回内位にて抵抗下に手関節を背屈させる．

**図 2-38** Middle finger（extension）test
肘関節を伸展位，前腕回内位にて抵抗下に中指MP関節を伸展させる．

### B 内側側副靱帯損傷

#### 1. Valgus stress test（図 2-39）
肘頭が肘頭窩でlockされないよう肘を25°以上屈曲させ，被検者の手関節，手部を検者の上腕および体幹で固定し，外反ストレスをかける．その際疼痛が肘内側に再現され，内上顆部に圧痛を認めるものは陽性と判断する．また同様の検査を健側にも行い，ストレスをかけたときのend pointの有無を比較する．

#### 2. Milking（maneuver）test（図 2-40）
肘を70°～90°屈曲位で支持しつつ被検者の母指を牛の乳搾りをするように把持し外反ストレス

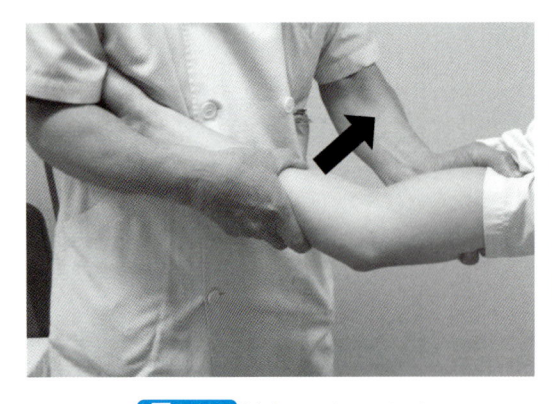

**図 2-39** Valgus stress test
肘を 25°以上屈曲させ，被検者の手関節，手部を検者の上腕および体幹で固定し，外反ストレスをかける．

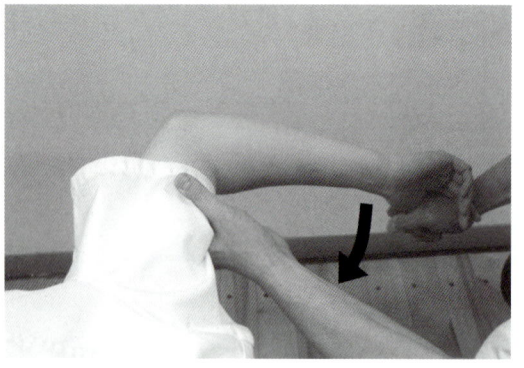

**図 2-40** Milking（maneuver）test
肘を 70°～90°屈曲位で支持しつつ被検者の母指を牛の乳搾りをするように把持し外反ストレスをかける．

をかける．被検者を仰臥位，肩外転位にして行うと評価しやすい．上腕骨内上顆の疼痛再現，脱臼不安感の出現がみられれば陽性である．

### C 外側側副靱帯損傷

#### 1. Varus stress test（図 2-41）
肘を 20°～30°屈曲位で被検者の上腕および前腕遠位を保持した状態で外反ストレスをかける．外上顆部の疼痛再現，過度の動揺性があれば陽性である．

### D 後外側回旋不安定症（posterolateral rotatory instability）

#### 1. Lateral pivot shift test[4]（図 2-42）
仰臥位にて上肢を頭上に挙上させ肩は外旋位とし，検者は一方の手で手関節部を持ち前腕を外旋し肘に圧迫力，外反ストレスをかけつつ肘を伸展位から屈曲していく．その際もう一方の手で前腕近位部を持ち外反ストレスを調節する．肘伸展位から屈曲していくと後方に橈骨頭が転位突出し，橈骨頭と上腕骨小頭間に dimple が生じ，肘屈曲 40°を超えていくと橈骨頭が突然整復される．た

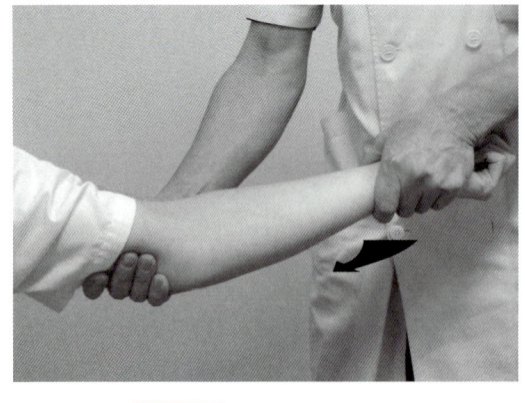

**図 2-41** Varus stress test
肘を 20°～30°屈曲位で被検者の上腕および前腕遠位を保持した状態で外反ストレスをかける．

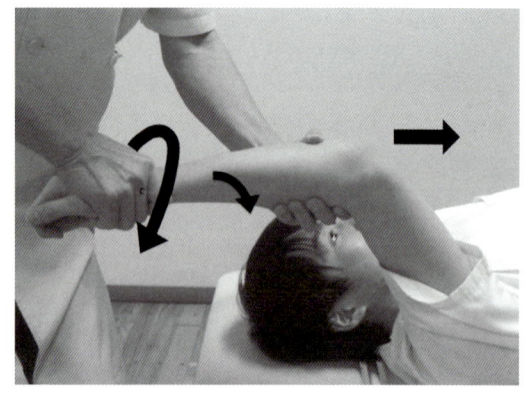

**図 2-42** Lateral pivot shift test
仰臥位にて上肢を頭上に挙上させ肩は外旋位とし，検者は一方の手で手関節部を持ち前腕を外旋し肘に圧迫力，外反ストレスをかけつつ肘を伸展位から屈曲していく．

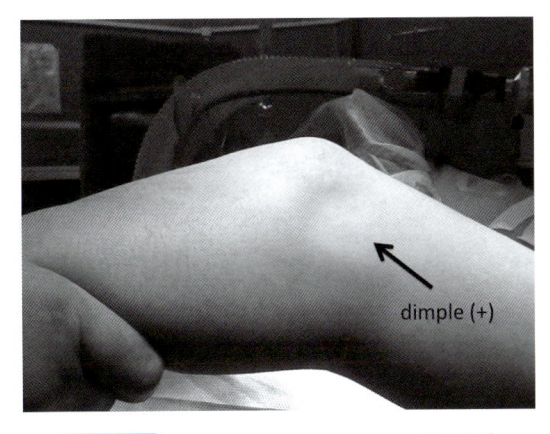

**図 2-43** Lateral pivot shift test（麻酔下）
肘伸展位から屈曲していくと後方に橈骨頭が転位突出し，橈骨頭と上腕骨小頭間に dimple が生じる．

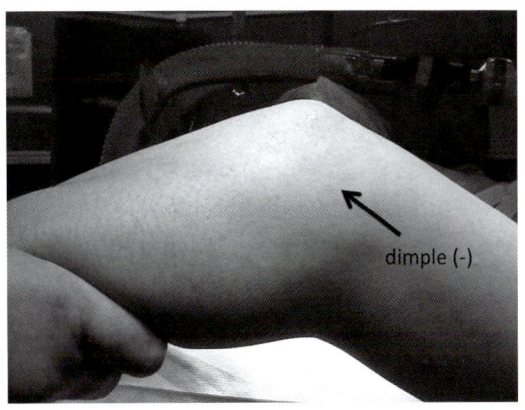

**図 2-44** Lateral pivot shift test（麻酔下）
肘屈曲 40°を超えていくと橈骨頭が突然整復され dimple が消失する．

だしこの手技は脱臼不安感を伴うため筋性防御が働き覚醒時に陽性所見が生じないことがある．麻酔下に行うのが有効的である（図 2-43，2-44）．

### 2．Posterolateral rotatory drawer test[5]

仰臥位にて上肢を頭上に挙上させ，肘を 40°程度屈曲させ前腕は完全回外位で前後方向にストレスをかけ，不安定性，脱臼不安感の有無を確認する．

## E 上腕骨小頭離断性骨軟骨炎

### 1．Active radiocapitellar compression test[6]

肘を完全伸展位とし回内・回外自動運動をさせる．この動作により腕橈関節に圧迫力が加わり症状が誘発されれば陽性である．

## F 尺骨神経障害

### 1．Tinel sign

肘を屈曲させ尺骨神経溝を指先や打腱器などで軽く叩打する．尺骨神経支配領域に放散痛を生じれば陽性と判断する．

### 2．Elbow flexion test

肘を十分に屈曲させ 3 分以内に尺骨神経支配領域に症状（シビレ）が出現すれば陽性と判断する．

■文献
1) Brogdon BG, Crow NE. Little leaguers elbow. Am J Roentgenol Radium Ther Nucl Med. 1960; 83: 671-5.
2) 村上恒二, 濱田宣和, 定地茂雄, 他. スポーツ選手における肘部尺骨神経障害. 日本肘関節研究会雑誌. 1996; 3: 3-4.
3) Van Hofwegen C, Baker CL 3rd, Baker CL Jr. Epicondylitis in the athlete's elbow. Clin Sports Med. 2010; 29: 577-97.
4) O'Driscoll SW, Bell DF, Morrey BF. Posterolateral rotatory instability of the elbow. J Bone Joint Surg. 1991; 73A: 440-6.
5) O'Driscoll SW, Jupiter JB, King GJW, et al. The unstable elbow. J Bone Joint Surg. 2000; 82A: 724-37.
6) Baumgarten TE. Osteochondritis dissecans of the capitellum. Sports Med Arthr Rev. 1995; 3: 219-23.

［斉藤　忍］

# 3 画像診断

## A 肩関節の画像診断

本項では肩のスポーツ障害に関する画像診断について解説する．投球障害肩で認めるリトルリーグ肩，上方関節唇損傷，腱板断裂に加えて，肩の主要なスポーツ外傷で手術を要することが多い反復性肩関節脱臼についても述べる．

### 1 ● X 線で見えること，診るべきこと

単純 X 線は整形外科領域では最も基本的な検査で，肩に限らず整形外科外来においてはルーチンに用いられる．

肩の障害で来院した症例に対し，年齢，愁訴，既往歴などを参考に X 線撮影を行っている．投球障害などのスポーツ障害を主訴に来院した症例に対しては，筆者らは全例両肩 3 方向の撮影を行っている．上腕内旋位像，上腕外旋位像およびリラックスした挙上肢位での撮影[1]（当院ではバンザイ位としている）である．内旋位像・外旋位像では主に形態的異常を診断する．例を挙げるとリトルリーグ肩では外旋位像でその病変部が明瞭に描出される（図 3-1）．一方反復性肩関節脱臼で認める Hill-Sachs 病変は，内旋位で描出される（図 3-2）．バンザイ位は主に機能診断に用いている．機能

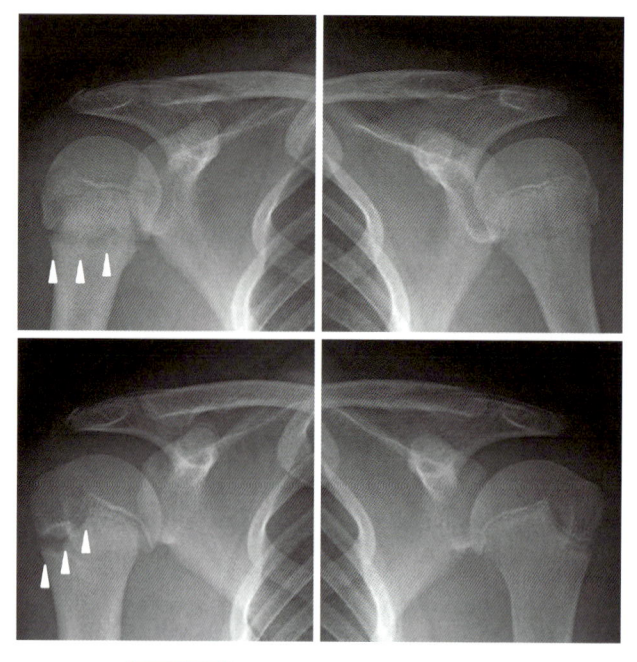

**図 3-1** 右リトルリーグ肩の X 線像
上段：内旋位像，下段：外旋位像．外旋位像では病変部が明瞭である（▶）．

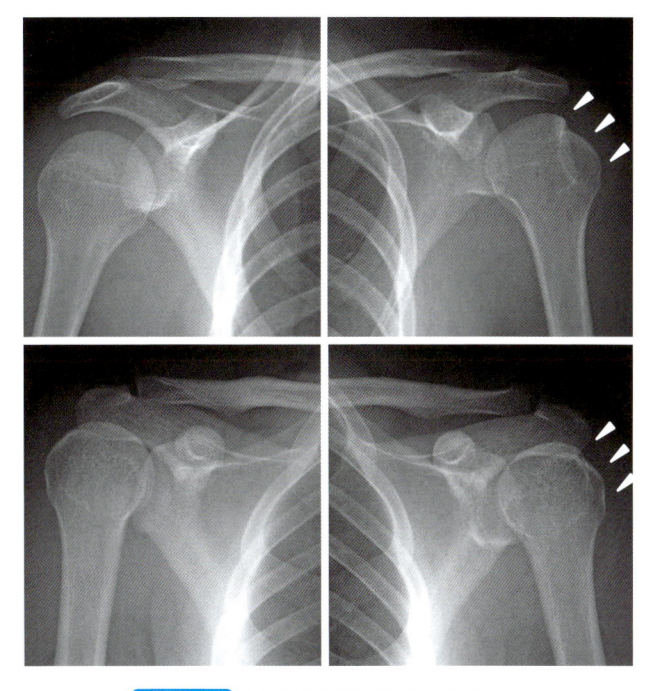

**図 3-2** 左反復性肩関節脱臼の X 線像

いずれも上腕骨内旋位像．上段の症例には大きな Hill-Sachs 病変を認め（▶），下段の症例には中等度の Hill-Sachs 病変を認める（▶）．

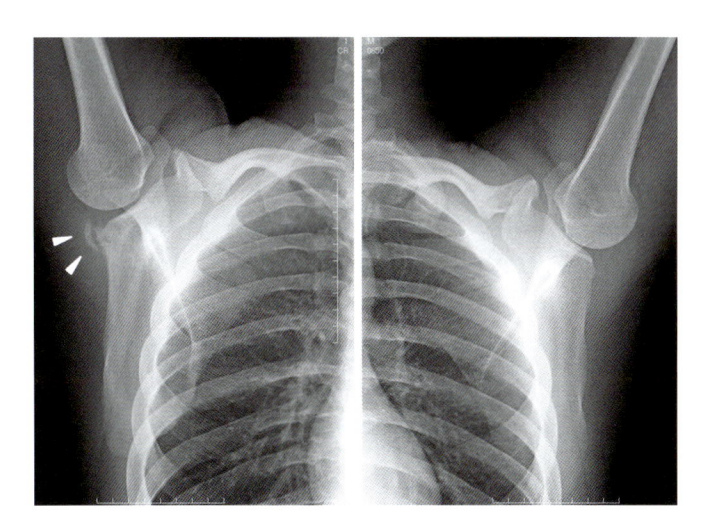

**図 3-3** バンザイ位撮影 X 線像

右利き野球選手．明らかに肩甲骨の位置に左右差を認める．右肩には Bennett 病変も認める（▶）．

撮影法としてバンザイ位のほかに最大挙上位での撮影，左右の挙上角度を一定に調整した撮影，45°外転位での撮影法[2]などがあげられる．いずれの方法においても必ず両側撮影し，左右を比較することで肩甲骨の位置，肩甲上腕リズム，鎖骨や胸郭（肋骨）の動きを確認することが重要である．またバンザイ位では投球障害肩にしばしば認める Bennett 病変も明瞭に描出される（図 3-3）．

　肩関節の不安定症を主訴に来院した症例では，通常両肩関節 3 方向を撮影している．前述した上

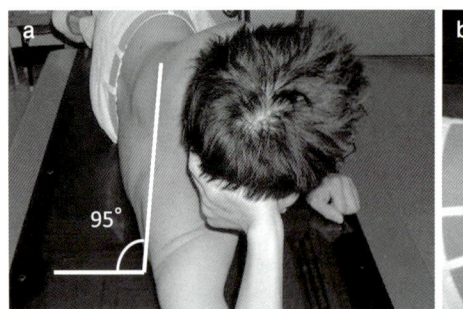

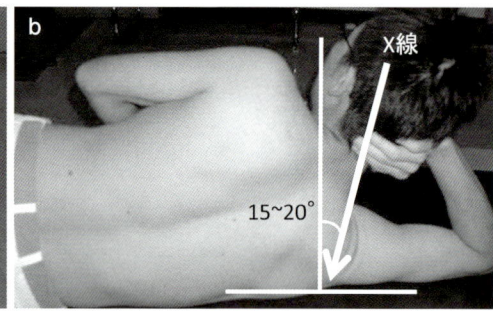

**図 3-4** 新法撮影体位
a: 撮影側下の側臥位で体幹は水平面より 95° 前傾する.
b: X 線は頭尾側方向に鉛直方向から 15～20° 傾けて入射する.

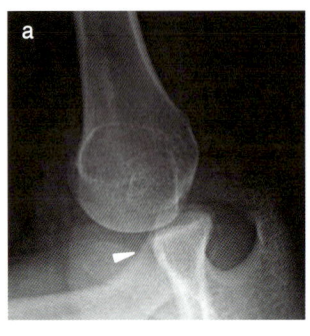

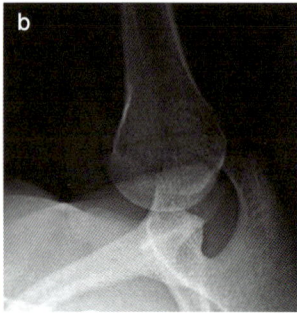

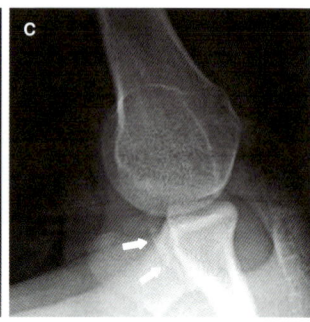

**図 3-5** 左肩新法の X 線像
a: 摩耗型. 関節窩前方がすり減って見える (▶).
b: 正常型.
c: 骨片型. 関節窩前方に骨片を認める (➡).

腕内旋位像, 上腕外旋位像に加えて後述する新法である. 新法とは関節窩骨形態を描出することを目的に考案された撮影法である. Bernageau らは 1976 年, 立位での X 線透視を用いた撮影法を報告し[3], 近年その有用性が再認識されている. 新法は X 線透視を用いず患者を診察台の上で患側を下にした側臥位とし, 患側肩を外転外旋させて掌で頭を支えるようにする. 肩甲骨がカセッテに対して 95° となるように体位をとり, X 線を頭尾側方向に 15～20° で入射する. このように撮影することにより, X 線は関節窩の接線方向に, かつ右肩で関節窩の 12 時半から 6 時の方向 (時計の針で) に入射されることになる (図 3-4). 新法では関節窩の摩耗型や骨片型などが描出できる (図 3-5). 反復性肩関節脱臼 95 例に対する検証では, 診断率はそれぞれ正常群 69.7%, 摩耗群 76.2%, 骨片群 62.6% であった. 骨形態ごとの敏感度および特異度は正常群 76.1/82.6%, 摩耗群 62.4/70.8%, 骨片群 62.6/94.1% で骨片群の特異度が高かったと報告されている[4]. 正確な骨形態の評価には 3D-CT が優れているが, 初診時に行う検査としては 60～70% の診断率があり新法は有用と考えられる. 不安定性の強い症例ではしばしば新法の肢位が取れない場合がありウエストポイント法を用いている. 腹臥位で上腕を 90° 外転しカセッテを肩の上方におき軸方向頭側へ約 25° で撮影する方法であり (図 3-6, 3-7), 関節窩前下方の描出に優れているとの報告があるが[5], 骨欠損の中心は右肩 3 時であるとの報告があり[6], 我々は関節窩前縁に平行に入射する新法のほうが有用であると考えている. またストライカー法とは背臥位で上腕を 135° 屈曲し, 15° 水平外転させ頭頂部に掌を置いた状態での正面像である. 上腕骨頭外側の骨欠損像を描出できるが, 最近は使用していな

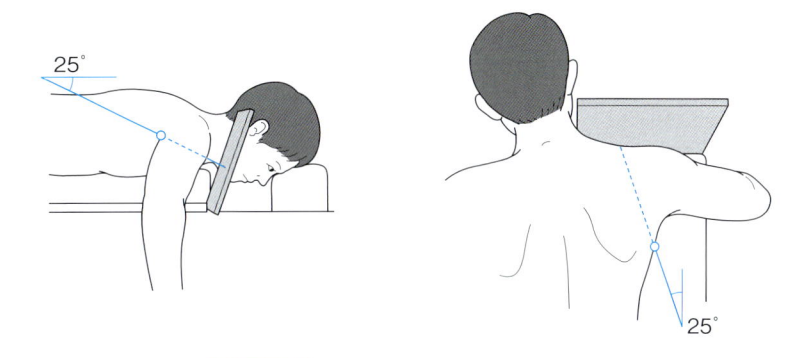

**図 3-6** ウエストポイント法撮影体位
腹臥位で上腕を 90°外転し軸方向頭側へ約 25°で撮影する.

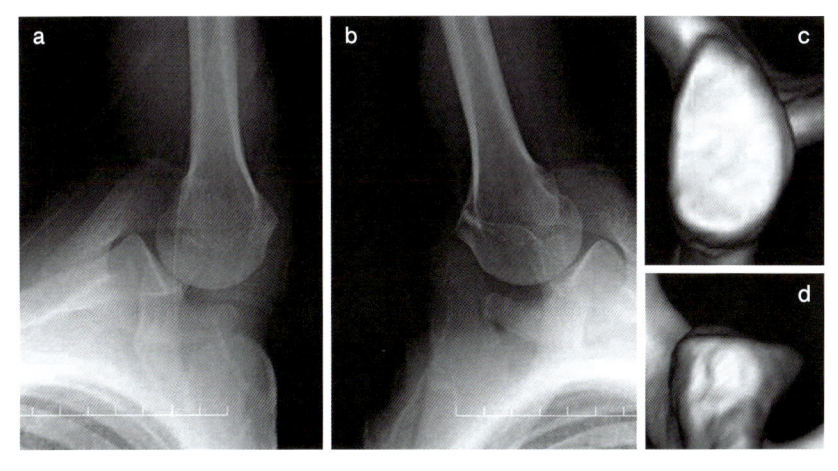

**図 3-7** ウエストポイント法の X 線像
左反復性肩関節脱臼例. a: 右肩（健側）, b: 左肩（患側）. c, d: 左肩 3D-CT.
CT で骨形態をみると摩耗型だが, X 線像では評価困難である.

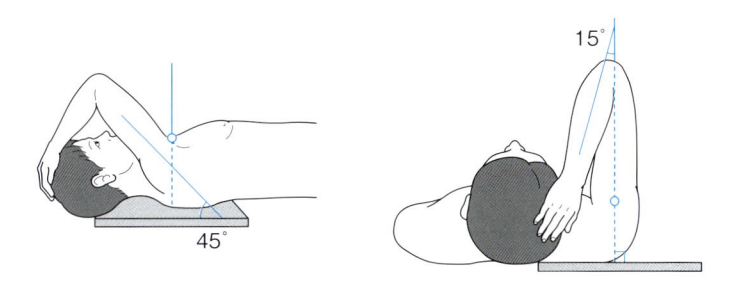

**図 3-8** ストライカー法撮影体位
背臥位で上腕を 135°屈曲し, 15°水平外転させ頭頂部に掌を置いた状態で撮影する.

い（図 3-8）.

## 2 ● CT で見えること, 診るべきこと

　CT は骨の描出に優れ, 近年の進歩により超短時間に撮像し再構築が可能であるため多くの領域で応用されている. 肩のスポーツ障害では一般に軟部組織の損傷によることが多く CT 像を要する

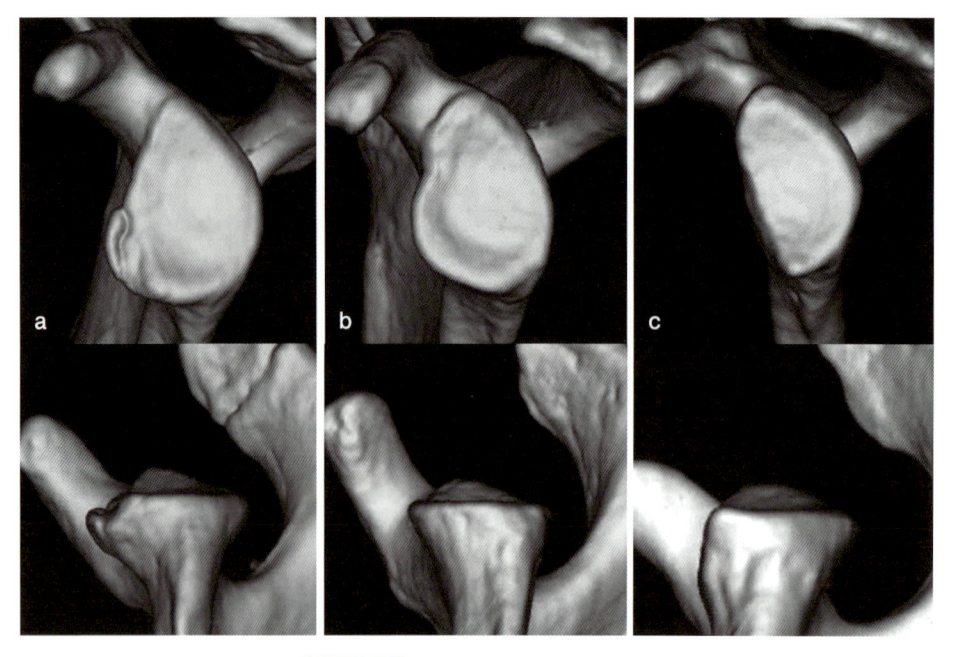

**図 3-9** 関節窩骨形態 3D-CT 像

a: 骨片型，b: 正常型，c: 摩耗型．いずれも上段が関節窩正面像，下段が関節窩下方からの像．

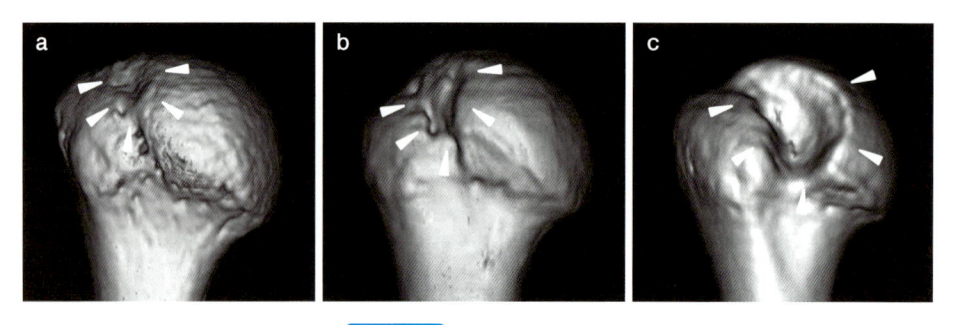

**図 3-10** Hill-Sachs 病変

いずれも Hill-Sachs 病変（▶）．a: 小さな病変，b: 中等度の病変，c: 大きな病変．

機会は少ないが，遊離骨片を確認し変形の程度を詳細に知るには有用である．

　反復性肩関節脱臼症例では前述したように関節窩骨形態を把握する目的で 3D-CT が用いられる．Sugaya らによると反復性肩関節脱臼のうち約 40％が摩耗型で，約 50％が骨片型，正常型は約 10％であったと報告されている[7]（図 3-9）．実際の手術では摩耗型ならその程度に応じて時には自家腸骨移植を適応とすることがあり，骨片型では骨片の大きさ，位置を詳細に把握でき，円滑な手術操作へとつながる．また上腕骨頭側では Hill-Sachs 病変を描出することができ，術前にその面積や深さを評価することが可能である（図 3-10）．また上腕骨頭側においては，広くて深い Hill-Sachs 病変[8]に対し remplissage 法の追加を考慮している．このように 3D-CT では多くの情報を得ることができ，反復性肩関節脱臼の症例における術前検査として必須と考えている．

## 3　MRI で見えること，診るべきこと

　肩のスポーツ障害の大半は保存的治療で治癒が期待できる．筆者らは肩甲胸郭関節機能等の機能

異常があれば，MRI 診断を行う前に理学療法を中心に機能改善を図るようにしている．機能的に改善が得られてもなお症状が残っている場合に単純 MRI もしくは造影 MRI を撮像する．腱板損傷を疑う症例では単純 MRI を，関節唇や関節包靱帯の弛緩など関節内病変を疑う症例では造影 MRI を撮影している．単純 MRI で得られる情報もあるが造影剤を用いることで関節内がより詳細に描出

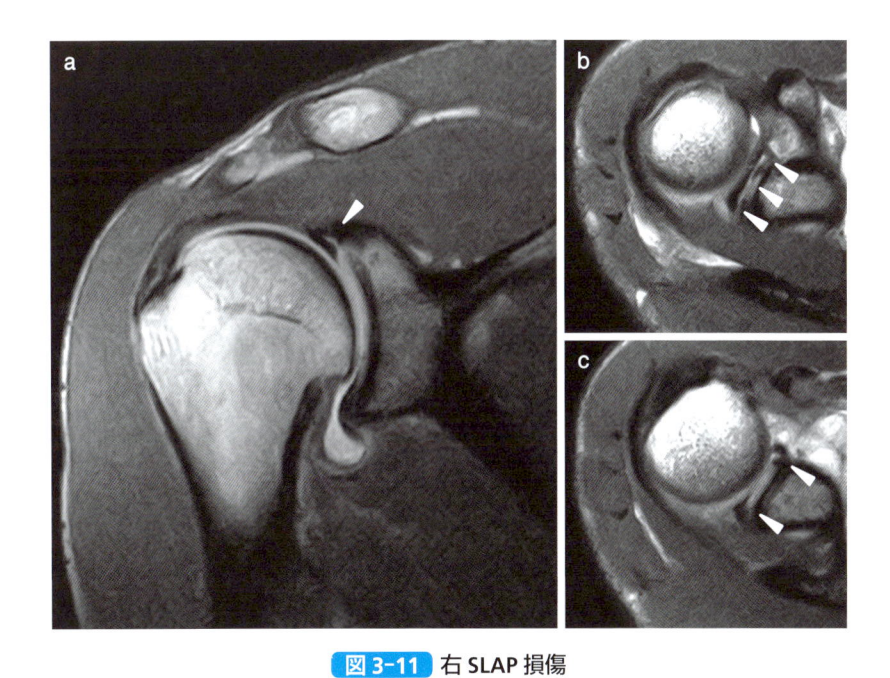

**図 3-11** 右 SLAP 損傷

右肩造影 MRI．▶が病変部．a：冠状断，b, c：軸位断．

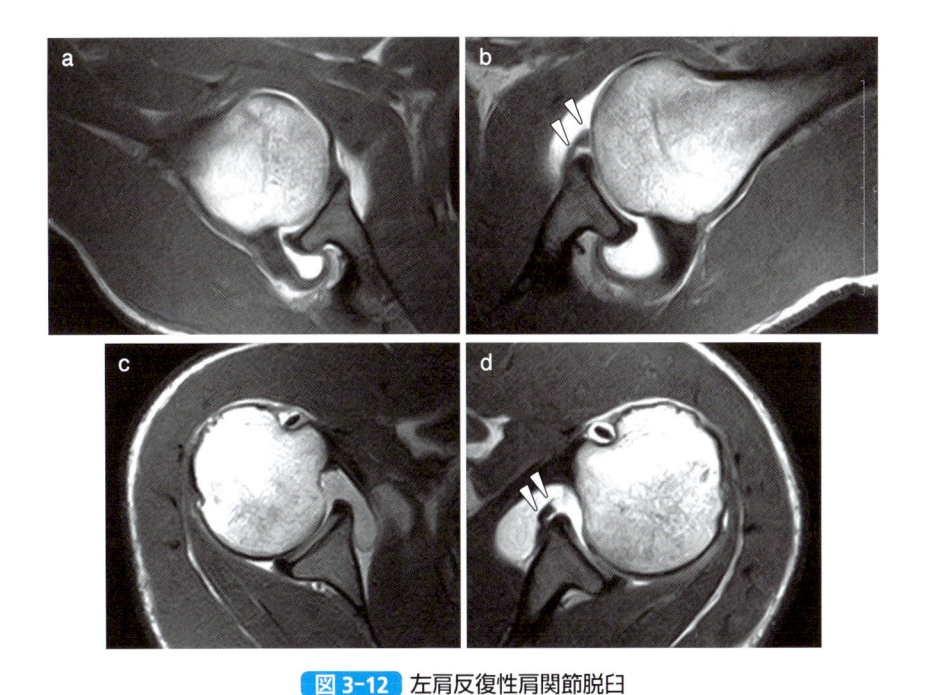

**図 3-12** 左肩反復性肩関節脱臼

両肩関節造影 MRI．▶に Bankart 病変を認める．a：右肩（健側）ABER 位，b：左肩（患側）ABER 位，c：右肩（健側）ADIR 位，d：左肩（患側）ADIR 位．

A．肩関節の画像診断　55

できる．造影剤は Gd-DTPA 0.3 cc を生理食塩水 20 cc で希釈し，透視下に肩関節内に注入する．アレルギーなどの既往があれば生理食塩水 20 cc のみを注入している．撮像は open タイプの MRI（AIRIS2 comfort HITACHI）を用い，下垂位内旋位での軸位断，冠状断，矢状断に加え，外転外旋位（abduction and external rotation position：ABER 位）で撮像している．基本的に冠状断で上方関節唇損傷等を把握し，軸位断では前後の関節唇損傷の広がりなどを確認する（図 3-11）．ABER 位での横断像では，上腕骨と関節窩のアライメント，下上腕関節包靱帯（IGHL）の緊張ならびに関節唇複合体の関節窩からの連続性などを確認する（図 3-12）．またインターナルインピンジメントや腱板関節包面断裂を確認することができる（図 3-13）．若年者に生ずる腱板断裂は稀であるが，スポーツ選手，とりわけオーバーヘッドアスリートの中には繰り返される軽微な外傷の結果，腱板

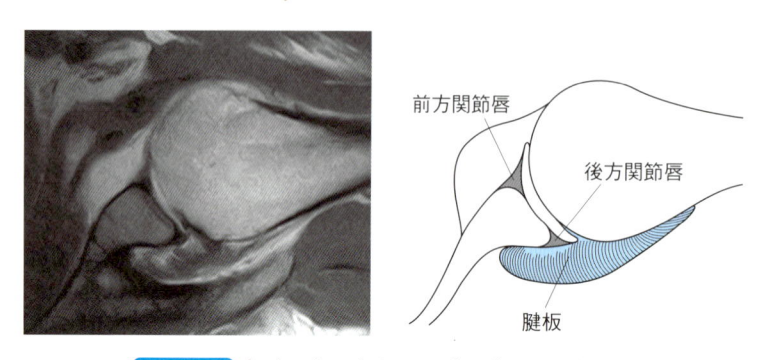

**図 3-13 左インターナルインピンジメント症候群**
左肩造影 MRI．左利き野球選手．後方の関節唇と腱板がインピンジし，腱板関節包面断裂をきたしている．

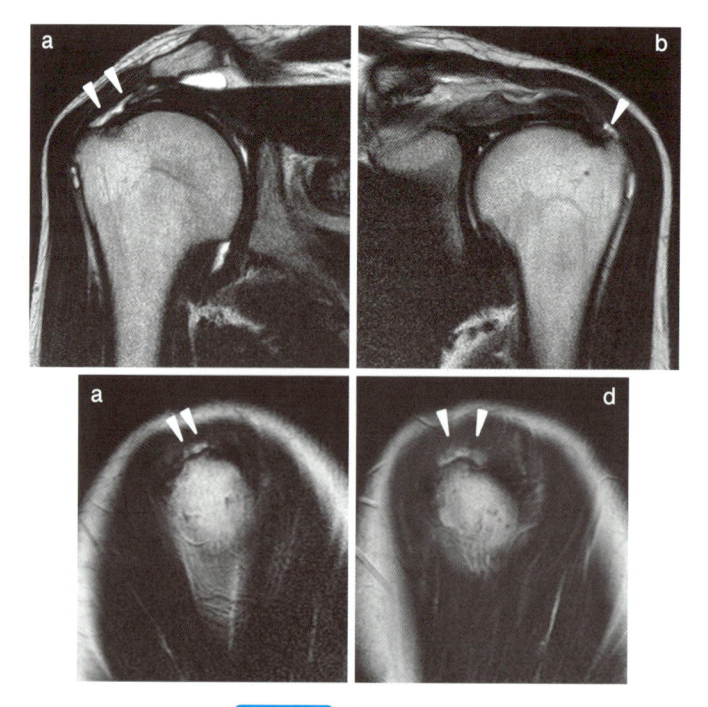

**図 3-14 両側腱板断裂**
両肩 MRI T2 強調画像．20 歳代女性，バレーボール選手（右利きセッター）．
a：右肩冠状断，b：左肩冠状断，c：右肩矢状断，d：左肩矢状断．

断裂をきたしてしまう症例も見受けられる（図3-14）.

　反復性肩関節脱臼では3D-CTで骨形態を把握すると同時に軟部組織の評価を造影MRIで同様に行う．不安定感が強く外転外旋位が取れない場合や，openタイプのMRIがない場合は下垂位内旋位（adduction and internal rotation position：ADIR位）で代用する．これは肩関節脱臼後外旋位固定で関節包靱帯-関節唇複合体が整復されることに着目し[9]，その逆に内旋位をとることで関節包靱帯が弛緩し関節唇の転位を誘発するものである．ADIR位はABER位の類似する有用性を示し

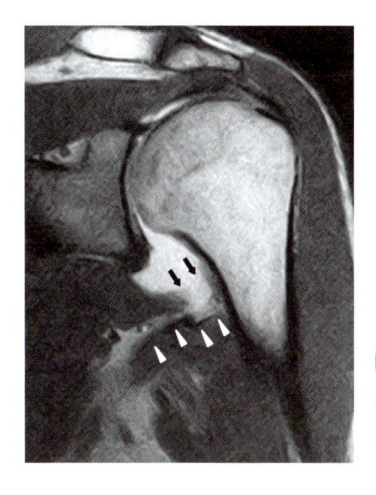

**図3-15** HAGL病変
左肩造影MRI．関節包の上腕骨への連続性が絶たれ（→），関節外へ造影剤の流出を認める（▶）．

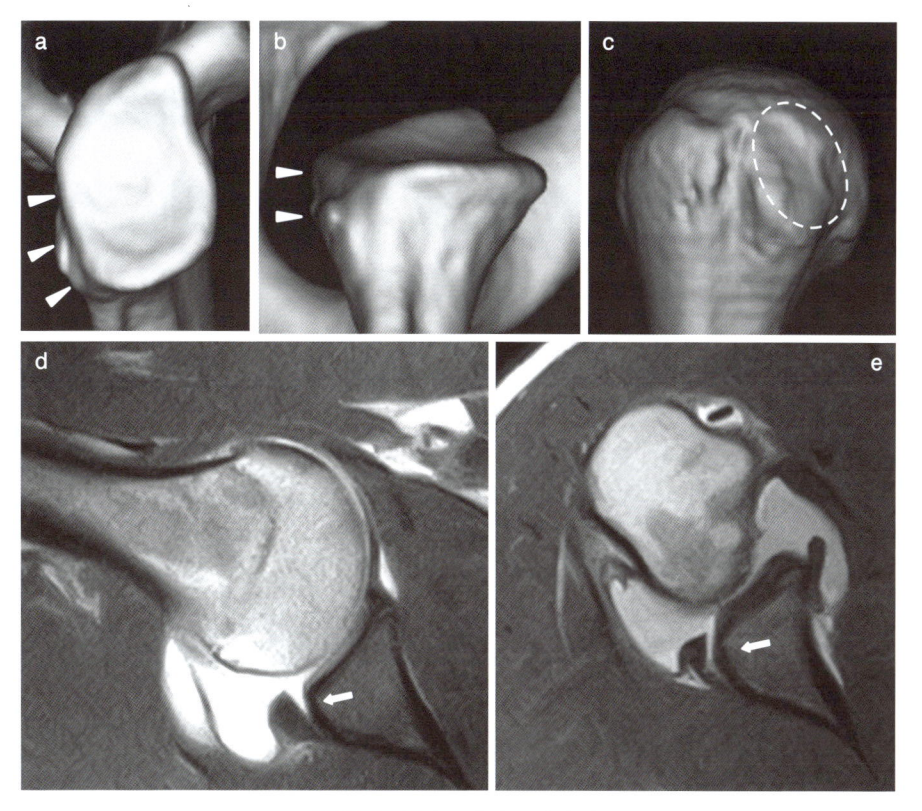

**図3-16** 右肩後方不安定症
20歳男性，空手選手．a, b：関節窩3D-CT．関節窩後方に骨片の落ち込みを認める（▶）．c：上腕骨3D-CT．Reverse Hill-Sachs lesionを認める（◯）．d, e：後方関節唇の剥離を認める（→）．

ており[10]．ABER位での撮影が困難な場合は有用な撮影肢位である（図3-12）．Bankart病変の診断はABER位や軸位断で行うが，関節包断裂やHAGL病変の診断には冠状断での所見が有用である（図3-15）．また反復性肩関節脱臼には上方関節唇損傷を合併する頻度も高く，複数の撮影方向で病変をとらえることが重要である．最後に空手選手に生じた右肩関節後方不安定症の画像を供覧する（図3-16）．

■文献
1) 信原克也. 肩のX線写真検査. In: 信原克也, 編. 肩―その機能と臨床―. 3版. 東京: 医学書院; 2001. p.104-6.
2) 筒井廣明, 山口光国, 山本竜二, 他. 腱板機能客観的レ線撮影法―「Scapula-45撮影法」について―. 肩関節. 1992; 16: 109-13.
3) Bernageau J, Patte D, Debeyre J, et al. Value of the glenoid profil in recrrent luxations of the shoulder. Rev Chir Orthop Reparatrice Appar Mot. 1976; 62: 142-7.
4) 高橋憲正, 菅谷啓之, 戸野塚久紘, 他. 肩関節前方不安定症に対する新しいレントゲン撮影法（新法）の有用性. 肩関節. 2010; 34: 321-4.
5) Itoi E, Lee SB, Amrami KK, et al. Quantitative assessment of classic anteroinferior bony Bankart lesions by radiography and computed tomography. Am J Sports Med. 2003; 31: 112-8.
6) Saito H, Itoi E, Sugaya H, et al. Location of the glenoid defect in shoulder with recurrent anterior dislocation. Am J Sports Med. 2005; 33: 889-93.
7) Sugaya H, Moriishi J, Kanisawa I, et al. Arthroscopic osseous Bankart repair for chronic recurrent traumatic anterior glenohumeral instability. J Bone Joint Surg. 2005; 87-A: 1752-60.
8) 松木圭介, 菅谷啓之, 近 良明, 他. 反復性肩関節前方不安定症における骨形態とjoint laxity. 肩関節. 2003; 27: 343-7.
9) Itoi E, Hatakeyama Y, Sato T, et al. Immobilization in external rotation after shoulder dislocation reduces the risk of recurrence; A randomized controlled trial. J Bone Joint Surg. 2007; 89-A: 2124-31.
10) 高橋憲正. 反復性肩関節脱臼の診断. In: 菅谷啓之, 編. 実践 反復性肩関節脱臼 鏡視下バンカート法のABC. 1版. 東京: 金原出版; 2010. p.60-71.

［永井宏和］

## 3 画像診断

# B 肘関節の画像診断

まず肘関節の機能解剖の熟知が必要である．肘関節は，上腕骨，橈骨，尺骨から構成され，腕尺関節，腕橈関節，近位橈尺関節からなる3つの複合関節である．肘関節には2つの運動があり，上腕骨滑車と滑車切痕による蝶番運動と，上腕骨小頭と橈骨頭の車軸関節，橈骨頭と橈骨切痕の近位橈尺関節の連動による回旋運動からなる[1]．肘関節の安定性は，骨性の支持に加え，内側の内側側副靱帯複合体，外側の外側側副靱帯複合体，そして屈筋群，伸筋群により保たれている．

スポーツ障害肘においてもう1つ重要なポイントは，骨端線閉鎖前の成長期例の特性を理解することである．学童期は，筋骨格系が未発達な上に，運動スキルが未熟なことから，障害リスクの高い時期である．特に，人気が高く競技人口の多い野球では，学童期から中高生に障害が多く発生しており，成長期の投球障害例が治療の対象となることが多い．成長期の特性としては，肘関節が骨化進行の途中過程であり，脆弱な骨端軟骨で覆われていることがあげられる．これらの機能解剖と解剖学的特性をよく理解した上で，画像診断に臨む必要がある．

## 1 X線で見えること，診るべきこと

### A 肘関節の骨化過程

図3-17は10歳男子の単純X線写真である．画像上，上腕骨，橈骨，尺骨の各間隙が空いているように見える．しかし，実際はこの間隙は未成熟な骨端軟骨で敷き詰められている．単純X線の読影においては，微小な骨変化を見逃さないことは基本として，描出されない軟骨部分をいかに想像できるかがキーとなる．図3-18に，肘関節の骨化核の出現と骨化終了の目安の時期を提示した[2]．個人差はあるが，骨化核の出現する順番は図のとおりであり参考となる．骨化過程を把握す

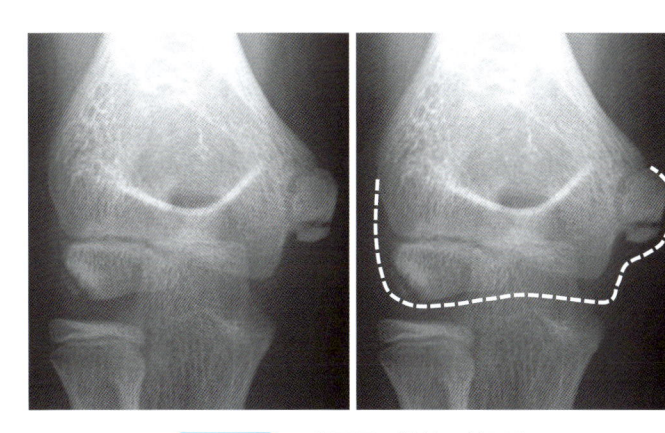

**図3-17** 10歳男子の単純X線写真
破線：実際の形態の輪郭．

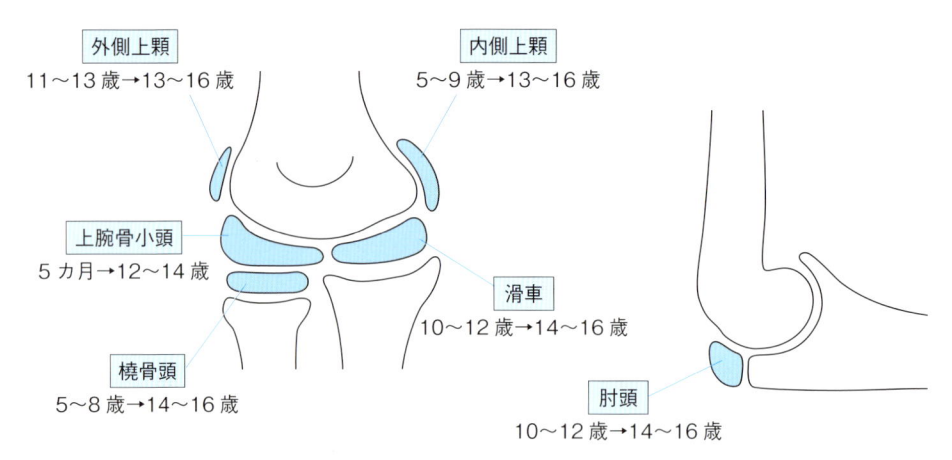

図 3-18 肘関節の骨端核の出現から閉鎖まで（出現→閉鎖）

- 外側上顆 11～13歳→13～16歳
- 内側上顆 5～9歳→13～16歳
- 上腕骨小頭 5ヵ月→12～14歳
- 滑車 10～12歳→14～16歳
- 橈骨頭 5～8歳→14～16歳
- 肘頭 10～12歳→14～16歳

ることで，後に述べる各疾患に対処しやすくなる．

## B 撮影方法

通常の肘関節の正面・側面の 2 方向に加え，45°屈曲位正面像（tangential 像）は，投球障害肘の診断において必須である．図 3-19 に同一症例の肘伸展位正面像と tangential 像の 2 つの画像を示す．上腕骨小頭離断性骨軟骨炎の好発部位である上腕骨小頭は上腕骨長軸に対して 40～50°前傾し

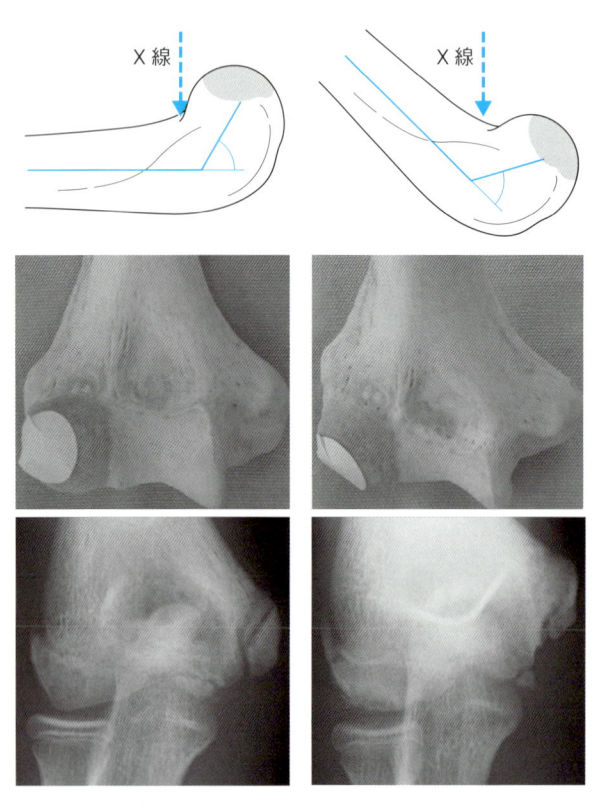

図 3-19 同一症例の肘伸展位正面像（左）と tangential 像（右）

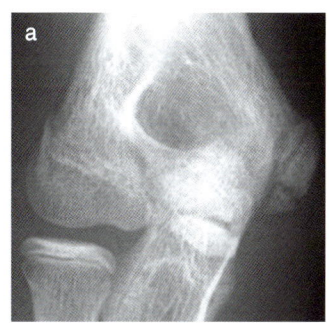

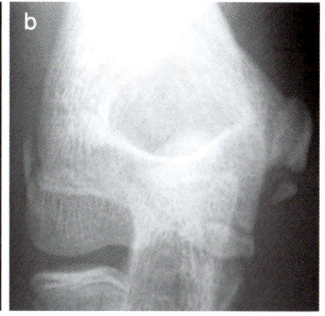

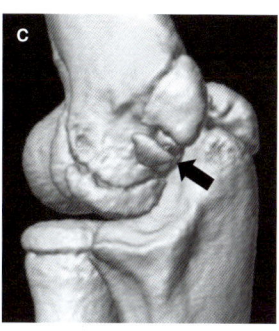

図 3-20　上腕骨内側上顆障害
a: 伸展位正面像, b: tangential 像, c: 内側上顆の前下方に発生.

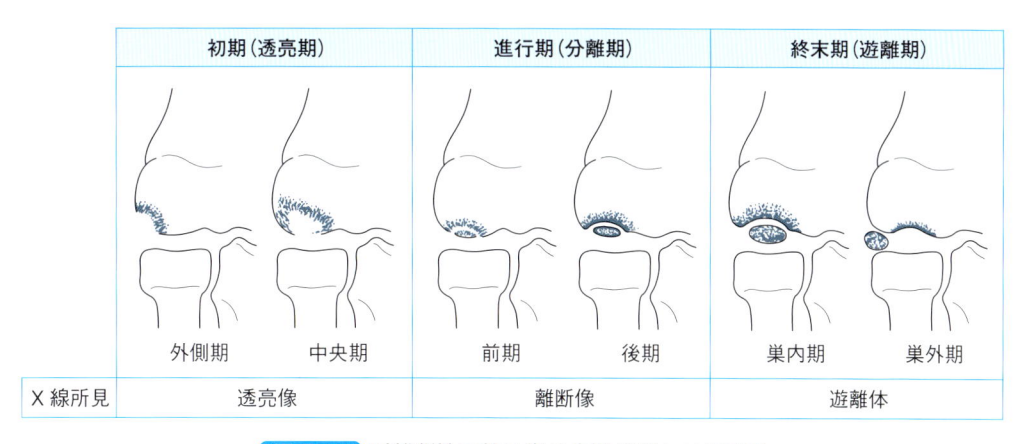

| | 初期（透亮期） | | 進行期（分離期） | | 終末期（遊離期） | |
|---|---|---|---|---|---|---|
| | 外側期 | 中央期 | 前期 | 後期 | 巣内期 | 巣外期 |
| X線所見 | 透亮像 | | 離断像 | | 遊離体 | |

図 3-21　肘離断性骨軟骨炎の病期分類とX線所見

ていることから，通常の正面像では病変部と健常部が重なって病変を見逃したり，病期を見誤る危険性が高い．野球少年に発生頻度が高い上腕骨内側上顆障害においても，病変部位の多くは上腕骨内側上顆の前下方であり，45°屈曲正面像が診断に有用である（図 3-20）．30°外旋斜位も上腕骨小頭の代用側面像となり離断性骨軟骨炎の病巣の広がりを把握するのに有用である．

### C 上腕骨小頭離断性骨軟骨炎の病期分類

　上腕骨小頭離断性骨軟骨炎の病期診断において，単純X線所見により透亮型，分離型，遊離型に分ける三浪らの分類は，病態を理解する上で有意義である[3]．しかし，撮影方法に明記がなかったため，病期を見誤る例が少なくなかった．その後，岩瀬が45°屈曲位正面像での病期診断を提唱した[4]．その後，透亮型を外側期と中央期に分け，分離期を離断前期と後期に分け，遊離期を母床に接する巣内期と完全に転位した巣外期に細分化した．現在，汎用されている病期分類は，両者の分類を混ぜ合わせたものである．図 3-21 に単純X線所見による病期分類を示す．進行期前期と後期は治療法の選択には非常に重要であるが，実際には単純X線像のみで厳密に分類することには限界があり，他の画像検査に頼らざるを得ないことが多い．

### D 上腕骨小頭離断性骨軟骨炎の修復過程

　図 3-22 に，上腕骨小頭離断性骨軟骨炎の初診時から修復までの単純X線所見を示す．投球中止による保存療法で，小頭外側から中央に向かって修復が進んでいくのがわかる．この変化は，多く

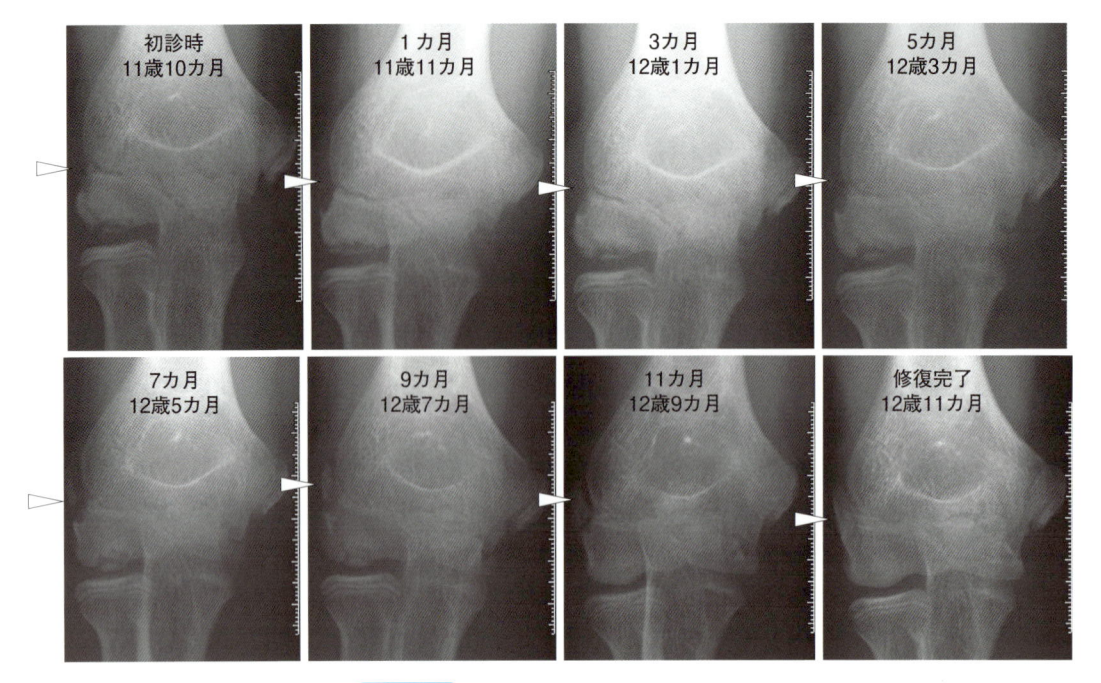

**図 3-22** 上腕骨小頭 OCD の修復過程

上腕骨小頭離断性骨軟骨炎の修復過程．上腕骨外側上顆の骨化進行と同期して修復が進む．初診時から 13 カ月経過．

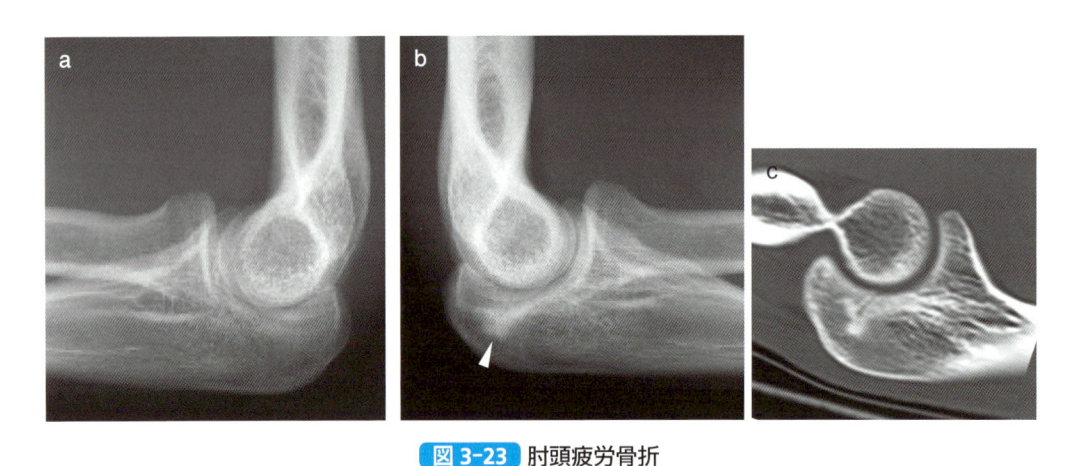

**図 3-23** 肘頭疲労骨折

a: 健側 X 線写真，b: 患側 X 線写真，c: 患側 CT．健側との注意深い比較が必要．

の場合，外側上顆の骨化核の出現と骨化進行と同期する．小頭部の骨端線の閉鎖，滑車部の骨化も同時に進行する．保存療法において，外側上顆の骨端線開存は，修復能の有無の判断をする際の指標の1つとして考えることができる．Growth spurt では，短期間でもこのような劇的変化を示す．

### E その他の障害部位

肘関節の後方障害や滑車の障害はどうしても陰影が重なり見逃されやすい．側面像でも，微小な変化は捉えにくいことも多い．対応としては，常に健側比較をして微小な骨変化を見逃さないことである（図3-23）．臨床上どうしても疾患を疑う場合は，他の画像診断に頼ることとなる．

## 2 ● CTで見えること，診るべきこと

　CTは，X線写真では検出困難な部位を描出できる．MPRCT（multi planner reconstructive computed tomography）により冠状断，矢状断を再構成することで，断層ごとの詳細な描出が可能となる[5]．また3D画像を再構築することで，3次元的な空間把握が可能となる．骨病変の形態分析ではCTが現在最も詳細な評価ができる．

### A 変形性肘関節症に対する術前計画

　変形性肘関節症で複数の遊離体や骨棘，骨堤を要する症例に対する術前計画において，3D-CT検査は非常に有用である．図3-24に示すように，単純X線では描出できない遊離体の局在や骨棘の切除量を術前に把握できる．画質の向上により腕尺関節内に嵌頓している微小な遊離体も検出可能である．

### B 上腕骨小頭離断性骨軟骨炎の病巣の3次元的広がり

　単純X線の45°屈曲位正面像が上腕骨小頭離断性骨軟骨炎の病巣評価に有用であることは前述のとおりである．しかし，病巣部の中心が常に小頭部の接線方向の平面上にあるとは限らず，病変の空間的な広がりや病巣の深さなどの詳細な評価には2次元での評価では限界がある．そこで，3D-CTを使用することで，tangential像では捉えきれない病巣の広がりを評価することが可能となる．図3-25のように，単純X線像で，ともにいわゆる外側型といわれる離断性骨軟骨炎でも，3D-CTにより病巣を評価すると，上腕骨小頭の外側のみに限局する例と，後方や尺側にまで病変が及

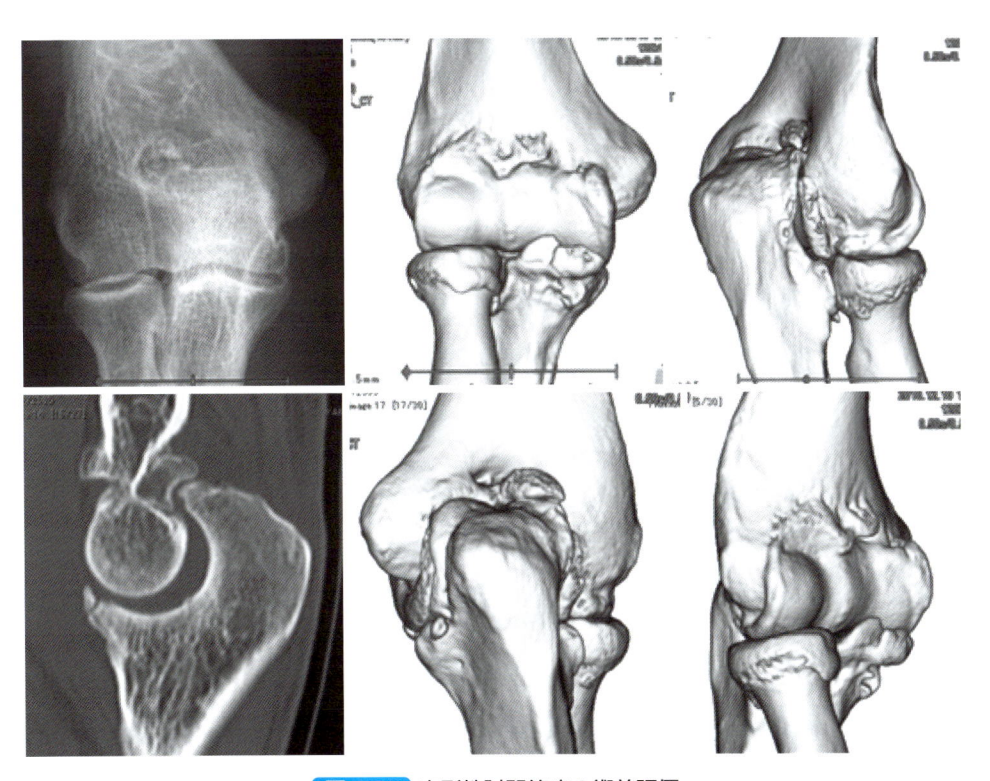

**図3-24** 変形性肘関節症の術前評価

3D画像により遊離体の局在や骨棘，骨堤の形態を評価できる．

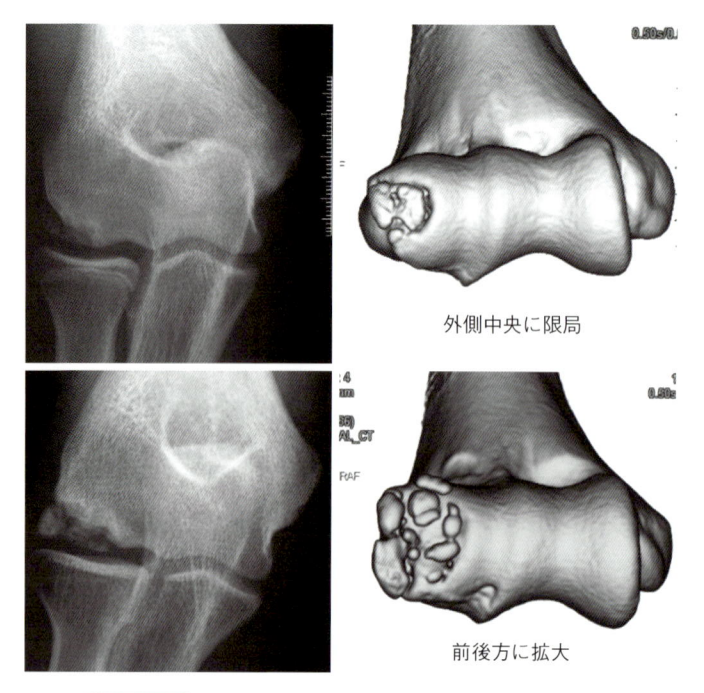

**図 3-25** 上腕骨小頭離断性骨軟骨炎の病巣の広がり

外側中央に限局

前後方に拡大

んでいる例まで様々であることがわかる．また，保存療法において，修復傾向か偽関節化しているかの判断においても，母床と病巣部位との骨梁構造の連続性や破綻の有無を注意深く観察することで，手術療法の適否を判断することができる．

## C 後方障害の評価

単純X線の項目でも述べたが，後方障害はその解剖学的な位置から見逃されやすい．しかし，

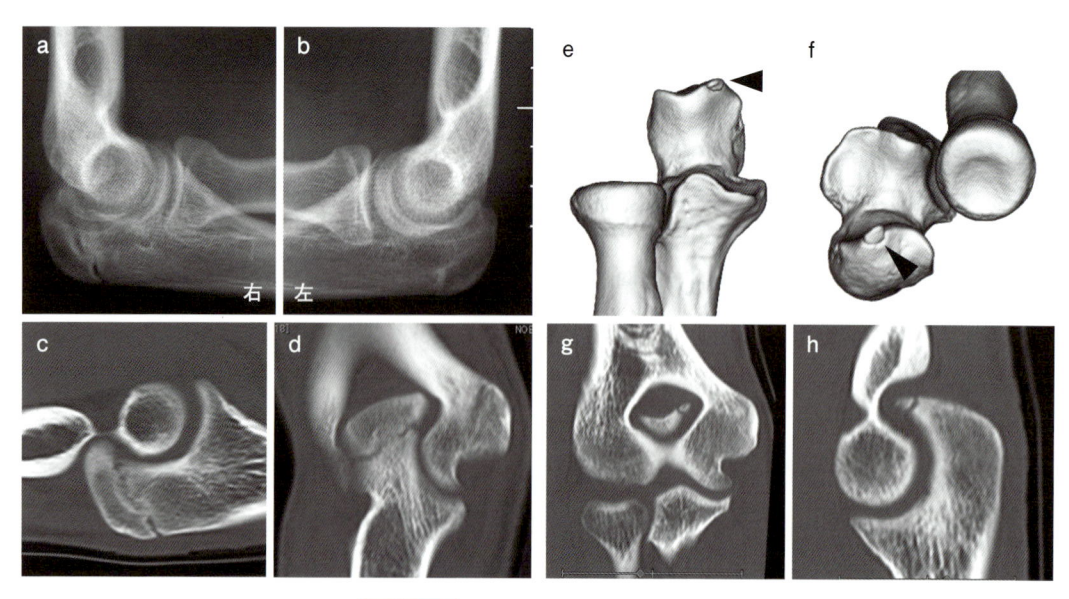

**図 3-26** CTによる後方障害の診断
a〜d: 14歳捕手．肘頭の骨端線閉鎖不全．e〜h: 21歳投手．後内側インピンジメント症候群．

3. 画像診断

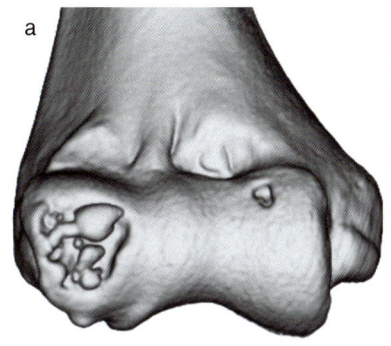

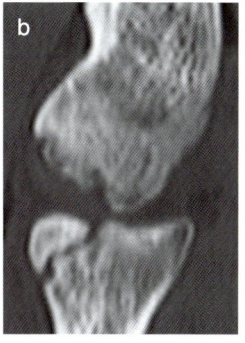

**図 3-27** 随伴病変の有無
a: 14歳男子．滑車部の OCD を併発．
b: 13歳男子．橈骨頭の OCD を併発．

CT 検査を追加することで，後内側インピンジメント症候群，肘頭の疲労骨折や骨端線閉鎖不全などの後方投球障害を診断することができる（図 3-26）．

### D 随伴病変の検出

CT 検査の利点として，随伴病変の検知が可能であることがあげられる．橈尺骨や上腕骨を画像処理で消去することで関節内の詳細な観察が可能となる．投球障害肘の場合，重症度の高い小頭部の離断性骨軟骨炎だけでなく，滑車部や橈骨頭にも骨軟骨障害を併発することがあるため，CT で注意深く観察することでそれらを描出することができる（図 3-27）．

## 3 MRI で見えること，診るべきこと

### A MRI のシークエンスのポイント

MRI は再現性の高い任意の断層面が得られ，骨，軟骨のみならず靱帯，筋肉，ならびに腱などの軟部組織の描出に優れている．投球障害例では，上腕骨小頭離断性骨軟骨炎の骨軟骨評価，内側支持機構障害の評価に有用である．以下に，肘関節 MRI の撮像ポイントと推奨撮像プロトコールについて述べる．

#### 1．各シークエンスにおける撮像ポイント

a）T1 強調像

脂肪が高信号のため骨髄が高信号に描出され，皮質骨，軟骨，関節液は共に低信号に描出されるため，肘関節疾患の診断においては，骨折や腫瘍以外では有用性は低い．

b）プロトン密度強調像（PD）（図 3-28）

高速スピンエコー法で撮像される．脂肪が高信号である点は T1 強調像に似るが，軟骨，軟骨下骨，関節液の分離が可能で，形態学的な評価には最も重要なシークエンスである[6]．信号強度が高いため高分解能の撮像が可能であることも有利な点である．骨端線が開存した正常肘（図 3-28）では関節液はやや高信号（high）に，関節軟骨層は筋肉と比較し等信号（iso）で，軟骨下骨と軟骨内石灰化層は低信号（low）に描出される．骨髄内は脂肪組織があるため高信号（high）に，骨端線は低～等信号（low-iso）に描出される．このように，関節液，軟骨，軟骨下骨，骨髄のすべてが分離同定可能である．

図 3-29 に上腕骨小頭離断性骨軟骨炎（OCD）の保存療法例を示す．OCD 初期 PD 像 sagittal で

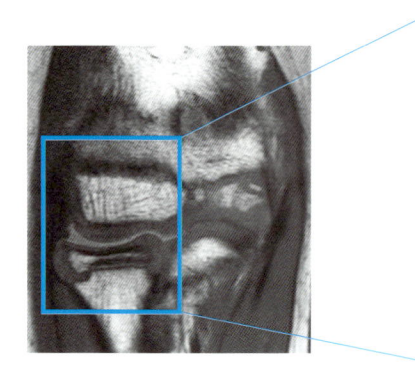

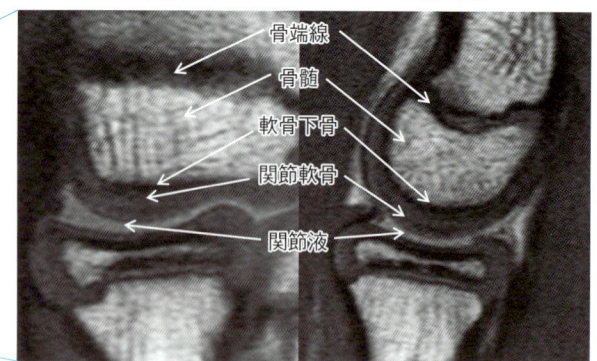

**図 3-28** PD 強調画像（11 歳男性，正常時）

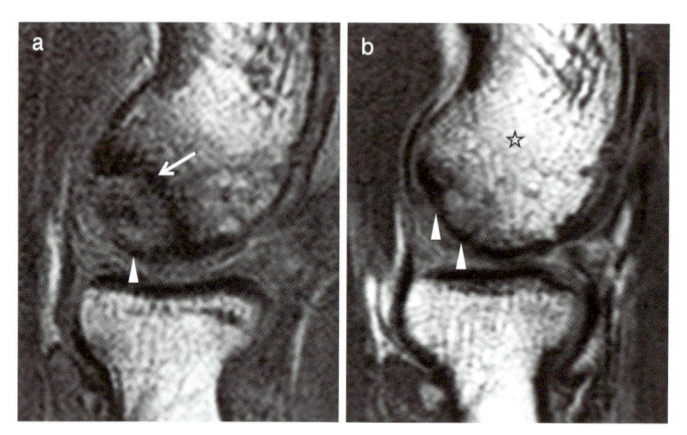

**図 3-29** MRI での修復過程（PD 強調画像）
a：初診時，b：修復後．

は，軟骨層は low-iso で一部不整を認め，軟骨下骨である low バンドの連続性が一部途絶している（図 3-29a 矢頭）．軟骨下骨内部では反応性の骨髄浮腫と脂肪細胞の壊死によって iso-low に変化している．その内部では反応層である low band 像（帯状低信号像）が認められる（図 3-29a 矢印）．これは骨・脂肪細胞壊死に伴い反応層としての硬化性病変をとらえている．修復期では，軟骨層の輝度が low から iso に改善している．途絶していた軟骨下骨（図 3-29b 矢頭）の low バンドが再び認められる．骨髄内では low band 像であった骨の硬化性変化が消失し，骨髄内の炎症の改善と脂肪細胞の浸潤によって骨髄内輝度は high に改善している（図 3-29b ☆印）．

**c）脂肪抑制 T2 強調像**（図 3-30）

水を高信号に描出することから，関節液，骨髄浮腫などの病的所見を敏感に検出可能である．脂肪抑制されているため骨髄は低信号，軟骨，軟骨下骨とも低信号に描出されるため，詳細な形態学的な評価には向かないが，病変の描出に重要である．

OCD 初期（図 3-30a）では軟骨下骨内部に骨髄浮腫（high）（図 3-30a 矢印）を認めるが軟骨下骨（low）の途絶はない（図 3-30a 矢頭）．分離期（図 3-30b）では軟骨下骨内部に広範な骨髄浮腫（high）（図 3-30b 矢印）を認め，軟骨下骨（low）の連続性は保たれているが，一部関節液の侵入を示唆する linear T2 high 部を認める（図 3-30b 矢頭）．遊離期（図 3-30c）では，遊離骨片（図 3-30c 矢頭）は母床から離れているため，母床である軟骨下骨内部の骨髄浮腫（high）（図 3-30c 矢印）は鎮静化

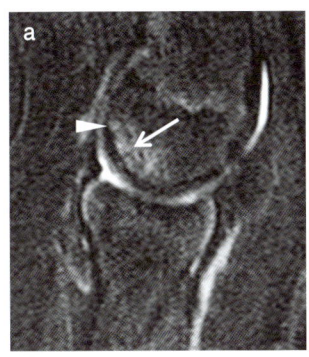

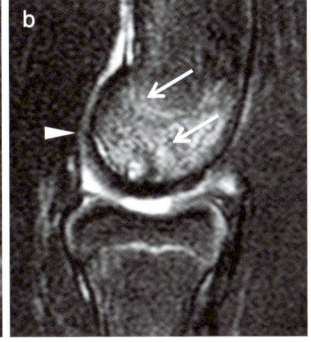

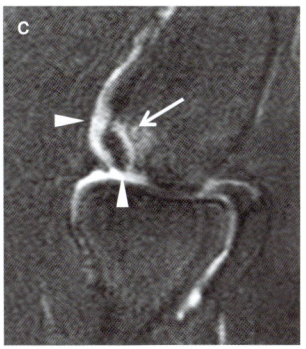

**図 3-30** 脂肪抑制 T2 強調像
a: 初期．骨髄浮腫を認める．b: 分離期．関節軟骨の亀裂を認める．
c: 遊離期．関節液の流入を認める．

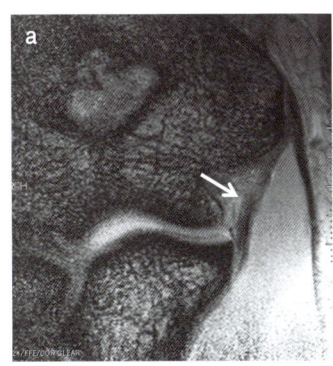

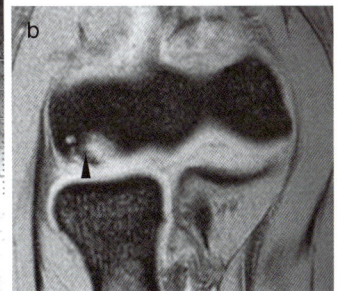

**図 3-31** T2$^*$強調画像
a: 内側側副靱帯（前斜走線維），b: 小頭部の離断骨片．

している．

### d）T2 強調像

　脂肪が比較的高信号に描出され，形態学的な把握は可能だが，病変描出のコントラストは低下している．脂肪抑制 T2 強調像ほど有用でない．

### e）T2$^*$強調画像（図 3-31）

　骨，線維軟骨，靱帯（図 3-31 矢印）を低信号に，硝子軟骨を中程度高信号，関節液を高信号に描出する．プロトン強調像と同様の傾向であるが，各組織の分離が十分ではない．骨の描出にすぐれるため，剥離骨片（図 3-31 矢頭）の検出がよい点が特徴である．

　以上を表 3-1 にまとめた．補足すると，T2 強調像，PD 強調像どちらでも組織の区別は可能だが，PD が T2 より良好な画質が得られる．T2$^*$が以前は主流だったが，現在は撮像時間が短くなり，コントラストの違いが明瞭な PD の方が組織の判別に有利な傾向にある[7]．

## 2．撮影方法

### a）冠状断像

　肘関節の全体の評価に有用である．側副靱帯損傷の評価には欠かせない．

### b）矢状断像

　上腕骨小頭を良好に描出するため，離断性骨軟骨炎に対して最も重要な撮像断面である．滑車部

表 3-1 MRI のシークエンスのまとめ

|  | T1 | T2 | PD | T2* | FS T1 | FS T2 | FS PD |
|---|---|---|---|---|---|---|---|
| 水 | low | high | やや high | high | low | high |  |
| 脂肪 | high | high | high | やや high | low | low |  |
| 硝子軟骨 | low | やや low | やや high（水よりは low） | やや high |  |  |  |
| 軟骨下骨（皮質骨） | low | low | low | low |  |  |  |
| 線維軟骨 |  |  |  | low |  |  |  |

や肘頭の評価もしやすい．

#### c）横断像

肘関節の全体的な評価に有用であるが，特に周囲筋肉や血管，神経との関係が明瞭に描出される．

### 3．投球障害肘における MRI の推奨撮像プロトコール

#### a）冠状断像

プロトン強調像，脂肪抑制 T2 強調像（側副靱帯），T2*強調像（靱帯の剝離骨片）．

#### b）矢状断像

プロトン強調像（OCD），脂肪抑制 T2 強調像（OCD）．

尺骨神経障害など他疾患を疑う場合は，適宜シークエンスの追加が必要となる．

#### c）横断像

小頭外側部の評価に有用である．撮像時間は 1 シークエンスで約 3 分と考え，上記 6 シークエンスで約 18 分である．位置決めや患者入れ替えが約 10 分として，合計約 30 分以内で検査可能である．

## B 各疾患における読影ポイント

### 1．野球肘内側支持機構（内側上顆，内側側副靱帯，鉤状結節）障害

図 3-32 に分離分節像を示す上腕骨内側上顆障害の 1 例を示した．図 3-32a の X 線写真上，分離

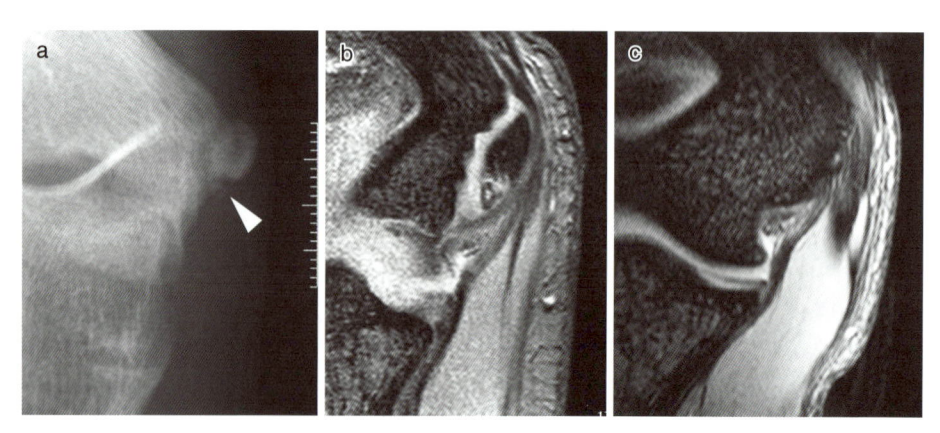

図 3-32 内側支持機構（成長期と成人期との違い）

a，b：11 歳男子．分離骨片を伴う上腕骨内側上顆障害（a: 分離・分節像あり，b: 靱帯は骨端軟骨に付着）．
c：成人の内側側副靱帯．靱帯は骨に付着．

骨片にあたかも内側側副靱帯が直接付着しているように見える．しかし，図3-32bのMRIでわかるように，実際には分離骨片は内側上顆の骨端軟骨に埋もれている状態で，靱帯の直接の付着部は骨端軟骨部分である．骨端線開存期には，内側上顆から内顆，滑車にかけての大部分は骨端軟骨部分で占められているのが特徴であるのに対し，図3-32cのように内側の骨化が終了している成人例では，靱帯は直接内側上顆の骨に付着している．MRIによる詳細な検討からわかることは，骨端線の閉鎖前と閉鎖後では，靱帯付着部の形態が変わり，それにより投球による外反ストレスで損傷される対象も変わるということである．骨端線閉鎖前の成長期における障害部位は，骨よりも脆弱な骨端軟骨である．骨端線閉鎖後の成人期では，骨化成熟した内側上顆の方が強度が増し，代わって靱帯実質や付着部の損傷を引き起こすこととなる．これが，内側支持機構障害の発生機序の違いである．

### 2．上腕骨小頭離断性骨軟骨炎の病期診断

診断は単純X線や超音波検査でも十分可能であるが，MRIが威力を発揮するのは，進行期（分離期）以降の病期診断である．初期（透亮期）では，軟骨面の破断はなく，骨髄浮腫，骨壊死像として捉えられる．進行期（分離期）後期となり，病変部位の骨軟骨片が母床から離断し，軟骨面にまで亀裂が入った場合には，関節液が骨片の下に流入した際の，high signal intensity interfaceや関節軟骨の一部の破断を表す，articular defectが離断の所見となる[8]（図3-30b, c）．遊離体を明らかに伴う例では，必ずしもMRI実施の必要はないと思われる．

## 4 超音波検査

近年の超音波検査の機能向上は著しく，その分解能の高さから，筋，関節包，滑膜，関節軟骨，軟骨下骨が明瞭に描出される．また，ポータブルエコーの普及に伴い，近年野球検診における超音波検査の有用性についての報告が多く見られる．その中で，上腕骨小頭離断性骨軟骨炎は早期発見されれば保存的に治癒する可能性が高く，1次予防の観点からも，超音波検査は非常に有用なツールといえる．

上腕骨小頭離断性骨軟骨炎は軟骨下骨障害であるので，病期診断をする際には軟骨下の皮質ラインと海綿骨の性状の評価が重要となる．小頭の全体像を捉えるには肘関節屈曲位で後方走査による長軸像，短軸像で評価する（図3-33）．また，この肢位では，屈曲伸展の動態評価が可能となる．図3-34に，超音波検査による上腕骨小頭離断性骨軟骨炎の病期分類を示す[9]．Stage 1は初期病変であり軟骨下骨の不整像を認めるのみで皮質ラインは連続している．Stage 2は，軟骨面の連続性は保たれているが，軟骨下骨の皮質ラインのずれを生じ，骨片の母床からの離断像を示す．Stage 3

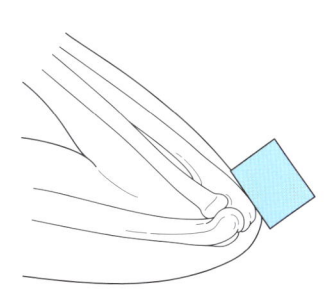

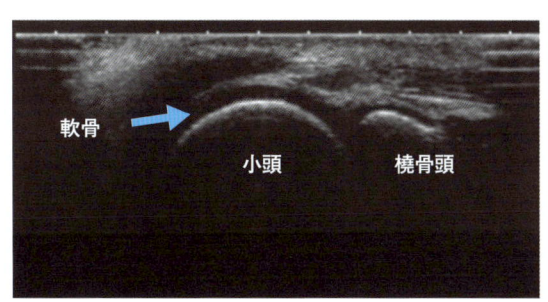

図3-33 肘関節屈曲位での後方走査

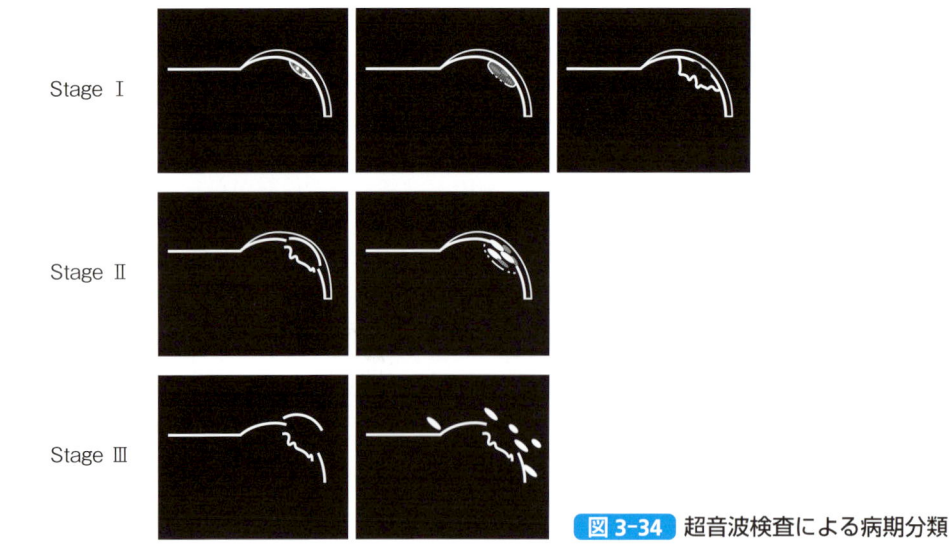

Stage Ⅰ

Stage Ⅱ

Stage Ⅲ

**図 3-34** 超音波検査による病期分類

は，軟骨面にまで亀裂が入り，遊離体を呈する状態である．治療方針の決定上，stage 1 か 2 の判断が重要となる．Stage 2 の判断基準は 2 つある．1 つは動態検査による軟骨下骨の安定性評価をして，肘の屈伸に伴う骨片の母床からの離断を認めること，もう 1 つは，軟骨下骨の皮質ラインのずれに加え，海綿骨深層の高 echo line を認めることである．これを "double line sign" と呼び，修復過程か，病期の進行過程かの判断をする際に重要な指標となる[10]．通常 1 回のみの判断で診断を下すことはなく，経時的な経過の中での所見の変化を見て判断する．

　超音波検査の特徴として，病巣部の動態評価が可能であること，繰り返しの評価が容易であり，細目な経過観察が可能であること，があげられる．問題点としては，検査精度が検者の習熟度に依存すること，があげられる[11]．治療方針の決定に重要な stage 2 の判断には，正確な動態評価と double line の所見の変化を正確に捉える必要がある．離断骨片のサイズが小さく薄い場合には超音波が骨表面に遮られ，軟骨下骨の性状の判断が困難な場合があり，そのような場合は，他の画像検査と併せて総合的な診断が必要となる[9]．

■文献
1) 高松　晃，井樋栄二，柏口新二，他．上肢．In：長谷川　徹，監訳．ネッター運動器疾患と解剖アトラス．東京：南江堂；2010．p.67-86．
2) 南　正夫，他．肘関節形成各骨端の発現．日整外会誌．1926；3：74．
3) 三浪三千男，中下　健，石井清一，他．肘関節に発生した離断性骨軟骨炎 25 例の検討．臨整外．1979；14：805-10．
4) 岩瀬毅信．肘離断性骨軟骨炎．整形外科 MOOK．1983；27：83-99．
5) 松浦哲也，岩瀬毅信，柏口新二，他．肘関節骨軟骨障害の病態診断における再構成 CT の有用性．日整会スポーツ医会誌．2002；22：204-9．
6) Link TM, Stahl R, Woertler K. Cartilage imaging: motivation, techniques, current and future signifincance. Eur Radiol. 2007; 17: 1135-46.
7) 森原　徹．よくわかる野球肘 MRI の意義．東京：全日本病院出版会；2012．In press．
8) 高原正利．上腕骨小頭離断性骨軟骨炎の画像診断．MB Orthop．2007；20：19-24．
9) 高松　晃．上腕骨小頭離断性骨軟骨炎に対する超音波検査の有用性．JOSKAS．2010；36：28-9．
10) 柏口新二．整形外科領域の超音波検査．肘離断性骨軟骨炎の診断・治療経過観察．超音波検査技術．2009；34：469-80．
11) 岡田知佐子．上腕骨小頭障害に対する超音波検査の有用性について．日本肘関節学会誌．2009；16：73-6．

［高松　晃／森原　徹（3-A．MRI のシークエンスのポイントのみ執筆）］

## 3 画像診断

# C 上肢のスポーツ障害に対する超音波診断の応用

## 1 エコー診断の有用性

### A 外来画像診断の第一選択

　一般に外来画像診断の第一選択は単純X線写真である．その背景には，最も歴史が古いこと，最も一般に普及していること，そして整形外科学そのものが単純X線写真で描出される骨を基本に進歩してきたことがあげられる．しかしエコーには，骨以外の軟骨，筋，腱，靱帯，末梢神経，血管を瞬時にその場で描出でき，さらに低コストで放射線被曝がないという単純X線写真より優れた利点がいくつもある．したがって，これからの整形外科外来における画像診断の第一選択は，エコーになっていくと考える[1]．

### B 動きで考える画像診断

　従来の画像診断は，大半を単純X線，CT，MRIに代表される静止画に依存してきた．したがって静止画所見がそのまま病名として使われることも多い（例：腱板断裂，前十字靱帯断裂，椎間板ヘルニアなど）．異常所見だけで病態を判断すると，画像で異常所見があっても臨床症状がないといった矛盾にしばしば突き当たる．静止画所見だけで判断すると，間違った病態解釈を生みだすということである．多くの整形外科疾患は動きの中で症状が生じる．静止画から想像するのではなく，視覚化された動きから病態を考える能力が，これからの整形外科画像診断には要求されるであろう[2]．

### C 治療手段の補助

　身体内部の動きがリアルタイムに視覚化できるエコーでは，超音波ガイド下 intervention，すなわち超音波ガイド下治療が可能である．超音波ガイド下の注射は，目的部位への針先の誘導，狙った部位への薬液注入がきわめて正確にできるため，除痛効果が確実で，注射直後の除痛効果から病態をより正確に把握できる．超音波ガイド下神経ブロックは，手術麻酔，術後疼痛管理ばかりでなく，外来での骨折整復，関節マニピュレーションなどに対する麻酔に使われている．さらに，超音波ガイドでの筋膜切開，腱鞘切開などの低侵襲手術，治療に難渋する腱付着部炎に対する体外衝撃波療法（extracorporeal shock wave therapy：ESWT）への臨床応用も行われている[3,4]．

### D 外来におけるコミュニケーションツール

　単純X線，CT，MRIのように別室で行う検査スタイルと異なり，整形外科エコーは外来診療のなかで問診，視診，触診と同時並行して行うことが基本スタイルになる．臨床所見と画像所見との間に時間差がなく，患者と会話しながら，病変部を触診し，プローブをあて，その場で画像情報を共有する．画像を見ながら，特に正常所見と異常所見を2画面表示で説明していく過程は，わかり

やすい病態説明の手段であり，患者との強力なコミュニケーションツールになる[5]．

次項では，上肢スポーツ障害で頻度が高い投球動作で生じる肩と肘の障害，脱臼整復後に手術適応となる病態が潜む肩関節脱臼，日常診療で遭遇する機会が非常に多い上腕骨外上顆炎（テニス肘）を中心に，エコー診断のポイントとコツを解説していく．

## 2 ● 診断のポイントとコツ

### A 肩

#### 1. 野球肩

投球動作によって生じる肩痛は，俗語的に野球肩と呼ばれる．実際には，痛みに関与する複数病変が知られており，治療法が異なることから，正確な病変診断が治療方針決定に重要となる．

##### a）プローブのあて方と正常画像

丸椅子に患者を座らせ，プローブを肩の前方，前内側，外上方，外下方，上方，後方の順にあて観察していく（図3-35）．前方では上腕二頭筋長頭腱，前内側では腱板疎部，外上方では腱板と肩峰下滑液包，外下方では肩峰下滑液包と上腕骨近位骨端軟骨，上方では上方関節唇，後方では後方肩関節窩を描出する[6]．

①前方走査

肩前方へプローブをあて，卵円形高エコー像の上腕二頭筋長頭腱短軸像を描出する（図3-36）．上腕二頭筋長頭腱が高エコー像となるようプローブ方向を微調整する．超音波ビームが上腕二頭筋長頭腱へ垂直にあたっていないと低エコー像となる（異方性）．

②前内側走査

プローブを烏口突起外側に移動し，棘上筋腱と棘下筋腱の間にある腱板疎部（rotator interval：RI）を描出する（図3-37）．

③外上方走査

腰を伸ばし，肘を後方に引いてもらい，肩外上方に棘上筋長軸方向へプローブをあて棘上筋腱長軸像を描出する（図3-38）．正常では骨頭と大結節の骨輪郭が線状高エコー像，骨頭表面の関節軟

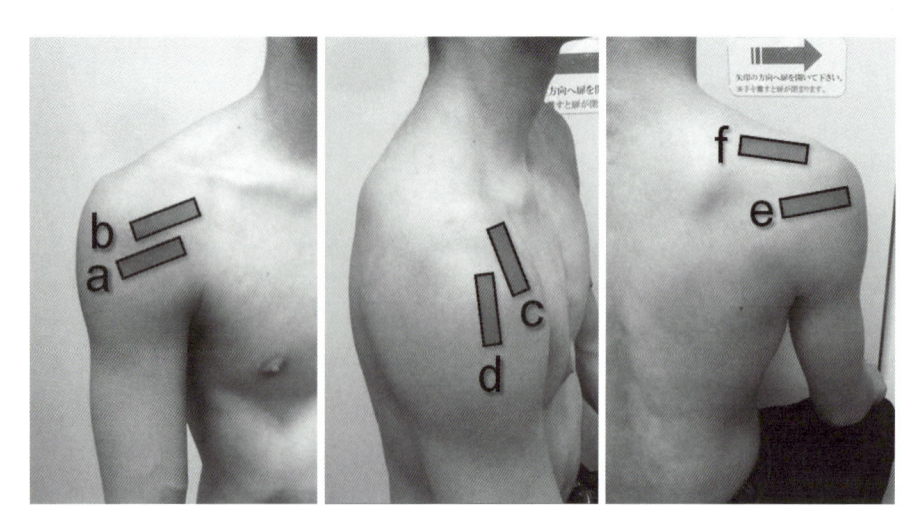

**図 3-35** プローブのあて方（野球肩）
a：前方，b：前内側，c：外上方，d：外下方，e：上方，f：後方．

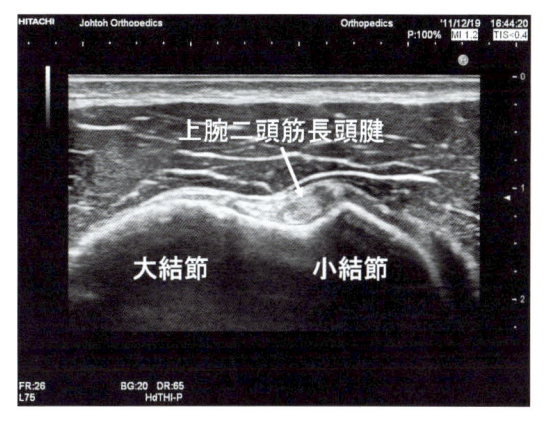

図 3-36 上腕二頭筋長頭腱短軸像（前方走査）

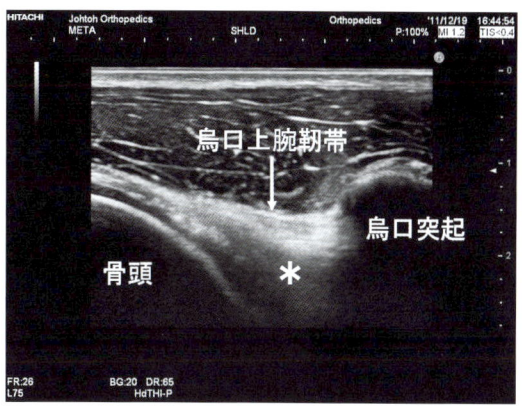

図 3-37 腱板疎部（前方走査）
＊：腱板疎部．

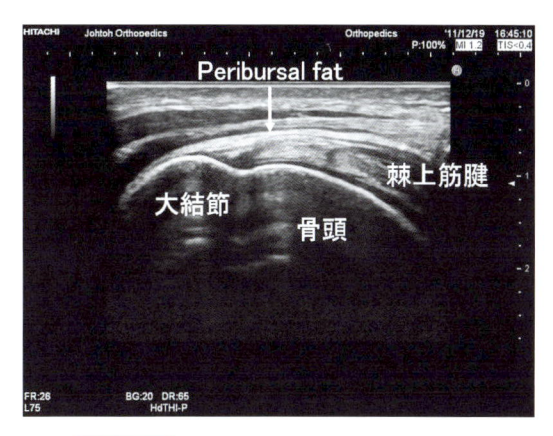

図 3-38 棘上筋腱長軸像（外上方走査）

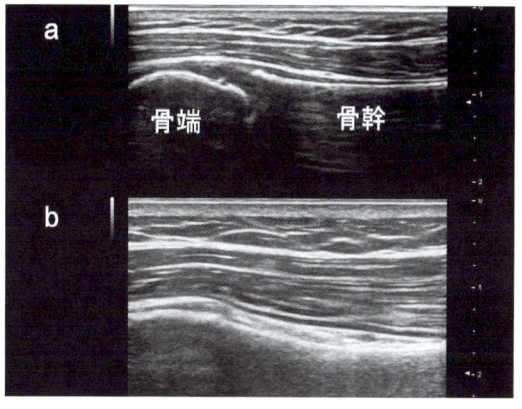

図 3-39 上腕骨骨幹端長軸像（外下方走査）
a：成人，b：小児．

骨が低エコー像，そして腱板が厚さ約 5 mm の帯状高エコー像として観察できる．腱板表面の輪郭を縁取る線状高エコー像は，肩峰下滑液包の天井側脂肪層（peribursal fat）である．

　④外下方走査

　肩外下方に上腕骨長軸方向へプローブをあて，上腕骨骨幹端長軸像を描出する（図 3-39）．正常では大結節と骨幹端の骨輪郭が連続する線状高エコー像として描出されるが，成長期の小児では両者間に低エコー像の成長軟骨が観察できる．

　⑤上方走査

　肩上方の鎖骨と肩甲棘の間に長軸方向へプローブをあて，棘上窩の骨輪郭を描出する（図 3-40）．正常では棘上窩外縁直上に三角形高エコー像の上方関節唇（上腕二頭筋長頭腱関節上結節付着部）が描出される．肩峰の影に隠れ観察できない場合には（特に成人の場合），リニアプローブをコンベックスプローブに切り替えて観察する．

　⑥後方走査

　肩後方にプローブをあて，上腕骨頭と肩甲関節窩の骨輪郭を描出する（図 3-41）．正常では線状高エコー像を示す棘下筋筋膜と関節包に縁どられた三角形低エコー像の棘下筋筋腹が観察できる．

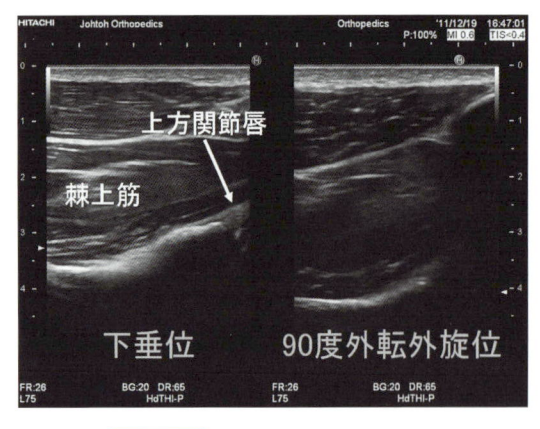

図 3-40 上方関節唇（上方走査）

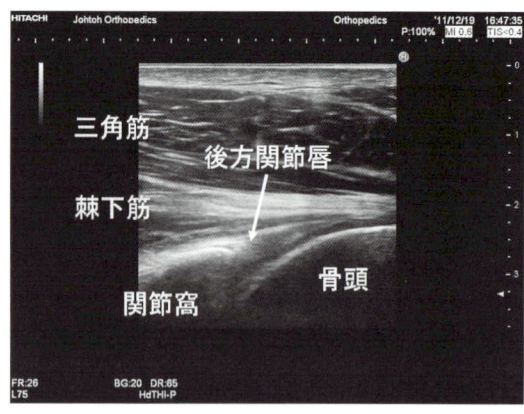

図 3-41 後方肩関節（後方走査）

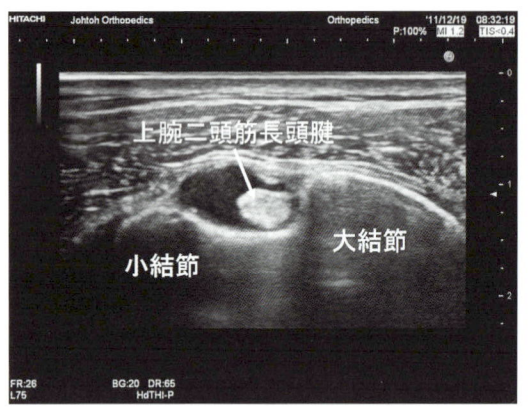

図 3-42 上腕二頭筋長頭筋腱炎（前方走査）

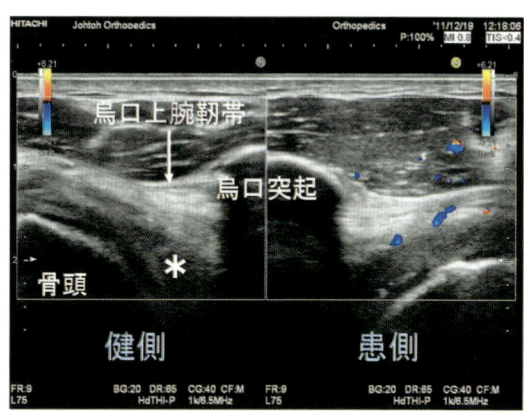

図 3-43 腱板疎部損傷（前方走査ドプラ画像）

b）診断のポイントと観察のコツ

・上腕二頭筋長頭筋腱炎

結節間溝の遠位側で，低エコー像を示す上腕二頭筋長頭腱周囲の水腫を観察する（図 3-42）．

・腱板疎部損傷

肩を内外旋しながら増生した滑膜の動きを観察する．またドプラ画像で血流増加の状態を観察する（図 3-43）．

・腱板断裂

Peribursal fat の陥凹，腱板実質部の低エコー像，欠損は腱板断裂に特徴的な所見である（図 3-44）．超音波ガイド下に局麻剤を肩峰下滑液包内または関節腔内へ注入して観察すれば，腱板断端がより鮮明になる．

・肩峰下滑液包炎

Peribursal fat 直下の肩峰下滑液包内に貯留した水腫が低エコー像として観察できる（図 3-45）．肩外上方よりも外下方から観察したほうが重力の影響で水腫を見つけやすい．

・近位骨端線離開（リトルリーガーショルダー）

大結節と骨幹端の距離を左右比較して診断する（図 3-46）．投球側近位骨端線のほうが早期に閉鎖することを参考に比較するが，エコーより単純 X 線写真のほうがわかりやすい．

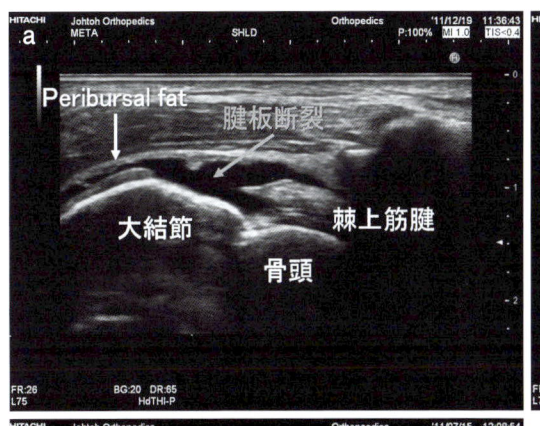

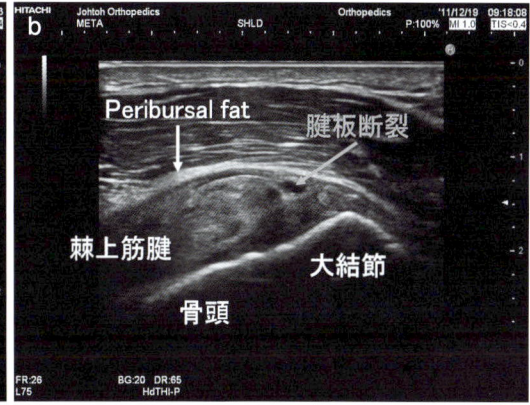

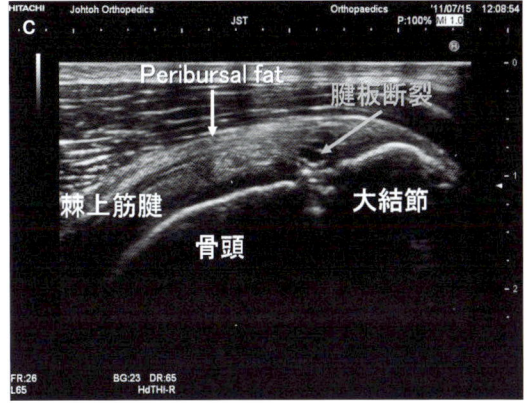

**図 3-44** 腱板断裂（外上方走査）
a: 全層断裂, b: 表層断裂, c: 深層断裂.

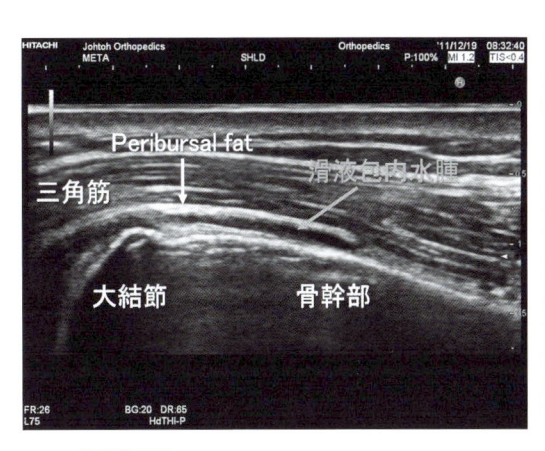

**図 3-45** 肩峰下滑液包炎（外下方走査） 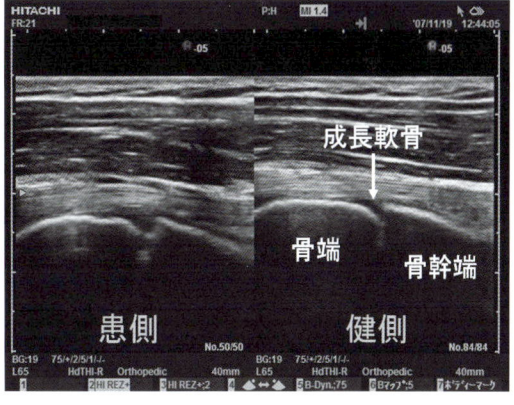　　**図 3-46** 近位骨端線離開（外下方走査）

・SLAP 損傷（superior labral tear from anterior to posterior）

　90°外転位で外旋したときの上方関節唇を観察する．正常では関節上結節上の高エコー像（上方関節唇）の厚みがほとんど変わらないのに対し，上方関節唇剥離（type Ⅱ SLAP 損傷）があると peel back 現象によって高エコー像の厚みが増す（図 3-47）．

・Bennett 骨棘

　関節窩後下方の骨性隆起（Bennett 骨棘）を観察する．骨棘で押し出された棘下筋の局所膨隆も

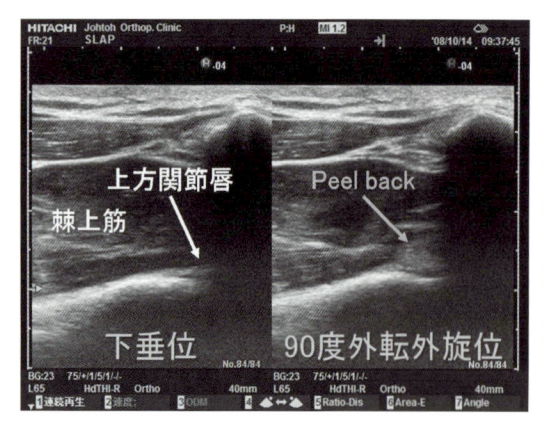

**図 3-47** SLAP 損傷（上方走査）
左：健側，右：患側．

**図 3-48** Bennett 骨棘（後方走査）

参考になる（図 3-48）．

### 2．肩関節脱臼

外傷性肩関節脱臼は全関節脱臼の約半数と最も多く，特にコンタクトスポーツ選手での頻度が高い．単純 X 線写真は脱臼診断に役立つが，脱臼整復後の評価にはほとんど役立たない．脱臼整復後は，40 歳以前で下関節上腕靱帯，40 歳以降で腱板の評価が重要になる．下関節上腕靱帯損傷（Bankart 病変）と上腕骨頭後上方の陥没骨折（Hill-Sachs 病変）の存在は脱臼の既往を示す．

#### a）プローブのあて方と正常画像

丸椅子に患者を座らせ，上肢下垂位・外上方走査で腱板，上肢挙上位・腋窩走査で下関節上腕靱帯，上肢下垂位・後方走査で上腕骨頭後上方を観察する[6]（図 3-49）．

①上肢下垂位・外上方走査

腰を伸ばし，肘を後方に引いてもらい，肩外上方に棘上筋長軸方向へプローブをあて棘上筋腱長軸像を描出する（図 3-38）．

②上肢挙上位・腋窩走査

検査側上肢を挙上し，腋窩からプローブをあて下関節上腕靱帯を描出する（図 3-50）．正常では

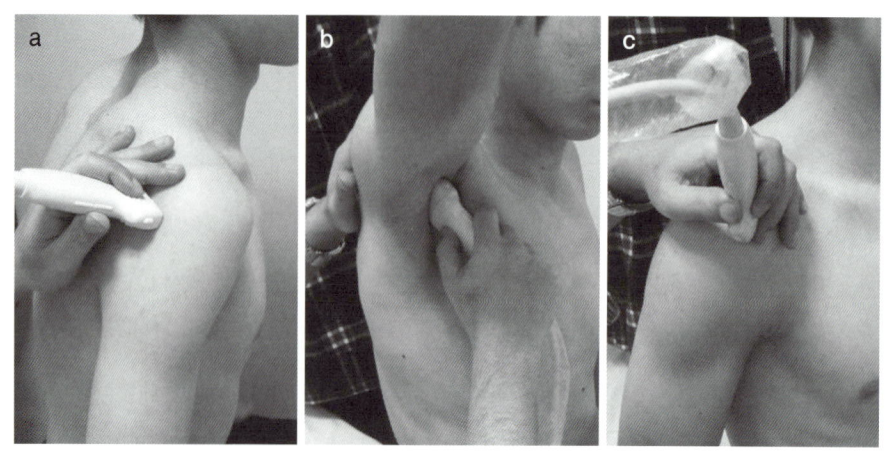

**図 3-49** プローブのあて方と正常画像（肩関節脱臼）
a：上肢下垂位・外上方，b：上肢挙上位・腋窩，c：上肢下垂位・後方．

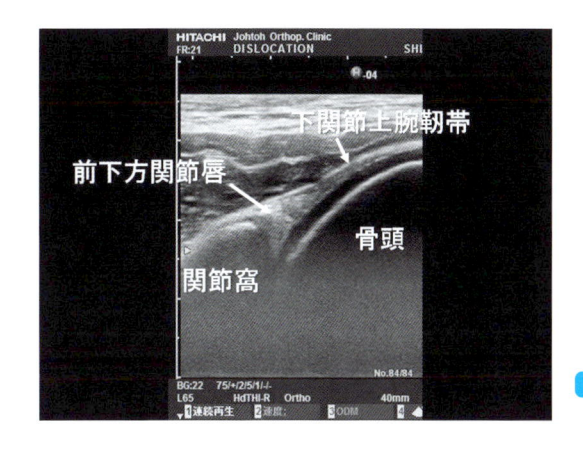

**図 3-50** 下関節上腕靱帯（腋窩走査）

骨頭が線状高エコー像，骨頭表面の関節軟骨が低エコー像，そしてその表面に線状高エコー像の下関節上腕靱帯を観察できる．

③上肢下垂位・後方走査

下垂位の肩後方からプローブをあて，棘下筋の大結節付着部を描出する（図 3-41）．骨頭から大結節の骨輪郭が線状高エコー像として観察できる．骨頭と大結節との間には浅い陥凹 normal sulcus があり，Hill-Sachs 病変と見誤らないよう注意する．

b）診断のポイントと観察のコツ

・腱板損傷（大結節骨折）

40 歳以降の肩関節脱臼では，関節支持組織である腱板実質の断裂や付着部の裂離（大結節骨折）を伴うことが多い．いずれも痛みや機能障害の原因となるため，脱臼整復後には速やかに評価する必要がある．腱板断裂は腱板表面の輪郭を縁取る peribursal fat の陥凹，腱板実質部の低エコー像が，一方，大結節骨折は骨輪郭を示す線状高エコー像の不連続像が特徴である（図 3-51）．

・Bankart 病変（骨性 Bankart 病変）

40 歳以前の肩関節脱臼では，関節支持組織である下関節上腕靱帯損傷を伴うことが多い．頻度が高い下関節上腕靱帯の関節窩側損傷は特に Bankart 病変と呼ばれる．Bankart 病変は，関節窩と関節唇との間の低エコー像（関節唇の剝離），関節窩前壁の軟部組織の肥厚（関節唇の内方転位）として描出され（図 3-52），関節窩辺縁の線状高エコー像は下関節上腕靱帯の裂離骨片を示す（図 3-53：骨性 Bankart 病変）．明らかな Bankart 病変を認めない場合には，下関節上腕靱帯の上腕骨側での

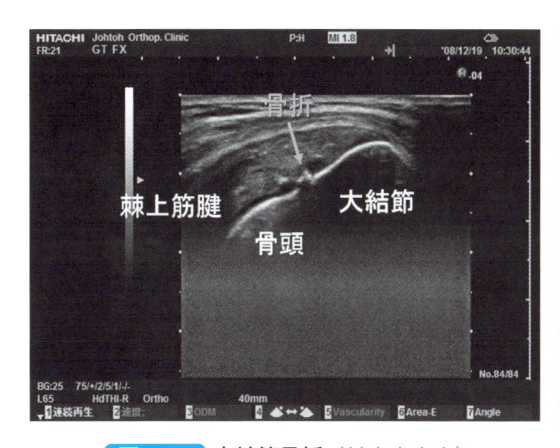

**図 3-51** 大結節骨折（外上方走査）

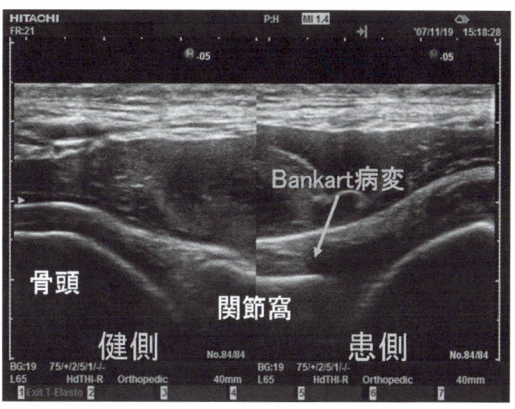

**図 3-52** Bankart 病変（腋窩走査）

C．上肢のスポーツ障害に対する超音波診断の応用 77

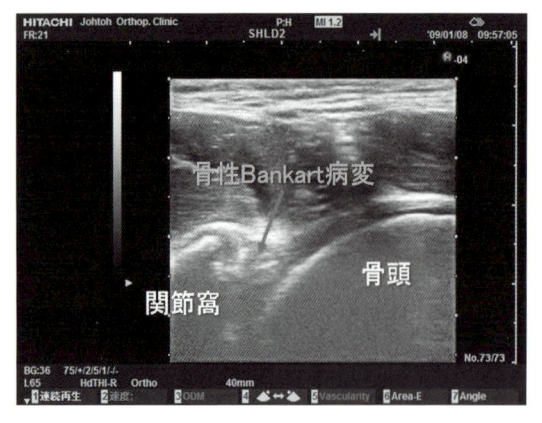

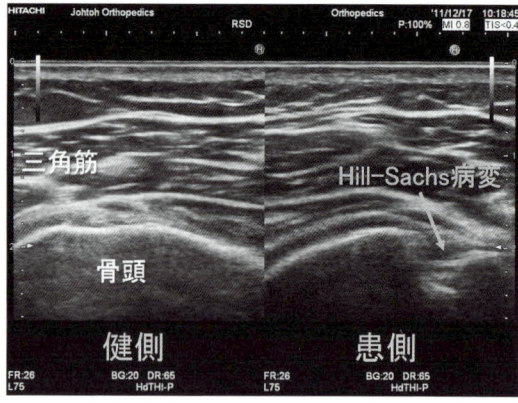

図 3-53 骨性 Bankart 病変（腋窩走査）

図 3-54 Hill-Sachs 病変（後方走査）

断裂（HAGL 病変），靱帯実質部での断裂，関節弛緩の 3 つを考慮する．

・Hill-Sachs 病変

骨頭と大結節との間にある生理的陥凹は浅く 1 個しかないのが特徴であるが，通常より深い，また 2 個以上ある骨頭後上方の陥凹は，脱臼に伴って生じた上腕陥没骨折（図 3-54：Hill-Sachs 病変）を示す．

## 2 肘

### 1．野球肘

エコーは骨輪郭の描出に優れ，単純 X 線写真で見落としやすい肘の骨病変を正確にとらえることができる．内側側副靱帯，小頭軟骨も直接観察できるため，瞬時に得られる情報量は単純 X 線写真より多い．

#### a）プローブのあて方と正常画像

丸椅子に患者を座らせ，肘伸展位で前方，肘 90°屈曲位で内側，肘最大屈曲位で後方をそれぞれ順に観察していく．前方では上腕骨小頭，内側では内側側副靱帯の前斜走線維（anterior oblique ligament：AOL），後方では上腕骨小頭と肘頭を描出するようにプローブ走査する（図 3-55）．右肘の観察は右手プローブ，左肘の観察は左手プローブで行う[6]．

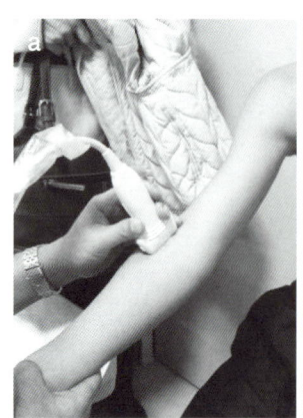

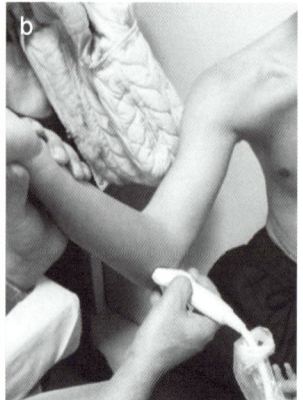

図 3-55 プローブのあて方と正常画像（野球肘）
a：前方，b：内側，c：後方．

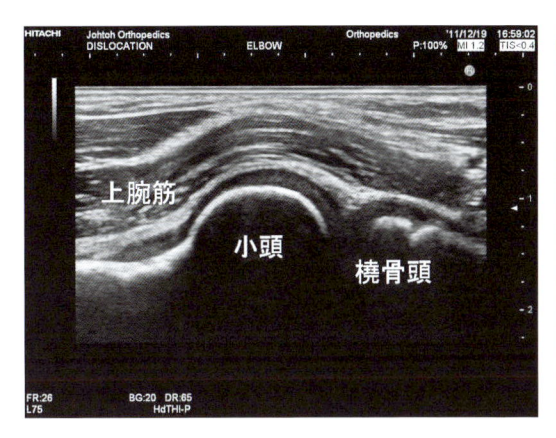

図 3-56 腕橈関節長軸像（前方走査）

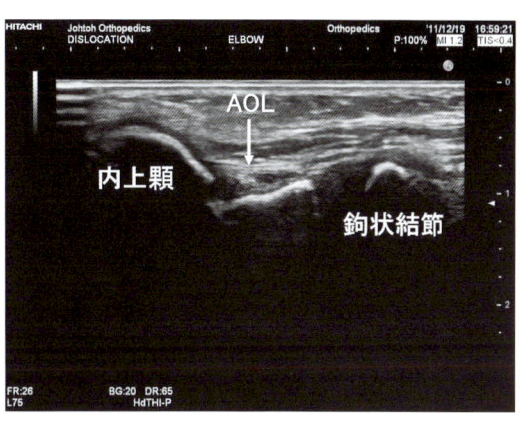

図 3-57 内側側副靱帯長軸像（内側走査）

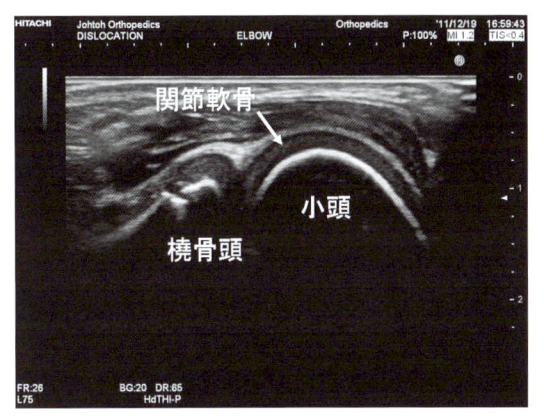

図 3-58 肘頭長軸像（後方走査）

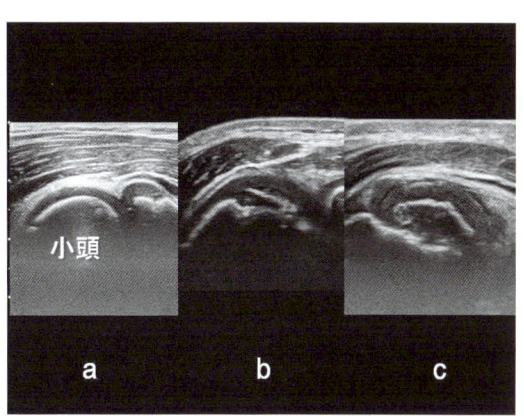

図 3-59 離断性骨軟骨炎（後方走査）
a：初期，b：進行期，c：末期．

①前方走査

肘伸展位で前方やや外側にプローブをあて，腕橈関節の長軸像を描出する．上腕骨小頭の骨輪郭は連続する線状高エコー像を示し，表面を帯状低エコー像の関節軟骨が覆う（図 3-56）．

②内側走査

肘 90°屈曲位で内側にプローブをあて，内上顆と鉤状結節の骨輪郭を同一画面上に描出する．正常では内上顆を底辺とする三角形の高エコー像として内側側副靱帯の前斜走線維（AOL）が観察できる．AOL は線状高エコー像の層状配列（fibrillar pattern）を示す（図 3-57）．

③後方走査

肘最大屈曲位で後方やや外側にプローブをあて上腕骨小頭を観察し，次にプローブを移動し肘頭と肘頭先端内側の骨輪郭を観察する（図 3-58）．

b）診断のポイントと観察のコツ

・離断性骨軟骨炎（上腕骨小頭）

初期ではわずかな骨輪郭の不連続像を示すが，進行期になると範囲が拡大し，末期では軟骨輪郭にも不連続像が生じる（図 3-59）．骨片の動きは前腕を回内外して評価する．肘の伸展制限があると前方走査で見落とすことがあるため，離断性骨軟骨炎は主に肘最大屈曲位での後方走査で観察する．

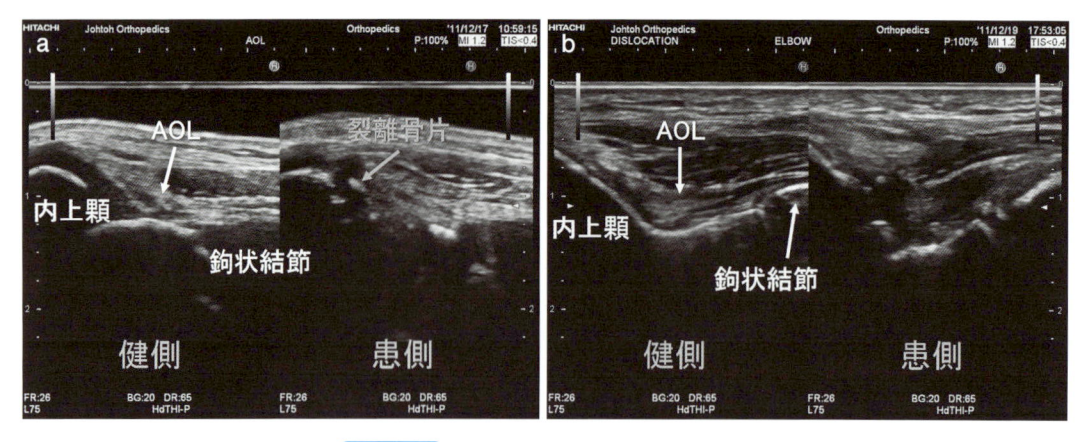

**図 3-60** 内側側副靱帯損傷（内側走査）
a: 小児, b: 成人.

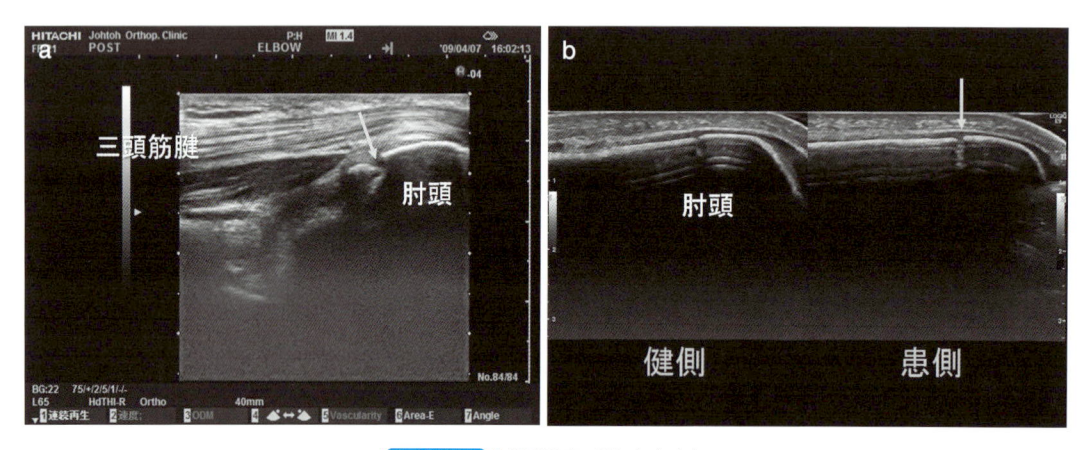

**図 3-61** 肘頭障害（後方走査）
a: 先端部障害, b: 疲労骨折.

・内側側副靱帯損傷

成長期小児の内側障害は，内上顆下端の分離，分節像を示す（図 3-60a）．成人では靱帯実質部損傷が多く，靱帯実質は厚みが増し低エコー像を示す（図 3-60b）．

・肘頭障害

成長期には稀で，成人にしばしば認められる．肘頭先端部障害は肘頭先端内側の不整，不連続像（図 3-61a），疲労骨折は肘頭骨輪郭の不連続像を示す（図 3-61b）．

## 2．上腕骨外上顆炎（テニス肘）

単純 X 線写真で所見を認めないことから，従来は局所の圧痛や肘伸展・手関節背屈の抵抗運動時痛で臨床診断されてきた．エコーでは，主病変の短橈側手根伸筋腱の外上顆付着部変性像を直接評価できる．

### a）プローブのあて方と正常画像

肘 90°屈曲位で前腕を手台に乗せ，肘外側にプローブをあて，外上顆の骨輪郭と短橈側手根伸筋腱（extensor carpi radialis brevis：ECRB），総指伸筋腱（extensor digitorum communis：EDC）の長軸像を描出する[6]（図 3-62）．

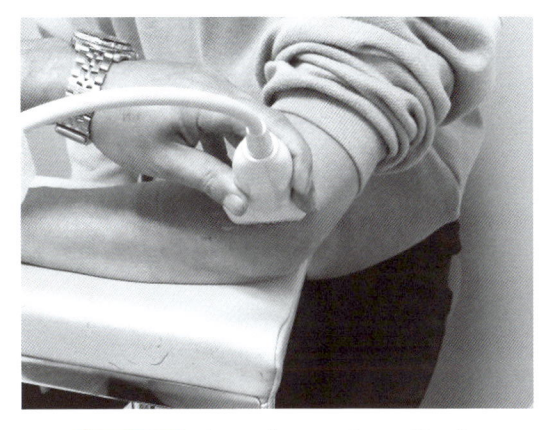

図 3-62 プローブのあて方と正常画像（上腕骨外上顆炎）

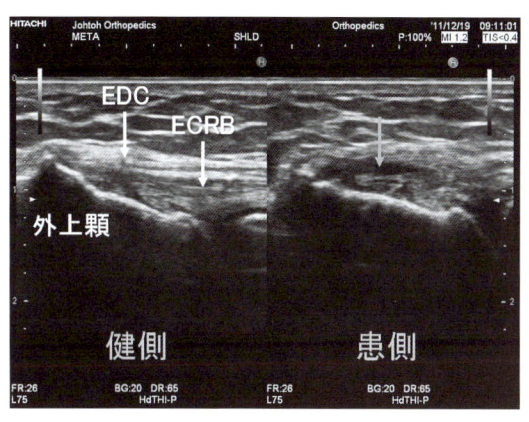

図 3-63 上腕骨外側上顆炎（外側走査）

### b）診断のポイントと観察のコツ

・上腕骨外側上顆炎（テニス肘）

高エコーを示す共同腱実質が厚くなり，深層の一部の低エコー化，fibrillar pattern 消失を示す（図3-63）．共同腱深層の低エコー像は，総指伸筋腱深層に位置する短橈側手根伸筋腱の変性，断裂を意味する．外上顆頂点の堤防状骨棘は，長期間の牽引ストレスで生じた反応性変化である．

■文献
1) 皆川洋至．運動器（整形外科）超音波：現状とこれからの展望．Jpn J Med Ultrasonics. 2008; 35: 631-40.
2) 皆川洋至．整形外科領域における超音波画像診断の臨床的価値を検証する．新医療．2010; 37: 100-3.
3) 皆川洋至．整形外科診療のパラダイムシフト―超音波が整形外科で普及しなかった理由―．映像情報メディカル．2011; 43: 426-31.
4) 皆川洋至．超音波ガイド下注射．日本臨床リウマチ学会雑誌．2011; 23: 214-8.
5) 皆川洋至．パワーアシストスーツを着た整形外科医―整形外科診療がどう変わるか？―．Rad Fan. 2011; 9: 49-51.
6) 皆川洋至．超音波でわかる運動器疾患．東京：メジカルビュー社；2010.

［皆川洋至］

# 4 上肢のスポーツ障害に対するアプローチ

## A 上肢のスポーツ障害によくみられる機能的問題点
### ①投球障害肩・肘の機能的問題点とは？―運動連鎖の重要性

　投球動作は，投球時の体の前進，回転，前傾，位置（高低）の変化によって生じたエネルギーを，下肢，体幹を通して上肢に伝える運動連鎖により成立している．

　運動連鎖の重要性は，それによりボールを投げたり，打つためのエネルギーを作り出すことであるが，もう1つの役割として，ボールリリースあるいはヒット後に残されたエネルギーを，効率よく吸収することにより初めてパフォーマンスが完成する．つまり，エネルギーを作り出すことと吸収すること，この相反する機能を運動連鎖は行っている．どちらに問題が起こっても正しい運動連鎖は行われず，結果として，①運動連鎖によるエネルギーの産生量が減少し，パフォーマンスが低下するか（出力低下）（図4-1a），②エネルギーの吸収障害（緩衝作用の低下：車におけるバンパーやサスペンション機能）を避けるため，体の自己防衛として中枢を通してエネルギーの産生を抑制するか（出力抑制）（図4-1b），そうでなければ，エネルギーを吸収する機能部位が偏り，その部位の負担増大を招く（図4-1c）．

　エネルギーの吸収作用は，緩衝機能を有する体のすべての部位が効率よく分担して行うことで，ストレスが一部に集中することを予防し，緩衝部の疲弊による障害を予防している．

　多くの運動連鎖に生じる問題は①を意味することが多いが，②も非常に重要であることを理解してほしい．

　運動連鎖に問題が生じると，①の場合，エネルギーの不足分を補うため，上肢を強く，素早く動かすことで対応を図る．その対応は，主に肩関節の回旋や肘の屈伸運動で行われ，同部の負担が増大する〔出力低下を上肢運動の増加で調整する（図4-1a）：いわゆる手投げ〕．

　②が生じると，肩関節の場合，棘上筋や棘下筋により大きな遠心性の収縮が要求され，同部の炎症や損傷の原因となる．また肘の場合，反復性の過伸展による肘頭窩周辺での骨性や滑膜性のインピンジメントの原因となる（図4-1c）．

　エネルギーの緩衝作用の代償は，肩や肘以外では，腰や股関節でも行われ，疲労性の腰痛症（分離症など）や最近注目されているFAI（femoroacetabular impingement）の原因となる．

　運動連鎖を正しく行うための条件として，まず体の各パーツ（特に仙腸，胸鎖，肩鎖，肋椎などの可動性の少ない関節を含めた関節や胸郭）の柔軟性が得られていることが大切である．特に，肩や肘などの可動性の大きな関節の動きよりも，可動性の少ない関節や胸郭の小さな動きが重要で，その総和が大きいほど，エネルギーの産生や緩衝作用がスムーズに行われ，肩や肘関節への負担軽減につながる．つまりこれらの関節の柔軟性こそが，より効率的な運動連鎖によるエネルギーの上肢への伝達やその吸収に非常に貢献している．

　運動連鎖におけるエネルギー伝達や吸収の要は，地面との接地部や，下肢，体幹，上肢の連結部で，可動性の小さな関節が多く存在している．〈1〉足部（足部および足関節），〈2〉股関節，骨盤と，〈3〉胸郭と肩甲骨，肩関節の3つがあげられる．つまり，投球障害肩・肘における主な機能的問題部位は，上記の3つの部位に集約される．

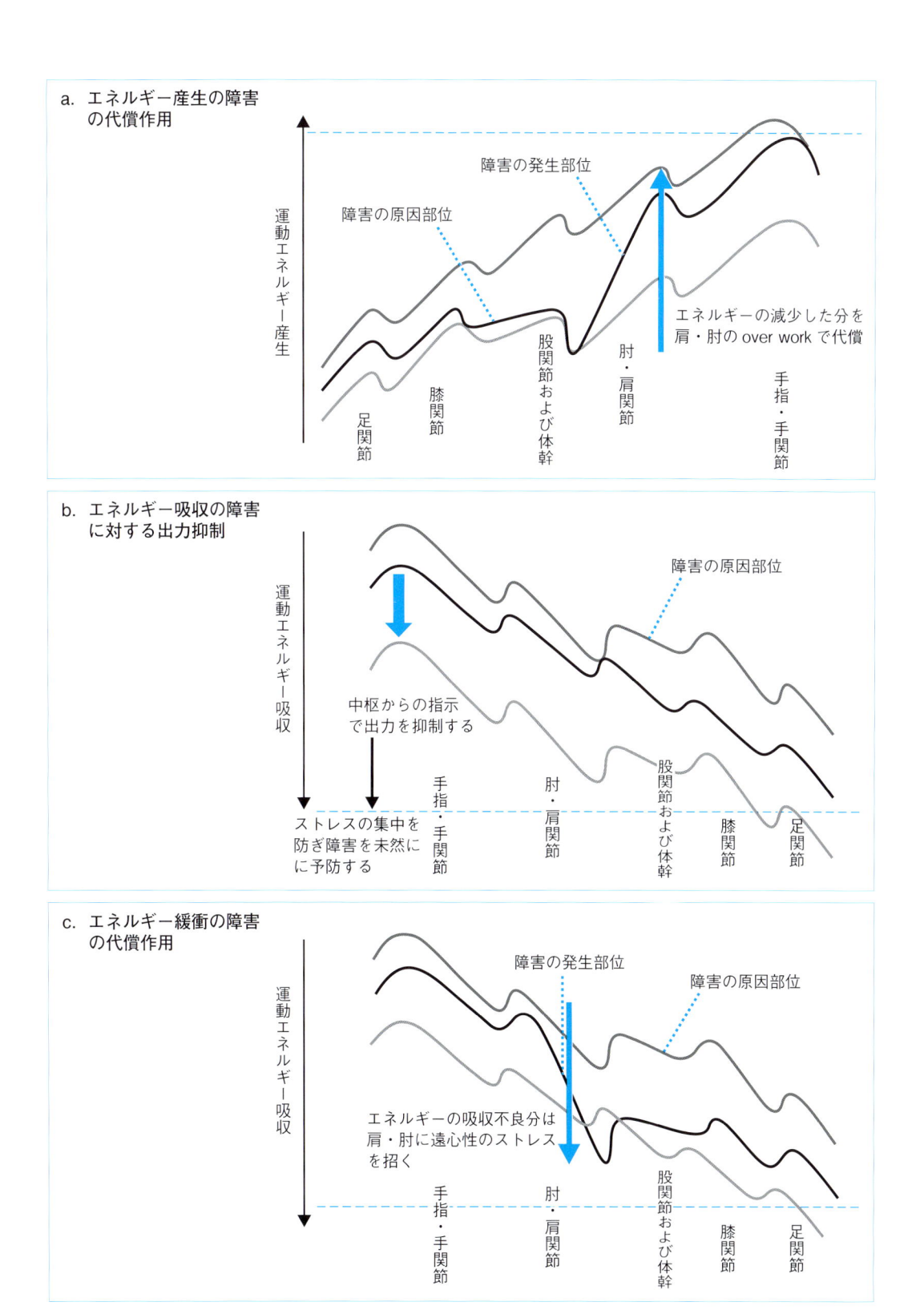

図 4-1 スポーツ障害における運動連鎖の重要性

A. 上肢のスポーツ障害によくみられる機能的問題点①

## 1 足部: 足部および足関節

　足部は，唯一地面と接しており，同部は軸足で地面を蹴ることとでエネルギーを生み出し，ステップ脚へ体重移動をしっかり行うことで，エネルギーを吸収している．また，足根骨による多数の関節で形成されたアーチは，地面に対する立位姿勢や運動方向などの深部知覚のセンサーとして機能し，その情報により，中枢が投球時の体重心のバランスを維持しながら移動方向をコントロールする．足部の機能障害が起こると安定した foot plant が行えず，ボールのリリースポイントがずれるため，コントロールが悪くなる．それを上肢で調整するため，当然肩や肘の負担が増加しやすい．

### A 問題点および原因

#### ●アーチ障害

##### a）縦アーチ障害

　回内足や扁平足では，片脚立位時に内側に体重心が移動しやすく，また膝屈曲時の knee valgus の原因となり，cock up 時のステップ脚側への早期の体重移動が起こりやすい（図 4-2）．これは，投球時のいわゆる体の開きや肘下がりにつながる．また，foot plant 時にステップ脚の knee valgus が起こり，体重心のステップ脚側への前方移動が不十分になり，体の前方移動によるエネルギーが低下するため，肩・肘の負担が増大する．

　逆にアーチが硬く，凹足傾向の場合，足根骨間関節が硬く，関節包内運動が制限されるため，深部知覚の情報が低下する．これは foot plant 時の体の繊細なバランスコントロールの障害となり，同じく体重心のステップ脚への前方移動がスムーズに起こりづらい．

##### b）横アーチ障害

　開帳足も同じく深部知覚情報の低下につながる．また，足趾の機能も低下し，軸足の蹴りのパワー不足や foot plant 時のステップ脚の安定性低下につながる．

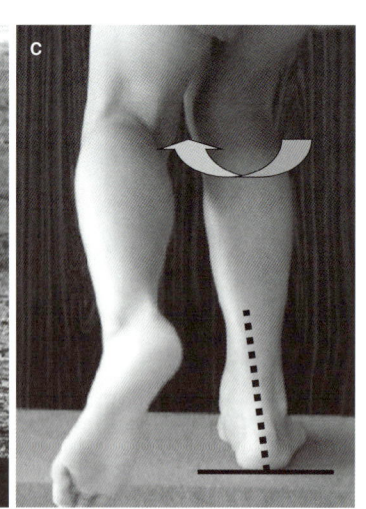

**図 4-2** 内側アーチ障害による cock-up 初期での軸足への体重移動
a：良好例．軸足にしっかり体重が乗り，重心が安定．
b：不良例．軸足への体重移動が不十分．ステップ脚方向へ体が流れる．体重移動が早期に起こり，体が開きやすく，ボールリリースが早くなる．
c：足部回内外反に伴う knee valgus．

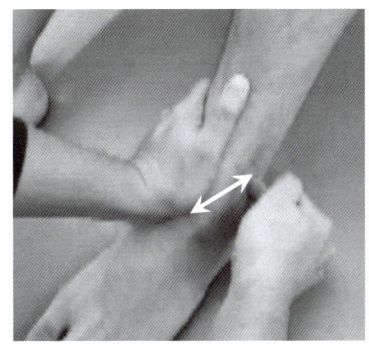

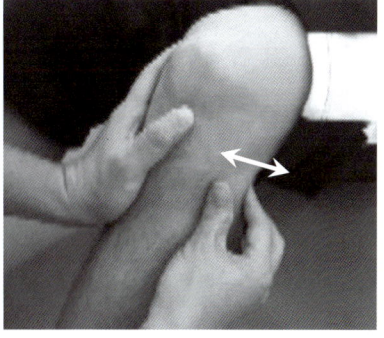

**図 4-3** 近位・遠位脛腓関節の関節包内運動を利用した骨間膜の刺激による足部筋群のリラキセーション
関節面に沿った斜矢状面の前後方向に関節包内運動を誘導する．

### B アプローチ法

縦アーチ障害に対しては，テーピングより，アーチサポーターやinsoleの装着がベターと考える．テーピングを使うと足根骨間の可動性まで損なわれ，深部知覚センサーの機能が改善しない．

竹踏みやタオルギャザーは，縦および横アーチや足趾の機能改善とともに，足根骨間の関節包内運動が誘導され，深部知覚のセンサー機能も向上する．

脛腓骨間の骨間膜の刺激は，同部に起始する足部屈筋および伸筋群のリラキセーションを促し，足部の底背屈や回内外運動を円滑化する．特に後脛骨筋と腓骨筋の機能アップは，回内外運動を誘導し，アーチが刺激され，足根骨間の関節包内運動により緻密な深部知覚情報を得やすくなる．我々は，脛腓骨関節の近位と遠位で，腓骨頭と外果部を刺激し，関節包内運動を誘導することで骨間膜を刺激し，足部筋群のリラキセーションと機能アップをクールダウン時に積極的に行うよう指導している（図4-3）．また，腓骨筋の強化を図る足部回内・外反トレーニングも，その付着部である腓骨を介して骨間膜を刺激し，上記と同様な効果が得られる（腓骨筋の機能強化）．

## 2 股関節と骨盤

骨盤と股関節は，投球動作における体重移動の土台となる下肢と体幹の継ぎ目として運動連鎖の中心的役割をはたしている．股関節，骨盤の可動性，特に骨盤の柔軟性は，機能的評価の大きなポイントとなる．

骨盤と股関節の機能評価は，メディカルチェックにおける最初のチェックポイントで，この機能の低下は，投球動作における運動連鎖の障害に多大な影響を与える．

### A 問題点および原因

●**可動域制限：股関節の深屈曲と 90°および 90°以上深屈曲位での内旋制限**

股関節の120°以上の深屈曲（深屈曲時の膝の方向は，胸部中央を目標に屈曲させる）は，(a) 股関節自体の屈曲，(b) 骨盤の動きである仙腸関節を中心とした両腸骨の左右の分離運動，(c) 腰仙椎の軽度後彎の3つの動きで構成される[1-3]．正常例では，まず90〜100°付近まで (a) を中心に起こり，それ以上の屈曲は (b)，(c) の順に起こる．

(b) は，同側の腸骨が後方回旋するとともに，上前腸骨棘が内側に移動する（inflare）．反対側の腸骨では回旋は起こらず，上前腸骨棘が外側へ移動する（outflare）（図4-4a, b）[1-3]．この股関節屈

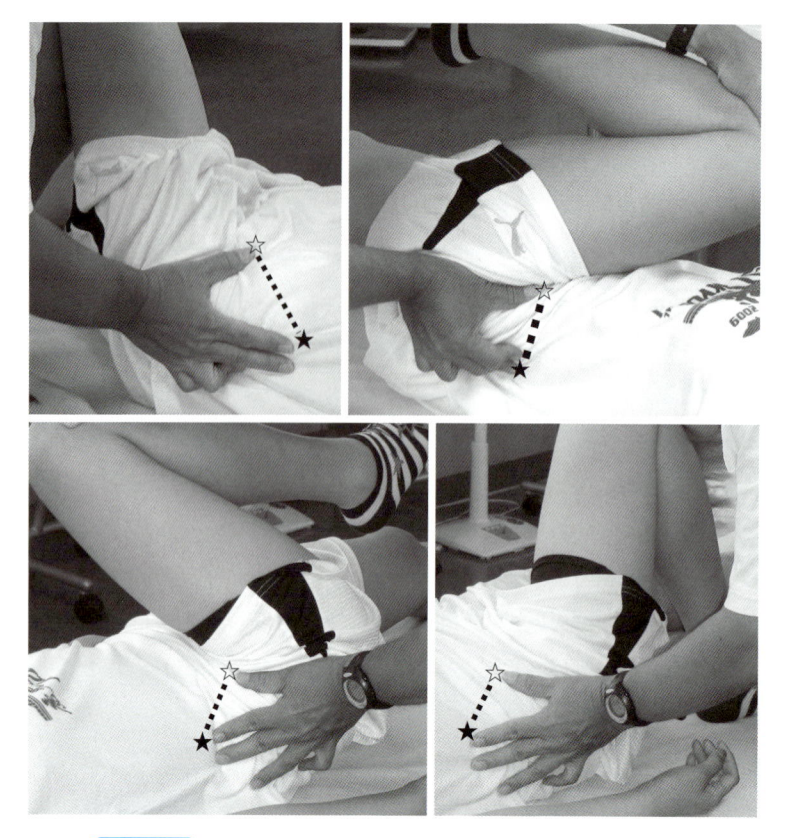

**図 4-4a** PM 膝屈曲テスト（上段：陰性例，下段：陽性例）

☆：ASIS，★：腸骨最頂部．
左腸骨は後方回旋良好で，ASIS が股関節伸屈曲位で，ほぼ腸骨最頂部に達する．
右腸骨は後方回旋不良で，股関節伸屈曲しても両者間にほとんど変化を認めない．

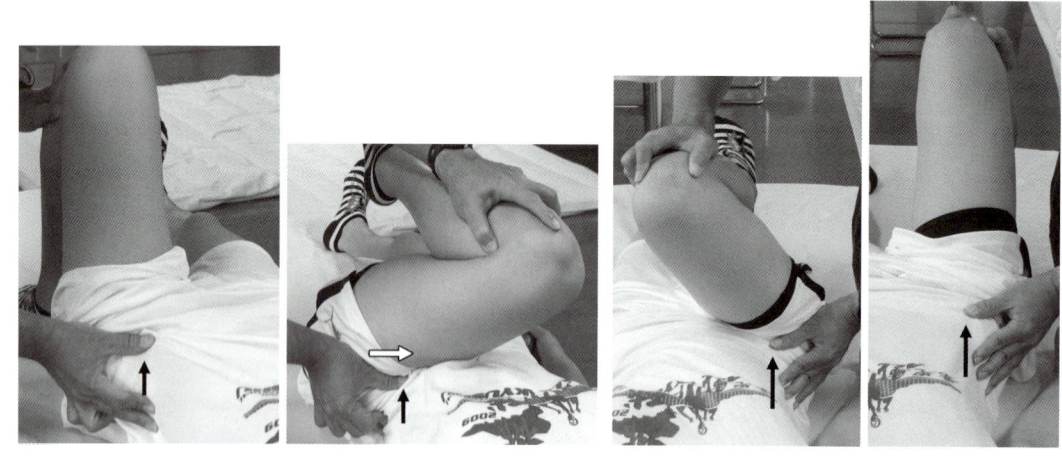

**図 4-4b** PM 膝屈曲テスト時における腸骨の後方回旋に伴う inflare 運動

左：股関節が屈曲するに従い，ASIS 上に置いた母指が内側へ移動する（腸骨後方回旋良好例）．
右：股関節を屈曲しても ASIS 上に置いた母指の内側移動をほとんど認めない（後方回旋不良例）．

曲時の左右腸骨の分離した，捻じれるような運動が 120°以上の深屈曲に非常に重要である（図 4-5）．
我々は，正しい投球フォームで投球する条件として，少なくとも（a）と（b）の動きにより，120°

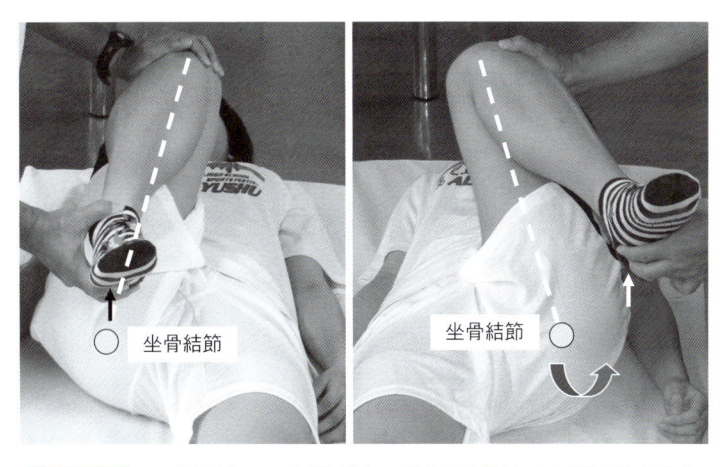

図 4-4c PM 膝屈曲テスト股関節 90°以上屈曲位での股関節内旋角度（右: 良好例，左: 不良例）

股関節最大屈曲位での股関節内旋で，右は，踵が明らかに膝と坐骨結節を結んだ軸より外側に位置し，10°以上内旋している．左は，軸よりやや外側に踵が位置し，右に比べ明らかな内旋制限を呈している．

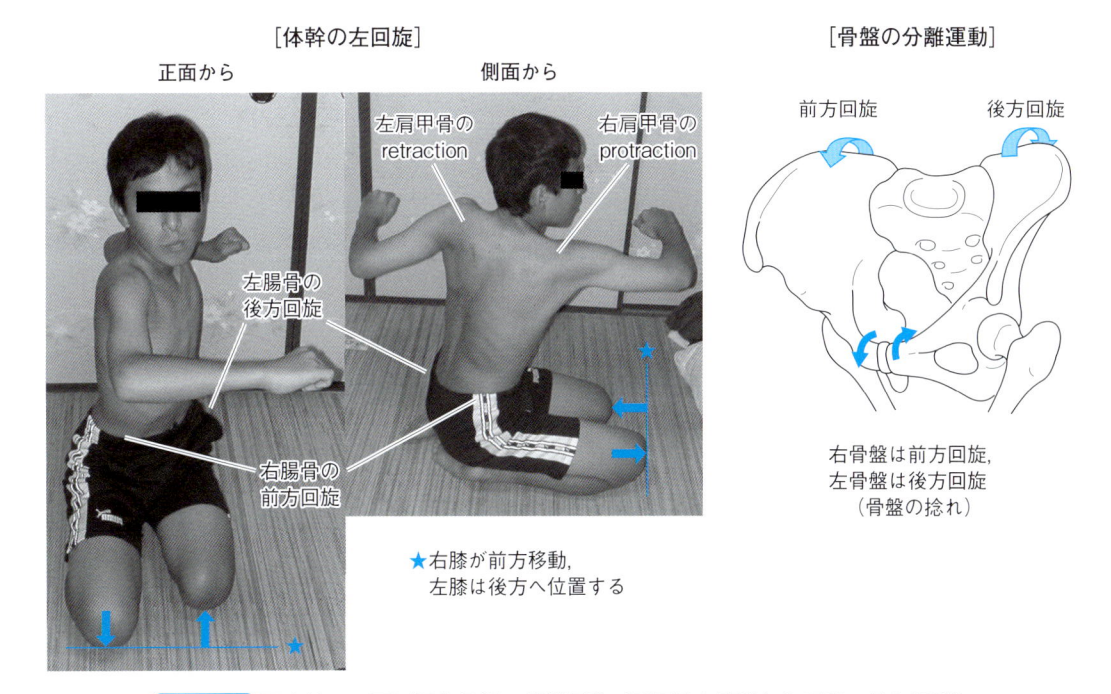

[体幹の左回旋]　　　　　　　　　　　　　　　[骨盤の分離運動]

正面から　　　　　側面から

左肩甲骨の retraction
右肩甲骨の protraction
左腸骨の後方回旋
右腸骨の前方回旋

前方回旋　　後方回旋

右骨盤は前方回旋，
左骨盤は後方回旋
（骨盤の捻れ）

★右膝が前方移動，左膝は後方へ位置する

図 4-5 正座位での肩甲骨と骨盤の分離運動（肩甲骨と連動した骨盤の捻れ運動）

右腸骨が前方回旋するとともに仙骨は起き上がり運動（右膝は前方へ移動）．反体側の左腸骨は後方回旋し，仙骨はうなずき運動（左膝は後方へ移動）．ポイント: 両膝の間隔をできるだけ開けず，顔は前方をしっかり見て体幹とともに左右に振られない．

以上の膝屈曲位での股関節深屈曲が必要と考えている．投球障害肩を有する選手のほとんどが，(b) の動きに制限を有し，股関節深屈曲が 100°程度で，深屈曲を強制すると股関節につまり感や痛みを訴える．骨盤に対するハムストリングの緊張による影響を少なくするため，膝屈曲位で行うことで，股関節と骨盤の深屈曲時の協調運動を評価している（pelvic mobility テスト膝屈曲: 以下

PM屈曲テスト）．肩挙上時の肩関節および肩甲胸郭関節の関係と同じく，骨盤と股関節も連動して股関節屈曲運動を行っており，その評価は非常に重要である．PM屈曲テストで，股関節屈曲時に，上前腸骨棘がinflareしながら腸骨の最高位近くまで後方回旋する場合は陰性であるが，股関節屈曲時に，腸骨の後方回旋が制限され，上前腸骨棘が上後方へ移動せず，深屈曲が制限される場合は，骨盤，特に同側の仙腸関節の動きが障害されている（図4-4a）．また，たとえ股関節の120°近い深屈曲ができても，深屈曲時に股関節のみで屈曲が起こり，腸骨の後方回旋が不十分で，inflareを認めないケースもあり，これも，股関節と骨盤の協調運動の障害である．この場合，股関節90°屈曲位での内旋制限が認められる．

　股関節の内旋制限も重要で，その評価は股関節90°以上屈曲位で内旋可動域を測定している（pelvic mobilityテスト股関節内旋：以下PM内旋テスト）（図4-4c）．この角度は，骨盤のmobility（仙腸関節の可動性）と腸腰筋，特に腸骨筋のタイトネスにより影響を受ける．PM膝屈曲テストが陰性のケースでは，大体股関節90°屈曲位で30°以上，深屈曲位では10°以上の内旋角度を呈する．

　腸腰筋，特に腸骨筋のタイトネスが強いと，90°屈曲位での股関節内旋角度は30°以下で，PM膝屈曲テスト時，100°以上深屈曲しようとすると，膝は胸郭中央より外側方向へ流れる（図4-6）．腸骨筋にタイトネスを有すると大腰筋にもタイトネスが存在する可能性が高く，(c)に対しても影響が大きい（図4-6）．腸腰筋のタイトネスが高いと，股関節屈曲時に，腸骨の後方回旋とinflareが起こらず，股関節は屈曲とともに外転外旋方向へ誘導されるため，投球時の体の開きを改善するための障害となる[2]．

　本テスト時，腰椎のカーブの変化も重要な評価ポイントで，股関節深屈曲時に腰椎の前彎が減少し，軽い後彎を呈しない場合は，腰方形筋や腸腰筋のタイトネスが存在するため，同筋のリラキセーションを要する（図4-6）．骨盤や腰椎の柔軟性の獲得は，次に述べる胸椎や胸郭の柔軟性を向上さ

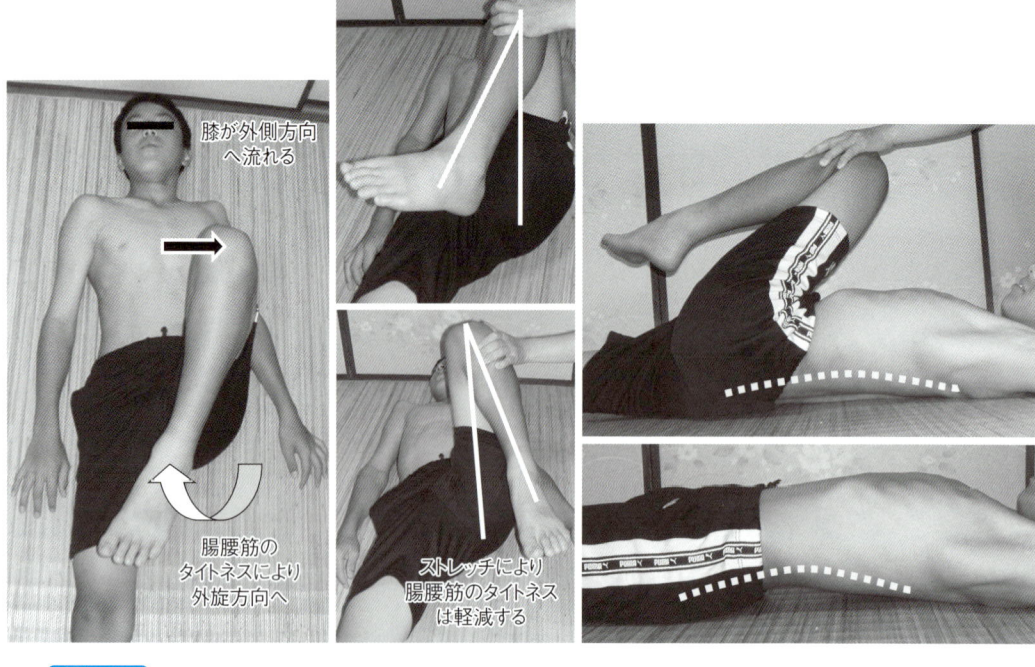

**図 4-6** 股関節屈曲時，腸腰筋のタイトネスが強いと，股関節は外旋方向へ引っ張られる．腰椎の前彎も，股関節を深屈曲しても，前彎は減少せず，ほとんど変化を認めない（PM内旋テスト）．

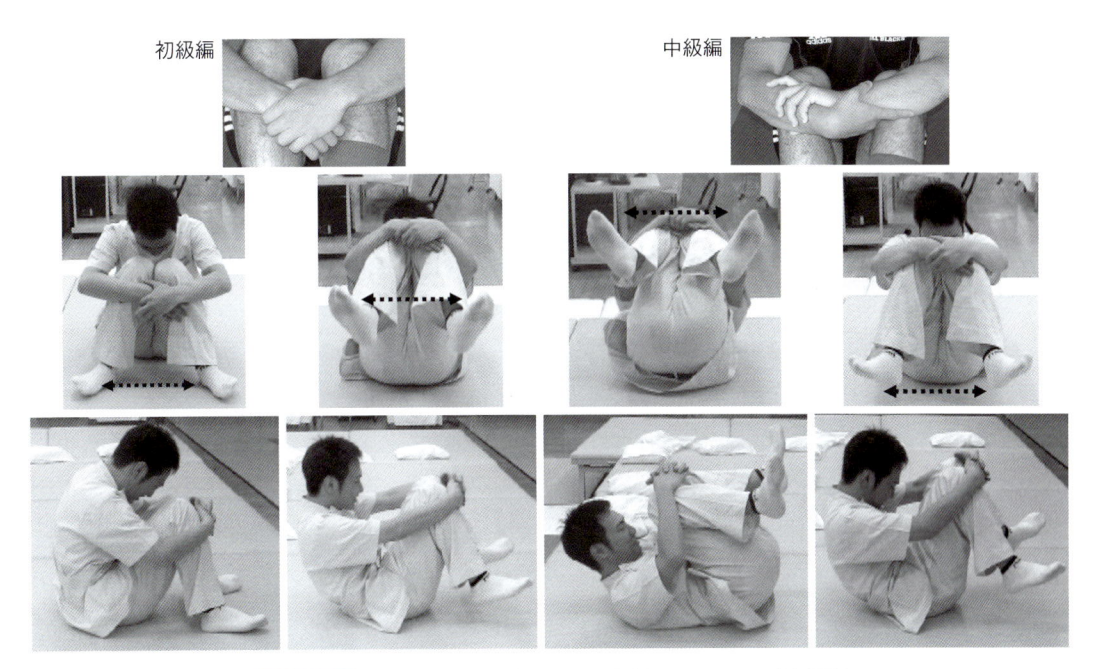

**図 4-7a** コア機能アップのための体幹トレーニング上級編

膝を抱え込んだ状態での体幹のローリング．初級：膝を両手でグリップ，中級：両手首でグリップ，上級：2 拳程度股関節内旋位を保持して行う．股関節内旋位で行うことで，腸腰筋のストレッチ効果が得られる．

せ，肩甲骨の可動性に大きな影響を与える．

### B アプローチ法

　治療については，特に股関節屈曲位での内外旋可動域の改善（小・中殿筋や腸腰筋のタイトネスの改善）や，AKA（arthro-kinetic approach）などを用いた仙腸関節の関節包内運動の誘導およびコアエキササイズによる腹横筋の収縮を利用した仙腸関節のモビライゼーションが有用である[1-3]．

#### ●体幹機能向上のためのトレーニング，rolling 運動や居ざり運動

　座位で膝を抱えた状態で，後方に転がり，また元の状態に戻る回転運動の反復も，簡単なコアの強化や体幹の柔軟性の改善効果がある（1 回 10～15 回程度で 1 日数セット）（図 4-7a）．運動強度を上げるため，膝の抱え込みのグリップを手から前腕，肘に移行していく．また，股関節内旋位で行うことでも強度が上がり，同時に股関節のストレッチ効果も得られる．

　正座位での前後方向への居ざり運動も有効で，居ざる際に，骨盤や胸郭を捻るだけで脊椎を中心とした体幹の回旋運動は行わないことがポイントである（図 4-7b）．

　いずれのトレーニングも，歯磨きと同じ感覚で，1 日数セット行うことが大切であるが，注意点として，相反神経反射が入り，作動筋に対する拮抗筋の遠心性の収縮が入りにくくなるため，トレーニング前には行うべきではないと考えている．

## 3 ● 胸郭と肩甲骨，肩関節

　投球障害肩・肘において，その主な原因に腱板の機能障害と肩後方の筋腱を含めた軟部組織のタイトネスがあげられ，その保存療法として腱板訓練や肩後方のストレッチが一般的である．しかし，我々は，それらの背景に肩甲骨の機能障害（肩甲骨機能不全：scapular dyskinesia）が潜んでおり，

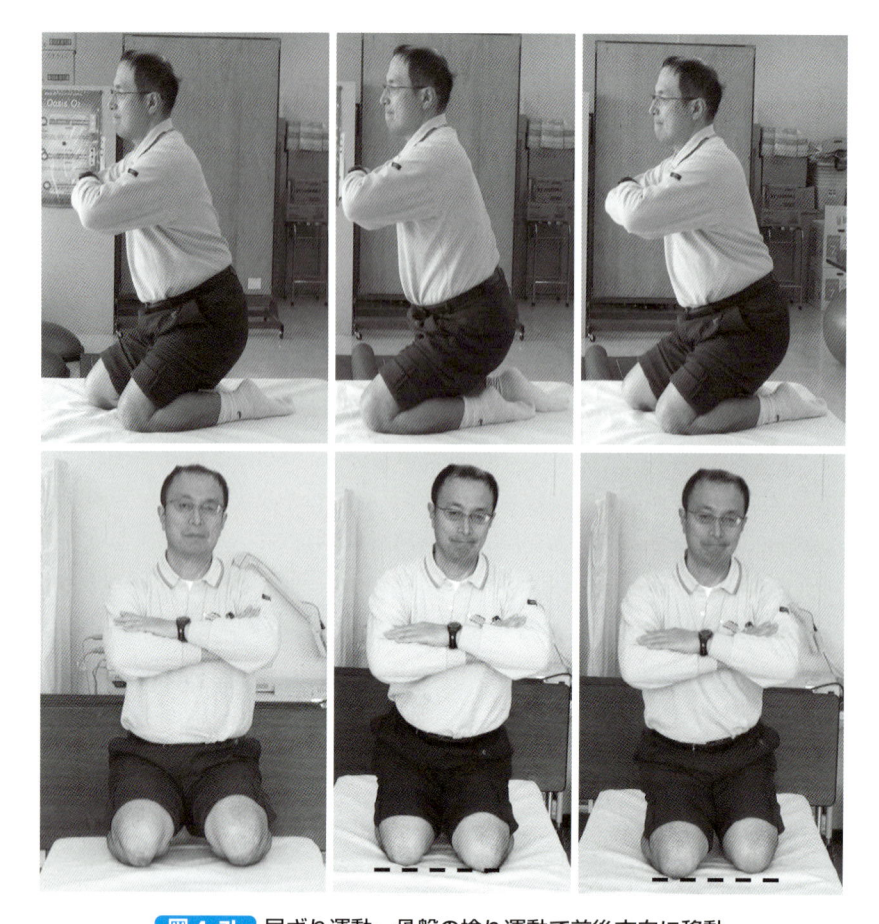

**図 4-7b** 居ざり運動：骨盤の捻り運動で前後方向に移動

この際，体幹の回旋運動は行わないように移動することがポイント．

まず肩甲骨の機能障害の改善を図ることが，腱板の機能や肩後方のタイトネスの改善への第一歩となり，さらには障害の治療や予防への鍵にもなると考えている．

## A 問題点および原因

### ●肩甲骨の可動性と安定性の獲得

#### a）胸郭の柔軟性（しなり）[1]

　胸郭のしなりは，肩甲骨の可動性を上げ，肩の負担を減らすために重要な働きを担っている．肩甲骨は，胸郭の上をいろいろな方向に肩甲骨周辺の筋肉の作用で移動している．例えるなら，肩甲骨が電車で，胸郭が線路の関係にある．肩甲帯（電車）のポジションのコントロールに，線路である胸郭の硬さの異常が大きな影響を与える．いくら肩甲骨を周囲の筋肉が引っ張っても，その方向へ移動するための線路がなければ，電車を意図された方向へ誘導できない．つまり，胸郭の柔軟性がなければ，肩甲骨の動く方向が制限され，肩甲骨は特定の方向へしか動けず，可動は制限される．

　胸郭が硬くなる要因としては，

　①**筋腱**：胸郭の前方に付着している胸の筋肉（大胸筋や小胸筋）や肋骨の間に付く肋間筋だけでなく，胸郭下部に骨盤から腰部や腹部を越えて付着する背部や腹部の筋肉（腰方形筋や外腹斜筋など）の硬さ（胸郭と骨盤は，これらの筋を通して繋がっており，連結する筋

4. 上肢のスポーツ障害に対するアプローチ

のタイトネスは両方の可動性に関与する：可動性に関する骨盤と胸郭の関係）
　②関節：後方の肋骨と背骨を結ぶ肋椎関節や前方の肋軟骨を介した胸骨との結合などによる関節の硬さ
　③脊椎：側彎や後彎などの脊椎の歪み（アライメント）による胸椎の硬さ（特に円背やフラット化）
の3つの要素が考えられる．

　脊椎の後彎増強やスウェイバックなどで胸椎カーブのフラット化の強い，姿勢の悪いケースは，胸郭の柔軟性が制限され，肩甲骨の可動性も制限される．

　胸郭の柔軟性は，投球時の肩甲上腕および肩甲胸郭関節での外旋運動にも大きく関与している．投球時，肩関節は180°近い外旋運動を行うとされる．すべての関節運動においては，関節の動きを最大に使うと必ず最終域（end point）で，骨性あるいは靱帯性の衝突現象が生じる．この衝突の繰り返しが，骨軟骨や靱帯の損傷を引き起こす．また，end point付近では，筋出力が低下し，最大パワーでの筋力を発揮できない．スポーツパフォーマンスにおいてend point付近で関節を動かすことは，生理的にも，力学的にもあまりよい状況とは言えない．投球時の肩関節のストレスを減少さ

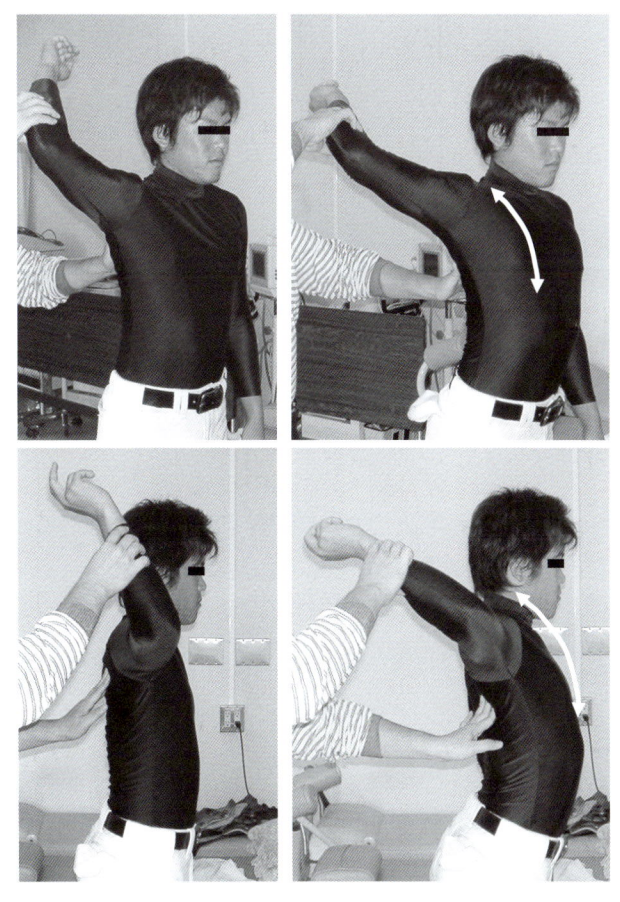

**図 4-8** 体幹の柔軟性と胸郭のしなり
　左：体幹の柔軟性や胸郭のしなりをうまく使えていない→肩の回旋や肘の伸展運動に頼った投球へ．
　右：体幹の柔軟性や胸郭のしなりを利用した投球→体幹や胸郭のしなりを利用することで，肩や肘の負担が軽減する．

せ，体幹から上肢へのエネルギー伝達を円滑かつスピーディーに行う上で，胸郭での可動性（しなり）は，肩甲骨の運動性と安定性を高めるのに大きな役割をはたしている．

Cock up 末期の最大外旋時，肩甲骨を retraction かつ上方回旋し，十分に後傾させ，さらに後方への"胸郭のしなり"を利用することで，肩関節の end point での腱や靱帯，軟骨の衝突現象を軽減させ，ひいては投球時のスピードやパワーアップにもつながると考える．

※しなりは，腹部ではなく，胸郭で作るのがポイント．胸郭の柔軟性と肩甲骨の可動性は，体幹から上肢へのエネルギー産生および伝達とストレス緩衝作用による肩関節の障害予防に貢献する（図 4-8）．

### b）肩甲骨の malposition と dysfunction

肩甲骨の malposition は，多くの場合，非投球側に比べ，外転，下方回旋し，前傾を呈する．この主な原因として，肩甲骨周囲筋の機能異常や先に述べた胸郭の柔軟性の低下があげられる．

肩甲骨の外転，下方回旋，前傾は，前方要素である大小胸筋の筋緊張の亢進，特に小胸筋のタイトネスの影響が大きい．同筋は，烏口突起に停止し，烏口上腕靱帯を介して，腱板の付着部に影響を与える．また，共同筋腱付着部を介して，肘の屈伸筋のバランスにも影響している（烏口突起の重要性：多くの筋や靱帯の起始，停止部）．

肩甲骨の retraction の作動筋となる肩甲挙筋，大小菱形筋や，肩甲骨の回旋運動や安定性の key muscle となる僧帽筋の中下部線維の機能低下も，肩甲骨の外転，下方回旋の原因となる．

肩甲帯機能の評価法としては，我々は正拳テストを愛用している[5]．このテストは，空手の正拳突きのように，肘関節 90°以上屈曲位で肩関節約 20°伸展位から，検者の抵抗に抗して，肩関節屈曲

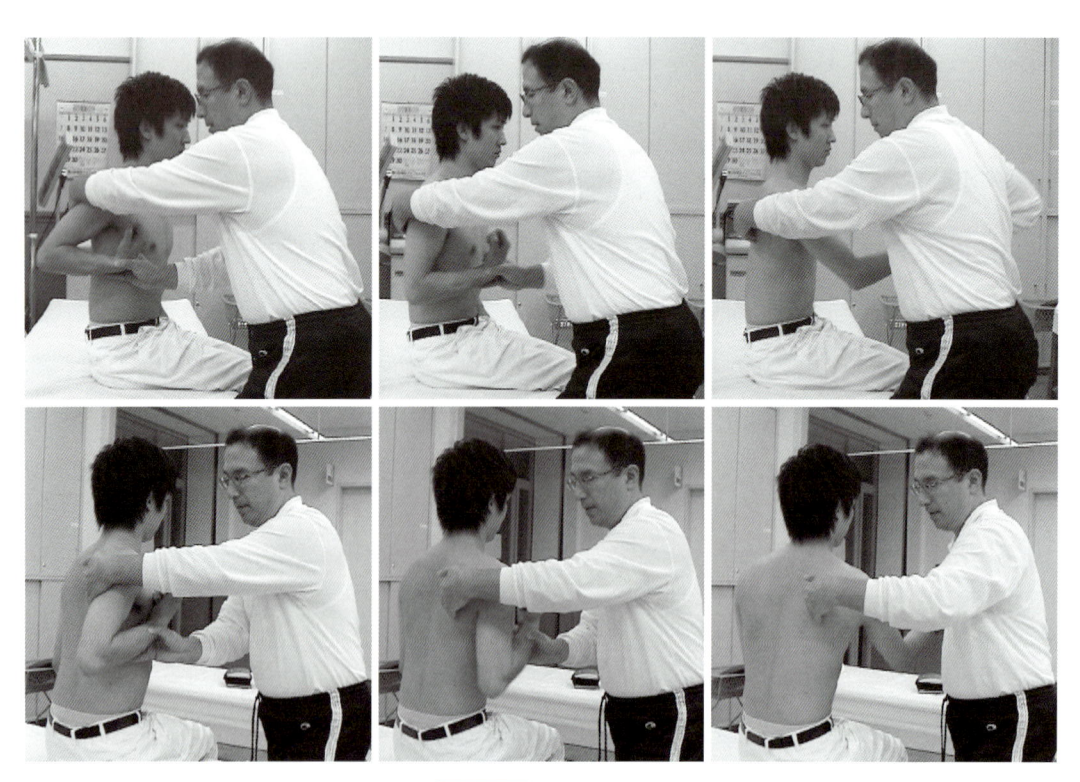

**図 4-9a　正拳テスト**
肩甲骨の安定性を触診で評価できる．
被検者の拳を傷めないように，手首を持つことがポイント．

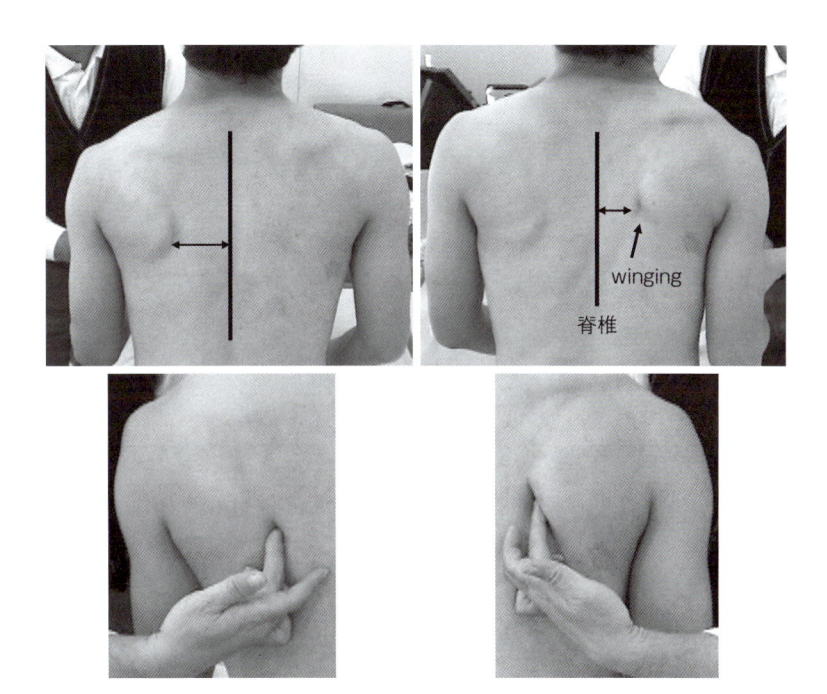

**図 4-9b** 正拳テストにおける投球側の肩甲骨不安定性（機能的翼状肩甲）の評価
投球側の右で，明らかな肩甲骨の winging を認める．

とともに肘関節を伸展する（図 4-9a）．この間検者の反対側の手で，被検者の肩甲骨内側縁を触診し，機能的な肩甲骨の不安定性である翼状肩甲の有無を評価する．健常者では，20°近い伸展位では，肩甲骨の内下方から下角は生理的な翼状肩甲を示すが，抵抗下に肩関節が屈曲する際，肩甲骨が胸壁に張り付き安定化することで，肩関節は出力を生み出す．この際，前鋸筋と僧帽筋の中下方線維は，肩甲骨の安定化に重要な役割を担うが，肩甲骨機能の低下したケースでは，正拳動作時，肩甲骨の安定化が得られず，生理的な翼状肩甲が遺残する（図 4-9b）．肩関節屈曲の出力も非投球側に比べて明らかに低下し，抵抗に抗して正拳動作を行えない．この機能的翼状肩甲の消失や正拳動作の筋出力の改善は，障害からの復帰の際のピッチング開始の目安として用いている．

　肩甲骨機能，その可動性と安定性に不可欠な条件として，胸郭の柔軟性とともに体幹の安定性があげられる．体幹の安定性の低下は，肩甲骨の安定性を低下させ，正拳テストや原らの提唱する elbow extension テスト（ET）や elbow push テスト[6]の陽性化に関与している．体幹が安定化しないと図 4-10 が示すように，肘伸展時に上肢を介して体幹に伝わる応力に対応できず，体幹は明治の大砲のように後方へ倒れる．これでは，肘を伸展するための出力を十分に出せず，ET は陽性となる．

　体幹の安定化には，先に述べた胸郭の柔軟性や骨盤の分離運動とともに，脊椎の柔軟性やアライメントが大きく影響する[1,2]．腹横筋を中心としたコアマッスルは，骨盤の分離運動を誘導するとともに，腹圧を高め，胸腰筋膜を緊張させることで腰椎を安定化する．腰椎が安定化すると，骨盤と胸郭を連結する腰方形筋などの背筋群や外腹斜筋の緊張が緩み，胸郭や胸椎の柔軟性が上がる．これは間接的に，肩甲骨機能の向上に貢献している．

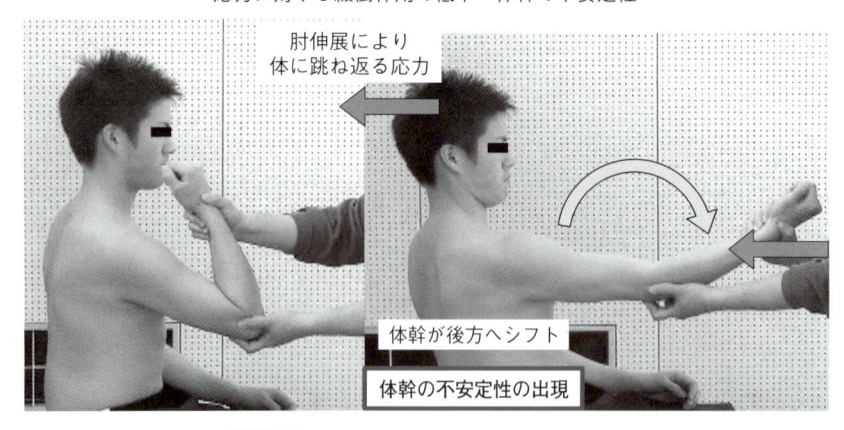

**図 4-10** 肘伸展テスト時の体幹の不安定性

「明治の大砲」：応力の緩衝障害．体幹の安定性の低下に伴い，肘伸展時に体重心が後方へ移動．

## B アプローチ法

### ●ストレッチポールを用いたエキササイズ（図 4-11）[7]

ストレッチポール上に，脊椎と平行に寝かせ，上肢を弛緩し，できるだけ前方の胸郭を開くように指示する．同時に**胸式呼吸**を用いて最大吸気を行い，その状態で 4～5 秒保持し，可及的に胸郭を広げさせる．これを 5～10 回繰り返させることで，容易に胸郭の柔軟性が得られ，肩甲骨の位置や動きの異常が軽減する．

このエキササイズのポイントは，胸郭を広げる際，烏口突起部付近の胸郭のくぼみ部を広げるよう意識させることである（胸式呼吸）．この意識を促さなければ，呼吸時，ほとんどのケースで，腹部の特に外腹斜筋付着部付近にストレッチがかかり，有効な効果が得られない（腹式呼吸）．逆に，外腹斜筋のストレッチは，体幹の安定性や投球動作に悪影響を及ぼす結果ともなりうる（図 4-11）．

### ●頭部の countermotion を利用した肩甲骨 retraction トレーニング（図 4-12）

肩甲骨の retraction のトレーニングは普通に行われているが，このトレーニングを行うにはいくつかのポイントがある．このポイントを押さえなければ，有効な retraction トレーニングとは言えない．

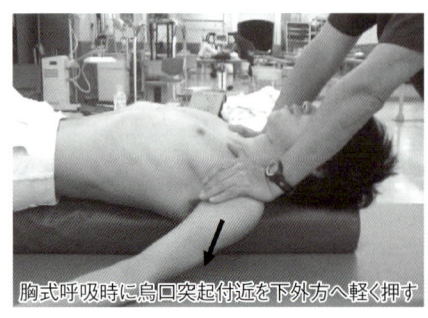

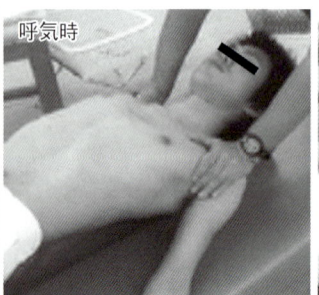

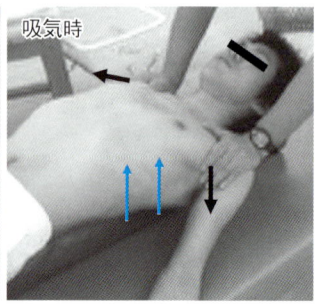

**図 4-11** ストレッチポールを用いた胸郭のストレッチング
腹部のストレッチは必ず避けることがポイント．

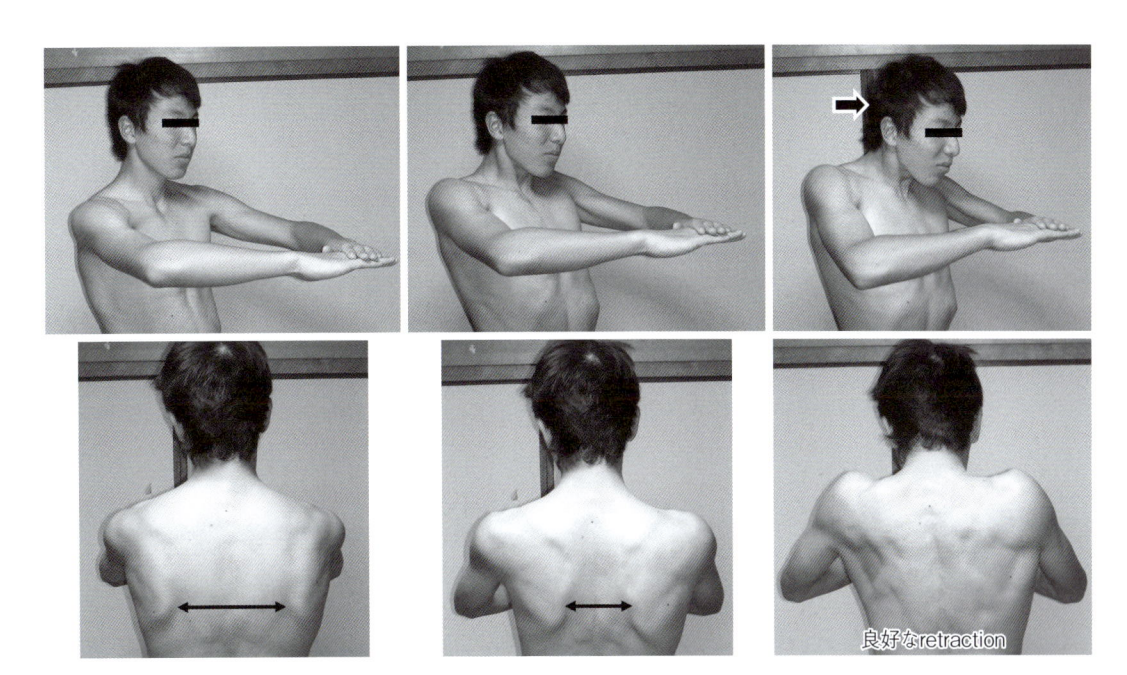

**図 4-12** 肩甲骨の retraction トレーニングのポイント

必ず肩関節を scaption より内転位を保持しながら行う．Retraction の際，頭部重心を前方へ移動することで，countermotion を利用した体幹筋群のリラキセーション効果も得られる．

### ✓ 肩甲骨の内側部の筋群を使うこと（肩甲挙筋，大小菱形筋）

肩甲骨を retraction する際，肩関節を水平外転位で行うことが多いが，この場合，主動作筋が三角筋の後部線維となり，肩関節を水平外転することで，肩甲骨の retraction を誘導してしまう．必ず肩関節を scaption より内転位に保つことで，より有効な肩甲骨内側の retractor 筋群のトレーニングとなる．

### ✓ 肩甲骨を retraction する際，countermotion として頭部重心を前方へ移動する

頭部重心を前方へ移動することで，より肩甲骨の retraction がしやすくなる．また，同時に上半身中心と頭部重心が前後に移動することで，両重心間の筋群のリラキセーションや体幹のバランストレーニングとなり，さらには脊椎の柔軟性が向上し，アライメント調整の一助となる（重心の移動は簡単なバランストレーニングで，腹側と脊側筋群の釣り合いを保ち，協調性を高める）．

### むすび

投球動作において，運動連鎖はエネルギーの産生，伝達，吸収において重要な役割を持つ．その意味で，本稿では，投球障害肩・肘の治療における機能的問題点として，運動連鎖の軸となる足，骨盤，胸郭・肩甲骨の3つを取り上げ解説した．これらの部位は，一般的な保存療法として用いられる腱板訓練や肩後方のタイトネスに対するストレッチを行う前の土台作りとして，最初にアプローチすべきポイントと考える．

■ 文献
1) 藤井康成, 加賀谷善教, 永浜良太, 他. 骨盤部：マルアライメント症候群の予防—骨盤の mobility の新しい評価法の有用性—. 臨床スポーツ医学. 2007; 24: 1301-7.
2) 藤井康成. 仙腸関節の不具合からくる腰痛. In: スポーツと腰痛症—メカニズム＆マネージメント. 山下敏彦, 編. 東京: 金原出版; 2011. p.89-97.
3) 藤井康成. コアを用いた骨盤および体幹の運動機能向上—スポーツパフォーマンスにおける，コアによ

る体幹の回旋運動や柔軟性（しなり）の重要性．コーチング・クリニック．2008；22：46-50．
4) 藤井康成，永浜良太，榎畑淳二，他．スポーツ選手にみられる肩こり・痛みの対処法．In：菅谷啓之，編．実践 肩のこり・痛みの診方治し方．東京：全日本病院出版会；2008．p.63-75．
5) 藤井康成，東郷泰久，小倉　雅，他．投球スポーツにおける腱板機能の評価―正拳テストの有用性―．肩関節．2009；33：523-6．
6) 原　正文，山田稔晃．野球肩（インピンジメント症候群）．臨床スポーツ医学．2001；18（臨増）：175-85．
7) 藤井康成．肩の痛みの自己管理．In：井樋栄二，編．やさしい肩の痛みの自己管理．大阪：医薬ジャーナル社．2008．p.37-55．

　　　　　　　　　　　　　　　　　　　　　　　　　［藤井康成，泉　俊彦，永浜良太］

# 4 上肢のスポーツ障害に対するアプローチ

## B 上肢のスポーツ障害によくみられる機能的問題点
②機能障害から投球フォームへ—throwing plane concept

　本稿は，プロ野球投手から小学生球児まで幅広くの投球障害の治療を担当してきた著者の経験に基づく考えを示したものであり，科学的に立証されていないものが多く含まれている．臨床の立場からの意見として参考にして頂ければ幸いである．

　野球選手に認められる身体各部位の機能障害は最終的に投球動作（動的アライメント）に影響する．投球動作の違いから投球中の肩肘に作用する応力に違いが生じ，これにより投球肩肘障害を発生すると思われる（表4-1）．

　投球動作の中でも特に大きな力学的負荷が予想されるcocking後期から加速期初期にかけての動作の違いが重要と思われ，これを大きく2つに分類した．身体各部位の機能障害が，どういった運動連鎖でこの投球動作の違いに至るのか，そして，こうした投球動作の違いから，どういった機序で投球肩肘障害を発生するのかを考察した．

　投球動作cocking後期の投球側上肢の外旋をTER（total external rotation）として狭義の肩甲上腕関節（GH関節）の外旋と区別した．TERはGH関節だけの外旋ではなく，身体運動の総和としての外旋である．

　Throwing planeは投球動作中の投球側上肢の軌跡が織りなす面である[1]．

　このTERの違いが加速期のthrowing planeの違いを生み，障害の発生に深く関与することになる．

　非常に大局的ではあるが，投球動作を経時的にMER（maximum external rotation）の前後で，その原因と結果に分けることができる．MER以前の不良な動作がTERに影響し，その結果としてthrowing planeに違いを生じ，関節応力，運動効率，運動連鎖の相違を生む．

　TERが十分なthrowing planeをsingle planeといい，この場合，関節への応力は小さく，障害発生の危険性も小さいと思われる．Single planeは下半身からのエネルギー伝達効率も高く，パフォーマンスも高い．

　TERが不十分なthrowing planeはdouble planeといい，関節への応力が大きく，障害発生の危険性が大きいと思われる．Double planeは下半身からのエネルギー伝達効率が低く，よい意味でも悪い意味でも上半身の筋力に依存した投球となる．

表4-1 投球肩・肘障害の選手に認められる機能障害

1. 投球動作中の外旋（TER）不足：機能的異常と器質的異常
2. Throwing planeがdouble plane：cocking後期から加速初期の腕の振りに問題があり，異常な関節応力が発生し過角形成を招く[2]
3. Throwing planeはsingle planeだが，IGHLの弛緩により過角形成を招く

整理すると
　①身体各部位の機能障害による MER 以前の投球動作異常
　②上記①による TER の違い
　③TER の違いによる投球動作（throwing plane）の違い
　④Throwing plane の違いによる関節への応力の違い
　⑤Throwing plane の違いによる運動効率・筋力発揮部位の違い
となる．

TER の違いをもたらす運動制限には，機能的制限と器質的制限の 2 つの要因がある．これと throwing plane の 2 つの違いとの組み合わせで，投球フォームを 4 つに分類した．

　A．Pie thrower type：未熟な投球動作からの機能的な double plane
　B．Stiff type：器質的制限からの double plane
　C．Hook type：機能的制限からの double plane
　D．Loose type：single plane だが，関節弛緩性が高い

こうした分類を基に投球障害を整理すると，発生要因の理解と治療方針の確立が容易となる（THABER concept）と思われる．

## 1 TER の違いから throwing plane の違いへ

### A TER（total external rotation）

投球動作の cocking 後期から加速期にかけての肩外旋運動は，下肢，体幹，肩甲帯，肩甲上腕関節の運動の総和としての外旋であり，狭義の肩甲上腕関節の外旋と区別する必要がある．これを TER（total external rotation）とした．TER の角度は上腕骨長軸を軸とした投球側前腕の加速方向に対する空間的角度とし，従来の体幹軸に対する肩外旋角度や空間的な水平に対する角度ではない．上腕の長軸方向を z 軸とすると，上腕の加速方向に対する前腕長軸の xy 平面での角度をもって TER を計測する．加速期の肘外反モーメント，肩外旋モーメントを計測する場合は，上肢の加速方向に対する TER の角度からモーメントアームを計測することになる．よって，正確な動作解析による加速方向が測定できないと絶対値の計測は困難である．

### B Throwing plane

信原[1]は投球中の投球側肩・肘・手首を結ぶ線分がなす軌跡を throwing plane と呼んだ（図 4-13）．

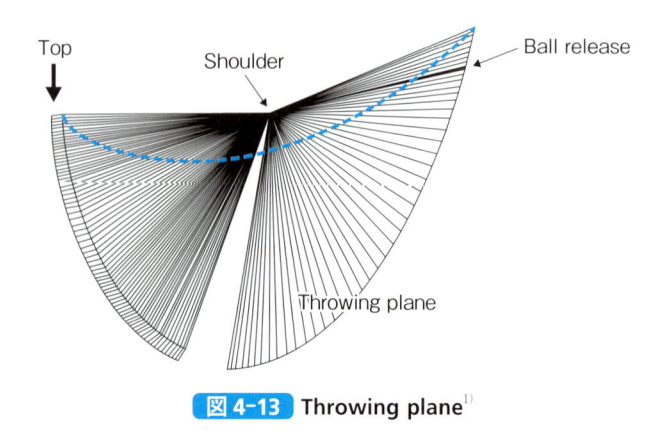

図 4-13　Throwing plane[1]

**表 4-2** Throwing plane concept

- Throwing plane
  —投球中の肩・肘・手首を結ぶ線分がなす軌跡（信原[1]）
- Single plane vs Double plane
  —Single plane： しなやか
  　　　　　　　運動効率が高い
  　　　　　　　関節への応力が小さい
  　　　　　　　障害の危険性が低い
  —Double plane： 硬い
  　　　　　　　運動効率が低い
  　　　　　　　関節への応力が大きい
  　　　　　　　障害の危険性が高い

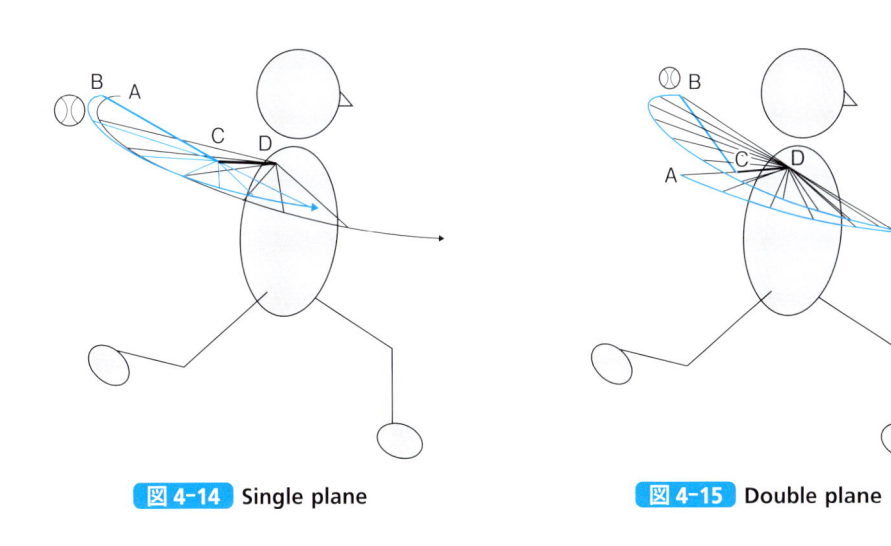

**図 4-14** Single plane

**図 4-15** Double plane

　著者は throwing plane の中でも投球肩肘障害の多くが発生すると思われる加速期初期の軌跡を double plane と single plane に分類した（表 4-2）．これは投球中加速期の上腕およびその延長線がなす軌跡とボールの軌跡の位置関係により分類される．投球中の上腕およびその延長線がなす軌跡を shoulder plane とし，肘の屈伸に伴う前腕の描く軌跡を elbow plane，ボールと投球側肩を結ぶ線分の軌跡を ball plane とした．

### 1．Single plane（図 4-14）

　TER が十分な場合は，肘，前腕，手関節およびボールは加速初期の間 shoulder plane 上を動き，elbow plane，ball plane が同一面にある．この場合，加速初期の throwing plane はあたかも 1 つの面のようになり，これを single plane とした．

### 2．Double plane（図 4-15）

　TER が不十分な場合は前腕，手関節，ボールは加速初期の間 shoulder plane にはなく，shoulder plane よりも上方に別の軌跡を描き，shoulder plane と ball plane は 2 つの別の plane となり，これを double plane とした．

## C 十分な TER：SEA

　Single plane（図 4-14）では，最大外旋位（MER）の時点で TER が shoulder plane と elbow plane が一致する角度（SEA：shoulder plane＝elbow plane angle）に達し，十分な外旋角度となる．

## 2 ● Throwing plane の違いと関節応力

### A Single plane と肩外旋・肘外反トルク（図 4-16，表 4-3）

　TER が十分で SEA に達すると，加速初期において前腕は加速方向に対して 180°反対側に位置する．回転軸（上腕骨長軸）に対するモーメントアームは 0 となり，トルクは発生しない．よって，この瞬間は肩には外旋トルク，肘には外反トルクが発生しない．ただし，肩には水平外転トルクは加わるが，肩甲骨の後傾に伴い強固な IGHL が GH 関節の前方に位置し，過剰な水平外転を抑制し，その剪断力に耐えると思われる．また，鞭のような上肢の動きから上肢のモーメントアームは最小となり，これも肩に作用するトルクを小さくすることに寄与する．

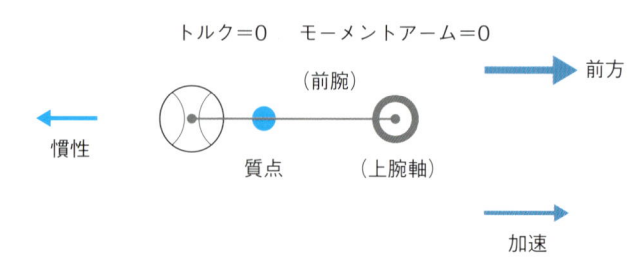

**図 4-16** Single plane と肩外旋・肘外反トルク

**表 4-3** Single plane の特徴

- 運動学的
    - 腕を加速する方向と肘の伸展方向が一致して運動効率が高い
    - 肘をヒンジとした全身での二重振り子運動
    - IGHL など強靭な静的支持機構で力の伝達
- 医学的
    - 肩は強靭な静的支持機構である IGHL で支持し水平外転を抑制
    - GH 関節の外旋ストレスが小さい
    - 肘の外反トルクも小さい
    - IGHL が緩むと水平外転が増大し関節内インピンジメントを起こす

### B Double plane と肩外旋・肘外反トルク（図 4-17，表 4-4）

　TER が不足して SEA 未満（under SEA）の double plane の場合は上腕骨軸まわりにモーメントが発生する．肩には外旋トルク，肘には外反トルクが加わり，上肢全体に後下方向への下げ応力が加わる．

　肩甲胸郭関節の運動が不良で肩甲骨が内転位にある場合は水平外転が大きくなり，肩甲骨の後傾が制限されることで TER も制限され，GH 関節では MGHL 近傍が前方に位置し大きな水平外転トルクにさらされる．結果，IGHL よりも脆弱と思われる MGHL の負担が増し，強大な外旋と水平外転トルクにより MGHL 近傍が破壊され，さらに過剰な外旋，水平外転が誘発されると思われる．

　また，外旋トルクに抗するために大円筋や大胸筋が加速初期から作用し早期に肩内旋が始まり，相対的に上腕に対しての前腕の加速が早まり，肘の伸展開始が早まる．この場合，加速初期の上肢全体の加速と内旋による加速とが加重され，前腕への力積が大きくなり，肘の外反トルクは single plane と比較して大きくなると思われる．大胸筋の作用が大きいこと，水平屈曲の動きが大きいことから，上腕骨骨頭には前方への牽引力が作用し，GH 関節には前方への剪断力が発生し，その剪断力には MGHL で抗することになると思われる．肘の伸展が早いことから，上肢全体のモーメント

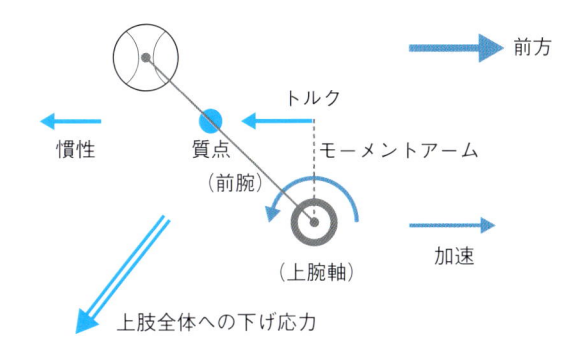

**図 4-17** Double plane と肩外旋・肘外反トルク，下げ応力

**表 4-4** Double plane の特徴

・運動学的
　―腕を加速する方向と肘の伸展方向が一致せず運動効率が低い
　―内旋優位で肘伸展が早い：アーム式投球
　―力の伝達は大胸筋など筋力要素
・医学的
　―肘には外反トルクが発生
　―肩には過剰な外旋・水平外転ストレス
　―GH 関節は MGHL への負担となり過剰な水平外転

アームは大きくなり，これも肩への水平外転・外旋トルクを大きくする．

　つまり，double plane での投球は single plane と比較して GH 関節に過剰な外旋・水平外転運動，前方剪断力を強要し，肘関節に大きな外反トルクを誘発し，その応力を，脆弱な MGHL を中心とした前方構成体で支持しなければならない．

## 3 Throwing plane の違いと運動効率と筋力発揮部位

### A 二重振り子運動

　図 4-18 は右投げの投手を上からみたスティックピクチャーである[3]．投球動作の加速期においては左肩を中心とした回転運動を行い，肩-肩-肘の位置関係は変わらず肘をヒンジとした二重振り子運動となっている．この力学的に高効率な二重振り子運動を実現するためには，shoulder plane と elbow plane が一致する，つまり上肢の加速方向と肘関節の伸展方向が一致した方が有利であり，そのためには single plane のフォームが理想的と思われる．

　また，加速初期において GH 関節は最大外旋位で関節上腕靱帯や腱板筋群の緊張が最大となり，single plane では強靱な IGHL が水平外転トルクに抗し，肩甲骨は force couple で安定するために，体幹と投球側肩，上腕は静的支持機構で支持された 1 つの剛体のようにふるまう．この際，大胸筋の筋活動は小さく，関節上腕靱帯，骨構造など静的支持機構による関節間力や緊張した腱板筋群を主として力が伝達されると思われる（図 4-19）．

　つまり，single plane の場合，加速方向と肘の伸展方向が一致し，強靱な IGHL が水平外転トルクに抗することで，肘をヒンジとした近位と遠位の 2 つの剛体による二重振り子運動となり，大きくゆっくりとした下半身・体幹・上腕のエネルギーを効率的に小さく素早い前腕・手の運動に変換することができる．加速初期は二重振り子運動で効率的に少ないストレスで上肢全体を加速し，加速後期に前腕が上腕の速度を追い越すところで，さらに肩の内旋で前腕を，前腕の回内で手を加速し，

**図 4-18** 二重振り子運動[3]

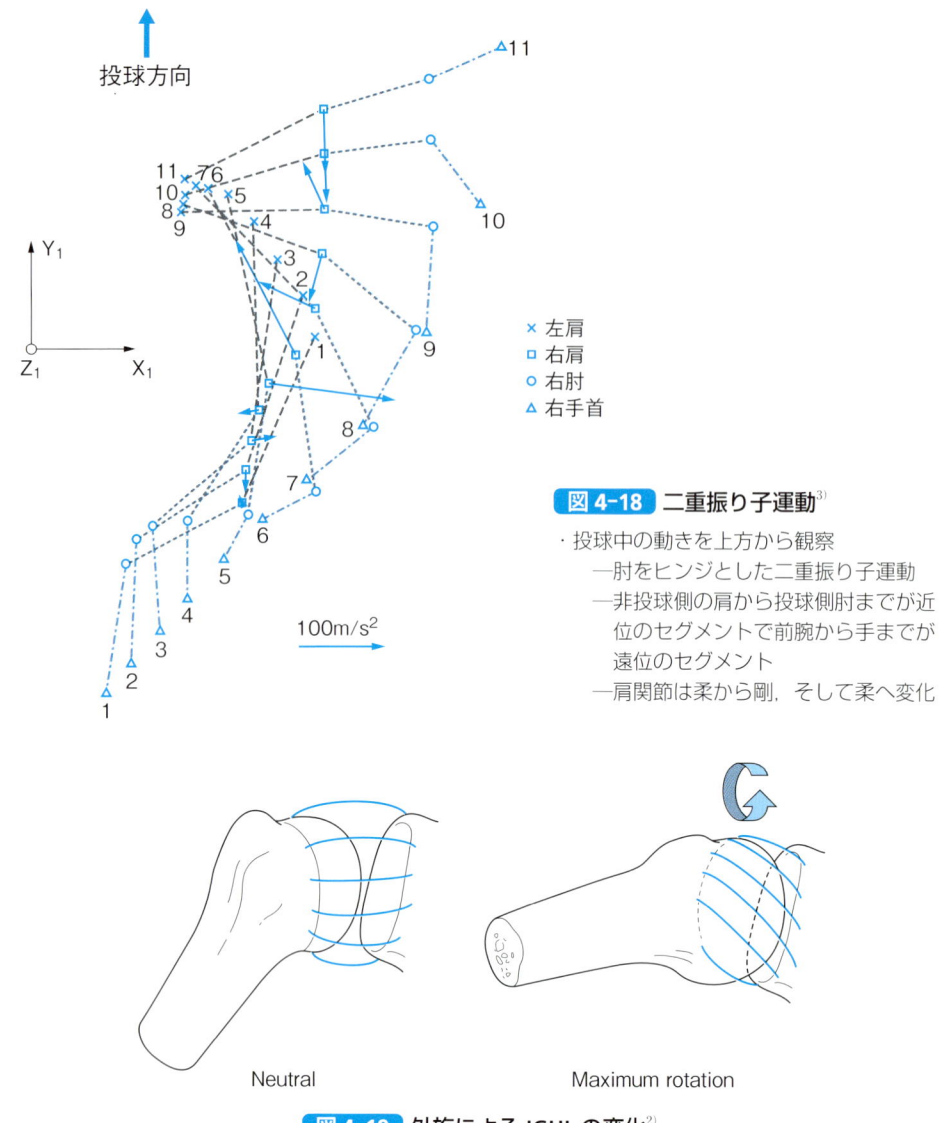

・投球中の動きを上方から観察
　―肘をヒンジとした二重振り子運動
　―非投球側の肩から投球側肘までが近位のセグメントで前腕から手までが遠位のセグメント
　―肩関節は柔から剛，そして柔へ変化

**図 4-19** 外旋による IGHL の変化[2]

MER では IGHL が GH 関節の正面に位置する．

　最後は手首と手指のしなりで一気にボールを加速し，ボールが最大速度に達したところでリリースする理想的な運動連鎖と思われる．ボールに最大限にエネルギーを伝達することで自然と上肢は減速し，フォロースルー時の牽引力も最小で済み，肩にも優しい．他覚的にはボールの速度の割には腕の振りがゆっくりとみえることになる．

　投球中の肩は，cocking 期には柔，加速初期には剛，リリース直前で内旋してまた柔に戻り，時期によりバイオメカニクス的な様態を変化させる．

　また，図 4-18 における運動の中心は左肩であり，決して脊柱を中心とした回旋運動ではない．高いマウンドからの並進運動を力強い踏み込みで縦の回転運動に変換し，これに左股関節の屈曲・体幹の屈曲と回旋を加え，全体として左股関節を中心とした，下半身から上半身へ連続した斜めの回転運動となっている．

　こうした体幹の動きと二重振り子運動とが相まって，single plane では横から観察するとボール

**図 4-20** Single plane の投球フォーム

a： Single plane の場合は shoulder plane 上に前腕，ボールがあり，前方から観察すると加速初期には肘の後方にボールが隠れてみえない．投球腕の振りと肘の伸展方向が一致し，shoulder plane と elbow plane が 1 つとなる．

b： 加速後期になると肘が伸展し肩が内旋し上腕骨の延長線上に前腕，手，ボールがある．前方から観察すると投球側上肢が伸びてくるようにみえ，リリース直前までボールは肘の後方に隠れてみえず，いわゆる球の出どころがわかりにくい，打ちにくいフォームといえる．

の軌跡が鞭のように，加速初期には直線状に動き，加速期後半からフォロースルー期にかけて投手の前方で円弧を描くような，「球持ちが長い」といわれる軌跡となる．前方から観察すると投球側前腕が上腕の延長上に伸びてくるようにみえ，リリース直前までボールは肘の後方に隠れてみえず，いわゆる「球の出どころがわかりにくい」打ちにくいフォームともいえる（図 4-20）．

こうした投球を実現するためにはしなやかな資質が必要で，上肢の筋力には大きく依存しないために，太くて大きな下半身に細くてしなやかな上半身の投手が最適となる．

一方，double plane の場合は，上肢加速方向と肘の伸展方向が一致せず，効率的な二重振り子運動を実現できないために，前腕へのエネルギー伝達効率は低い．肩甲骨の後傾が制限され脆弱な MGHL で水平外転トルクに抗しなければならず水平外転角度は大きく，加速初期から肩内旋が始まることから加速中の関節上腕靱帯の緊張は小さく，さらに加速初期の肩外旋トルクに抗するために大胸筋・大円筋などの筋活動は大きくなることなどから，double plane では筋トルクが主となりエネルギーが伝達されると思われる．加速初期から肩内旋筋力が作用することから前腕には上肢全体の加速と肩内旋による加速が加重され，上腕の速度が最大に到達する前に前腕の速度が高まり，さらにエネルギーの伝達は効率が低くなる．早期の肩内旋により肘伸展が早まることで腕の振りはアーム式のドアスイングとなり，上肢全体のモーメントアームは長くなり，加速に必要な力も大きくなる．その結果，体幹の回旋と大胸筋による肩水平内転，大胸筋・大円筋による肩内旋などに大きく依存した腕の加速となり，マウンドからは大きくストライドせずに上半身の筋力に依存した投球となる．また，ボールへのエネルギー伝達効率が低いことからリリース後の上肢に残ったエネル

ギーは大きく，フォロースルー期の減速のための牽引力も大きいと思われる．
　つまり，エネルギーの無駄が大きな double plane で single plane と同様の球速を得るためには，より大きな加速力，減速力が必要となり，このタイプの投手で一流になるには筋骨隆々の資質が必要となる．

## 4　投球肩肘障害を発生する投球フォームの分類

　TER の違いをもたらす運動制限には，機能的制限と器質的制限の2つの要因がある．これと throwing plane の2つの違いとの組み合わせで，投球フォームを4つに分類した（表 4-5）．
　臨床的には，この分類に厳密に当てはまらず，重複した症例もあると思われる．
　当院では各パターン別に治療方法を選択しているが，各パターンの中でもさらに様々な原因があり，それらの原因を特定した上で治療方法を構築していく．
　競技レベルとしては D がもっとも高く，順に低くなる傾向がある．投球肩肘障害の選手で多数を占めるフォームは，アマチュアレベルでは B，プロ野球などハイレベルでは C のタイプが多い印象がある．
　以下，各パターンの概略を述べる

### A Pie thrower type

　Pie thrower type は，いわゆる学童期の pie thrower で，全身の運動連鎖で投球することが，まだ学習できていない選手である．この場合は機能障害というよりも，単に未熟なだけであり，理学療法というよりも投球指導の方が重要と思われる．

### B Stiff type

　Stiff type は，器質的に TER が不足しているタイプで，野球選手として必要な柔軟性が元来獲得されていない場合と，加齢により柔軟性が低下した場合，オーバーユースにより硬くなった場合の3つがある．主としてアマチュアレベルの選手に多くみられるパターンだが，30歳前後のプロ野球選手の中にも加齢とオーバーユースでこのパターンに該当する選手が散見される．各可動域の低下した部位を改善して，結果として TER を改善していく．

表 4-5　不良な投球フォームの分類

A．Pie thrower type
　　機能的な double plane（投球技術が未熟ないわゆる pie thrower：学童期の選手）
B．Stiff type
　　器質的に TER が不足した double plane（運動連鎖として可動域が不足した選手．アマチュアで身体の硬い選手）
C．Hook type
　　Single plane だが，機能的問題で MER の前後で過剰な水平外転，外旋を強要（運動連鎖として運動学的に不良な選手）
D．Loose type
　　Singe plane だが，関節包の弛みのために過剰な水平外転，前方不安定性を惹起（高い競技レベルで弛緩性の高い選手）

### C Hook type

　Hook type は，機能的に TER が不足しているタイプで，cock up 期に水泳肩のように肩外転，外旋の順番が逆になっており，内旋位のまま外転してから外旋を行うことで肩甲骨の動きを制限し，その後の不良な運動連鎖につながる．さらに cocking 早期には肩甲上腕関節の外旋と肩甲胸郭関節の後傾の順番が逆になっていることで過剰な外旋・水平外転を誘発している．最終的な TER は十分であり，throwing plane は double plane から single plane と変化し，高いパフォーマンスを発揮するが，投球肩肘障害を発生しやすいフォームである．一般に剛球タイプといわれるたくましい体型の投手に多い印象があり，豪快なフォームともいえるが，医学的には典型的な不良な運動連鎖であり，積極的な投球フォームへの介入が必要となる．

### D Loose type

　Loose type は，投球フォームには大きな問題はないがオーバーユースで弛緩性が過剰になってしまった場合で，しなりをうまく使った細身の投手に多いタイプである．生来の弛緩性が高いことが多く，オーバーユースで関節がいったん過剰に弛緩してしまうと復帰には時間がかかるが，関節位置覚の改善や動的安定機構の改善で症状は軽快する．

　臨床的には B と C のタイプが多く，今回はこの中でも少し難解な C の hook type に解説を加える．

## 5 Hook type と out of plane

### A 投球フェイズ

　図 4-21 は一般的な投球フェイズの分類であるが，この中でも cocking 早期をさらに細かく 2 つに分けた．グラブからボールが離れて最下点に達するまでを take back 期とし，最下点から foot plant までを cock up 期とした．

　投球側上肢の運動について，能動的運動か受動的運動かを検討すると，この take back 期，cock up 期までが主として能動的な動作になり，この後の cocking 期から加速期，フォロースルー期に至るまで，投球側上肢は運動連鎖により主として受動的に運動する．肩肘障害に関する投球側上肢の能動的な誤った運動が起こるとすれば，この take back 期から cock up 期に起こる可能性が高い．また，下肢・体幹は投球動作中の全ての期に能動的に運動しており，最初から最後まで影響する．つまり，加速初期になり下肢・体幹が固定されると下肢・体幹の役割が終わるのではなく，加速後期以降も上肢との作用・反作用の関係で，肩甲帯と上肢が single plane のよい位置になければ体幹・

図 4-21　投球フェイズ[4]

下肢は力を発揮できず，縦の回転エネルギーがうまく伝搬されない．運動連鎖として投球動作の加速期よりも前で体幹・下肢がうまく運動したとしても，その後の肩甲帯の運動次第では投球動作後半で体幹・下肢は十分に機能できず，運動連鎖が不完全なものとなる．下半身がうまく動けば，運動連鎖で自動的に上肢が適切に動くわけではない．

### B Hook type

　Take back 期に前額面より背側にボールが逸脱することを out of plane と表現するが，hook type の多くは投球動作の take back 期に投球側肩の伸展が過剰になり，out of plane となる（表4-6）．これは肩伸展方向への腕の振り下ろしや投球側股関節の内旋不足などの問題から誘発される．ボールを強く握り手首を屈曲していることが多く，この形から hook type と呼ばれる（図4-22）．

　Take back 期に out of plane し内旋位のまま外転すると cock up 期の肩外転制限を誘発し，肩甲骨は内転位で肘の高さが低いまま外旋してトップに至り，TER が不足することに繋がると思われる．これは，そのまま前述した double plane に連鎖し，肩肘の過剰な負担を招くことになる．投球動作における典型的な不良な運動連鎖である（表4-7）．

　トップポジションからの肘の返しの位置が低く，筋肉質でパワフルな投手に多い印象がある．故障を起こしやすいが，パフォーマンスは高い．オーバーユースや加齢による拘縮が重なると stiff type となり，障害発生の可能性はより高くなる．

　Hook type は single plane と前述したが，厳密には加速の極初期は double plane で加速し始め，早期に single plane に変化しほぼ single plane で加速する．これは，cocking 後期に肩甲胸郭関節が内転位にあり，肩甲骨後傾が制限され，機能的に TER が不足しているからである．不足した TER から加速し始め最初は double plane であるが，加速が進むにつれて肩甲胸郭関節が外転・上方回旋・

**表 4-6　Out of plane**
- Take back 期に前額面より背側にボールが逸脱すること
- Tack back 期の腕の振りや股関節の運動に問題がある
- 不良な cock up を誘発し，不良な運動連鎖に陥り，double plane となる

**表 4-7　Hook type**
- Take back 期の out of plane
- Cock up 期の肩外転不足
- 機能的 TER 不足
- Double plane から single plane

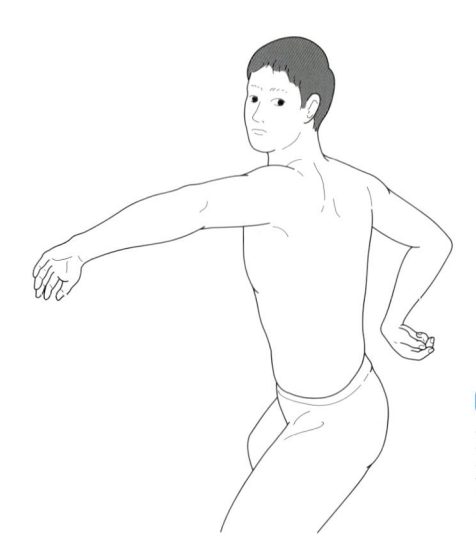

**図 4-22　Hook type**
肩伸展方向への take back の場合，力みで手関節が掌屈しひっかけるような肢位となることが多い．

後傾し shoulder plane と elbow plane が一致し加速前期には single plane となる．つまり加速期に入ってから最大外旋位を迎えることになる．運動連鎖として理想的には cocking 後期に肩甲胸郭関節の運動が先に起こってから肩甲上腕関節が外旋し MER となり，その後，加速期に移行した方がよいと思われるが，hook type の場合は肩甲胸郭関節が内転位の状態で，先に肩甲上腕関節が最大外旋し，TER が不足したまま加速期に突入し，加速期の極初期は double plane で加速し始め，その後，肩甲胸郭関節の運動が起こり加速前期に TER は最大となり single plane となって加速していく．別の表現をするならば，下肢体幹から肩，上肢へと加速していく際に下肢体幹の動きを①，肩甲胸郭関節の運動を②，肩甲上腕関節の外旋を③とすると，理想的な連鎖では①②③の順番となるが，hook type では①の次に③が先に起こり，加速しながら②が起こる①③②の順となり，最終的には single plane となると思われる．

このコッキング後期の不良な運動連鎖は，それ以前の take back 期と cock up 期の不良な運動である out of plane により誘発されている．

## 6　THABER（total horizontal abduction & external rotation） concept

投球動作の運動連鎖として可動域の関連性を表したコンセプトで，投球中の投球側肩の水平外転や外旋は肩甲上腕関節だけの運動ではなく，肩甲胸郭関節，脊柱，股関節などの複合関節運動の総和である．投球中の投球側肩の水平外転は THAB，外旋は TER と表現し，肩甲上腕関節の水平外転，外旋と区別する．THAB は肩甲胸郭関節，肩甲上腕関節，TER は股関節，脊柱，肩甲胸郭関節，肩甲上腕関節の可動域の総和である．それぞれの規定因子として，当該関節可動域，関連する筋腱の緊張や伸張性など器質的因子と筋機能，神経制御など機能的因子が関与する．病因論として捉えると，肩甲上腕関節以外の運動が不良なために，肩甲上腕関節の力学的ストレスが増えることになり，リハビリテーション論として捉えると，肩甲上腕関節のストレスを減らすためには他の部位の機能を改善すればよい．可動域として相互に補完関係にあるといえる（図 4-23）．

子どもたちに理解させるのに，著者は「釣り竿の例え」をよく使う．釣り竿がしなる時に，全体がしなってくれればストレスは全体に分散するが，竿の下の部分が硬くなると，竿の上の負担が増えて，ついには折れてしまう．竿の上の部分の負担を減らすには，竿の下をしなやかにしてあげればよい．

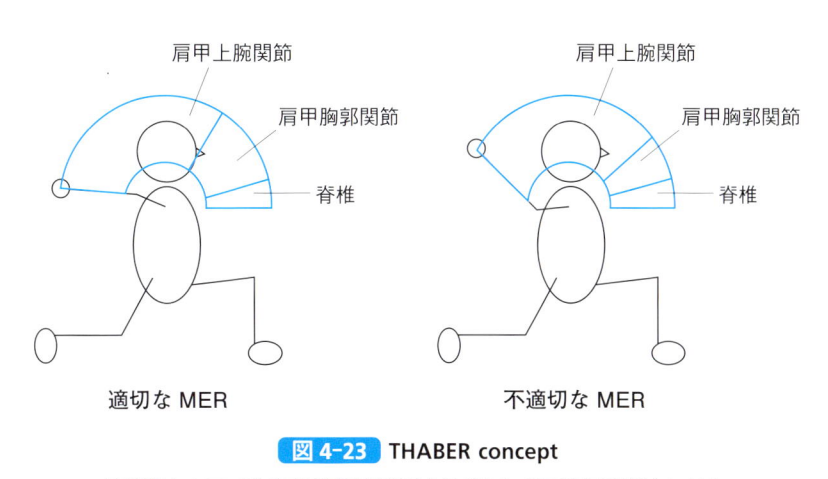

図 4-23　THABER concept
不適切な MER では肩甲胸郭関節の寄与が少なく肩外旋角度が小さい．

## 7 まとめ—投球肩肘障害の選手をみたら

▶まずは投球障害の 4 つのフォームのどれに該当するか検討
▶静的な TER が不足しているか否か？
　⒜ TER が不足している場合→器質的なのか機能的なのか？
　　⑴ 器質的な場合→身体のどの部分に問題があるのか？
　　⑵ 機能的な場合→投球動作のどこに問題があるのか？
　　　　　　　　　　投球動作のイメージができていないのか？
　　　　　　　　　　イメージはあるが神経・筋機能の問題で意思通りに動かないのか？
　⒝ TER が十分な場合→機能的に TER が不足する hook type なのか，loose type なのか？
　　　　　　　　　　　関節の弛緩性はないか？
　　　　　　　　　　　関節位置覚に問題はないか？

### むすび

投球肩肘障害の機能障害として，身体の各部位の障害の最終的な結果としての投球フォームについて検討した．身体各部位の個々の機能障害について検討するだけでなく，そうした機能障害が最終的に投球中の肩甲上腕関節や肘関節にどういった力学的ストレスを招くのか，という観点からの評価が大切と思われる．その際，動的アライメントとしての投球フォームの評価は必須と思われ，特に大きな力学的負荷が予想される cocking 後期から加速期にかけての動作の違いが重要と思われる．投球側上肢の軌跡（throwing plane）を TER が十分か否かで single plane と double plane の 2 つに大きく分類し，さらにその TER が不足する要因である機能制限と器質的制限との組み合わせで 4 つに分類した．こうした分類を適応することで，漠然とフォームが悪いと表現するのではなく，その問題点と原因について具体的に評価できるものと思われる．ただし，こうした観点からの投球フォームの動作解析はまだ十分ではなく，その真偽については今後の研究成果を待たねばならない．

■文献
1) 信原克哉．肩—その機能と臨床．3 版．東京：医学書院；2001．
2) Jobe FW. Operative Techniques In Upper Extremity Sports Injuries. St. Louis: Mosby; 1995. p.136.
3) Feltner ME. Three-dimensional interactions in a two-segment kinetic chain Part II: Application to the throwing arm in baseball pitching. Int J Sport Biomech. 1989; 5: 420-50.
4) Braun S, Kokmeyer D, Millett PJ. Shoulder injuries in the throwing athlete. J Bone Joint Surg Am. 2009; 91: 966-78.

［瀬戸口芳正］

# 4 上肢のスポーツ障害に対するアプローチ

## C 上肢のスポーツ障害によくみられる解剖学的問題点

### 1 肘関節

#### A 骨端核障害

骨端線閉鎖前の野球選手に多くみられる内側上顆骨端核障害で，little leaguer's elbow と呼ばれる（図 4-24）．

#### 1．原因

前腕屈曲回内筋群の牽引による内側上顆骨端核の avulsion[1]，血流障害を基盤とした osteochondrosis[2]，持続的な牽引ストレスに対する生体反応[3]などの諸説がある．投球回数の多い投手や捕手に好発することから，オーバーユースが関連していると考えられる．内側上顆下端の骨軟骨障害の病期は，単純 X 線肘 45°屈曲位正面像で初期（透亮像），進行期（分節像），終末期（遊離像）の 3 期に分類される．

#### 2．具体的なアプローチ

疼痛が消失するまでは no throw とし，下肢・体幹・肩甲帯を含めた全身の機能訓練を行う．可動域制限，局所の圧痛，外反ストレスでの疼痛が消失し，他部位の機能低下は改善すれば，X 線での修復の有無にかかわらず軽いキャッチボールから投球を再開する．徐々に投球強度を上げ多くは約 2 週間で復帰可能となる．復帰後も定期的 X 線検査にて修復状態を確認する．

急性発症した 3 mm 以上の骨端線離開や保存療法に反応しない遊離骨片や骨棘がある場合は手術

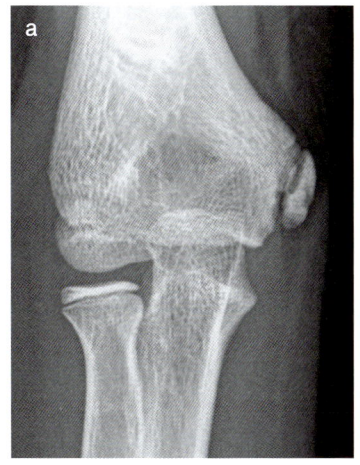

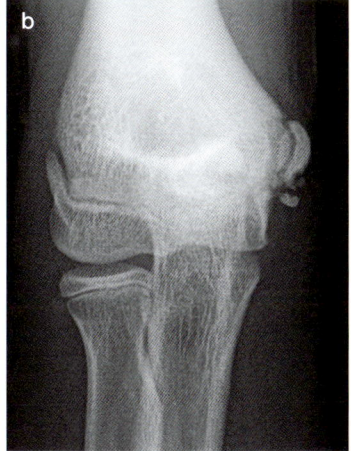

**図 4-24** 内側上顆骨端核障害
a：分節像，b：遊離像

適応となる．骨端線離開には Kirschner 鋼線や screw での固定，遊離骨片や骨棘に対しては摘出術や靱帯再建術が行われる．

## B 骨軟骨障害

骨端線閉鎖前の野球選手に多くみられる上腕骨小頭の骨軟骨障害で，離断性骨軟骨炎（osteochondritis dissecans：OCD）と呼ばれる（図4-25）．

### 1．原因

投球時の橈骨頭の上腕骨小頭に対する反復する剪断力・圧迫力などの外的ストレス[4]に加え，骨端軟骨の骨化障害，遺伝性・家族性素因，骨壊死の関与などが考えられている．

### 2．具体的なアプローチ

病期分類は，単純X線肘45°屈曲位正面像で透亮期，分離期，遊離期の3期に分類される．単純X線像では病期の判別が困難な場合があるため，CT，MRI，超音波検査などを併用する．特に，超音波検査は軟骨下骨と軟骨面を同時に観察できる有用な検査で，スクリーニングやフォローアップに有用である．

治療の基本は，原因と思われるスポーツの禁止と患肢の安静による自己修復能を引き出す保存療法である．同時に，下肢・体幹・肩甲帯を含めた柔軟性低下や運動機能低下の是正と投球フォーム指導を行い，投球動作による肘への過剰なストレスの軽減を図る．基本的には，透亮期や分離期の軽症例では保存療法が優先される．

数ヵ月の保存療法に反応しない場合は手術療法が選択される．特に，分離期で軟骨下骨が遊離しかかっている場合や遊離体が存在する場合には，早期に手術療法を選択すべきである．放置例では早期に変形性関節症に至ることがあるため注意が必要である（図4-26）．

透亮期では，局所の血流改善と骨髄細胞の活性化を目的としたドリリングや病巣郭清術，分離期前期では自家骨釘移植術やワイヤー締結術，分離期後期から遊離期では骨軟骨柱移植術が行われることが多い．

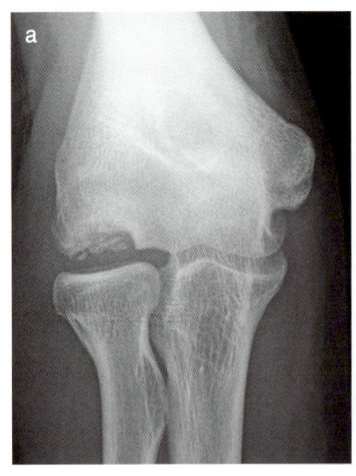

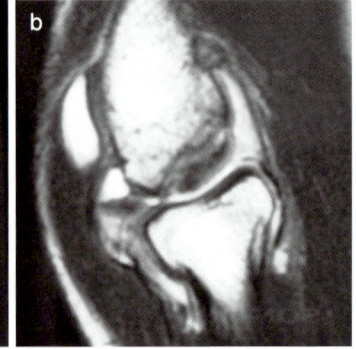

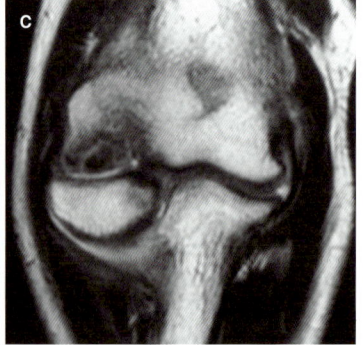

**図4-25 離断性骨軟骨炎**（13歳男性，野球選手）
a：単純X線肘45°屈曲位正面像．遊離期．
b：MRI T2強調像．軟骨面に亀裂が生じている．
c：MRI T2強調像．関節後方に遊離した軟骨片を認める．

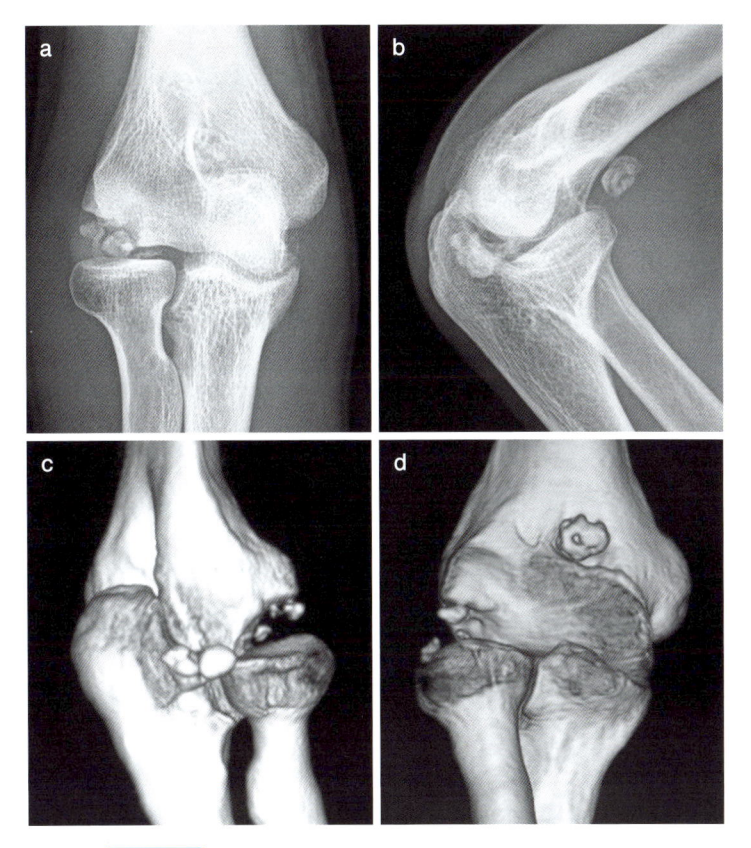

**図 4-26** 離断性骨軟骨炎放置例（19歳男性，野球選手）
a，b：単純 X 線像．上腕骨小頭の変形と遊離体を認める．
c，d：3D-CT 像．上腕骨小頭の骨欠損と多数の遊離体を認める．

## C 靭帯損傷

　野球に代表される投擲動作やラケットスポーツなどで，肘関節の慢性的な外反ストレスにより肘内側側副靭帯損傷が生じる．肘関節 90°屈曲位で強いストレスが加わる前斜走線維（AOL）の後方

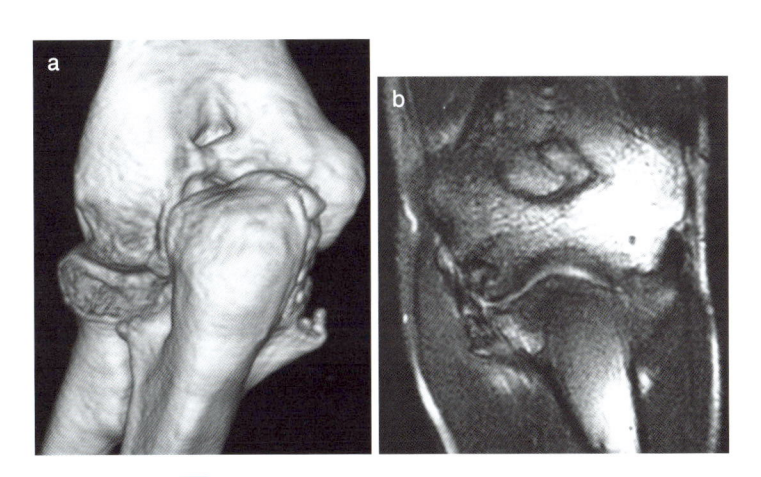

**図 4-27** 内側側副靭帯損傷（26歳男性，プロ野球投手）
a：3D-CT 像．MCL 付着部遠位，肘頭後内側に骨棘形成を認める．
b：MRI T2 強調像．MCL 損傷を認める．

C．上肢のスポーツ障害によくみられる解剖学的問題点　111

線維に損傷が強い傾向がある[5]（図4-27）．

### 1．原因
投球動作など繰り返される肘関節外反ストレスによるもので，下肢・体幹・肩甲帯の機能低下による代償としての肘関節の負荷の増大や投球フォームの不良なども関与している（図4-26）．

### 2．具体的なアプローチ
基本的には内側側副靱帯にストレスが加わるスポーツの継続を希望しない場合には再建する必要はない．保存療法で42%が受傷前の競技レベルに復帰したとの報告があるが，投手の場合などでは一時的に復帰できても疼痛が再発し手術療法を選択する場合が多い．

保存療法で症状の改善が不十分で，競技復帰を強く望む場合に手術療法を選択する．新鮮外傷例を除き一次修復は困難であるため，長掌筋腱または薄筋腱を移植し再建する．移植腱の走行と固定法によりいくつかの手術法がある．

## D 滑膜ひだ障害
腕橈関節滑膜ひだは輪状靱帯の近位端に存在する滑膜組織の膨隆であるが，滑膜ひだの炎症，肥厚により弾発やばね現象が生じ，肘屈曲や回内外時の疼痛が出現する．

### 1．原因
スポーツ活動による繰り返されるmicro traumaにより，滑膜ひだの炎症，肥厚，断裂などが原因と考えられる．

### 2．具体的なアプローチ
有痛性のばね現象が治療の対象であり，肘の安静を基本とした保存療法を行う．保存療法が無効な場合には直視下あるいは鏡視下に腕橈関節に嵌頓する滑膜ひだを切除する．

## E 骨棘形成
投球動作の繰り返しにより尺骨鉤状突起先端と上腕骨鉤状突起窩，肘頭と滑車内側および鉤状突起内側，尺骨肘頭先端と上腕骨肘頭窩などに骨棘が生じ，関節可動域制限や肘最大伸展・屈曲時の疼痛が出現する（図4-28）．

### 1．原因
投球動作での肘関節への過剰なストレスが主因で，後方インピンジメントや内側側副靱帯機能不全の代償により骨棘が形成される．また，離断性骨軟骨炎の遺残変形より生じる場合もあり，関節遊離体がみられることも多い．

### 2．具体的なアプローチ
肘関節可動域訓練に加え，全身的な機能改善を主眼とした運動療法や投球フォームの指導などの保存療法を行う．ヒアルロン酸の関節内注入も有効な場合がある．

保存療法にて症状の改善が得られない場合や長期間にわたり疼痛や可動域制限が持続している場合には，鏡視下骨棘切除術の適応となる．

## F 疲労骨折
投擲動作やラケットスポーツにおいて肘頭や上腕骨内顆に疲労骨折が生じる．

### 1．原因
上腕三頭筋の牽引力や肘過伸展と外反ストレスによると考えられているがいまだ議論されている．内側側副靱帯損傷との合併が多くみられる．

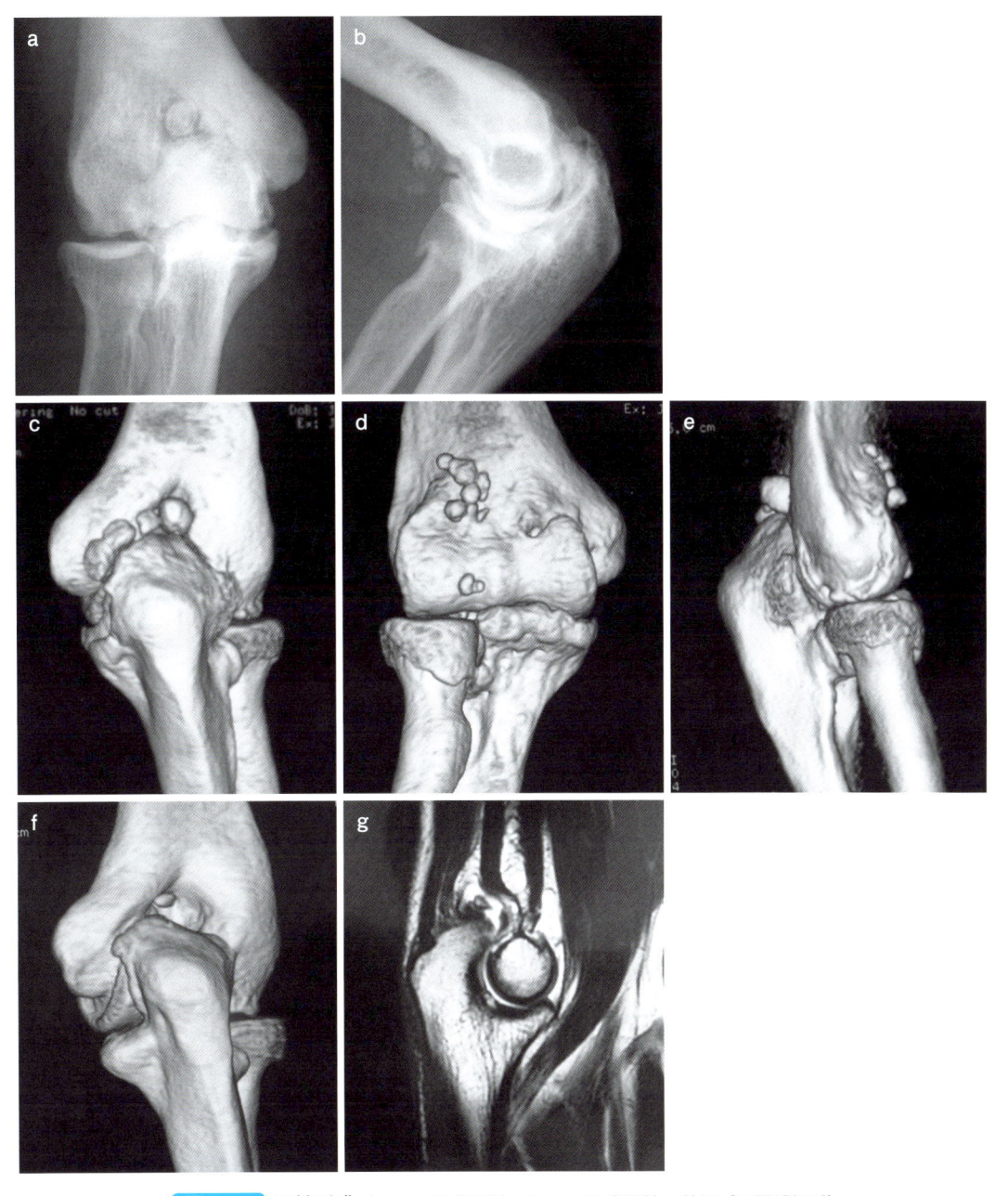

**図 4-28** 骨棘形成（a〜e: 31歳男性，f, g: 27歳男性，共にプロ野球投手）
　a，b： 単純X線像
　c〜e： 3D-CT像．肘関節に骨棘形成と多数の遊離体を認める．
　f： 3D-CT像．肘頭後内側の骨棘形成と肘頭窩に遊離体を認める．
　g： MRI T2強調像．肘頭窩の遊離体と関節液貯留を認める．

## 2．具体的なアプローチ

　骨端線閉鎖前の若年にみられる physeal type，骨端線閉鎖後の成人にみられる classical type，骨端線の閉鎖する時期（若年型と成人型の移行期）にみられる transitional type，損傷と修復を繰り返している sclerotic type，滑車切痕より遠位に骨折線が生じる distal type の5つに分類される[6]．

　Physeal type で内側側副靱帯の症状は軽微であれば，スポーツを中止させ保存療法を行うことで

骨端線の癒合が得られる．Classical type や transitional type では治癒まで長期間を要し，肘内側不安定症を合併していることが多いため，手術療法を選択する場合が多い．

　離開部の癒合が得られない場合や内側側副靱帯の疼痛が強く保存療法が無効の場合には手術療法を選択する．内側側副靱帯損傷が明らかな場合には疲労骨折再発防止のため靱帯再建術も同時に行う．

### G 筋起始部の炎症

　上腕骨外側上顆の短橈側手根伸筋や上腕骨内側上顆の回内筋や屈筋群に腱付着部症（enthesopathy）が生じる．

#### 1．原因

　テニスや野球などのスポーツ活動による，腱・靱帯の骨への付着部の慢性的な負荷が原因である．

#### 2．具体的なアプローチ

　保存療法が主体となる．急性期にはスポーツ活動を中止し局所の安静・アイシングなどにより炎症の軽減を図り，消炎鎮痛薬やステロイド注射などの併用も有効である．その後ホットパック，極超短波，レーザーなどの温熱療法と前腕伸筋群のストレッチを中心とした理学療法を行う．

　難治性の上腕骨外上顆炎に滑膜ひだの関与が指摘されており，鏡視下手術が行われる場合もある．

### H 神経障害

　スポーツ活動により，肘関節内側から環指・小指にかけて痺れや脱力などの尺骨神経障害が生じる．

#### 1．原因

　胸郭出口・四辺形間隙症候群，内側前腕皮神経障害など肘部管近位の尺骨神経拘扼障害や肥厚した内側上腕筋間中隔と三頭筋内側頭による圧迫によるものがある．肘部管高位での障害の多くは尺骨神経の脱臼（内側上顆低形成，滑車上肘靱帯低形成，内反肘などによる）や変形性肘関節症に伴う骨棘形成が原因となる．

#### 2．具体的なアプローチ

　肘部管近位の障害では，コンディショニングでの運動機能改善や投球フォームの指導を行う．Tinel 様徴候のある部位への局所麻酔薬とステロイドを深筋膜直下に浸潤させるブロック注射を併用する．

　保存療法に抵抗する場合には，肥厚した筋間中隔と深筋膜を外科的に切除する．肘部管高位では，肘部管開放，内側上顆部分切除術や尺骨神経前方移行術などを施行する．変形性肘関節症の例では肘部管開放と肘部管床部の骨棘を切除する．

## 2　肩関節

### A 骨端線障害

　成長期における肩関節構成体の脆弱部位である上腕骨近位端に離開が生じるもので，小学校高学年から中学校低学年に好発するため little leaguer's shoulder（上腕骨近位骨端線離開）と呼ばれる（図 4-29）．

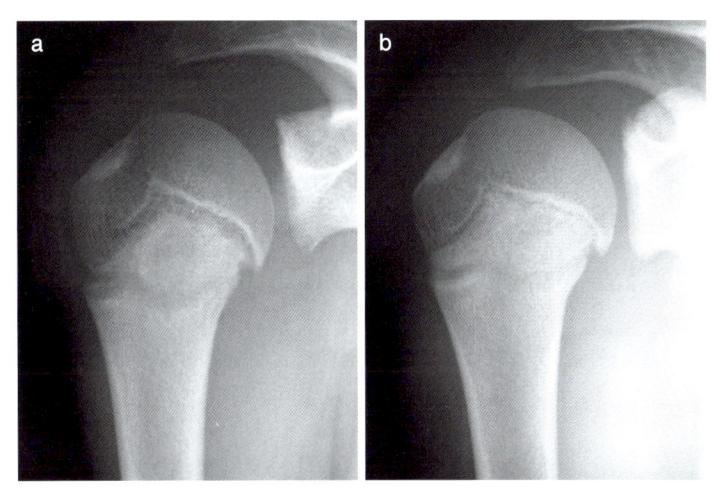

**図 4-29** 上腕骨近位骨端線離開
a：初診時．上腕骨近位骨端線の離開を認める．
b：3 カ月後．保存療法で骨端線離開が改善している．

### 1．原因

成長期では骨端線が閉鎖していない時期があり，オーバーユースや投球フォームの不良などにより過剰な負荷が肩関節に生じ脆弱な上腕骨近位骨端線に離開が生じる．離開様式は Salter-Harris 分類 type I で，骨端線外側の部分離開のことが多く上腕骨頭すべり症を呈することは稀である．

### 2．具体的なアプローチ

3〜4 週間は no throw とし，その間に下肢・体幹・肩甲帯を含めた柔軟性低下や運動機能低下の是正を行う．X 線像で骨端線離開の推移を健側と比較し評価する．運動時痛が消失し他部位の機能改善が得られ X 線像での治癒を確認後，投球再開とする．多くが保存療法で改善するが，高度なすべりがある場合には骨切り術や固定術が選択される．

## B 関節唇損傷

投球動作などの繰り返しにより上方関節唇損傷（SLAP 損傷[7]）が生じる（図 4-30）．

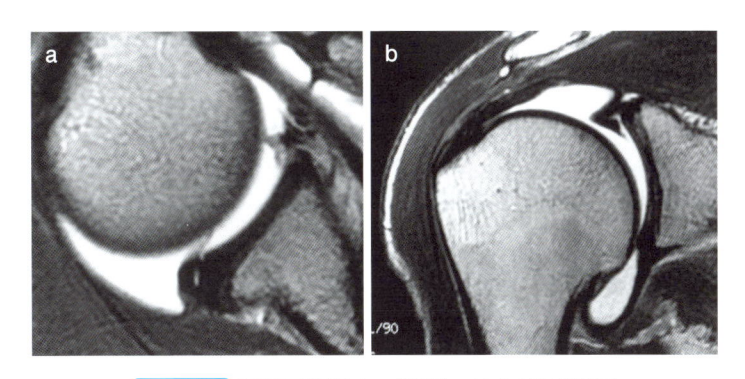

**図 4-30** 関節唇損傷（25 歳男性，社会人野球投手）
a，b：MRA 像．上方関節唇の剝離と下方への変位を認める（SLAP II）．

### 1. 原因

投球動作などオーバーヘッド動作における上腕二頭筋長頭腱の牽引力，コッキング後期において肩関節外転外旋位となった際の腱板関節面と関節唇との衝突現象（internal impingement）や peel-back mechanism などが原因としてあげられる．

### 2. 具体的なアプローチ

まず，患部以外の部位に対する関節可動域や協調運動機能の改善を図る．その後，体幹，肩甲胸郭関節，肩甲上腕関節に至る運動連鎖の是正を目的としたコンディショニングを行う．さらに，投球動作などの選手が必要とするパフォーマンス遂行のための全身的な機能訓練を行う．

保存療法で症状の改善が得られない場合には手術療法を選択するが，損傷部位の鏡視下 debridement が基本となる．Type Ⅱの場合には前上方関節唇に上・中関節上腕靱帯が付着している症例があり，投球時の不安定性の原因となり得るため suture anchor を用いて修復する．

## C 腱板断裂

投球動作などの繰り返しにより腱板断裂が生じる．投球動作における腱板断裂は，棘上筋後方から棘下筋腱移行部が圧倒的に多く，腱板単独損傷は稀で，多くが関節唇損傷などを合併する複合損傷である（図 4-31, 4-32）．

### 1. 原因

腱板損傷の発生機序としては，投球動作の繰り返しで前方関節包の弛緩が生じると，骨頭の前方移動が起こり，関節唇損傷や腱板関節側断裂が発生するという説（前方不安定説），投球動作より生じた二次的な後下方関節包の拘縮が，外転・外旋時に上腕骨頭の後上方への非生理的な移動を引き

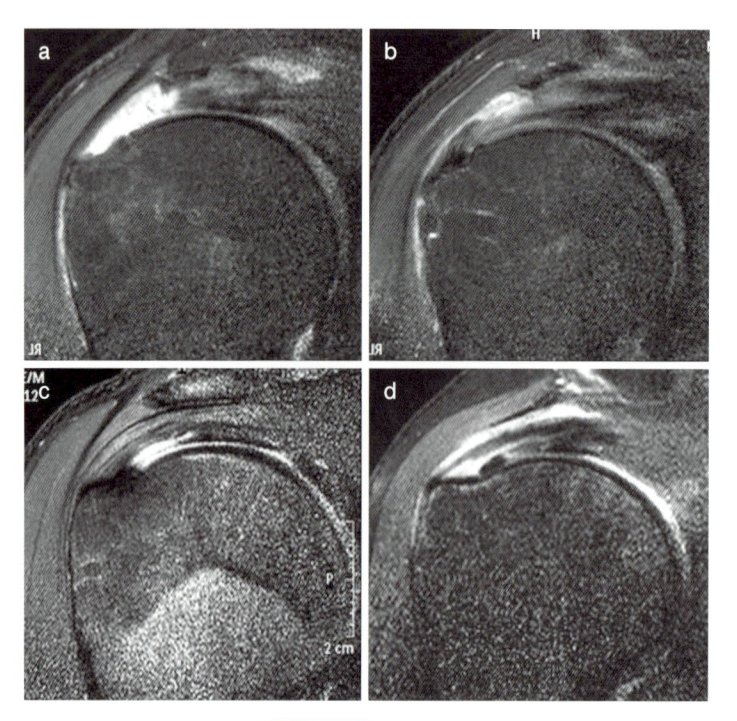

**図 4-31** 腱板断裂
a：全層断裂（full-thickness tear），b：滑液包側断裂（bursal side tear），
c：関節側断裂（articular side tear），d：腱内断裂（intratendinous tear）

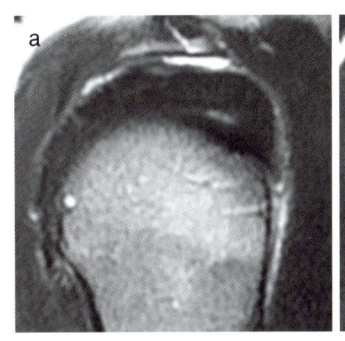

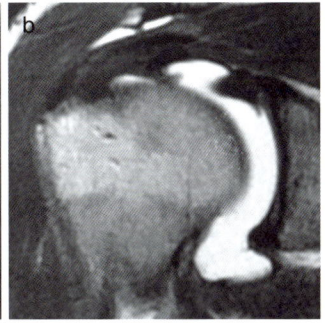

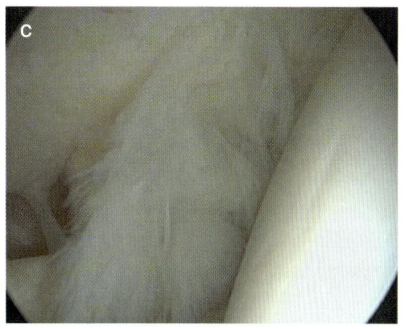

図 4-32 関節側断裂
a，b：MRA 像．棘上筋関節側断裂を認める．
c：鏡視像

起すため生じる剪断力によって，関節唇損傷や腱板関節側断裂が発生するという説（後方不安定説），フォロースルー期での棘下筋腱へ加わる牽引ストレスと，コッキング後期からボールリリース期に骨頭の前方支持機構として働く腱板疎部へのストレスによる棘下筋腱と腱板疎部との合併損傷が，投球動作時に上腕骨頭の前後方向への不安定性（APIT：anterior posterior instability on throwing phase）を生じ障害が発生する説（前後不安定説）などがある．

### 2．具体的なアプローチ

リハビリテーションによる保存療法が中心となる．単に肩関節の問題と捉えるのではなく，下肢から上肢への正常な運動連鎖の再獲得のため足部，股関節，体幹，肩甲帯の運動機能改善と協調運動獲得を主眼においた運動療法が重要である．

急性期は局所の炎症が消退するまで，安静と痛みのない範囲での筋のモビライゼーションと他動的関節可動域訓練を施行する．状態に応じて関節注射や内服薬を併用する．

炎症所見が消退し肩関節の可動域改善が得られた後，腱板機能訓練や肩甲帯周囲筋の筋力強化により運動時の上腕骨頭の関節窩に対する求心位保持や肩甲骨の安定した動作の獲得に努める．次に体幹・肩甲帯・上腕の協調運動を主眼においたトレーニングを行う．さらに，スポーツ種目に応じた動作訓練を低負荷から徐々に行い，投球フォームに問題がある場合は，正しい運動連鎖の獲得を主眼においた投球動作指導を行うことも重要である．

保存療法が無効な場合は，病態に応じた手術療法が選択される．腱板部分断裂で関節側断裂が浅く断裂部の変性が高度な場合は鏡視下 debridement の適応となる．多くは関節側断裂が付着部全体の 50％以下（付着部の断裂幅が 7 mm 以下）の場合が鏡視下 debridement の適応とされている．腱板部分断裂で関節側断裂が深い場合や全層断裂の場合は鏡視下腱板修復術の適応となる．関節側断裂が浅くても断裂部がフラップ状となっている場合などには鏡視下 transtendon repair が選択される．断裂の浅い症例での鏡視下 debridement の術後成績は比較的良好であるが，throwing athlete の鏡視下腱板修復術後のスポーツ復帰率はいまだに低いのが現状である．

## D 腱板疎部損傷

投擲動作やラケットスポーツなどで，腱板疎部関節包の破綻と機能不全を主体とした前上方不安定症[8]が生じ，投球時の肩前方痛と不安定感が出現する．

### 1．原因

投球動作のコッキング後期において肩甲帯機能不全などがあると，肩甲上腕関節の過水平外転に

より上腕骨頭が前方に変位し，腱板疎部関節包の伸張によると考えられている．その病態は，腱板疎部関節包だけでなく SGHL，MGHL，CHL の断裂や弛緩，肩甲下筋腱上方の不全断裂とそれに伴う上腕二頭筋長頭腱の不安定性などが合併する．

### 2．具体的なアプローチ

下肢，体幹，肩甲帯の運動機能改善と協調運動獲得を主眼においた運動療法と投球フォーム指導による保存療法を行う．

保存療法にて症状の改善が得られない場合には，関節鏡視下に腱板疎部縫縮術や SGHL・LHB pulley 再建術，MGHL 修復術，前上方関節唇修復術などが行われる．

## E 後方関節包拘縮

投球動作などの繰り返しにより後方関節包拘縮による肩内旋制限が生じ，投球時の加速期からリリース期に肩後方の痛みが出現する．

### 1．原因

投球動作の繰り返しによるストレスで外旋筋腱付着部や後方関節包に微細な断裂が生じ，同部の癒着や瘢痕化により後方関節包拘縮が生じるとされている．

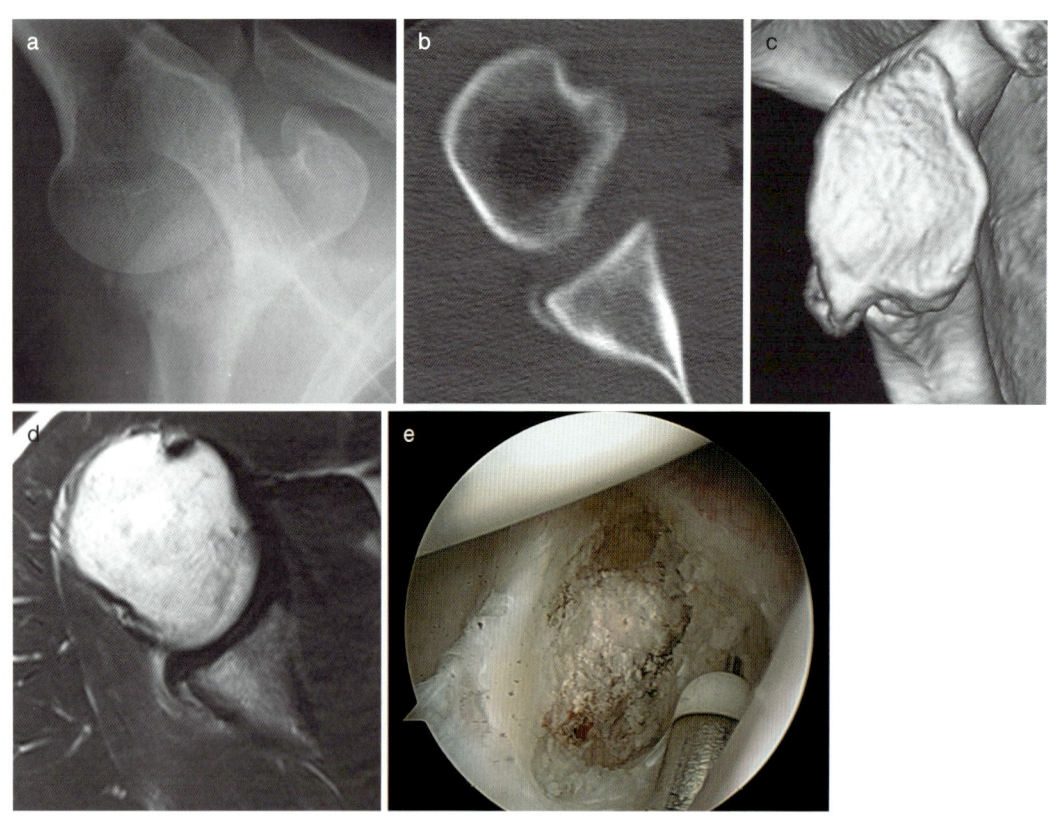

**図 4-33 骨棘形成（Bennett 病変）**（33 歳男性，社会人野球投手）
- a：単純 X 線像
- b：CT 像
- c：3D-CT 像．関節窩前下方に骨棘形成を認める．
- d：MRT T2 強調像．骨棘により小円筋が圧排され，筋内に炎症と思われる T2 高輝度領域を認める．
- e：鏡視像．前下方の関節包を切開すると，骨棘が確認された．

### 2. 具体的なアプローチ

保存療法に抵抗性の場合には，鏡視下に後方関節包解離術が行われる．

## F 骨棘形成

投擲動作やラケットスポーツなどで，肩関節窩後下縁に骨棘形成がしばしばみられ Bennett 病変[9]と呼ばれるが，時として有痛性となることがある．投球時の肩後方痛に加え腋窩神経の刺激症状による知覚異状を合併する場合もある（図 4-33）．

### 1. 原因

投球動作のフォロースルー期の牽引力や関節動揺性に伴って形成された生理的な骨棘と考えられる症例が多いが，後方関節包や外旋筋を含めた後方構成体の拘縮合併例や骨棘に剝離骨折が生じた後のスポーツ継続により偽関節様になったもの，骨棘によるインピンジメントなどにより有痛性となると考えられる．

### 2. 具体的なアプローチ

保存療法に抵抗性の場合には，鏡視下に後方関節包解離後骨棘切除が行われる．骨棘切除後後方関節包の再縫縮や修復を行うが，後方関節包拘縮を合併する症例では再縫縮は行わず後方関節包は解離したままとする．

■文献
1) Brogdon BS, Crow MD. Little leaguer's elbow. Am J Roentgenol. 1960; 83: 671-5.
2) Pappas AM. Elbow problems associated with baseball during childhood and adolescence. Clin Orthop Relat Res. 1982; 164: 30-41.
3) Adams JE. Injury to the throwing arm: A study of traumatic changes in the elbow joint of boy baseball players. Calif Med. 1965; 102: 127-32.
4) Slocum DB. Classification of elbow injuries from baseball pitching. Texas Medicine. 1968; 64: 48-53.
5) 伊藤恵康，辻野昭人，鵜飼康二，他．肘の靱帯損傷．関節外科．2006; 25: 47-54.
6) 古島弘三，伊藤恵康．肘疲労骨折および肘周辺疲労骨折について．臨床スポーツ医学．2009; 26: 507-15.
7) Snyder SJ. SLAP lesions of the shoulder. Arthroscopy. 1990; 6: 274-9.
8) Savoie FH, Papendik L, Field LD, et al. Straight anterior instability: Lesions of the middle glenohumeral ligament. Arthroscopy. 2001; 17: 229-35.
9) Bennett GE. Shoulder and elbow lesions of professional baseball pitcher. J Am Med Assoc. 1941; 117: 510-4.

［田中　稔］

# 4 上肢のスポーツ障害に対するアプローチ

## D 投球障害に対する投球フォームへの介入

### 1 投球フォームへの介入の必要性

　野球選手が投球パフォーマンスとして求めるのは，投手・野手にかかわらずボールを目標にできるだけ速くかつ正確に到達させること，すなわちスピードと正確性である．このうちスピードを求めるために，投球動作が投球側の肩・肘関節にとって危険性をはらむことになる．さらに投球フォームの不備が，オーバーユース，コンディショニング不良とともに，その投球の危険性を高める要因となる[1]．そこで，我々は1998年以来，投球障害の治療や予防のために投球フォームの矯正に取り組んできた[2]．

　よく，理想的な1つの投球フォームに固める必要があるのかという議論があるが，投球フォームは画一的なものではなく多様であって構わない．しかし，だからと言ってどんなフォームでも構わないということではなく，最低限守るべき基本動作があると思われ，これは野球に限らずどんなスポーツ種目にも言えることである．まず，先に述べた高い投球パフォーマンスを発揮できるフォームが必要である．次に，障害を発生して痛みを生じてしまえばパフォーマンスを発揮できなくなるわけなので，体への負担が少ない安全なフォームも重要である．そして個々の選手にはそれぞれに身体特性があり，その身体特性に適したフォームも存在する．この3つを満たすことができる投球フォームが求められる．個々の体の機能を生体力学的・解剖学的に効率よく使うことは，体へのストレスが少なくなるとともにパフォーマンスにとっても有利となり，三者にはある程度の共通性がある．それを理解するには投球動作を運動連鎖による全身運動として捉える必要があり[3-6]（図4-34），良好な投球とはスローイングアーム肩を支点にして振るのではなく，体幹の並進・回旋エネルギーによりスローイングアームが"しなった"後にリーディング肩または軸脚股関節を支点に振られる動作である[7]（図4-35, 4-36）．パフォーマンスの向上をめざすトレーニングコーチの立場にあ

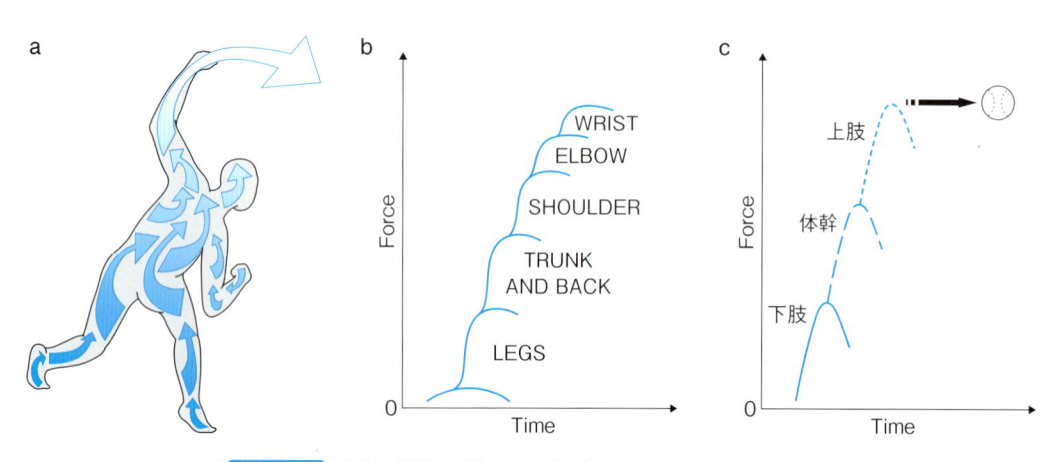

**図4-34** 全身の運動連鎖である投球 （a, bは文献3より引用）

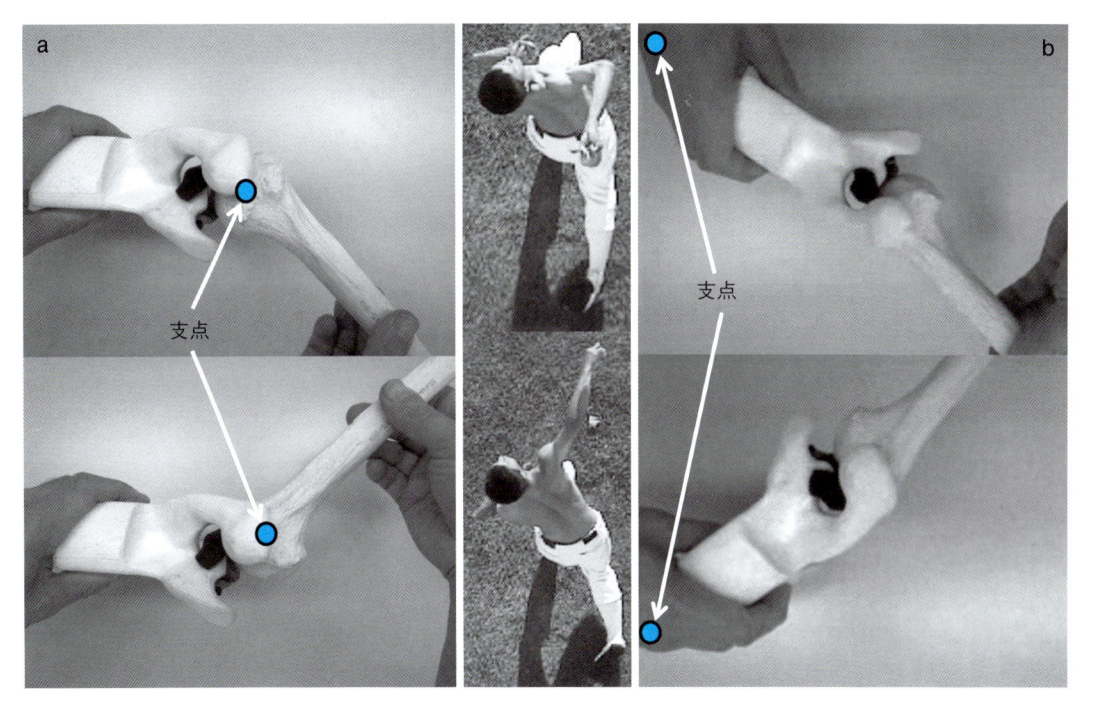

**図 4-35** 投球動作の支点
a： 不良．スローイングアーム肩の肩甲上腕関節を支点とした腕振り．
b： 良好．肩甲上腕関節を一体とした腕振りで，支点はリーディングアーム肩となる．

リーディングアーム肩が支点

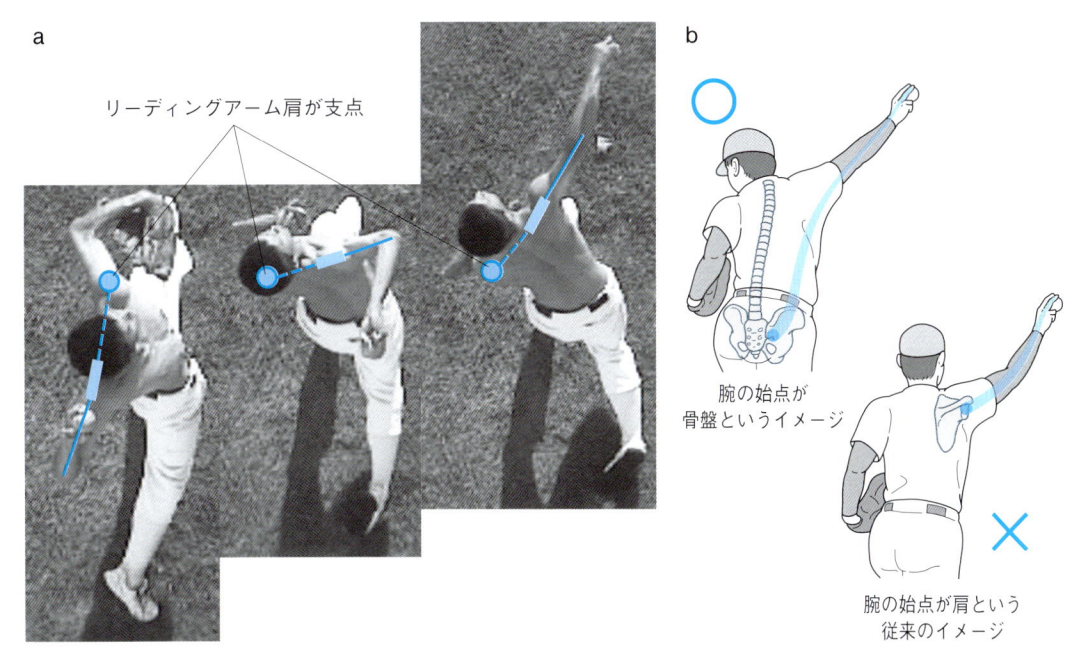

腕の始点が
骨盤というイメージ

腕の始点が肩という
従来のイメージ

**図 4-36** 投球動作の支点・始点
a： 頭側からみた良好な投球動作．肩甲上腕関節はほぼ一体となり，体幹の前方回旋によりリーディングアーム肩を支点としてスイングが行われる．
b： 手塚はさらに，肩甲上腕関節を始点にするのではなく股関節を始点とするイメージを提唱している[27]．

D．投球障害に対する投球フォームへの介入

第一軸の回旋運動

第一軸

第二軸

**図 4-37** 二重回旋運動[9]

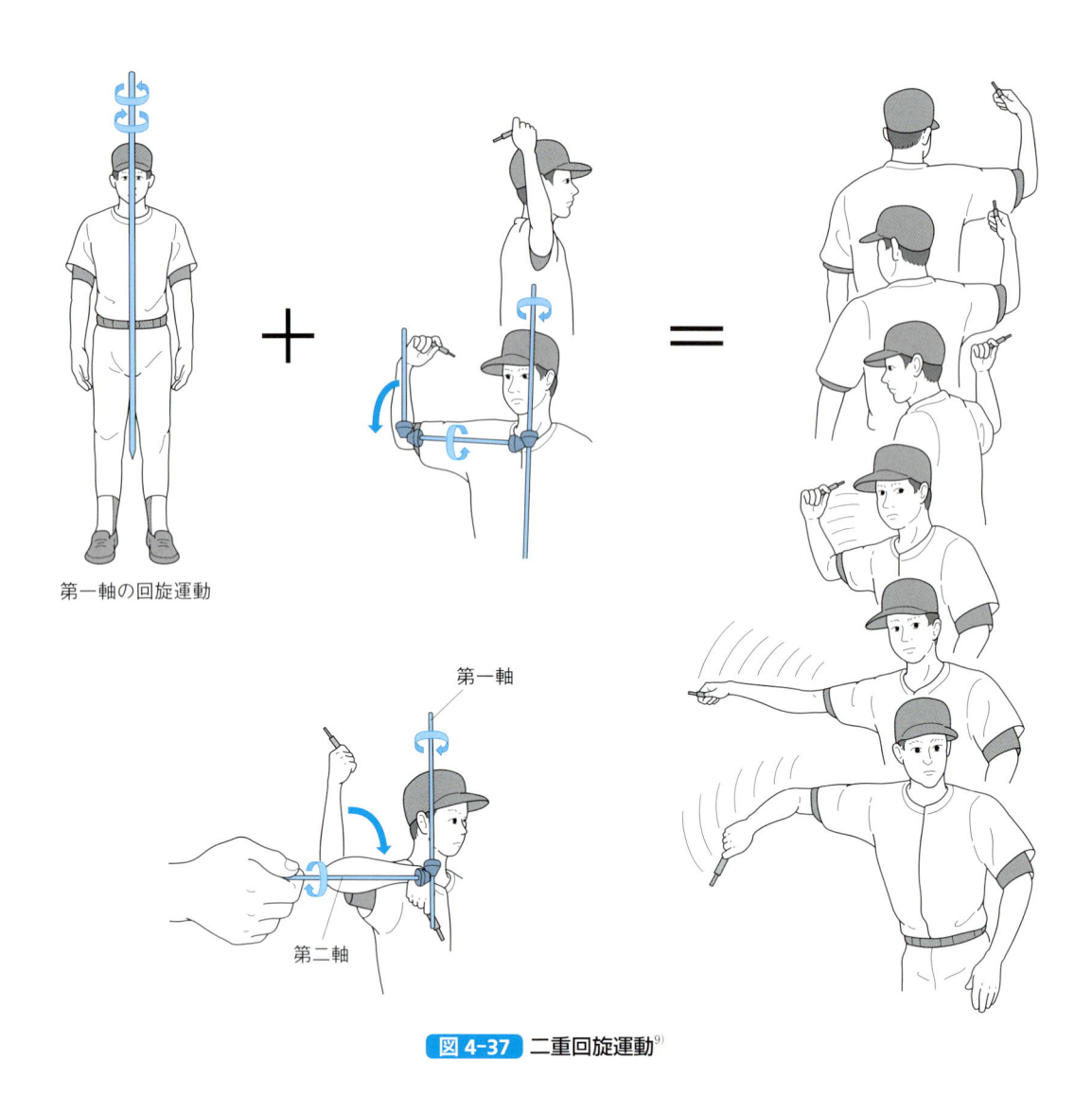

る前田[8]は「体幹運動と腕振りの連動」、手塚[9]は「二重回旋運動」として自書の中でわかりやすく解説している（図 4-37）．彼らのコンセプトは我々医療関係者にとっても参考になる点が多い．

## 2 投球フォームのチェック方法

次に投球フォームのチェック方法についてであるが，投球動作は瞬発的な運動であり肉眼で観察することは，ごく一部の有能なピッチングコーチでもない限り困難である．一方，数台の高速度ビデオカメラと体表マーカーを使用した動作解析装置による分析は，定量的で客観性があるが，機器が高価で広いスペースが必要となりかつ解析に時間もかかるため，一般臨床の現場には適さない．家庭用デジタルビデオカメラは安価で，スロー再生やコマ送り画像を観察すれば速い動きも十分視覚的に捉えることができる[2,10,11]（図 4-38）．最近ではデジタルカメラで高解像度・高速度撮影が可能な機種が開発され，"スーパースロー撮影"も可能となっている．比較的狭い屋外スペースや屋内においても，ネット投球を撮影することで対応できる．ボールを投げないいわゆる"シャドーピッチング"やタオル振りでの投球フォームチェックでもある程度の情報が得られるが，実際にボール

**図 4-38** 家庭用デジタルビデオカメラまたはデジタルカメラによる投球フォーム撮影
右側のように、屋内や狭いスペースでもネット投球の撮影で対応できる。

**図 4-39** シャドーピッチングと実際の投球フォームの乖離を認めた選手
上段のシャドーピッチングのフォームは比較的良好な動作が獲得できているが、下段の実際の投球ではそれが反映されていない。

D. 投球障害に対する投球フォームへの介入

を投げるフォームとの乖離がみられる選手も多い（図4-39）．これはゴルフの素振りと実際のボールを打つ時のスイングが乖離する現象と似ている．そのため我々は極力実際のボールを投げるフォームをチェックしている[2,10,11]．またシャドーピッチング時にタオルを持たせるか否かについても議論がある．前田[8]はタオルを持たせると上肢の脱力の支障になるので持たせないことを推奨している．我々は選手がやりやすい方を選択しているが，いずれにしても小学生や初心者において腕を強く振る傾向が強いため，シャドーピッチングは体幹の動きにより腕が振られる感覚を身に着ける訓練であることを理解させて行うことが重要である．

## 3 投球フォーム不良の原因

　まず，投球フォームの話に入る前に，投球フォームに問題がある時には，以下の3つのパターンがあることに配慮する必要がある[1,11]．①体の使い方自体すなわちフォーム自体に問題がある場合，②疼痛を回避するために本来のフォームとは違った投げ方になっている場合，③疲労を含むコンディショニング不良が原因でフォームが乱れる場合がある．さらに最近の研究により，④遠投練習において無理に遠くへボールを届かそうとして投げ上げる（投射角度が大きい）ことによりフォームを乱すことも確認されている[12]（図4-40）．

　疼痛のために投球フォームが変化することに対しては，疼痛が生じない程度のパフォーマンスでチェックするか，ブロック注射で除痛を図った上でチェックする必要がある．

　コンディショニング不良の影響でフォームが乱れることもあり，以下に示すフォームに影響を及ぼす可能性のあるコンディショニング不良を熟知し，確認された場合にはコンディショニングの改善をフォームへの介入に先行して行う[13]．投球中は大部分の位相が片脚荷重であるため，片脚起

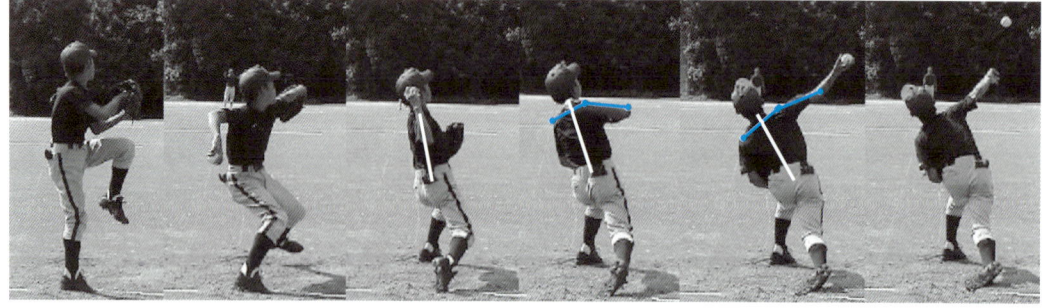

**図4-40** 投球距離の違いによる投球フォームの変化

小学5年生野球選手の20m投球（上段）と40m投球（下段）の投球フォームを示す．
20m投球のフォームは比較的良好であるが，40m投球では体の早い開き・フットプラントからボールリリースにかけて"肘下がり"・体幹の側屈などの問題点を認める．

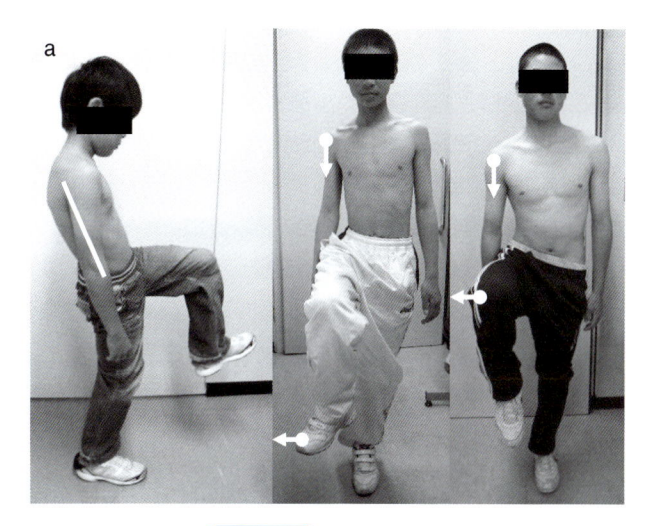

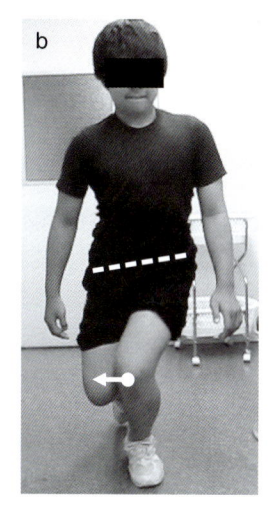

**図 4-41 下肢・体幹のコンディショニング不良の検出**

ワインドアップ，コッキング期の姿勢不良の原因となる下肢・体幹のコンディショニング不良の検出に，片脚起立テストや片脚スクワッティングテストが有用である．

a：片脚起立テスト．体幹・骨盤が後傾する場合，立脚側の腸腰筋・大腿直筋・ハムストリングのタイトネスや非立脚側の殿筋群のタイトネス・股関節屈筋機能不全が疑われる．体幹の非立脚側への側屈や非立脚側の肩の下降を認めた場合には非立脚側の広背筋のタイトネスや立脚側の股関節周囲筋機能不全の存在が，非立脚側の股関節外転・外旋を認めた場合には非立脚側の股関節伸筋・外旋筋群のタイトネスが疑われる．

b：片脚スクワッティングテスト（dynamic Trendelenburg test）．立脚側の膝が knee-in したり骨盤が非立脚側に傾斜する場合，立脚側の股関節外転筋の機能不全や扁平足の存在が疑われる．

立テストや片脚スクワッティングテスト（dynamic Trendelenburg test）での姿勢不良は投球フォームにも反映されると考えられるため，下肢・体幹機能の評価上有用である．例えばワインドアップからコッキング期に骨盤・体幹が後傾する選手は，片脚起立テストでも体幹・骨盤が後傾することが多い．その場合，立脚側の腸腰筋・大腿直筋・ハムストリングのタイトネスや非立脚側の殿筋群のタイトネス・股関節屈筋機能不全を認める．片脚起立テストで体幹の非立脚側への側屈や非立脚側の肩の下降を認めた場合には非立脚側の広背筋のタイトネスや立脚側の股関節周囲筋機能不全の存在が，非立脚側の股関節外転・外旋を認めた場合には非立脚側の股関節伸筋・外旋筋群のタイトネスが疑われる[14]（図 4-41a）．片脚スクワッティングやフロントランジで立脚側の膝が knee-in する場合には同側の股関節外転筋の機能不全，扁平足の存在が疑われる[15,16]（図 4-41b）．コッキング後期から加速期に十分な胸張りができなかったり肘下がりが生じる原因として，コアマッスルの機能不全・胸椎伸展不良・前部胸郭拡張不良・胸筋群タイトネス・肩後方タイトネス・僧帽筋機能不全・前鋸筋機能不全・腱板機能不全などが関わる[1,17,18]（図 4-42）．瀬戸口ら[18]は THABER Concept（Total Horizontal Abduction & External Rotation Concept）を提唱し，コッキング後期の外転外旋位における"腕のしなり"は胸椎伸展，肩甲胸郭関節上方回旋，肩甲上腕関節外転外旋の総和であり，胸椎伸展，肩甲胸郭関節上方回旋が減少すると，総和である"腕のしなり"が減少すると述べている（図 4-42d, e）．

加速期での骨盤・体幹前方回旋が減少している場合（図 4-43），その要因は 2 種類あり，1 つはステップ脚の股関節の内旋や内転の減少が関与する[19,20]場合で高校生以上に多く，もう 1 つはコンディショニングの問題とは無関係な動作不良で主に小学生に認められる[21]（図 4-44）．

D．投球障害に対する投球フォームへの介入

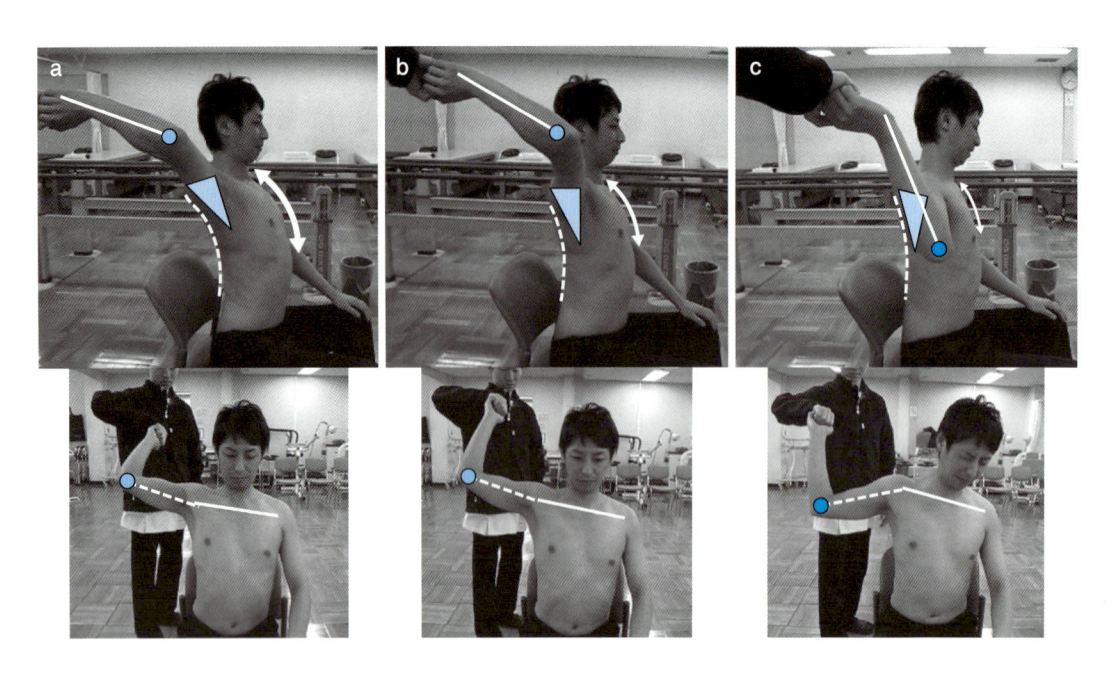

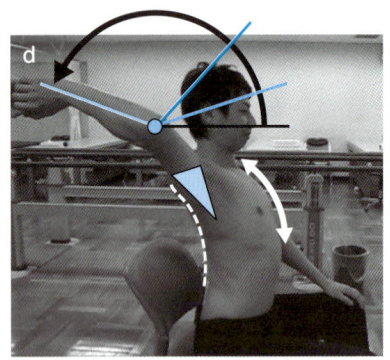

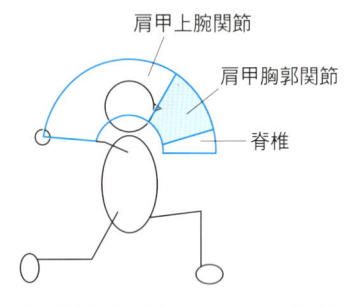

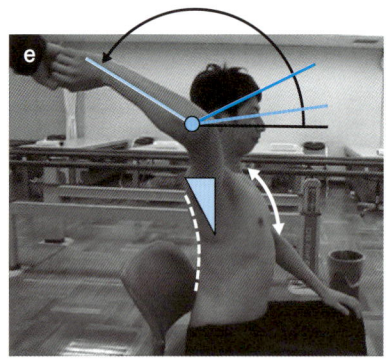

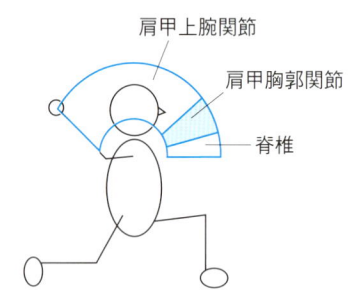

**図 4-42** 胸椎の伸展，前部胸郭の拡張，肩甲骨の上方回旋・内転とコッキング後期のポジションとの関係

a：胸椎の伸展，前部胸郭の拡張が良好だと肩甲骨の上方回旋・内転が十分でき，肩甲上腕関節のIGHLで骨頭を支えスローイングアームの"しなり"を作れる．
b：胸椎の伸展，前部胸郭の拡張が不良だと肩甲骨の上方回旋・内転が不十分となり，"しなり"は減少し，肩甲上腕関節前方に伸長ストレスが加わりやすくなる．
c："肘下がり"では，さらに肩甲骨の上方回旋・内転が減り，"しなり"は作れなくなり，肩甲上腕関節の前方から前上方に伸長ストレスが加わる．
d，e：THABER Concept（Total Horizontal Abduction & External Rotation Concept）．コッキング後期の"腕のしなり"は，胸椎伸展，肩甲胸郭関節上方回旋，肩甲上腕関節外転外旋の総和であるという理論．dとeは肩甲上腕関節の外旋角度は同じだが，dの方が胸椎伸展と肩甲胸郭関節の上方回旋が大きい分，総和すなわち"腕のしなり"は大きくなる（シェーマは文献18より引用）．

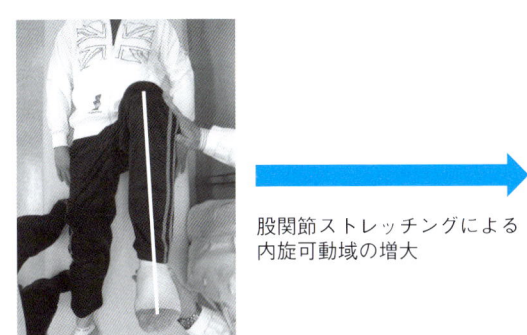

股関節ストレッチングによる
内旋可動域の増大

**図 4-43** 軸脚股関節内旋制限と加速期での骨盤・体幹前方回旋不良例の股関節可動域改善による投球動作の変化

a: 軸脚股関節の内旋可動域が小さく，加速期での骨盤・体幹前方回旋が不良である．
b: ストレッチングにより股関節の内旋可動域が増大すると，加速期での骨盤・体幹の前方回旋が増大した．

高校生以上の野球選手(n=21)    少年野球選手(n=38)

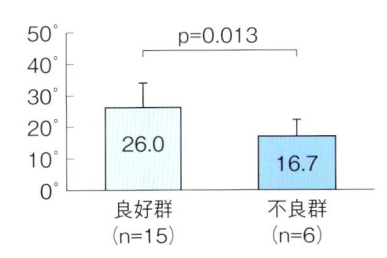

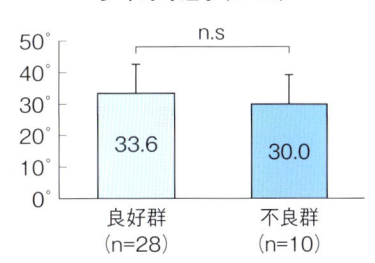

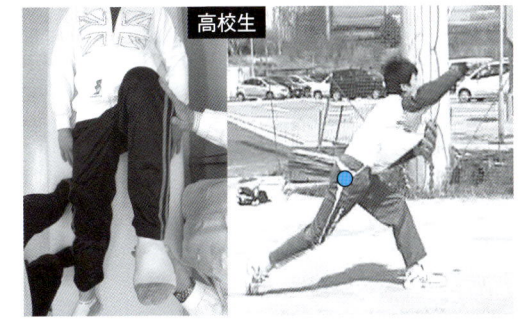

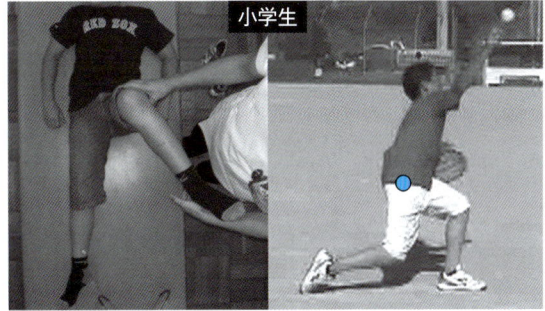

p=0.013    n.s

良好群 26.0  不良群 16.7    良好群 33.6  不良群 30.0
(n=15)    (n=6)           (n=28)       (n=10)

高校生    小学生

**図 4-44** ステップ脚股関節内旋可動域と加速期での骨盤前方回旋との関係（高校生以上と小学生の比較）

上段: 骨盤前方回旋の不良群と良好群の股関節内旋可動域は，高校生では不良群で有意に減少しているが，小学生では差がない．
下段: 高校生・小学生ともに加速期での骨盤前方回旋は不良例であるが，ステップ脚股関節の可動域は，高校生例は小学生例に比べて小さい．

## 4 ● 代表的な投球フォーム不良

以下に代表的な不良な投球フォームをあげて，その要因，病態との因果関係について概説する．

### A "肘下がり"

上腕骨軸が肩甲棘と一致する0-position[22]では上腕骨軸が関節窩面に対して直立し，肩関節周囲の筋群のベクトルのバランスがとれて肩甲上腕関節が最も安定する（図4-45）．通常，フットプラント時に両肩を結んだライン，いわゆる"肩肩肘ライン"上にスローイングアーム肘を乗せ，その後のコッキング後期〜加速期〜ボールリリースにおいて0-positionが維持される．コッキング後期において0-positionがとれると肩甲上腕関節が安定するとともに肩甲骨の上方回旋・後傾が大きくなり"しなり"がつくれるようになり（図4-42），体幹の回旋エネルギーにより効率よく腕の振り出す準備ができる．

この0-positionよりも上腕骨軸が下がっている現象が"肘下がり"である（図4-45）．適切なトップポジションを知らずに単純に肘を下げている選手もいるが，フットプラント時に体幹が後傾する[1,13]，"体が早く開く"[1,13]，リーディングアーム肘が低い[2,10,11]，スローイングアーム肘を後方へ引き込み過ぎる（肩水平過伸展）[2,10,11]，スローイングアーム肩を外旋位で挙上する[10,11]または過度に内旋したまま挙上する[8,23]などの結果として"肘下がり"が生じることが多い[1]．投手がover-armやthree-quarterからside-armやunder-arm投法に変更する際に安易に肘を下げる場合にも生じる．また，以上のような体の使い方自体の問題以外に，前述した肩後方タイトネスなどの不良なコ

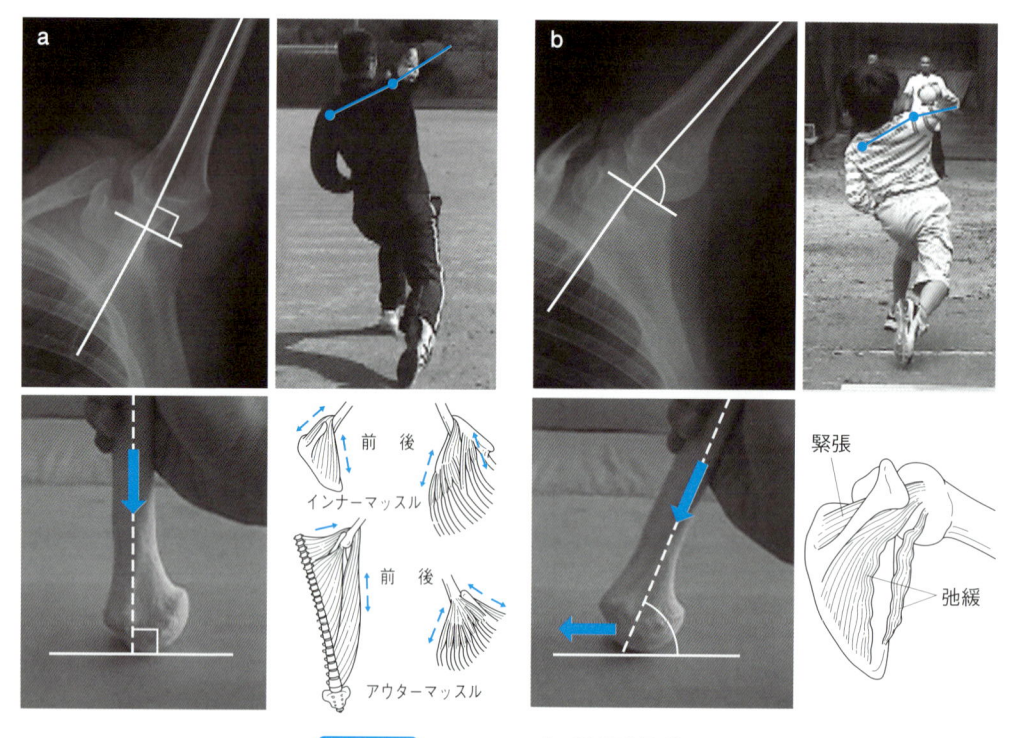

**図 4-45** 0-positionと"肘下がり"

a：0-positionでは肩関節周囲筋の緊張がほぼ均等で，上腕骨軸が関節窩面に垂直になるため安定する．
b："肘下がり"では上方筋群のみ緊張が高まり，上腕骨軸が関節窩面に対して下方へぶれるため上方への穿断力が加わる．（a，b共右下のシェーマは文献9より改変）

ンディショニングが"肘下がり"を生じさせていることもある[1,11].

　この"肘下がり"が生む問題は3つある．①上腕骨の回転軸が下方にぶれることにより，下関節上腕靱帯が緊張せず肩甲上腕関節が不安定な状況下で関節窩上において上腕骨頭に上方や前後方向の穿断ベクトルが加わり（図 4-45），SLAP損傷，腱板疎部損傷，腱板損傷などの肩関節障害の要因となる．②肩関節は外転角度が大きくなるにつれて肩甲上腕関節の回旋総可動域は減少するが[24]，胸椎伸展・胸郭前方拡張・肩甲骨上方回旋および内転が増大することにより外観上の肩外旋角度は大きくなりコッキング後期から acceleration での"しなり"を作れる[1,7,8,17,18]（図 4-42）．"肘下がり"では肩甲骨の上方回旋が小さく肩関節の外転角度が低く外観上の肩外旋角度が減少し"しなり"が使えなくなる[1,7,8,17,18]（図 4-42c）．さらに手が肘に対して上方に位置するため，加速期に後述する"内旋投げ"となる．"しなり"が使えず"内旋投げ"になることで肘関節の外反ストレスが増大し肘関節内側障害が生じる．③上腕骨の軌道が体幹の回転軸に直交しないため，体幹の回転エネルギーが効率よく上肢に伝達されずパフォーマンスが低下する[8,9].

## B 肘の挙げ過ぎ

　0-position よりも上腕骨軸が上方にぶれた状態で，肘を挙げる意識や肘を前に抜く意識が強い場合に生じる．障害発生の要因となるよりも，上腕骨の軌道が体幹の回転軸に直交しないため体幹の

**図 4-46 肘の挙げ過ぎ例**

肘を挙げ過ぎると，体幹の回転軸に対して上腕の回転軸が直交しないため，体幹回転のエネルギーを利用した腕振りができなくなり，腕だけの力で縦振りすることになる．

回転エネルギーが効率よく上肢に伝達されず（図4-46），パフォーマンスが低下する問題が大きい[8]．

### C "体の早い開き"

　フットプラントで骨盤や体幹が早く前方回旋する状態である（図4-47）．この場合下肢から体幹への運動連鎖は早まり，体幹から上肢への運動連鎖は遅れる（図4-48）．その結果，伝達されるエネルギーの低下を招くとともに，体幹から上肢を連結する肩関節には相反する運動が加わる[1,14,16,25,26]．ベクトルの成長期選手では成人選手に比べて，この"体の早い開き"がより生じやすいと言われている[14,25]．"体が早く開く"ことによりスローイングアームの準備が間に合わず，肩外転角度の減少（"肘下がり"），肩水平過伸展を誘発し，体幹の回旋エネルギーと使えないため肩内旋優位な"内旋投げ"などの手投げを生じる．この"体の早い開き"には，コッキング期からフットプラント時のリーディングアーム肩の内旋不足，軸脚の膝屈曲優位な沈み込み動作，軸脚股関節の内旋，過度なインステップなどが関与していることが多い[1,8,13,27]．

### D "手投げ"

　体幹の回旋運動により腕が振られるという本来の投球動作ができないと，当然腕の振りに頼る"手投げ"となり，球側の肩・肘のオーバーユース・オーバーロードを招く．下肢・体幹のタイトネスや機能不全といったコンディショニング不良や，下肢・体幹の使い方に問題がある場合，適切なトッ

**図4-47** フットプラントでの骨盤・体幹の"早い開き"例

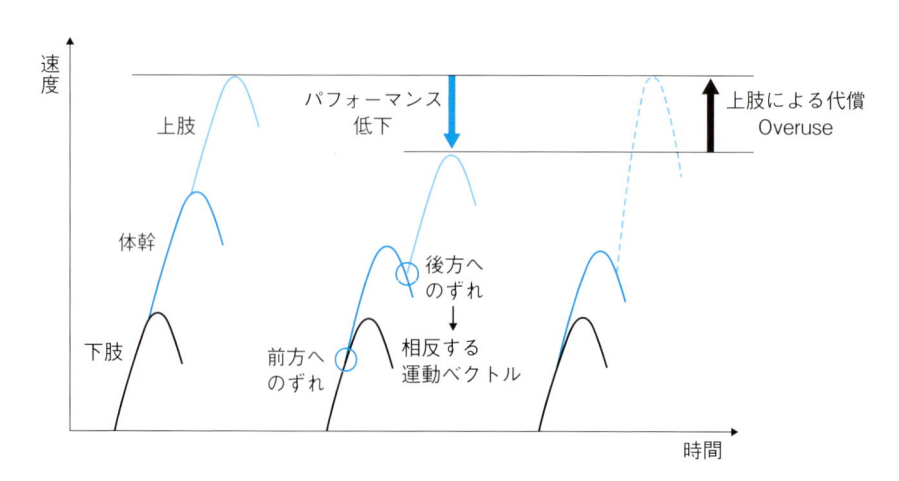

**図4-48** 投球の運動連鎖：体幹の"早い開き"と上肢による代償

プポジションを作れない場合のほか，"力んだ"場合にも生じる．

### E "内旋投げ"

加速期に肩の内旋動作を主体とする投げ方である[1,7,13]．トップポジションでの"体の早い開き"や"肘下がり"ではほぼ必発となる．コントロールを重視するために体を早く開いて"球を置きに

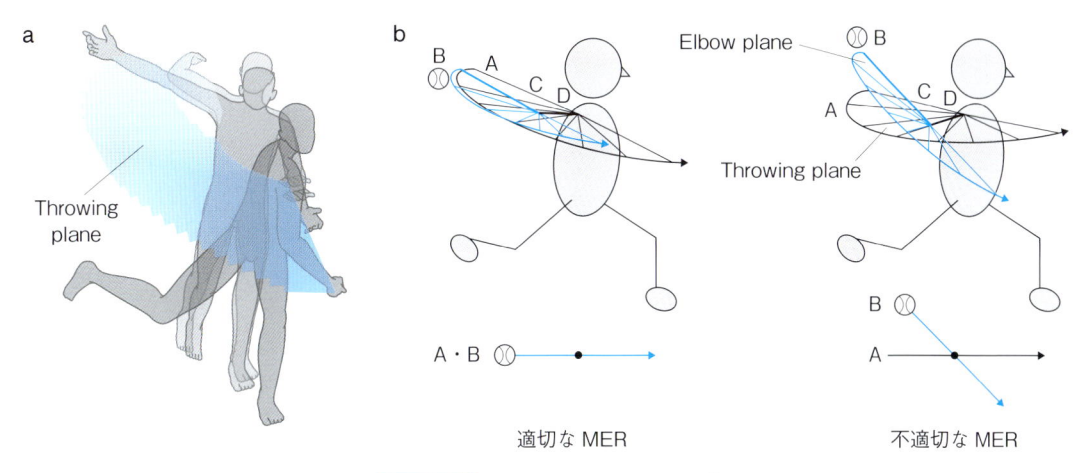

**図 4-49** Throwing plane の理論
a：信原が throwing plane の意義を提唱[28]．
b：瀬戸口ら，菅谷らが throwing plane（上腕骨の回旋平面）と elbow plane（肘関節の伸展平面）が一致する重要性を提唱[17]．

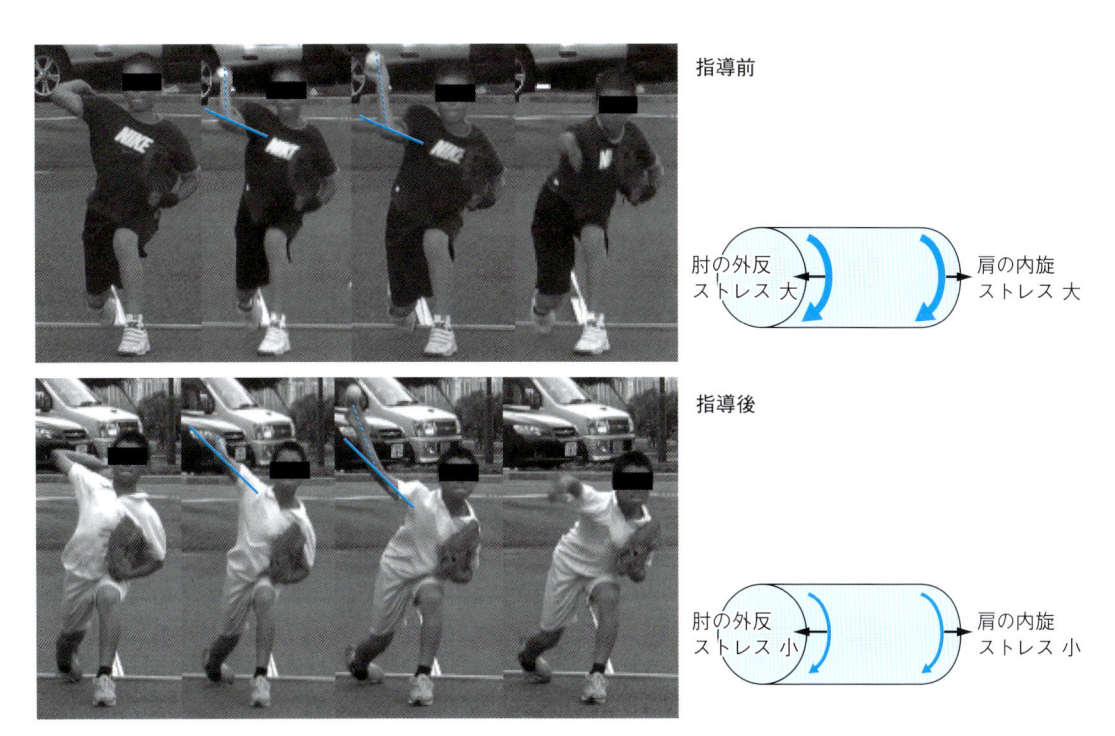

**図 4-50** Throwing plane の違い
同一選手の投球フォームである．指導前は shoulder plane と elbow plane との角度が大きかったが，指導後には小さくなっている．肘の外反ストレスと肩の内旋ストレスは，指導前は大きかったが，指導後は小さくなった．

行く"場合にもみられる．スローイングアームを 0-position に置き，体幹の前方回旋により腕が振られるようにすると，信原[28]の提唱した throwing plane 上での投球が可能となる（図 4-49）．この場合，上腕骨の軌道面に対して前腕の軌道がほとんど逸脱しない[8,9,17,18]（図 4-49，4-50）．一方"内旋投げ"では throwing plane から前腕が上方へ逸脱することになり，肩関節の回旋ストレスが増大するだけでなく，肘関節の外反ストレスも増大する[17,18]（図 4-49，4-50）．

### F 肩水平過伸展

　フットプラント時に肩甲上腕関節の水平過伸展を生じる状態である．Jobe ら[29]は hyper-angulation（過角形成）と呼び，そのままコッキング後期から加速期に移行すると internal impingement を引き起こす．フットプラント時に体が早く開いたり骨盤・体幹が後傾するために肘を後方に引いてバランスをとる場合（図 4-51a, b），腕を大きく振る意識が強すぎて過剰に肘を後方に引きこむ場合（図 4-51c）にこの肩水平過伸展を生じる[1,13]．また胸椎・胸郭・胸筋群などのタイトネスの影響でスローイングアームの肩甲骨内転が小さくなると結果的に肩甲上腕関節の水平伸展角が大きくなる[1,13]（図 4-52）．その他，二宮ら[30]によるとフットプラント時に肩水平過伸展があるとボールリリース時の肩甲上腕関節の伸展角度が強まり前方穿断ベクトルが加わりやすくなる．しかし，フットプラント時に一見水平過伸展や"肘下がり"を呈する選手は一流の選手にも時々みられる[8,27]（図 4-53a）．これは肩甲骨の可動域の違いによるものと推測されるが（図 4-53b），高性能な動作解析装置を用いても，肩甲骨の正確な動きを捉えることは不可能なため，現時点で肩水平過伸展の正確な判定は不可能と言える．

### G ボールの握り方に起因する投球フォーム不良

　ボールの握りが投球フォームに影響することも報告されている[8,31,32]．直球の正しいボールの握

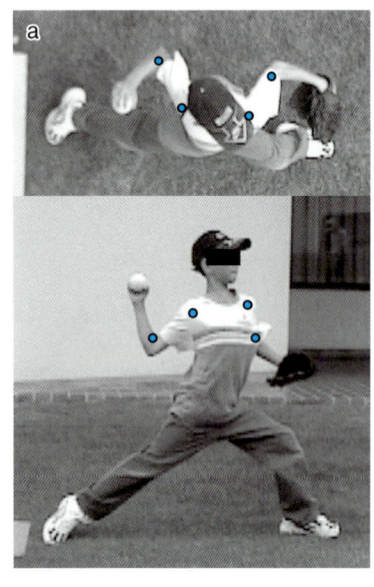

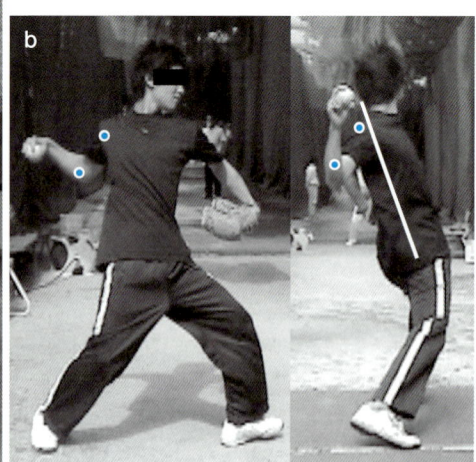

図 4-51 肩の水平過伸展
a："体の早い開き"とリーディングアーム肘の引き込みの結果，スローイング肘の引き込みを強めている．
b："体の早い開き"と体幹の後傾の結果，スローイング肘の引き込みを強めている．
c：腕を大きく振る意識が強く，スローイング肘の引き込みを強めている．

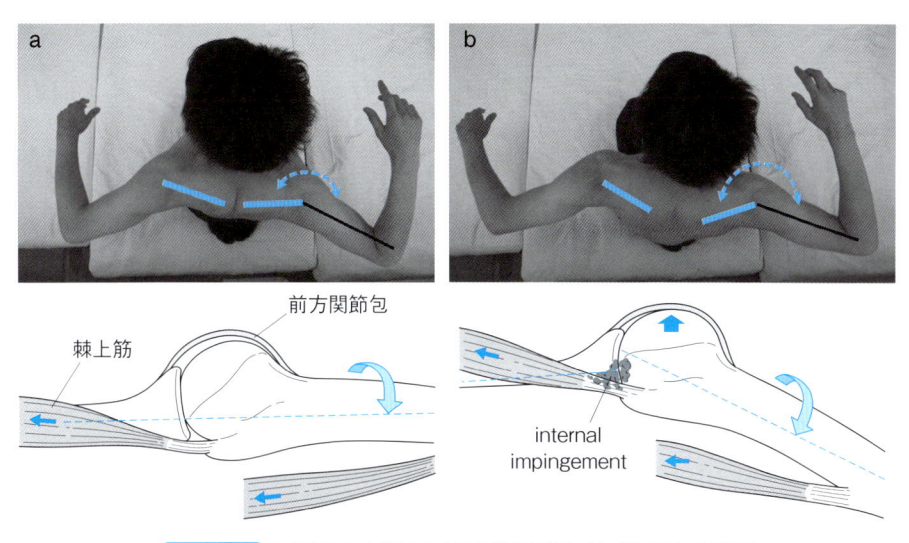

**図 4-52** 肩甲骨の内転と肩甲上腕関節の水平伸展との関係

a，b の見かけ上の右肘の引き込んだ位置は同じであるが，肩甲上腕関節の水平伸展角度には違いがある．
a：肩甲骨の内転が十分できると肩甲上腕関節の水平伸展角度は小さい．
b：肩甲骨の内転が不十分だと肩甲上腕関節は水平伸展角度は大きくなり，internal impingement の危険性が増す．

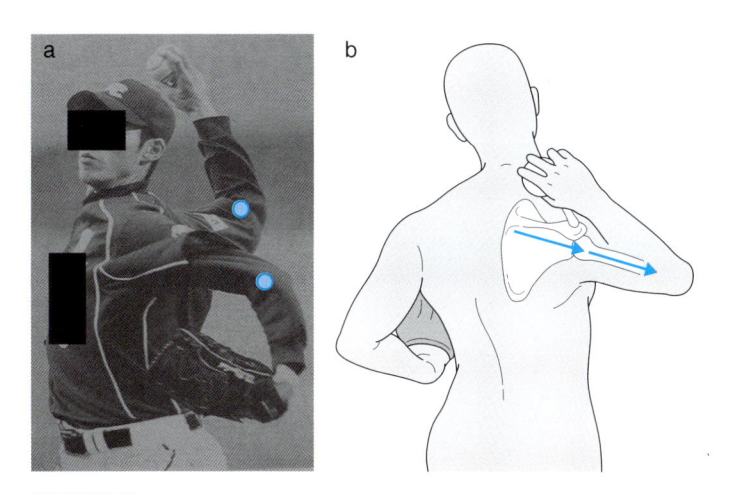

**図 4-53** 見かけ上のスローイング肩の水平過伸展や"肘下がり"

a：一流投手においてもスローイング肩の水平過伸展を認める場合がある．
b：外観上はスローイング肩の水平過伸展と"肘下がり"にみえるが，0-position をとれている場合もある[27]．

り方は，示中指の中央の対角線上に母指が位置して母指の尺側でボールを把持する（母指尺側握り）．それに対して不良な握り方は母指が示指側に偏位し母指の腹側でボールを把持する（母指指腹握り）．この母指指腹握りは野球経験の浅い小学生に多く認められる．この母指指腹握りは，ボールリリース時に手関節尺屈が大きくなり"肘下がり"を誘発する．このボールの握り方を矯正するだけで即時的に"肘下がり"が改善することがあるとの報告もある[32]（図 4-54）．ゴルフのグリップと同様に基礎的なポイントであり，野球を開始する小学生の時期に正しい握り方を習得させる必要が

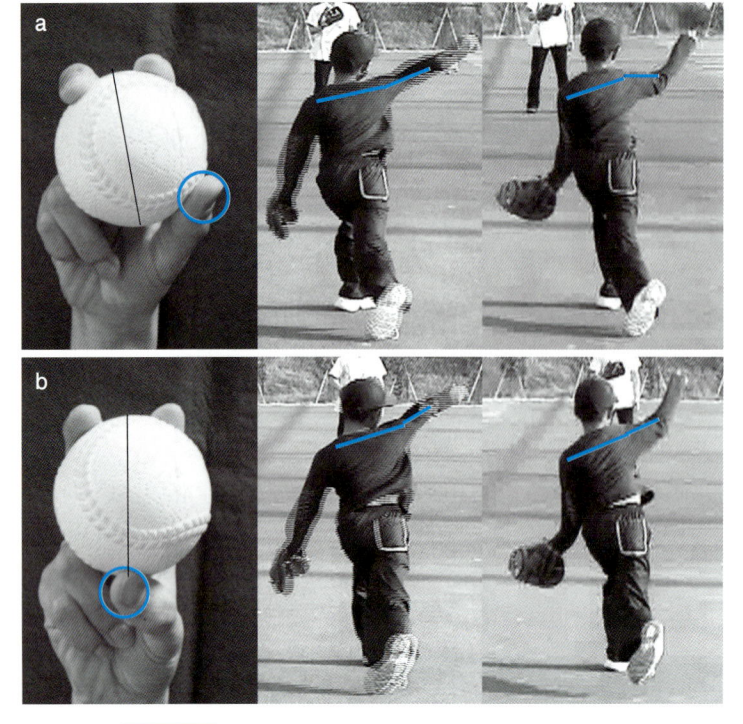

**図 4-54** ボールの握り方と投球フォームとの関連
a: 母指指腹握りでは，コッキング後期からボールリリースにおいて"肘下がり"がみられる．
b: 母指尺側握りでは，"肘下がり"がみられない．

ある．

## 5 投球フォーム指導における留意点

次に投球フォーム指導の留意点について述べる．例えば"肘下がり"の選手に単純に「肘を挙げろ」と指導するように，問題点をそのまま改善しようと意識させても無効なことが多い．それは"肘下がり"になる要因があり，それに対してアプローチしなければ改善することはできないためである．

投球フォームを指導する上で5つのポイントがある．

①具体的で意識しやすい指導をする．具体性に欠け実施困難な指導として，「体を使って投げろ」，「体を開くな」「突っ込むな」「壁を作れ」「球持ちを長くしろ」などがあり，これらの指導をしても，選手が意識することは困難である[1,8,11]．

②指導方法にはいくつかのバリエーションを準備する．それは，ある選手に有効な指導が，同じ問題点を持っているほかの選手では無効であることもあるからである．

③リーディングアームの動作，下肢・体幹の動作，前の位相にアプローチする[1,8,11,33]．投球は全身の運動連鎖であるため，スローイングアームの問題点はリーディングアームや下肢・体幹の問題，ある位相の問題点は前の位相の問題の結果生じていることが多いからである．

④現場でよく見られる指導の中に，かえってフォームを悪化させてしまう指導がある[1,8,11]．具体的には「体を開くな」「壁を作れ」「腕の振りを大きくしろ」「肘を挙げろ」「肘を先行させろ」「肘を

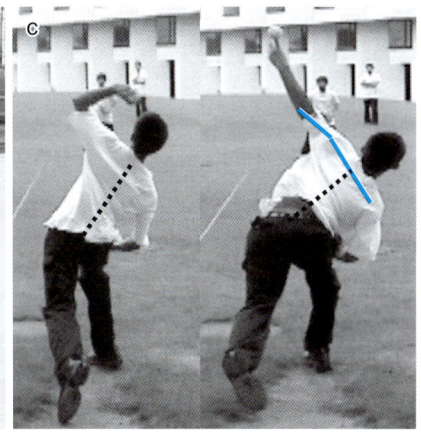

**図 4-55** 投球フォームをかえって悪化させてしまう意識や指導例
a："壁を作ろう" と意識して，極端なインステップを生じている．
b：腕の振りを大きくするように指導され，フットプラント時に肘の屈曲角度が小さく慣性モーメントが増大し，"肘下がり" も生じている．
c：肘を無理やり挙げようとして体幹の側屈を強めているが，ボールリリースでは "肘下がり" となっている．

突き出せ」などである．「体を開くな」「壁を作れ」と指導すると，フットプラント時の過剰なインステップ[10,11]（図 4-55a）やスローイングアーム肩の水平過伸展を誘発することがある．過剰にインステップすると並進運動ベクトルの一部をロスすることになり，ボールリリースでの骨盤前方回旋の弊害になる．「腕の振りを大きくしろ」と指導するとフットプラント時のスローイングアーム肘の屈曲が小さくなり慣性モーメントが大きくなったり（図 4-55b），肘の後方への引き込みを強めスローイングアーム肩の水平過伸展を招くほか，腕の振りに頼る "手投げ" も誘発する．"肘下がり" はコンディショニング不良や下肢・体幹の使い方の問題の結果生じていることが多いため，単純に「肘を挙げろ」と指導すると体幹に対して "肘下がり" のまま体幹を側屈させて地面からの高さが変わるだけか（図 4-55c），意識し過ぎて挙げ過ぎてしまうこともある．「肘を先行させろ」「肘を突き出せ」「肘を前に抜け」などと指導すると "手投げ" "内旋投げ" "腕の縦ぶり" を誘発してしまうことが多い．

⑤野球を開始して間もない小学生と，経験を積んだ高校生以上ではその介入方法に配慮する点がある．小学生ではボール遊びの楽しさを体験させつつ，ボールの握り方や体への負担が少ない基本動作を習得させる．中学生以降にパフォーマンスを向上させるためにアレンジしていくのが安全で合理的と考えられる．高校生以上では本人が長年培ってきたタイミングのとり方・リズム・微妙な感覚があり，特にコッキング期のスローイングアームの使い方の指導には慎重さが要求される．下手に介入するといわゆる "イップス" に陥らせてしまうことがあるので注意を要する．

## 6● 具体的な介入方法

それでは，投球フォームへの具体的な介入方法について述べる．直接意識して容易に変更できる問題点と別のアプローチが必要な問題点があり，その使い分けが必要となる．以下に投球の各位相での介入方法を述べる．

## A ワインドアップ期

　この位相での姿勢について，以前は，軸脚膝の伸展位を保つ，ステップ脚の膝をコンパクトに曲げて適度に挙上する，体幹の後傾や側屈を避けるなどの様々なチェックポイントを設け[10]，特に軸脚上に安定して片脚立位をとれること重要視していた．しかし，前田[8]が指摘しているように並進運動開始のタイミングが早い選手では体幹に傾斜をつけることもあり安定して片脚起立すること自体は必ずしも必要ではない．現在は適度な位置および回旋エネルギーを貯え次のコッキング期以降の姿勢に悪影響を及ぼさない限り許容範囲を広くし，主に始動前，膝関節伸展位から軽度屈曲位において腸腰筋と股関節内転筋を適度に緊張させ"骨盤を締める"ことだけ意識させている[8]．これにより骨盤の前傾が保たれコアマッスルが効いた状態となり，コッキング期に軸脚股関節の適度な屈曲が入れやすくなるためである．

## B コッキング期

　一般的にタイミングを決めやすいフットプラント時のポジションが注目され，インステップ・アウトステップ，体幹の後傾・"早い開き"，スローイングアームの"肘下がり"・肩水平過伸展など多くの問題点が抽出される[1,2,14]．またこのフットプラントの姿勢がその後の動作を左右し重要である．しかしフットプラント時の不良姿勢をそのまま矯正するよう意識させてもなかなか改善できないことが多い．「体が早く開かないように」「体を後傾しないように」「体を突っ込まないように」「肘を引きすぎないように」「肘は高く保つように」などの指導を我々もかつて行ったがほぼ失敗に終わった．

　フットプラント時の姿勢はそれより以前のワインドアップ期やコッキング初期の姿勢に影響されるというコンセプトを取り入れ[1,8,13]，まずワインドアップ期の姿勢やコッキング初期における軸脚股関節の使い方に着目した[1,8,13,33]（図4-56）．ワインドアップ期に骨盤・体幹が後傾し，コッキング初期において軸脚股関節の屈曲が浅く膝関節の屈曲が優位になると重心が股関節よりも腹側にずれ，バランスを保つために骨盤・体幹が後傾し両肘は後方に引かれ，フットプラントでの"肘下が

**図4-56** コッキング初期とフットプラントの姿勢の関係

a： 不良．ワインドアップで骨盤・体幹が後傾し，コッキング初期に軸脚股関節の屈曲角度が浅くなり膝関節屈曲優位で骨盤・体幹が後傾し，軸脚膝がステップ脚の爪先より前方に出る．フットプラントでも骨盤・体幹が後傾しスローイングアーム肘が後方に引かれ下がっている．
b： 良好．ワインドアップで体幹が後傾せず，コッキング初期に軸脚股関節の屈曲と膝関節の屈曲がほぼ同程度で骨盤・体幹は後傾せず，軸脚膝は軸脚足のつま先のラインより前方には出ない．フットプラントでも骨盤・体幹は後傾せず投球側肘は適度な位置にある．

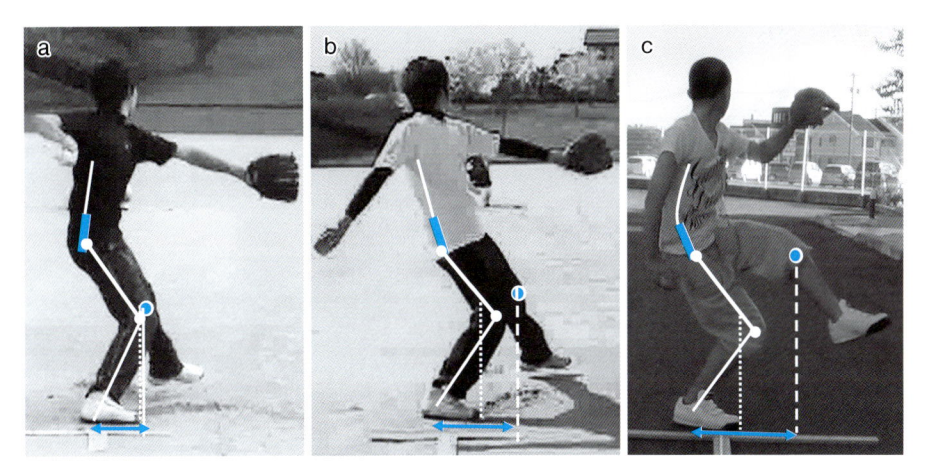

**図 4-57** コッキング初期の軸脚股関節屈曲の良好・不良の見分け方

a： 良好．股関節が適切に屈曲されていると，軸脚のつま先のラインよりも軸脚の膝は前方に出ず，ステップ脚の膝も軸脚の足部のラインの近くを通る．
b，c： 不良（b：体幹後傾タイプ，c：腰椎屈曲タイプ）．股関節屈曲が不十分な場合には，軸脚のつま先のラインよりも軸脚のつま先が前方に出て，ステップ脚の膝も軸脚の足部のラインから前方へ離れた位置を通る．

**図 4-58** コッキング初期の軸脚股関節の回旋の影響

a： コッキング初期に軸脚股関節の内旋を強めて軸脚膝を内側に倒し込むと，その後骨盤の早い開きが誘発される．
b： 軸脚股関節が外旋すると，膝が外側にシフトし骨盤が後傾して並進運動のエネルギーが出しにくくなる．
指導後は両選手とも膝と足の向きが同一方向を向き，適切な姿勢で軸脚股関節に重心が乗っている．

り"・肩水平過伸展・"体の早い開き"を誘発する．一方，ワインドアップ期に骨盤・体幹が後傾せず，コッキング初期に軸脚股関節を膝関節と同程度に屈曲すると，軸脚股関節に重心が乗り骨盤の適度な前傾が保て，体幹や上肢のポジショニングも改善する．下肢筋力の導出という点でも，軸脚股関節屈曲が浅いと膝伸筋群主体になるが，軸脚股関節を膝関節と同程度に屈曲すると膝伸筋群と股伸筋群の両者を活用でき有利となる．腰椎屈曲が強い場合には一見股関節が屈曲しているように見えるので注意を要する[13]（図 4-57）．股関節屈曲の良否を見分けるポイントは，良好例では軸脚のつま先のラインよりも軸脚の膝は前方に出ず，ステップ脚の膝も軸脚の足部のラインの近くを通る．一方，不良例では軸脚のつま先のラインよりも軸脚のつま先が前方に出て，ステップ脚の膝も軸脚

**図 4-59** 軸脚股関節の屈曲を促す動作訓練
軸脚鼠径部に手を添えて，その手を挟み込むようにステップ脚を踏み出す．

**図 4-60** 軸脚股関節の屈曲を促す動作訓練前後のシャドーピッチングの変化
a：訓練前には，コッキング初期に軸脚股関節が伸展したままでフット・プラントで体幹が後傾．
b：訓練後には，コッキング初期に軸脚股関節が適度に屈曲し，フットプラント時の体幹後傾も改善．

の足部のラインから前方へ離れた位置を通る（図4-57）．コッキング初期の股関節の使い方については，屈曲角度のほかに回旋方向に関しても考慮する必要がある（図4-58）．コッキング初期に軸脚股関節の内旋を強めて軸脚膝を内側に倒しこむとその後骨盤の早い開きが誘発される[8]．逆に軸

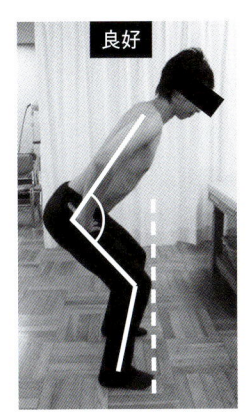

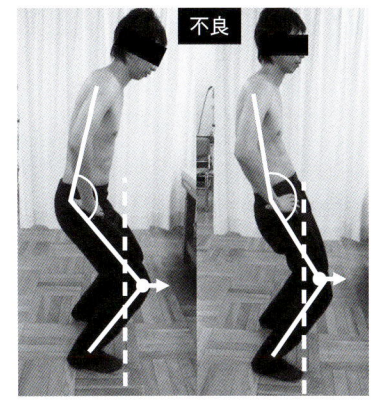

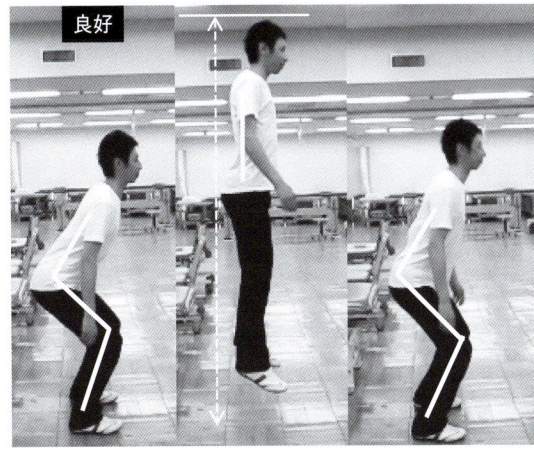

**図 4-61** スクワッティング訓練と垂直跳び訓練

上： スクワッティング訓練．良好例では股関節の屈曲が深く，つま先より膝が前に出ない．不良例では股関節の屈曲が浅く，つま先より膝が前に出る．

下： 垂直跳び訓練．良好例ではジャンプ前の股関節の屈曲が深く，空中で体幹が後傾せず到達高も高く，着地姿勢も体幹が前傾して安定している．不良例ではジャンプ前の股関節の屈曲が浅く，空中で体幹が後傾し到達高は低く，着地時も体幹が後傾して不安定である．

脚股関節が外旋すると膝が外側にシフトし骨盤が後傾して並進運動のエネルギーが出しにくくなる．コッキング初期では軸脚膝と足のつま先は同じ方向を向いたままステップ脚側に倒していくことが基本である[8]．コッキング期の股関節の使い方を習得するために，軸脚鼠径部に同側の手を添えてその手を挟み込むようにステップ脚を踏み出し，軸脚膝がステップ脚膝近くを通る動作訓練を行う[1,13]（図 4-59，4-60）．その他，正しいスクワッティングや垂直跳びは，股関節の屈曲を深くして重心を乗せ股関節伸筋群を十分使うことを習得するのに有用である[1]（図 4-61）．

コッキング期における上肢の使い方の指導のポイントは以下の 4 つである．

①"体の早い開き"を防ぐためには，上記したようなコッキング初期の股関節の使い方とともにリーディングアーム肩を内旋（小指側が上）することが有効である（図 4-62，4-63）．"体の開きを遅らせよう"としてよく現場で用いられる指導や意識として"グローブで開きを抑える""壁を作る"がある．"グローブで開きを抑える"動きとは，グローブを前方に突き出した状態をフットプラントまで保とうとすることである．我々もかつてこの手法を用い[10]，極端にリーディングアームを引き込んでしまう選手には有効であった．しかし，リーディングアーム肩の体幹回旋の支点が定まりにくくなる弊害があり[8]，現在はリーディング肩を内旋させることを主に意識させている（図 4-63）．

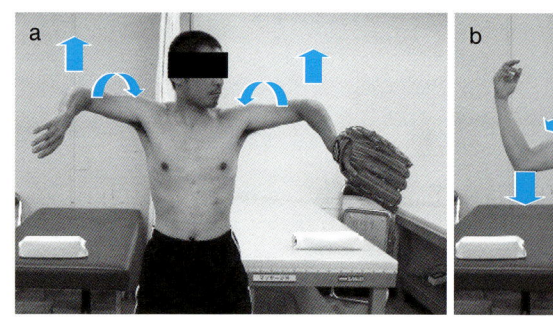

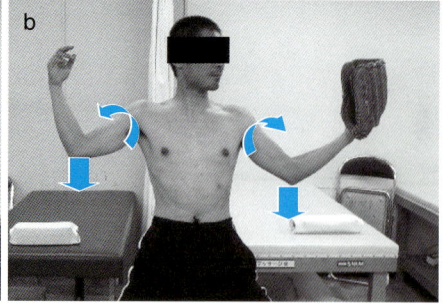

**図 4-62** コッキング前半の肩内旋と肘の高さの関係
a：肩を内旋（小指を上）すると肘が挙がりやすい．
b：肩を外旋（母指が上）すると肘が下がりやすい．
しかし，フットプラント付近ではスローイング肩は手が肘より上方に来る程度に外旋しないと肘が挙げにくくなる．

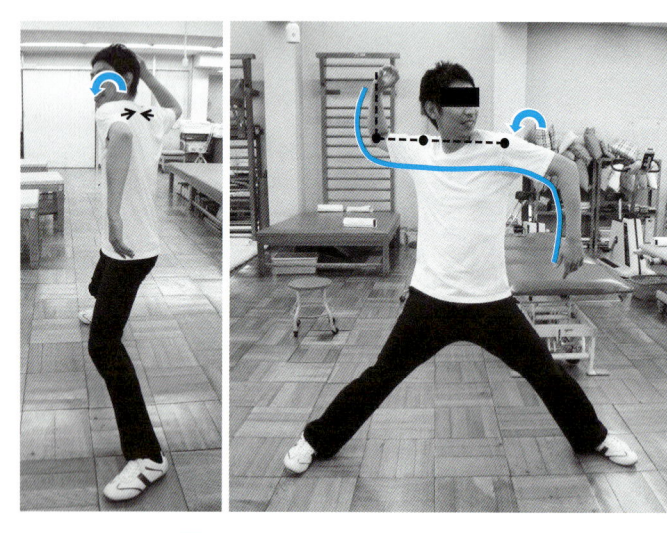

**図 4-63** フットプラントでの姿勢
リーディングアーム肩を十分内旋（小指側が上），両側の肩甲骨を十分内転，そして投球側の肘関節を肩・肩・肘ラインに乗せてに 90°前後に屈曲する．掛け声としては「あごをリーディングアーム肩で隠せ」「横 S 字を作れ」が有用である．

前田[8]はこのタイミングでの指導として「あごを肩で隠せ」が有効であったと述べており我々も愛用している．リーディングアームの使い方のもう 1 つ注意する点は高さである．リーディングアーム肘がフットプラント時に極端に低い場合にはスローイングアーム肘も低くなる傾向があるため，適度な高さにする必要はあるが[10,11]，逆に挙げ過ぎると上体が後方に傾いてスローイングアーム肘が挙げにくくなる[8]．

②フットプラント時に両肘の引き込みは肩甲骨の内転を主体とし，肩甲上腕関節の水平伸展が過度にならないようにする[1,8,13]．

③コッキング前半にスローイングアーム肩が外旋していると肘が下がりやすいため内旋位とするが（図 4-62），フットプラント時には手が最低肘よりも上方に位置する程度に外旋する[8,23]．この肩内旋の解除が遅れると肘が挙がりにくくなる[8,23]．

④フットプラント時にはスローイングアーム肘を"肩・肩・肘ライン"に乗せて90°前後に屈曲する[1,8,13]．この時「横S字を描くように」と指導すると体現しやすい[8]（図4-63）．

### C 加速期～ボールリリース期

加速期からボールリリースに骨盤・体幹の前方回旋が十分に行えないことも重要な動作不良である[19,20]（図4-43a）．この場合腕振りに頼るため，肩甲上腕関節の水平過伸展位からの水平屈曲運動や"内旋投げ"を招く．また，骨盤前方回旋を引き出すためにステップ脚の膝を側方にずらし（い

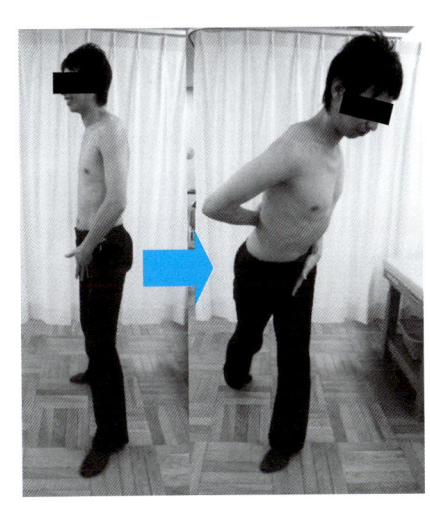

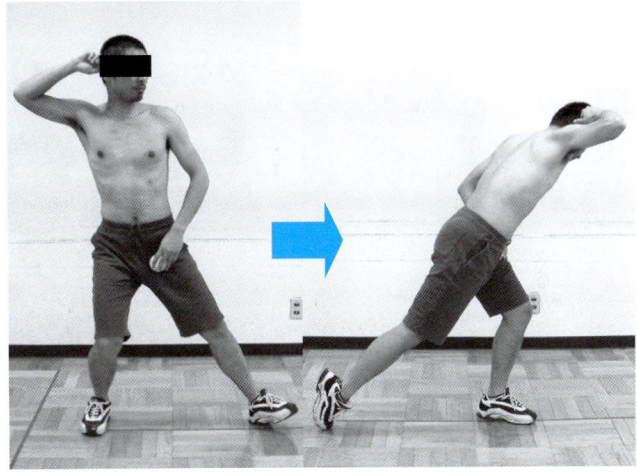

**図 4-64** ボールリリース前後の骨盤・体幹前方回旋の動作訓練
非投球側の手やボールをステップ脚股関節に挟み込む．

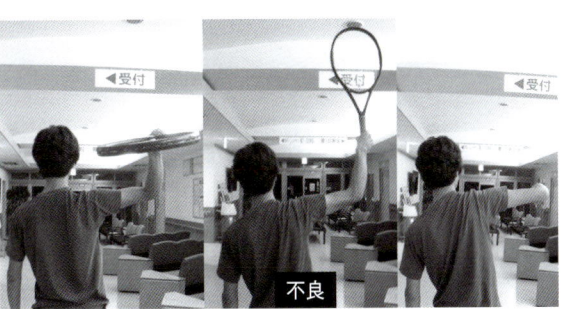

**図 4-65** Throwing plane 上での肩関節内旋と肘関節伸展の複合運動を習得する訓練法
a: 真下投げ，b: ラケット振り．

わゆる膝割れ），結果的にボールリリース時の体幹の側方傾斜の増大そして"肘下がり"を誘発することもある[8]．加速期の骨盤・体幹の前方回旋が小さくなる要因には，前述したようにステップ脚の股関節内旋・内転制限と単なる動作不良の2つがあるが，高校生以上では前者，小学生では後者の関与が大きい[21]（図4-44）．加速期からボールリリースにかけてはステップ脚の股関節に重心を移動して，同股関節を支点とした骨盤・体幹の前方回旋により投球側上肢の腕振りを引き出すことが重要である[19,20]．これにより腕振りの支点はスローイングアーム肩ではなくリーディングアーム肩または軸脚股関節になる（図4-35，4-36）．このステップ脚関節の使い方を習得するには非投球側の手やボールをステップ脚股関節に挟み込む訓練が有用である[1,13]（図4-64）．また，throwing plane上での肩関節内旋と肘関節伸展の複合運動を習得するにはその矯正には真下投げ[33]やラケット振りも有用である（図4-65）．以前はリーディングアーム肘の畳み込み・引き込みにより体幹の前方回旋・前倒しを誘導することを指導していたが[10,11]，前田[8]が指摘しているように体幹回旋軸が定まらなくなったり，ステップ脚に重心移動する前に体幹回旋してしまいリリースポイントが早まるなどの弊害があり，この位相でのリーディングアームの挙動は自然に任せるままでよいと考えられる．

## D フォロースルー

体幹の前方回旋・前倒しを適度に使い上肢だけで減速しないようにすることが重要であるが，それまでの動作を改善すれば自然にこの位相の動作はよくなることが多い．スローイングアームを適度に脱力して振られ切る程度の意識でよい．

投球動作を運動連鎖による全身運動として捉えると，全身のコンディショニングが重要であり，あるタイミングの投球動作の問題点はそれよりも前の位相の特に下位の動作にアプローチするとよいという結論にいきつく[13]．そして良好な運動連鎖を引き出すことにより，障害の治療・予防だけでなく，選手が求める投球パフォーマンスの向上を図ることも可能である[13]．

■文献
1) 岩堀裕介．成長期における上肢スポーツ障害の特徴と治療．In: 山口光國，編．Skill-Up リハビリテーション＆リコンディショニング．投球障害のリハビリテーションとリコンディショニング．1版．東京: 文光堂; 2010. p.91-117.
2) 岩堀裕介，佐藤啓二，花村浩克．投球肩障害に対する投球フォーム矯正を中心とした保存療法の効果．肩関節．2000; 23: 377-82.
3) Kibler WB. The role of the scapula in athletic shoulder function. Am J Sports Med. 1998; 6: 325-37.
4) MacWilliams BA, Choi T, Perezous MK, et al. Characteristic round-reaction forces in baseball pitching. Am J Sports Med. 1998; 26: 66-71.
5) 筒井廣明．投球障害肩の病態と治療．In: 山口光國，編．Skill-Up リハビリテーション＆リコンディショニング．投球障害のリハビリテーションとリコンディショニング．1版．東京: 文光堂; 2010. p.58-70.
6) Watkins RG, Dennis S, Dillin WH, et al. Dynamic EMG analysis of torque transfer in professional baseball pitchers. Spine. 1989; 14: 404-8.
7) 渡會公治，小黒賢二，竹田秀明，他．投げ方の指導による成長期の野球肩・野球肘の治療．臨床スポーツ医学．1995; 12: 981-9.
8) 前田 健．ピッチングメカニズム．1版．東京: ベースボールマガジン社; 2010.
9) 手塚一志．ピッチングの正体．1版．東京: ベースボールマガジン社; 1998.
10) 岩堀裕介．投球障害肩に対する保存療法―肩関節ストレッチングと投球フォーム矯正を中心に―．OS NOW. 2003; 20: 116-29.
11) 岩堀裕介．投球障害肩: 野球とスポーツ障害・外傷．MB Orthop. 2007; 20: 39-51.
12) 中路隼人，岩堀裕介，飯田博己，他．少年野球選手における遠投時の投球フォーム．スポーツ傷害フォーラム．2012; 17: 投稿中．
13) 岩堀裕介．運動連鎖を取り入れた投球障害の対応―成長期の投球障害への対応とアプローチ―．臨床ス

ポーツ医学. 2012; 29: 67-75.
14) 西川仁史, 田中 宏. 投球動作の運動学的特徴. In: 山口光國, 編. Skill-Up リハビリテーション＆リコンディショニング. 投球障害のリハビリテーションとリコンディショニング. 1版. 東京: 文光堂; 2010. p.120-37.
15) Kibler WB, Press J, Sciascia A, et al. The role of core stability in athletic function. Sports Med. 2006; 36: 189-98.
16) Limpisvasti O, ElAttrache NS, Jobe FW. Understanding shoulder and elbow injuries in baseball. J Am Acad Orthop Surg. 2007; 15: 139-47.
17) 菅谷啓之. トップレベルアスリートの野球肘: 関節鏡視下手術. 臨床スポーツ医学. 2012; 29: 285-92.
18) 瀬戸口芳正, 百済はつえ, 山口尚子, 他. アスリートの反復性肩関節脱臼に対する後療法と再発予防. 1. スローイングアスリートの運動連鎖と前方不安定症. 臨床スポーツ医学. 2010; 27: 1359-68.
19) 宮下浩二, 小林寛和, 横江清司, 他. 投球動作で要求される下肢関節機能に関する検討. Journal of Athletic Rehabilitation. 1999; 2: 65-72.
20) 中路隼人, 飯田博己, 岩本 賢, 他. 投球動作と股関節内旋および体幹回旋可動域との関係について―骨盤回旋運動および体幹回旋運動に着目して―. 東海スポーツ傷害研究会誌. 2010; 28: 30-33.
21) 中路隼人, 飯田博己, 岩本 賢, 他. 投球時骨盤回旋運動と股関節可動域の関係―年代別での比較―. 第8回肩の運動機能研究会抄録集. 2011; 63.
22) Saha AK. The classic. Mechanism of shoulder movements and a plea for the recognition of "zero position" of glenohumeral joint. Clin Orthop Relat Res. 1983; 173: 3-10.
23) 宮下浩二. 投球障害の発生メカニズム. Sportsmedicine. 2007; 90: 20-4.
24) Codman EA. The Shoulder. Boston: Thomas Todd; 1934.
25) 三原研一. バイオメカニクスと投球フォーム. 関節外科. 2008; 27: 32-42.
26) Aguinaldo AL, Buttermore J, Chambers H. Effect of upper trunk rotation on shoulder joint torque between baseball pitchers of various levels. J Appl Biomech. 2007; 23: 42-51.
27) 手塚一志. 上達道場―ピッチングの巻―. 1版. 東京: ベースボールマガジン社; 2005.
28) 信原克哉. 肩―その機能と臨床―. In: 信原克哉, 編. 3版. 東京: 医学書院; 2001. p.416-7.
29) Jobe CM, Pink MM, Jobe FW, et al. Anterior shoulder instability, impingement, and rotator cuff tear: theories and concepts. In: Jobe FW, editor. Operative techniques in upper extremity sports injury. St Louis: Mosby Year-Book, Inc; 1996. p. 961-90.
30) 二宮裕樹, 田中 洋, 駒井正彦, 他. 動作解析から見た投球障害肩の病態. JOSKAS. 2010; 35: 172.
31) 渡會公治, 増島 篤, 竹田秀明, 他. 投球フォームに関するイメージ調査. 肩関節. 1993; 17: 203-9.
32) 水谷仁一, 川尻貴大, 横地正裕, 他. ボールの握り方が投球動作に及ぼす影響について. 東海スポーツ障害研究会誌. 2008; 25: 14-7.
33) 伊藤博一, 眞瀬垣啓, 川崎尚史, 他. 真下投げのバイオメカニクス.―ボールリリースとステップ動作を中心に―. 日本臨床スポーツ医学. 2009; 17: 5-12.

〔岩堀裕介〕

## 4 上肢のスポーツ障害に対するアプローチ

# E 肩のスポーツ障害に対する理学療法の実際

　肩関節は上肢機能を十分に発揮するために，あらゆる方向に非常に大きな可動範囲を持つが，反面，関節形態では，小さな関節窩に対して大きな上腕骨頭を有する不安定な構造上の特徴を持っている．また，肩関節は浮遊関節であり上肢運動に加えて身体の姿勢保持にも重要な役割をはたす．そのため日常生活では何ら支障のない身体機能であっても，より素早く・大きく・力強い上肢運動が求められるスポーツ動作では，わずかな筋疲労や身体機能異常，さらには他関節からの影響により容易に疼痛を引き起こしてしまう可能性がある．

　周知のとおり投球動作において肩関節は，下肢で生み出された運動エネルギーを体幹部を介して上肢からボールに力を伝達する役割を担っているが，水泳のクロールや背泳ぎにおいて肩関節は推進力の力源として，また体操競技において肩関節は荷重関節の機能を要求される．このように肩関節はスポーツ競技動作により，求められる役割は大きく異なり多岐にわたる．

　肩のスポーツ障害を捉えるうえで各スポーツの競技特性や運動学的特徴を理解することはきわめて重要となる．これら競技特性を踏まえ，全身から局所である肩関節に対する機能的な影響やメカニカルストレスを考慮していかなければならない．局所所見を認める肩関節から優先的に，徐々に隣接関節に機能的診断を進めていくことが重要となるが，競技種目によっては体幹や下肢からの影響を多く受けることを理解しておく必要がある[1,2]．

　本稿では肩のスポーツ障害に対する理学療法の実際を紹介し，競技復帰までのポイントについて解説する．

## 1 肩のスポーツ障害における診断

　医師による診断では，問診や理学所見，画像検査では単純X線や超音波，MR関節造影（MRA）を行うことで病変部位の特定や炎症の程度を確認する．肩のスポーツ障害を有する選手では，肩関節に疼痛を訴え医療機関を受診するものの，必ずしも同部位に組織損傷や解剖学的破綻を認めない場合も少なくない．また，仮に画像上病変が見られても必ずしも手術が必要とは限らない[3]．そのためスポーツ選手における肩関節障害では正確な機能診断と身体機能向上を目的とした保存療法が極めて重要となる．保存療法に著しく反応しない場合，または反応しても良好な状態を維持できない場合，あるいは機能的問題が解決しても本人の愁訴が解決しない場合のみ手術適応となる．

## 2 肩のスポーツ障害における理学療法施行上の留意点

### A 成長期における肩のスポーツ障害

　成長期の子どもは心も身体も発達途上時期であり，心身機能の成熟した大人とは身体環境が大きく異なっていることを十分に理解しておかなければならない．成長期の子どもの身体は成人とは異

なり，成長軟骨板（骨端線）の存在により骨自体が脆弱な時期である．特に長軸方向への牽引力に対してはある程度強度を有しているが剪断力に対してはきわめて弱い特徴を持つ[4]．上腕骨近位骨端線離開（リトルリーガーズショルダー）などに代表される成長期の肩関節障害では，成長軟骨線閉鎖前に繰り返される過度の負荷が加わることで，力学的に最も脆弱な部分である骨端成長軟骨板に障害を生じる．

また，女子では 11 歳前後，男子では 13 歳前後に発育急進期があり，骨の長軸成長に筋腱の伸張性が追いつけず，相対的に筋・腱などの柔軟性の低下[5]が生じており身体機能のバランスが乱れやすい時期である．

これらの成長期特有の身体特徴に加え，未熟な筋力による誤った運動フォームやオーバーユースが重なることでスポーツ障害が発生することを念頭に理学療法を進めていかなければならない．

## B スポーツ動作への積極的な介入

肩のスポーツ障害は，脱臼，骨折などのスポーツによる急性外傷とは異なり，繰り返される過度の運動負荷により筋疲労や炎症が生じ，この状態が一定期間継続することで靱帯や筋などの軟部組織に微細損傷をきたす，いわゆるオーバーユースにより引き起こされる病変と捉えることができる．つまり，各スポーツ動作そのものが障害と密接に関連していることを示している．そのため，肩障害に限らずスポーツ障害に対する理学療法では，異常が認められる身体機能の正常化だけでは再発の可能性が高いことを示唆しており，身体機能の正常化に加え，各スポーツに必要な競技動作への積極的な介入が必要であると考えられる．

## C 各競技動作における肩関節へのストレス

### 1．投球動作

投球動作は下肢を基盤として体全体から生じるエネルギーを最終的にボールへ伝達する全身運動である．そのため，肩関節の直接的な機能障害以外に体幹・骨盤帯・下肢の機能不全や柔軟性低下による全身機能として運動連鎖の破綻が障害の一要因となる．

また，肩関節局所の変化として 90°外転位における外旋可動域の増大と内旋可動域の減少を認める場合が多い．この肩関節可動域変化は，骨性要因として上腕骨頭後捻角の増大[6-8]，軟部組織要因として肩関節前方関節包の弛緩[9]，後方構成体である後方関節包や腱板の拘縮[10]の関与が指摘されている．これらの身体的背景のもと投球動作を繰り返すことで，後期コッキング期では過剰な水平外転や外転位外旋によるインターナルインピンジメント，加速期やフォロースルー期では過度な内旋運動による肩峰下インピンジメントにより疼痛が生じやすいとされている．

### 2．競泳動作[11]

泳動作（主にクロール）において，肩甲上腕関節に対するストレスを回避するためには胸郭可動性・胸椎伸展に伴う肩甲骨の十分な可動性が必要となる．特に，プル動作におけるローリングの減少が肩甲上腕関節に過度の伸展ストレスを生じ，これが上腕二頭筋長頭腱炎やインピンジメント症候群の一因と考えられている．肩甲上腕関節へのストレスの集中を避けるためには，ローリングの際に胸郭の回旋運動を伴った肩甲骨可動性が必要となる（図 4-66）．

### 3．支持動作

体操競技における支持動作において最も問題となるのは倒立姿勢である．倒立動作は肩関節 180°拳上位であり，通常は胸椎伸展動作が伴う動作であるが，体操競技では胸椎が伸展した状態，いわゆる反った状態では減点の対象となり，胸椎を含め身体を一直線にするよう指導を受ける．こ

ローリングを伴わないプル動作　　　　　　ローリングを伴ったプル動作

インピンジメント症候群

上腕二頭筋長頭腱炎

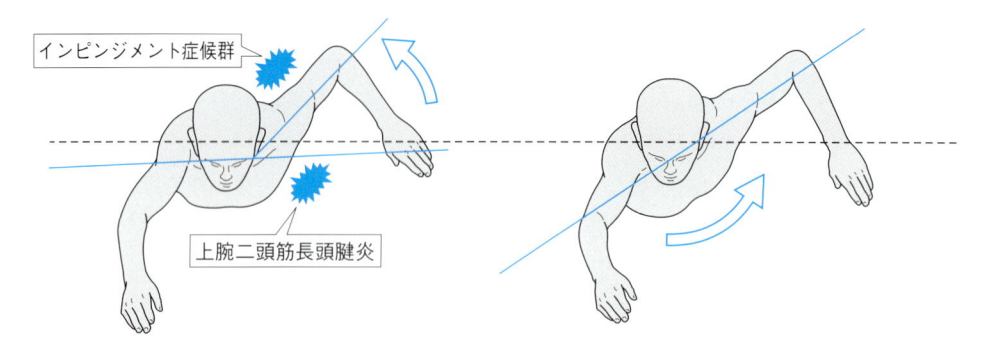

**図 4-66** ローリングの不足による肩痛発生メカニズム[11]

**図 4-67** 体操競技における支持動作（倒立）

a：足先まで一直線に伸びた理想的な倒立．
b：胸椎は一直線になり，肩甲骨は十分に後傾している．
c：胸椎伸展に伴い肩関節の挙上および肩甲骨の上方回旋の不足，肩関節外旋，前腕回内が強調される（不良姿勢）．
d：右肩関節の屈曲制限によって体幹の回旋を伴い肩関節に剪断力が生じる（不良姿勢）．

の胸椎伸展を伴う支持動作では，肩甲骨の上方回旋の不足，肩関節外旋，前腕回内が強調された姿勢となり，静止することが困難でかつ過剰な筋活動を必要とする．また，片側肩関節における可動域や柔軟性低下に伴い，体幹の回旋・側屈により左右の肩甲骨位置が非対称となることで過剰な剪断力が生じ，肩関節障害の大きな要因となる（図 4-67）．

## 3　肩のスポーツ障害における理学療法評価のポイント

### A 問診

年齢や現病歴，既往歴など選手の基本的情報を中心に確認していく．問診では，受傷からどの程

度経過しているのか，現在までの疼痛の推移や柔軟性低下や脱力など身体機能の経時的変化はどうかなど，障害発生の原因となる身体機能異常について仮説を立てるだけでなく，障害の程度や身体機能低下を助長し得る二次的要因も含めて注意深く病歴を聴取する．

### 1．スポーツ競技に関する内容

競技種目と競技レベル（レクリエーション，学生スポーツ，社会人・プロなど）の確認を行う．競技における運動・動作の特性を踏まえて聴取することで肩関節に加わる機械的ストレスを推測していくことが重要である．さらに競技歴やポジション，練習頻度や1日の練習量などを把握し，同時に，ウォーミングアップやクールダウン，定期的なトレーニング内容が適切に実施できているかも確認しておくことが望ましい．また，競技復帰の目標を設定する上でも，年間スケジュールは把握しておきたい項目である．

### 2．受傷機転の聴取

受傷に至った経緯についての詳細を十分に聴取しなければならない．オーバーユースにより徐々に症状が出現してきたのか，またオーバーユースを背景として「あの時，あの動作で」という明確なエピソードがあるのか，など受傷機転を明確にする必要がある．

## B 複合損傷や合併損傷の有無の確認

通常，スポーツ活動に伴う肩関節障害では，単一損傷ではなく肩峰下滑液包や関節唇・関節包複合体，上腕二頭筋長頭腱などの複数部位を同時に損傷しているものの，明らかな組織の解剖学的破綻と選手が訴える主訴や機能障害とが直結しない場合も多く存在している．身体機能評価に先んじて単純X線やMRI画像などを確認していくことが重要である．単純X線では肩峰下インピンジメント症候群における肩峰骨棘や形態異常，肩鎖関節のOA変化など，MRIでは腱板損傷やSLAP lesion，炎症に伴う関節水腫などを確認していく．

## C 姿勢アライメント

姿勢アライメントでは前額面・矢状面から頭部から胸腰椎，骨盤から下肢にかけての相対的位置関係を考慮しながら観察を行っていく．

特に腱板損傷では棘上筋や棘下筋の萎縮を認め，代償的に小円筋の肥大や斜角筋・胸鎖乳突筋の過緊張をきたしている場合もある（図4-68）．また，肩甲骨下制や下方回旋などの位置異常を有す

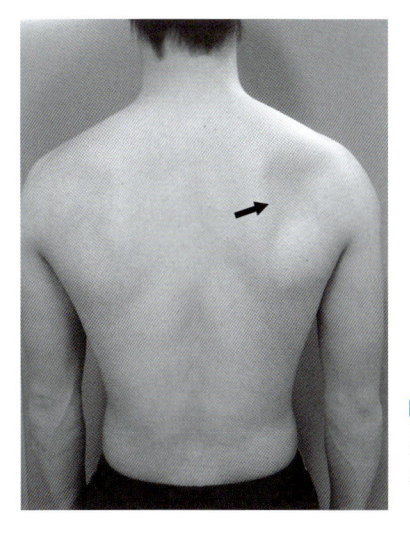

**図4-68** 棘下筋の筋萎縮
21歳大学野球選手．右棘下筋の筋萎縮（→）と小円筋の代償性肥大を認める．

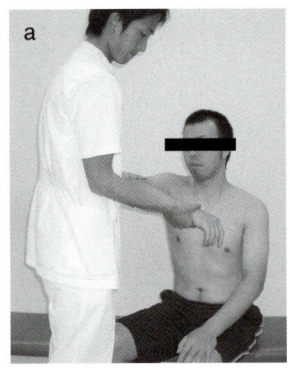

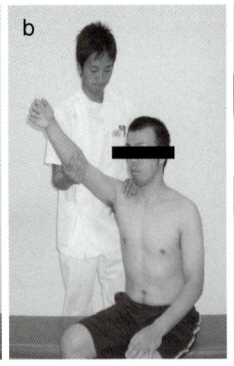

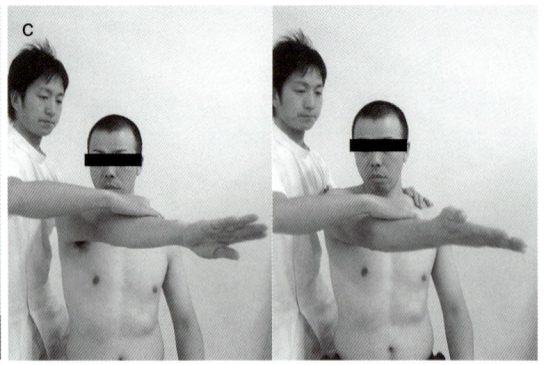

**図 4-69** 疼痛誘発テスト

a： Neer's impingement test．検者は患者の後方に立ち，片手で肩甲骨の回旋を固定し，反対の手で患肢を他動的に挙上させ肩峰に衝突させる．その際に疼痛が誘発されれば陽性となる．
b： Hawkins-Kennedy impingement test．肘関節屈曲 90°での肩関節屈曲 90°・内外旋 0°から他動的に上腕を内旋させる．疼痛が誘発されるものを陽性とする．
c： O'Brien test．肩関節 90°屈曲，10～15°水平内転位，肘関節伸展位での肩内旋位，前腕回内位を開始肢位とし，検査者は上肢に対して下方に抵抗をかける．次に肩外旋位，前腕回外位とし同様の手技を行う．最初の手技で肩関節内部にクリックや疼痛が誘発され，次の手技で症状が軽減する場合に陽性と判断する．

る場合には上肢挙上時の肩甲骨後傾や外旋制限を認めることが多い．特にオーバーヘッド動作が必要な競技では，胸椎伸展が不足し肩甲骨前傾位となる例や肩甲骨外旋制限から肩甲上腕関節の水平過外転が強要される例は少なくない．

### D 疼痛誘発ならびに再現テスト

炎症急性期では，患部周辺の炎症により上肢挙上最終域や外転・外旋動作など日常生活動作において容易に疼痛や運動制限を確認することができる．しかし，オーバーユースを基盤とした肩関節障害では，日常生活動作では疼痛の訴えがない症例も少なくない．そのため既存の疼痛誘発テスト（図 4-69）により疼痛の有無を確認し，さらに検査肢位を変化させることで疼痛が増減するかを確認しなければならない．最終的には目的の競技パフォーマンスを疼痛や違和感がなく十分に発揮できるか，医療機関や実際のスポーツ現場で確認していかなければならない．ただし，リハビリテーションにおける病態確認のための疼痛誘発テストは患部保護や症状悪化の危険性もはらんでいるため，必要最低限にとどめておくことが望ましい．

### E 関節可動域・柔軟性の検査

肩関節は関節複合体として運動を遂行しているため，肩甲上腕関節のみならず肩甲骨や脊柱など上肢運動に関与するすべての部位について測定を実施していく必要がある．

実際には肩甲上腕関節では通常の可動域測定に加え，肩甲骨を固定しながら CAT（combined abduction test，図 4-70a），HFT（horizontal flexion test，図 4-70b），90°外転位での回旋可動域などを検査していく．実際の検査では，各運動方向と肩甲骨など固定点を変化させることで軟部組織の伸張性を評価することにより制限因子を特定していく．特に肩甲骨固定による 90°外転位による内旋可動域の制限では，後方腱板組織である棘下筋や小円筋に筋スパズムや筋短縮・萎縮を認めることが多い．また，肩峰下インピンジメントやインターナルインピンジメントの要因となりうる肩甲骨可動性や，胸郭を含めた脊柱可動性の検査を進めていく．

患側　　　　　　健側　　　　　　　　患側　　　　　　健側

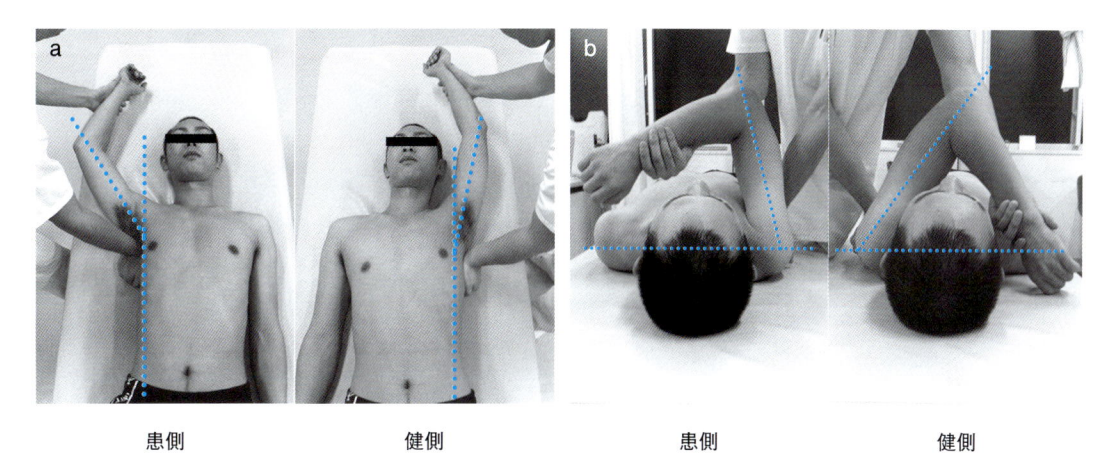

**図 4-70** 肩甲帯の柔軟性検査
a: combined abduction test（CAT），b: horizontal flexion test（HFT）

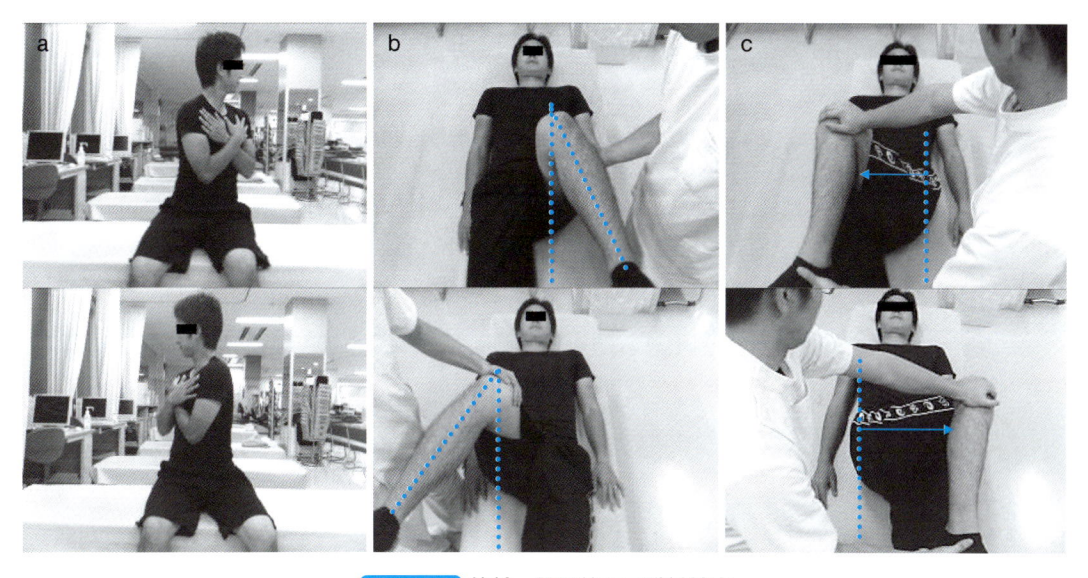

**図 4-71** 体幹・股関節の可動域検査
a: 体幹回旋運動，b: 股関節内旋運動，c: 股関節内転運動．右投げ投手の場合．

　加えて，投球障害肩に代表されるオーバーヘッド動作では全身の運動連鎖の障害と捉えたうえで体幹や股関節を含めた下肢の柔軟性や関節可動域（図 4-71），身体の支持動作が必要な体操競技，ラグビー・格闘技などのコリジョンスポーツでは手・肘関節可動域に加え頸椎可動域を実施するなど各スポーツにおける競技特性や障害特性に応じて検査部位を追加していく．

### F 腱板機能検査

　腱板機能検査では，棘上筋・棘下筋・小円筋・肩甲下筋それぞれに対する筋力テストを利用しながら機能障害を選択的に検証していく．特に腱板の中でも回旋要素を有する棘下筋・小円筋と肩甲下筋は，上肢の挙上角度により主に活動する部位が異なるため，さまざまな挙上角度での確認が必要となる．腱板完全断裂では，外転や外旋をはじめ各運動方向に明らかな筋力低下を認めることが

多いが，不全断裂ではわずかな筋力低下にとどまる場合がほとんどであるため，徒手抵抗の量や運動方向には細心の注意が必要となる．また，疼痛による見かけ上の筋力低下も見られるため疼痛の有無を考慮する必要がある．

実際の検査では，棘下筋・肩甲下筋の上部線維が効率よく作用する下垂位，最も上腕骨頭を臼蓋に求心力として作用する肩甲骨面上 45°位，棘下筋下部・小円筋・肩甲下筋下部が効率よく作用する外転位で実施している．

また，内外旋筋力は肩甲胸郭関節で補っていることが多く，他動的な肩甲骨固定により発揮される筋力が低下する場合と増加する場合がある．肩甲骨固定により発揮筋力が低下する症例では腱板の機能低下を肩甲胸郭関節で代償している可能性があり，腱板の機能改善に重点を置く必要がある．一方，肩甲骨固定で発揮筋力が増加する症例においては肩甲胸郭関節の機能障害とくに肩甲骨の固定力の低下を疑う[12,13]．

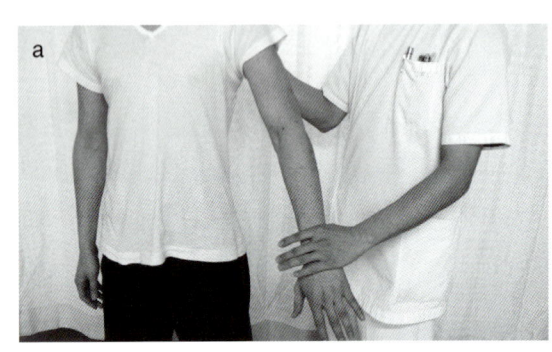

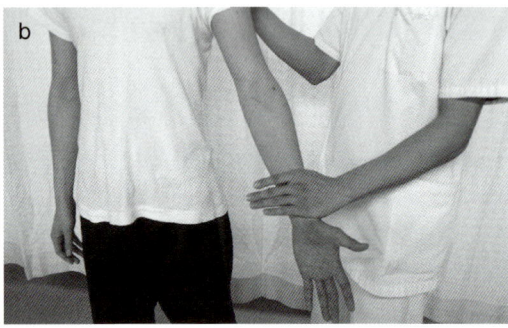

**図 4-72** 外転筋テスト

a： Empty can test. 肩甲骨面上での 90°挙上位で上肢内旋位（母指指尖が地面を向いた状態）にて上方から抵抗を加え，その力に抵抗し保持するよう指示する．
b： Full can test. 肩甲骨面上での 90°挙上位で上肢外旋位（母指指尖が天井を向いた状態）にて上方から抵抗を加え，その力に抵抗し保持するよう指示する．

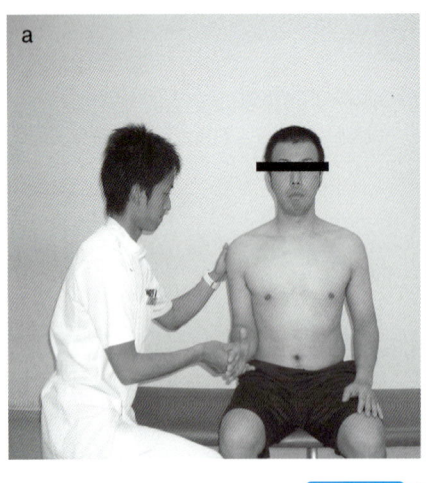

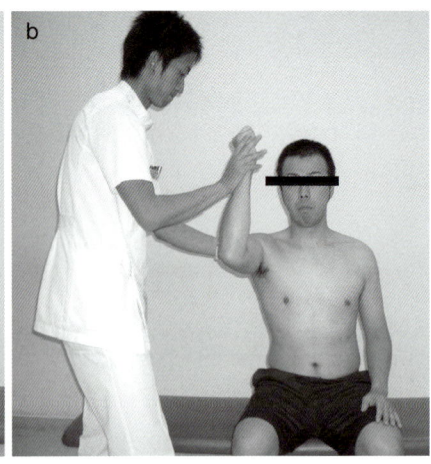

**図 4-73** 外旋筋テスト

a： 棘下筋テスト．上腕下垂位〜90°屈曲までの範囲で肘屈曲 90°で保持させ，内旋方向に抵抗を加え，その力に抵抗するよう指示する．
b： 小円筋テスト．肩関節外転 90°（または挙上 90°）以上での肘屈曲 90°で保持させ，内旋方向に抵抗を加え，その力に抵抗するよう指示する．

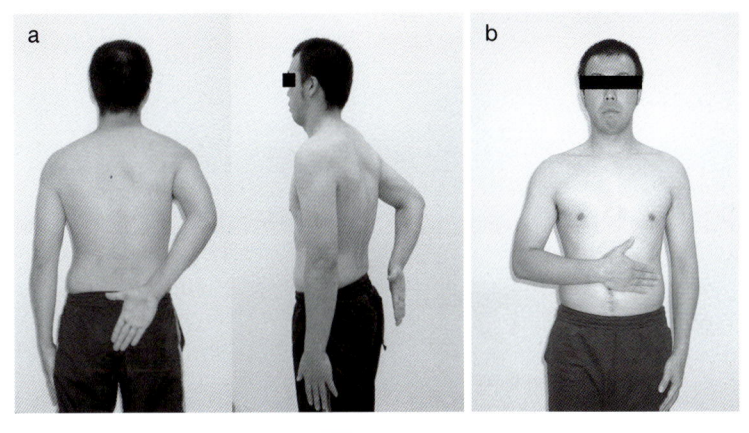

**図 4-74** 内旋筋テスト

a： Lift off test. 手背面を腰部につけた状態（肩関節伸展・内転・内旋位）から手背を腰部から持ち上げ，身体から引き離すように指示する．離せない場合は，極度の筋力低下または肩甲下筋の損傷を疑う．
b： Belly press test. 疼痛や関節拘縮のため lift off test が行えない場合の代用テストとして用いられる．肩関節内旋位で肘関節屈曲位のまま手掌面で腹部を押すよう指示する．腹部をまっすぐに押すことができず，三角筋後部を使用した肩関節伸展動作や手関節屈曲動作で腹部を押す場合には極度の筋力低下または肩甲下筋の損傷を疑う．

図 4-72～4-74 に代表的な腱板機能検査を紹介する．

### G 肩甲骨周囲筋テスト

上肢を使用するいかなるスポーツ活動を行う際でも，前鋸筋や菱形筋の筋力低下では肩甲骨が不安定な状況に陥り，二次的な腱板機能不全を引き起こす．さらに肩甲骨フォースカップル（図 4-75）

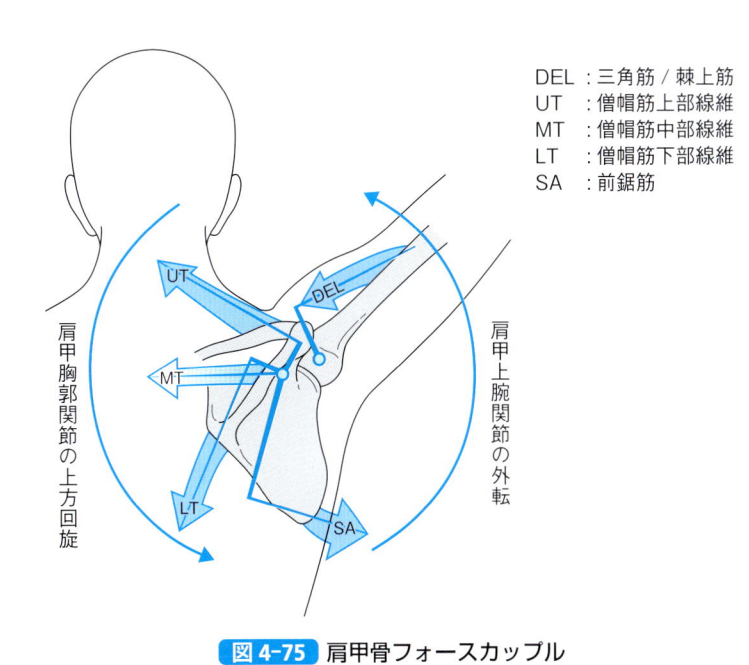

DEL ：三角筋／棘上筋
UT ：僧帽筋上部線維
MT ：僧帽筋中部線維
LT ：僧帽筋下部線維
SA ：前鋸筋

**図 4-75** 肩甲骨フォースカップル
（嶋田智明, 平田総一郎, 監訳. 骨格筋のキネジオロジー. 東京: 医歯薬出版; 2005 より改変）

E. 肩のスポーツ障害に対する理学療法の実際

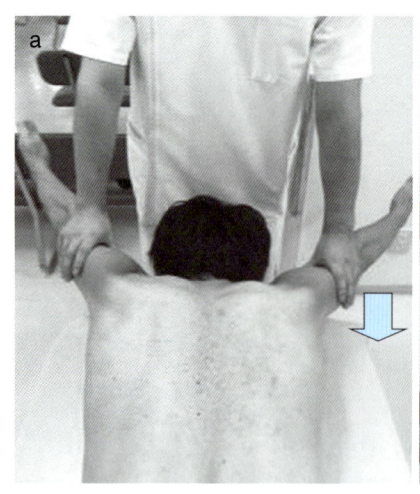

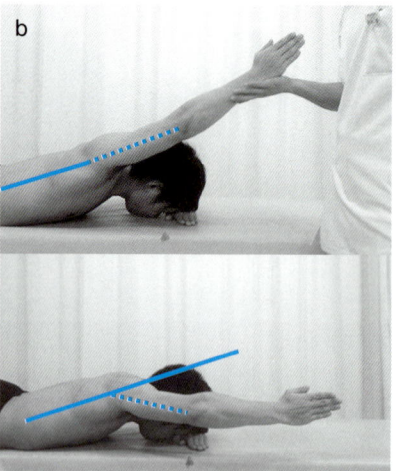

**図 4-76** 肩甲骨周囲筋テスト
a：腱板損傷を有する症例では僧帽筋下部の機能不全を伴っている場合が多い．健側では肩甲骨の後傾・内転を伴う上肢挙上が可能となるが，患側では十分な肩甲骨運動が認められない．
b：特に上肢挙上が必要なスポーツ競技では，体幹機能を含めた能動的な最大挙上が必要となる．他動最大挙上と自動最大挙上を比較することで，僧帽筋を含めた機能不全を確認することができる．

を構成する僧帽筋（上部・中部・下部）の筋力低下により，肩甲骨の外旋や後傾・上方回旋が制限されることで，肩甲上腕関節の過剰運動を引き起こし，肩峰下インピンジメントやインターナルインピンジメントを引き起こす大きな要因となる．

特に僧帽筋中部・下部線維や前鋸筋における測定では通常の筋力測定のほか，体幹回旋などの代償を抑制した両側同時挙上（図 4-76a）や他動的な最大可動域と自動最大可動域の差を確認することが重要であると考えている（図 4-76b）．

実際には manual muscle testing（MMT）に準じて検査を行っていく．肩甲骨周囲筋は先に述べたように肩関節柔軟性や腱板機能，さらには脊柱・胸郭の柔軟性の影響により筋出力が異なるため，他の身体機能検査との相互関係を理解し，より正確な判断が重要となる．

## 4 スポーツ障害肩における理学療法の実際

### A 急性期における理学療法

急性期における理学療法の目的は「患部の安静により炎症を抑え二次的な組織損傷や機能低下を抑制すること」である．特に炎症急性期では，著しい疼痛により可動域制限や筋力低下を認め，真の機能障害を判断することは困難をきわめる．そのため，この時期は病態の改善を最優先とし，組織損傷や炎症による疼痛の程度を的確に判断したうえで，肩関節に過渡の機械的刺激を与えないことが最も重要となる．

実際には，日常生活での疼痛と機能改善が主であり，スポーツ活動においては練習中止や限定された練習参加に留まる．特に夜間痛や多方向での関節運動に強い痛みを訴える場合には，不良姿勢の改善やポジショニング指導（図 4-77a），テーピング指導（図 4-77b）から開始し，局所の安静に対して十分な説明を行い理解が得られるよう努めていく．実際には，疼痛により全身の緊張が高

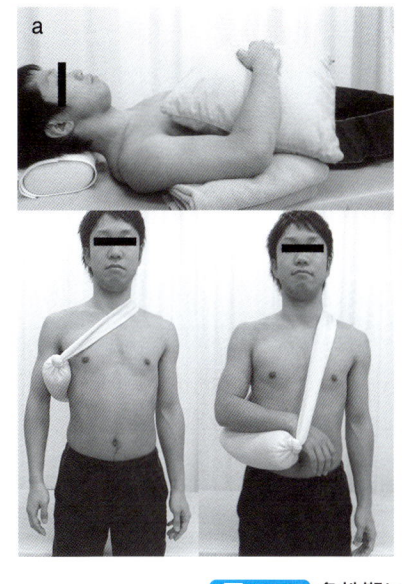

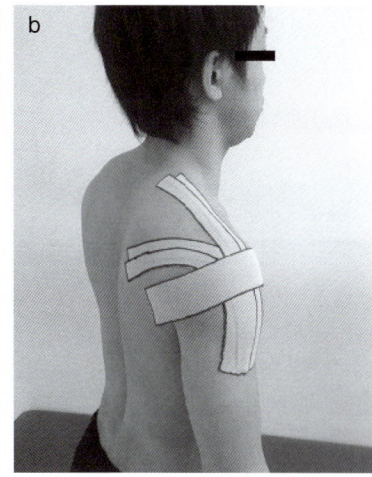

**図 4-77** 急性期における局所の安静

a： ポジショニング指導．上段：背臥位における良肢位．下段：手製補装具を使用することで肩甲骨下制を防ぎ，肩関節軽度外転位を保持する．
b： テーピングの実際．テーピングは腱板の各線維に沿って実施し，上腕骨を引き上げることで腱板の下方への牽引ストレス軽減をはかる．

まっていることが多いため，肩関節周囲筋の過緊張に対して徒手的操作による筋緊張の正常化やリラクセーション，物理療法（アイシング，超音波など）を行っていく．損傷部位に悪影響を与えない範囲において患部外エクササイズを並行して指導することで，早期から肩関節運動制限の要因となりうる患部外の影響に対して選手自身に理解を促していく．

### B 回復期以降における理学療法

急性炎症症状の沈静化に伴い「傷害発生の原因となる身体機能異常の是正と残存機能向上」を積極的に図ることで，疼痛が出現しない範囲において肩関節の日常生活動作における基本的な上肢運動の獲得に努めていく．この時期においても不良姿勢の改善やポジショニング指導を継続しつつ，病態の改善や疼痛の沈静化にあわせて，肩甲帯から肩甲上腕関節へと局所アプローチについても段階的に進めていく．

はじめに肩甲骨アライメントの正常化および姿勢矯正から開始し，抗重力位での肩甲骨の正常な自動運動の獲得を図ることが望ましい．肩甲骨の自動運動は，自分自身では正確に行うことが困難であるため，セラピストによる適切な補助，または，鏡の利用が有効な手段となる．

関節可動域制限において，外傷性腱板断裂ではしばしば関節拘縮を伴うが，非外傷性腱板断裂では不安定性を伴う機能的な可動域制限が多く，特に関節包を含めた肩後方軟部組織（棘下筋，小円筋，三角筋後部線維など）や肩甲下筋・小胸筋などの柔軟性改善に伴い関節可動域が拡大されていく傾向にある（図 4-78）．これらを踏まえ，肩甲骨と上腕骨の相対的位置関係を考慮しながら，end feel を確認していくことで原因を推測しながら愛護的に実施していく．

腱板エクササイズでは，最も上腕骨頭を臼蓋に求心力として作用する肩甲骨面上 45°での徒手抵抗による等尺性より開始し，疼痛や可動性を考慮しながら徐々に等張性運動へと移行していく．その際の等尺性によるエクササイズは，ごく軽度な負荷とし筋収縮促通を目的に実施する．エクササ

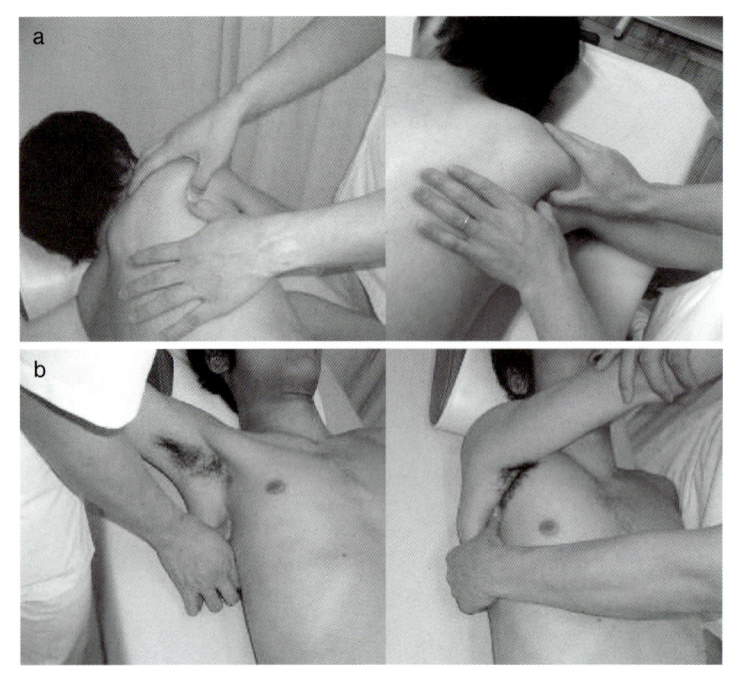

**図 4-78** 可動域改善を目的とした徒手的アプローチ
a: 小円筋のダイレクトストレッチ，b: 肩甲下筋のダイレクトストレッチ．
関節可動域エクササイズなど徒手的アプローチを行う際は，断裂部位に過度の伸張ストレスが生じない肢位設定や運動方向に留意しながら実施する．

イズは背臥位から開始し座位・立位へと，抵抗運動も徒手抵抗から輪ゴムやチューブへと状態にあわせてレベルアップを図っていく（図 4-79）．また，腱板を上肢運動における 1 つの複合体として捉え，閉鎖位（CKC）で自重を利用したエクササイズを行わせることでより協調的な腱板の収縮を得ることができると考えている．

また，肩峰下インピンジメントやインターナルインピンジメントには肩甲骨上方回旋，後傾，外旋の可動性改善に伴う肩甲上腕リズムの正常化（図 4-80a）が必要となる．また，投球動作など上肢挙上位での素早い動作が必要なスポーツ競技では僧帽筋中部・下部線維の機能はきわめて重要であり，競技復帰には欠かせない機能と考えている（図 4-80b）．

これまでの各機能の改善と並行して，個々に強化した機能を連結させる必要があり，後のアスレティックリハビリテーションに向けた最終段階となる．日常生活動作の獲得に合わせ，各スポーツで必要とされる肩甲上腕関節・肩甲胸郭関節・体幹・骨盤帯・下肢と一連の動作として完成させる（図 4-81）．棒やボールを利用した協調運動の強化・各運動での弱い運動の強化などを積極的に進めていく．スポーツ選手では，身体バランスや上肢リーチ機能の向上・下肢支持訓練を取り入れながら運動に必要な身体機能を構築していく．同時にこれらの運動はホームエクササイズとして指導していく．

### C 競技復帰に向けたアスレティックリハビリテーション

この時期は，競技復帰のために必要なスポーツ類似動作により運動連鎖を考慮し動作の改善を主目的とし治療展開していく．特にスポーツ動作を再獲得するためには，特定の筋に対する求心性収縮の運動学習だけでは不十分であり，各種スポーツ動作を踏まえた筋収縮様式（遠心性収縮，静止

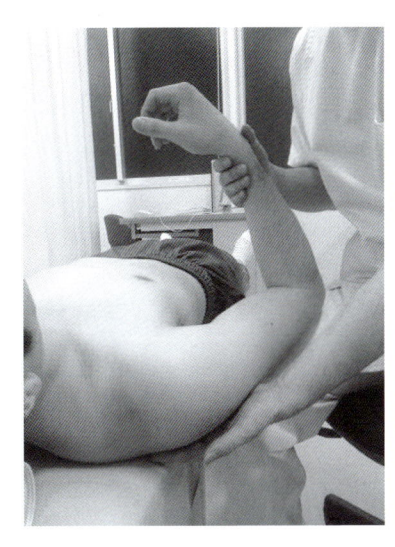

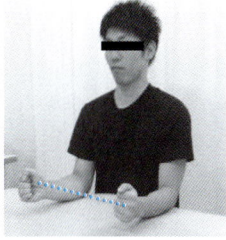

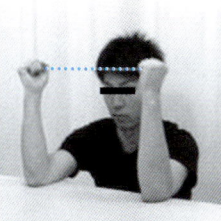

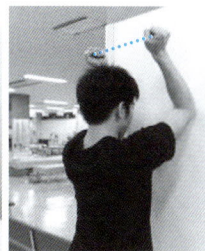

様々な肢位での外旋エクササイズ（輪ゴム使用）

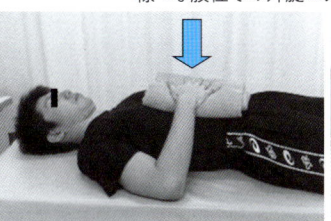

様々な肢位での内旋エクササイズ

**図 4-79** 腱板エクササイズ

腱板エクササイズは優先的に徒手抵抗から開始する．その際，上腕骨内外側上顆を結んだ線と肩甲骨面が一致する中間位を確認した上で内旋・外旋抵抗運動を実施する．

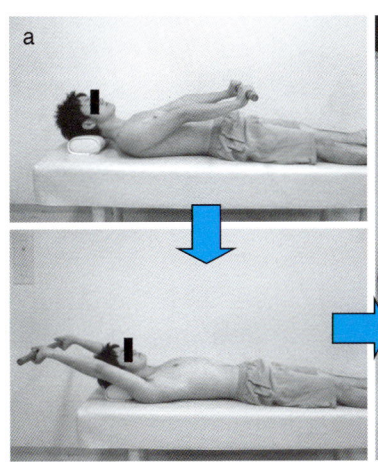

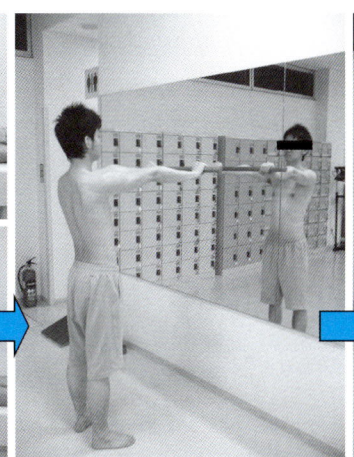

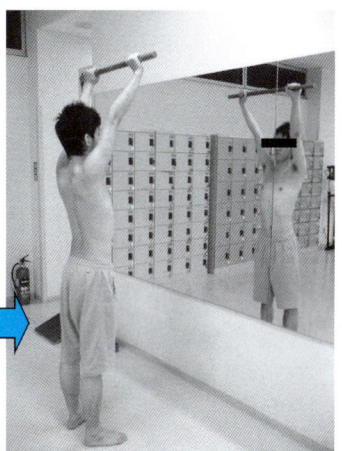

**図 4-80** 回復期のリハビリテーション
a：棒や鏡を利用しての肩甲上腕リズムの正常化
b：僧帽筋エクササイズ

E. 肩のスポーツ障害に対する理学療法の実際

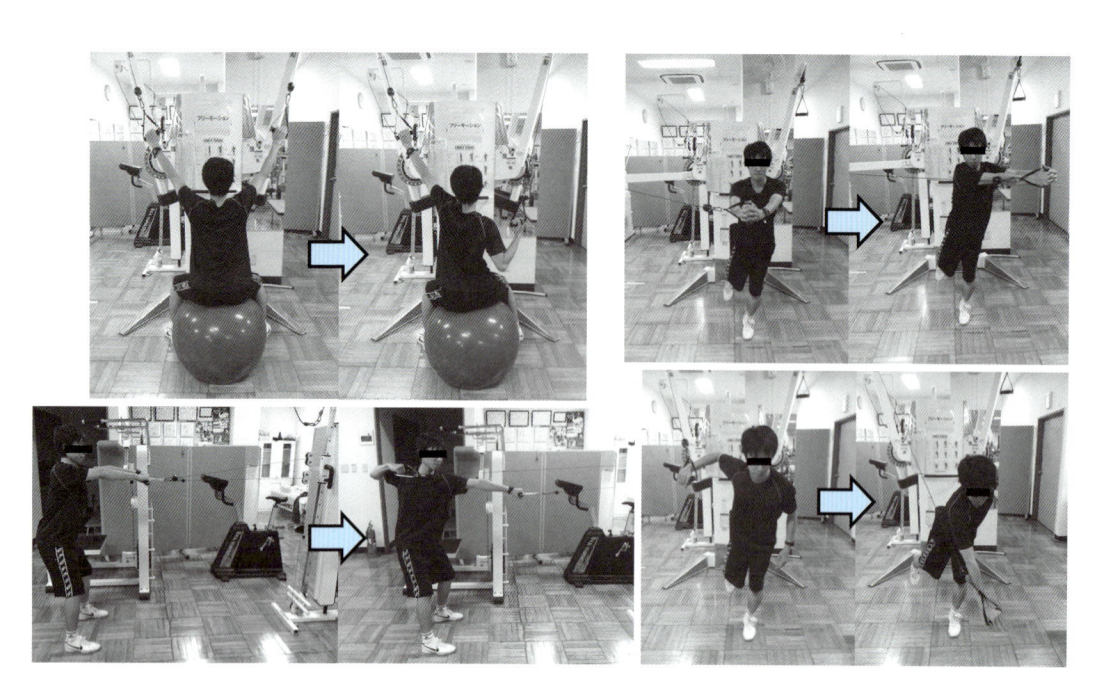

**図 4-81** 協調性トレーニング：投球動作におけるトレーニングの一例
チューブやケーブルマシンを利用して上肢・体幹・下肢における協調的な動作の獲得を図る．

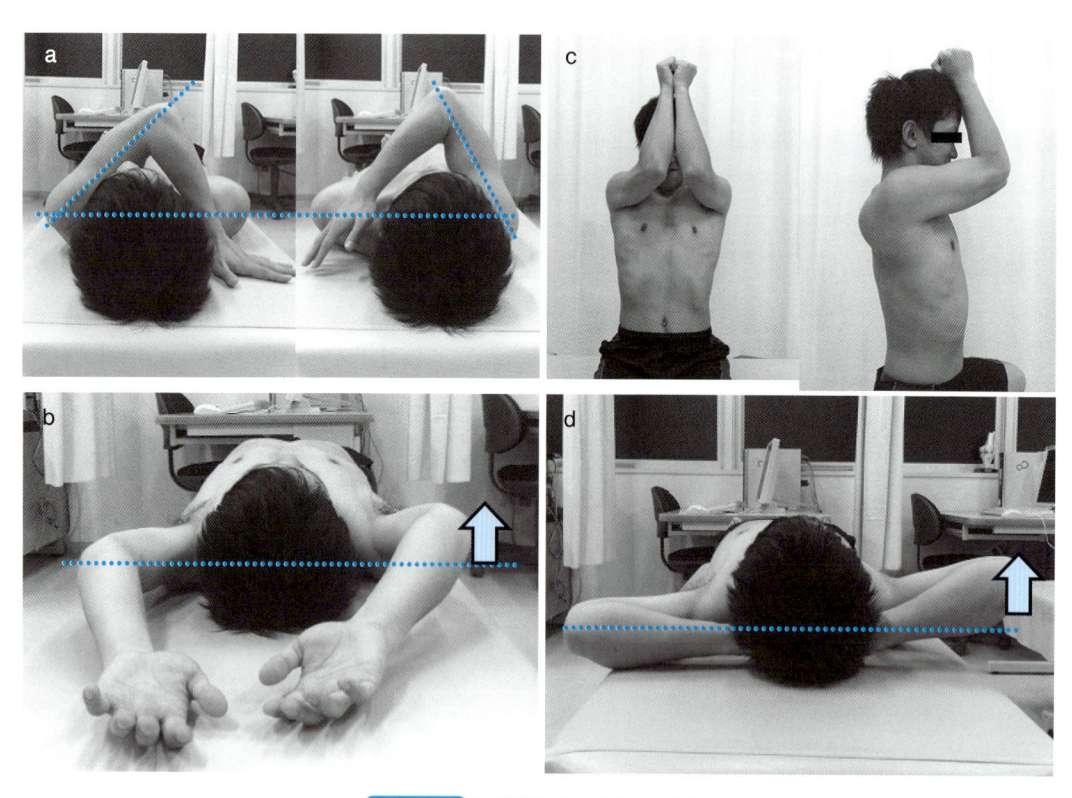

**図 4-82** 肩関節セルフチェック例
a：肩関節水平屈曲，b：肩関節屈曲，c：胸椎伸展（広背筋柔軟性），d：肩関節外転外旋．

性収縮，求心性収縮）での運動学習や重力環境を考慮した様々な肢位・スピードでの運動学習を促すことが重要となる．競技復帰については局所的にも全身的にも練習に十分参加でき，試合においても十分に競技できる状態であることが前提となる．また試合同等か，もしくはそれ以上のレベルでの練習を繰り返し継続しても疲労が一定の休息の後に改善すること，また選手の自信など心理面も含めて改善していることなどが望ましい．

スポーツへの参加が許可された後においても，スポーツ競技によっては肩関節に負担を強いる動作を要求されることが多く，スポーツ競技を再開するにあたり，ウォーミングアップおよびクーリングダウンは十分に時間をかけて行うよう指導をしていく．さらには日々の身体機能の変化をモニタリングすることが可能なセルフチェックを指導し，自分自身の身体機能をモニタリングできるよう意識づけを行っている（図4-82）．

■**文献**
1) 菅谷啓之．上肢のスポーツ障害に対するリハビリテーション．関節外科．2010；29（増刊号）：148-58.
2) 菅谷啓之，鈴木 智．医学的診断治療に有用なコンディショニング関連情報：上肢．臨床スポーツ医学．2011；28（臨時増大号）：21-7.
3) 菅谷啓之．投球障害に対する腱板断裂手術．MB Orthop．2007；20：52-8.
4) Bright RW, Elmore SM. Physical properties of epiphyseal plate cartilage. Surg Forum. 1968; 19: 463-4.
5) Micheli LJ. Overuse injuries in children sports. Clin. North Am. 1983; 14: 337-60.
6) Crockett HC, Gross LB, Wilk KE, et al. Osseous adaptation and range of motion at the glenohumeral joint in professional baseball pitchers. Am J Sports Med. 2002; 30: 20-6.
7) Osbahr DC, Cannon DL, Speer KP. Retroversion of the humerus in the throwing shoulder of college baseball pitchers. Am J Sports Med. 2002; 30: 347-53.
8) Reagan KM, Meister K, Horodyski MB, et al: Humeral retroversion and its relationship to glenohumeral rotation in the shoulder of college baseball players. Am J Sports Med. 2002; 30: 354-60.
9) Jobe FW, Glangarra CE, Kvitne RS, et al. Anterior capsulolabral reconstruction of the shoulder in athletes in overhand sports. Am J Sports Med. 1991; 19: 428-34.
10) Burkhart SS, Morgan CD, Kibler WB. The disabled throwing shoulder: spectrum of pathology Part Ⅰ: pathoanatomy and biomechanics. Arthroscopy. 2003; 19: 404-20.
11) 小泉圭介．競技特性に応じたコンディショニング 水泳競技．臨床スポーツ医学．2011；28（臨時増大号）：363-72.
12) 鈴木 智．腱板損傷（症例1-2）．In：嶋田智明，編．続 障害別・ケースで学ぶ理学療法臨床思考．東京：文光堂；2009．p.15-37.
13) 高村 隆，鈴木 智．投球障害に対する医療施設でのリハビリテーションとリコンディショニングの実際．In：山口光國，編．投球障害のリハビリテーションとリコンディショニング—リスクマネジメントに基づいたアプローチ．東京：文光堂；2010．p.165-86.

［鈴木　智］

## 4 上肢のスポーツ障害に対するアプローチ

# F 肘のスポーツ障害に対する理学療法の実際

　肘関節に障害をきたしやすいスポーツとして，オーバーヘッド競技の代表例である野球，打具を用いるテニス・ゴルフ，対人競技である相撲・柔道や，上肢支持動作が特徴的な体操競技などがあげられる．各スポーツにおける障害は多岐にわたるが，障害部位から大別すると内側，外側，後方に分類される．内側障害には内側上顆炎，内側上顆裂離・離開，内側側副靱帯損傷，外側障害には上腕骨小頭離断性骨軟骨炎，外側上顆炎，後方障害には肘頭骨端線離開，後方インピンジメント障害などがあげられる．変形性関節症はこれら障害の後遺症ともいうべき疾患であり，全域にわたる．スポーツに起因する肘障害は，メカニカルストレスが骨・関節ならびに肘関節周囲筋や靱帯組織に繰り返し加わった結果であると考えられる．スポーツ動作中の肘関節は，骨・関節，靱帯の一次制動に加え，筋作用による二次性の制動力が安定性の保持を行っている．しかし，スポーツ動作において肘関節は力学的な中継・伝達の役割を担うものであり，肘関節単独での動作はほとんどみられない．つまり肘関節自体の機能低下が障害の発生要因となることは少なく，肘関節以外の身体機能低下や動作不良に影響を受け，局所メカニカルストレスが増大することにより発生するものと考えられる．理学療法を進めていくうえで，メカニカルストレスが何によって引き起こされたかを推し量る必要があるため，競技ごとに必要とされる身体運動特性を十分に把握し，肘関節機能にとどまらず他の身体機能にも着目することが重要となる．本稿ではスポーツの肘障害における理学療法の実際について例をあげながら述べる．

## 1 ● 理学療法の流れ

　愁訴は疼痛を訴えるものがほとんどであるが，愁訴に対して局所的な問題点の抽出，症状を惹起する要因となる肘関節局所以外の身体機能評価，それらの問題点に対する理学療法プログラムの立案・実施へと進めていく．急性症状においては疼痛管理を最優先に行う．局所の疼痛や可動性に対するアプローチと並行して，局所以外の身体機能改善に取り組む．ここまでの流れをメディカルリハビリテーションとし，それ以降，各競技特性を踏まえたアスレティックリハビリテーションへと徐々に移行し，スポーツ障害における最終的なゴールである競技への完全復帰を目指す．競技復帰は try and error を繰り返しながら段階的に進めていく．

## 2 ● 理学療法評価のポイント

### A 肘関節機能評価

#### 1．疼痛誘発テスト

　一般的に用いられる整形外科テストに加え，それらを応用して，競技特性に応じた肢位で疼痛の再現を確認する．経時的変化の確認は NRS（Numerical Rating Scale）などの主観的評価を用いる．

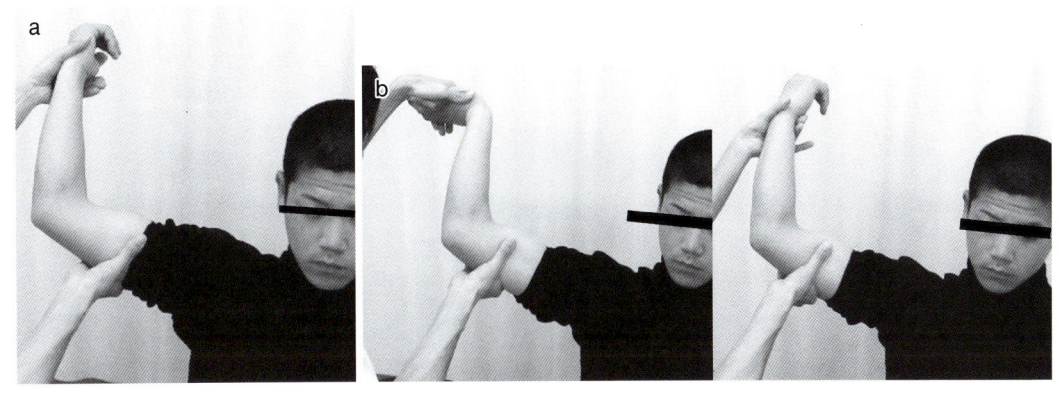

**図 4-83** 内側障害における疼痛誘発テストの応用
a：肩関節外転・外旋位，肘屈曲 70°～80°における外反ストレステスト．
b：前腕回外位と手関節背屈位による回内屈筋群伸張位での評価．

　長期にわたり疼痛を有する症例では，局所症状に加え，筋の防御性収縮による二次的な疼痛が混在することもあるため，疼痛が何に由来するかは適宜評価する必要がある．

　内側では投球動作やテニスのフォアハンドストロークなどの動作における肘内側牽引ストレスによる発症が多い．疼痛誘発テストでは外反ストレステスト，milking テストを用いる．投球障害においては内側側副靱帯前斜走線維の緊張が高まる肘関節角度が late cocking 期から acceleration 期での前斜走線維損傷時の角度と近似している[1]ことから，この位相の近似肢位である肩関節外転・外旋位，肘屈曲 70°～80°における外反ストレステスト（図 4-83a）を用いることも有用である．また同肢位で，牽引ストレスによる疼痛が靱帯由来であるか回内屈筋群由来であるかを鑑別する方法として，前腕回外位と回内位，手関節背屈位と掌屈位で比較することも一手段である（図 4-83b）．筋収縮に伴う疼痛は回内屈筋群の抵抗運動による疼痛が観察される．

　テニスでよくみられる外側上顆炎では，バックハンドストローク時のインパクトによるストレスのみならず，テニスが打具を用いる競技であることから，グリップ時に手関節固定作用として手関節伸筋群の収縮によるメカニカルストレスの繰り返しで障害が発生すると考えられている[2]．またサーブ動作のインパクトにおける遠心性収縮によるメカニカルストレスも障害発生要因とされている[3]．疼痛誘発テストは Thomsen テスト，中指伸展テスト，伸張ストレスによる疼痛などを確認する．実際にグリップ動作をさせて握り方の違いによる疼痛の確認方法を用いることもある．

　後方障害では，肘頭と肘頭窩の後方インピンジメントや腕尺関節後内側インピンジメントによる疼痛が代表例である．過伸展ストレステストや内反・外反ストレステストによる圧迫ストレスによる疼痛を確認する．牽引ストレスでは上腕三頭筋の伸張時，もしくは収縮時痛を確認する．

## 2．関節可動域・筋機能

　基本的な可動域評価は肘関節屈曲・伸展，前腕回内・回外の測定を行う．可動域制限は，疼痛，軟部組織の伸張性低下，関節構造破綻が主因であるといえる．急性期にみられる炎症性の疼痛を呈している例では，関節可動域の終末抵抗に先行して疼痛が出現する．軟部組織に由来する例では，終末抵抗時に筋の伸張痛を訴える．明らかな骨性制限を呈する例では，いわゆる暴力的な関節可動域エクササイズは好ましくない．経過の長い症例では，疼痛による防御性収縮に伴う筋緊張に由来する可動域制限を呈していることが多く，可動域制限が何に由来しているかを見極めることが重要である．

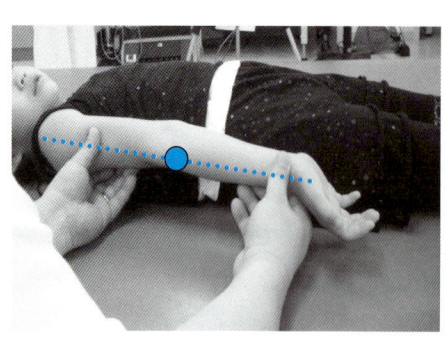

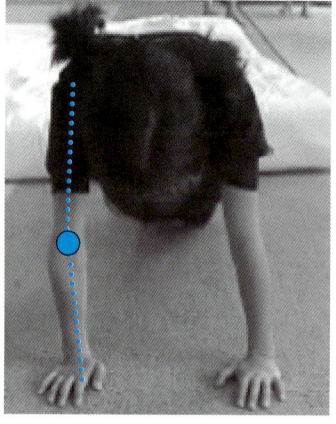

**図4-84** 背臥位と上肢荷重位における可動域評価

非荷重位（左）では完全伸展しているが，荷重位（右）では伸展制限を認める場合もある．

　野球肘やテニス肘において，前腕回外制限や肘関節伸展制限を呈している例では前腕屈筋群の緊張に由来するものが多い．いわゆる"手投げ"や"手打ち"はボールリリースやインパクトに向けて肘が先行し，外反ストレスに抗する力や手関節掌屈などの末梢に加わる負荷が増大する．またリリースやインパクト以降のブレーキング作用も肘関節周囲へ過剰なストレスを惹起する．そのため，回内屈筋群の過緊張や遠心性収縮による上腕二頭筋や腕橈骨筋の過緊張が生じて筋由来の制限が生じる．このような例では純粋に回外制限を呈しているものと，腕橈骨筋など外側筋群の緊張作用により外反方向へ肘関節が偏位し，代償的に前腕回内筋群などの緊張を引き起こしているものもある．またコンタクトスポーツや体操競技では，通常の可動域測定で左右差が顕著でない症例でも，荷重位で観察すると前腕と上腕位置関係の左右差や，肘関節の過伸展または伸展制限を認める場合があるため，荷重位での評価も重要である（図4-84）．

　肘関節屈筋，伸筋，前腕回内外の筋力評価はMMT（manual muscle testing）に準ずるが，そのほか肘関節内側支持機構の能動的制動力[4]とされる円回内筋，上腕三頭筋，手根屈筋群の求心性ならびに遠心性の筋力評価を行う．当然のことながら二関節筋の筋力は肩・手関節肢位の変化により左右差が顕著となることがあるため，筋力の強弱だけでなく他関節との関連を考慮する．

## B 肘関節以外の機能評価

### 1．姿勢評価

　姿勢の観察や諸動作の分析は，理学療法を進めていくうえでの身体情報を得る有用な手段である．関節可動域や筋力も肢位や姿勢に影響を受けることが多い．

　立位姿勢における矢状面の評価では，一般的に耳垂・肩峰・大転子・膝蓋骨後面・外果前方2cmを結んだ線上に重心線が観察される．肘関節伸展制限を伴う例では，肩峰位置が前方に偏位し肩関節伸展位を呈していることがある．前額面の後方からは肩甲骨位置を中心に観察する．肘に強い疼痛を伴う例では肘屈筋群や頸部筋の過緊張により，肩甲骨位置の上方偏位などが観察される．ただし軽度の位置偏移は競技特性による姿勢の特徴である場合も多く，必ずしも障害と関連付けられるとは限らないので注意を要する．前方からの観察では上腕・前腕の位置関係を確認する．左右差を確認し，上腕骨のみの偏位（例：上腕外旋位・前腕中間位）や上腕・前腕の異なる偏位（例：上腕

外旋位・前腕回内位）では肘関節や前腕の可動制限などが疑われる[5]．

背臥位では上肢帯に限れば，肩峰と床面の距離に左右差を認める場合がある．多くは前胸部の緊張に由来し肩甲骨が前傾している．一見，肘関節が完全伸展しているように観察される場合でも，肩峰が前方偏位していると，可動域測定における基本軸である上腕骨軸が左右で異なるため，その確認が必要となる．

### 2．隣接関節

姿勢評価で前述したように肘関節の可動域制限は，隣接する肩関節や手関節のアライメントにも影響を受けるため，隣接関節である肩関節・手関節の可動域も同時に評価する．多くの競技において肩関節外旋制限は肘関節外反を増強させる因子に，手関節背屈制限はボール把持動作やグリップ動作における前腕筋群の過剰な収縮を要求される因子となりうるため，肘障害との関連性を常に考慮しながら隣接関節の評価を行う．また，手指を用いる競技では，肘との二関節筋が多く存在する手関節・手指の筋機能や手根骨不安定性の評価も行う．特に手関節背屈可動域制限[6]，尺側手根屈筋機能低下は肘障害との関連性が報告されており重要である．

### 3．体幹（肩甲胸郭機能）・下肢

野球やテニス・ゴルフなどでは指先や打具に効率よくエネルギーを伝達するため，下肢・体幹・上肢の連鎖的な動作が要求される．いずれも下肢・体幹の回旋動作により加速させる動作位相が含まれる．そのため股関節や胸郭の可動性評価は不可欠である．また，野球の投球動作やテニスのサーブでは上肢はオーバーヘッドポジションとなるため十分な胸郭の伸展動作も必要とされる．

投球動作の内側牽引障害を例にあげる．late cocking 期から acceleration 期での発症が多い障害であり，この位相において肘関節は屈曲位（肩関節外旋位）を保ったまま，内反トルクと伸展トルクがはたらき，伸展トルクはボールリリースまではたらく．動作中の肩関節外旋と肘関節外反は，骨盤・体幹回旋運動や肩関節水平屈曲方向への運動により引き起こされる受動的な動作（図4-85）[7]であるため，この位相では肩関節外旋，肩甲骨内転・後傾，胸郭回旋・伸展可動性と僧帽筋中部・下部線維を中心とした支持機能が肘関節外反ストレスの二次的な制動力として必要とされる．この位相の下肢機能では，軸脚股関節は伸展動作，ステップ脚では股関節内転・内旋可動性と支持機能（股関節回旋筋群・伸筋群）が要求される．これらの可動性や筋力は単関節の評価に加え，複合的な回旋・伸展動作の評価や荷重位で行うことで総合的に評価する．

対人競技や体操競技では，手から肘への介達外力が加わることの多い競技であり，衝撃吸収を行

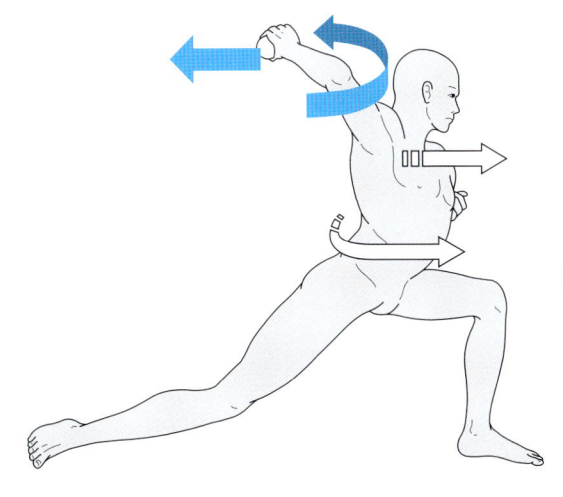

**図4-85** 肘関節外反方向へのメカニカルストレス[7]

Late cocking 期〜acceleration 期の骨盤・体幹回旋，肩関節水平屈曲に伴い，肩関節最大外旋位となり，肘関節外反方向へのメカニカルストレスが加わる．

うための機能や，相撲・柔道などでは押す・引くなどの能動的動作が要求される．投球障害と同様に可動性評価や筋力評価を行うが，特に肩甲胸郭と肘関節屈伸運動の協調性を確認する目的で，上肢荷重肢位にて筋機能評価を行う．さらに体操競技では，倒立姿勢における左右の荷重割合や重心位置の評価のために，荷重検査機器などを用いることも有用である．

### C その他（基礎情報，問診）

スポーツ障害を呈する症例の多くが早期の競技復帰を望んでおり，ただ休ませるのではなく，医師と協議しながら安静期間の設定や段階的な復帰手順をあらかじめ症例に呈示し，復帰までに何をすべきかを十分に説明する必要がある．そのために，まず画像所見を中心とした器質的問題に関して，医師の診断情報を把握する．続いて症状の経過や症例の背景に関する問診では，疼痛発症時期，発症機転とその経過，疼痛が発現する競技動作位相，また日常生活活動や運動制限の程度，また既往歴やポジション，練習頻度，希望する復帰時期などを十分に聴取する．

## 3 理学療法アプローチ

### A 疼痛

局所炎症症状や安静時痛，肘関節屈曲・伸展時痛を呈している場合はアイシングによる疼痛管理を行う．筋の伸張痛や収縮時痛に対してはアイシングに加え選択的なストレッチ（図4-86a, b）や自動運動を行わせる．また疼痛が強く，頚部・肩甲骨周囲筋の過緊張を呈し，上肢全体のアライメントが不良となることも多い．そのような症例では筋緊張緩和を目的としたテーピング（図4-86c）やリラクゼーション肢位の確保による筋緊張コントロールを行う．

### B 肘関節可動域

可動域制限に伴う日常生活における代償動作などにより，頚部・肩甲骨周囲筋の過緊張を呈し，上肢全体のアライメントが不良となることも多い．そのような例では，肘関節局所の関節可動域評価に先行して肩甲帯周囲のリラクゼーションを図る必要がある．

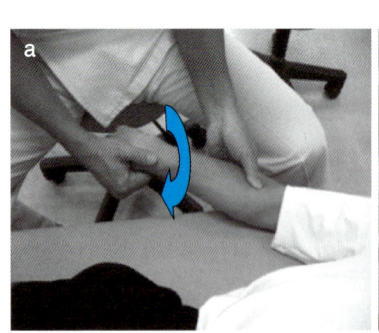

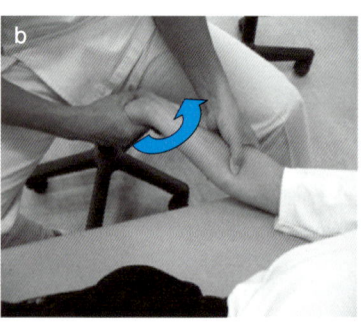

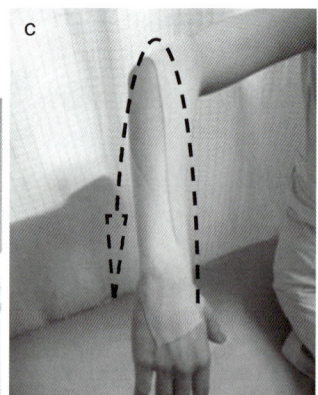

**図4-86 ストレッチとテーピングの一例**
a：回内方向へのストレッチ
b：回外方向へのストレッチ
c：筋緊張緩和を目的としたテーピング

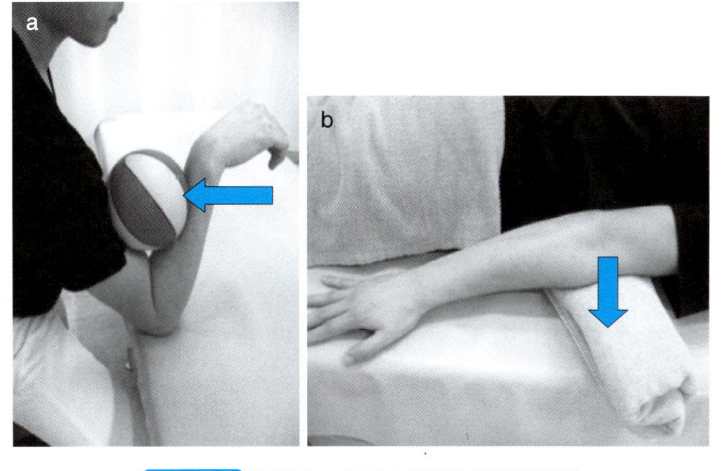

**図 4-87** 肘屈曲・伸展の選択的筋収縮運動
a: 上腕筋, b: 上腕三頭筋内側頭

　器質的な関節構造破綻をきたさない限り，可動域制限は運動方向と拮抗する筋柔軟性低下，もしくは主動作筋の筋力・筋出力の低下に由来することがほとんどである．

　肘関節柔軟性では上腕二頭筋，上腕三頭筋のストレッチが主である．筋機能では，肘屈曲における上腕二頭筋はもちろんのこと，前方関節包に付着する上腕筋を賦活することで関節包の伸張性を向上させる．肘伸展においては後方関節包の滑走を促すために，上腕三頭筋内側頭を賦活する（図4-87）．前腕回内・回外可動域もスポーツ動作において重要な機能である．回内制限は橈骨輪状靱帯，方形靱帯の後方，外側側副靱帯の伸張性低下などがあげられ，輪状靱帯に回外筋の起始部が存在することから回外筋のリラクゼーションを目的とした，他動的なストレッチを行い外側軟部組織の伸長性を改善する[8,9]．回外制限では円回内筋の選択的ストレッチや，橈骨頭を背側に押し込みながらの回外可動域エクササイズを行う．筋機能エクササイズとしては回内屈筋群，前腕伸筋群を賦活する．ストレッチ方法や筋機能賦活エクササイズは在宅でも実施できるよう，セルフエクササイズとして選手に理解させることが重要である．

### C その他の身体機能

　肘関節局所の可動域エクササイズと並行し，前述した局所以外の身体機能へのアプローチを取り入れる．野球・テニスにおける上肢動作は OKC（open kinetic chain）動作であり，上肢運動の母体ともいうべき肩甲胸郭関節・肩関節の十分な可動性と支持機能の獲得は不可欠である．特に投球障害では障害側の肩甲骨・肩関節可動制限，僧帽筋中部・下部線維を中心とした筋機能の低下を認める例が多い．このような選手は胸郭伸展・回旋動作にも制限をきたしていることが多く，同時にアプローチが必要とされる（図4-88）．肘関節近位の隣接関節のみならず，遠位隣接関節である手関節や手指機能では特に，尺側手根屈筋や小指球筋機能低下による手関節不安定性，手内在筋の柔軟性低下などによるグリップ動作の不良例もみられるため，それらの機能改善にも努める．また下肢，特に骨盤・股関節機能へのアプローチも重要である．たとえばハムストリングスの柔軟性低下により骨盤後傾位を呈していれば脊柱可動性の低下や重心の後方偏移などスポーツ動作におけるマイナス要因となりうる．また股関節回旋制限は体幹や上肢における回旋動作を強め，結果として over contraction による障害を発生しうる．

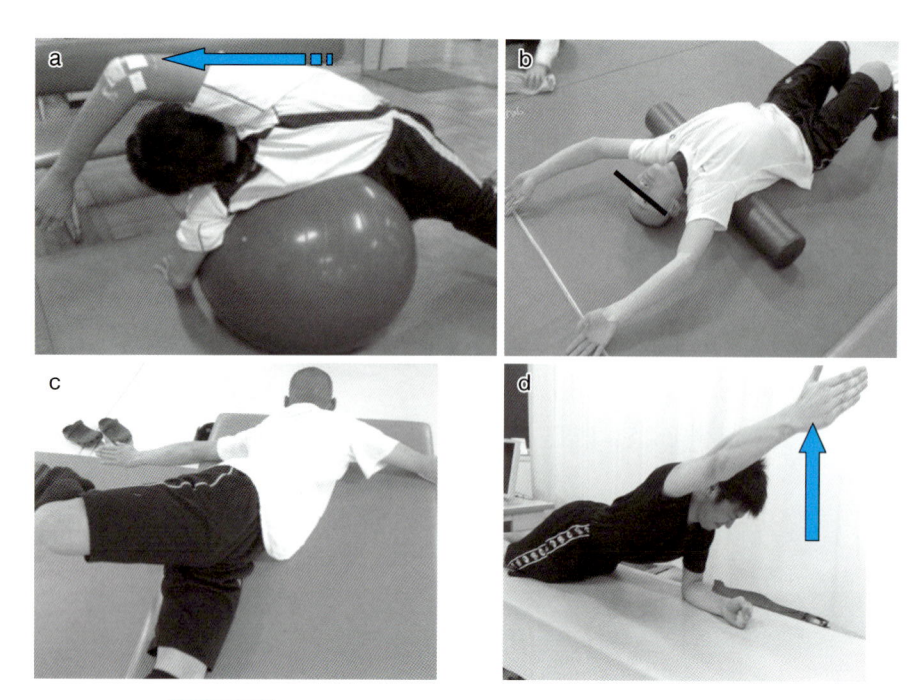

**図 4-88** 体幹・胸郭ストレッチと OKC エクササイズの例
a: 胸郭側屈ストレッチ, b: 胸郭伸展ストレッチ,
c: 下部体幹・股関節ストレッチ, d: 肩甲骨周囲筋トレーニング

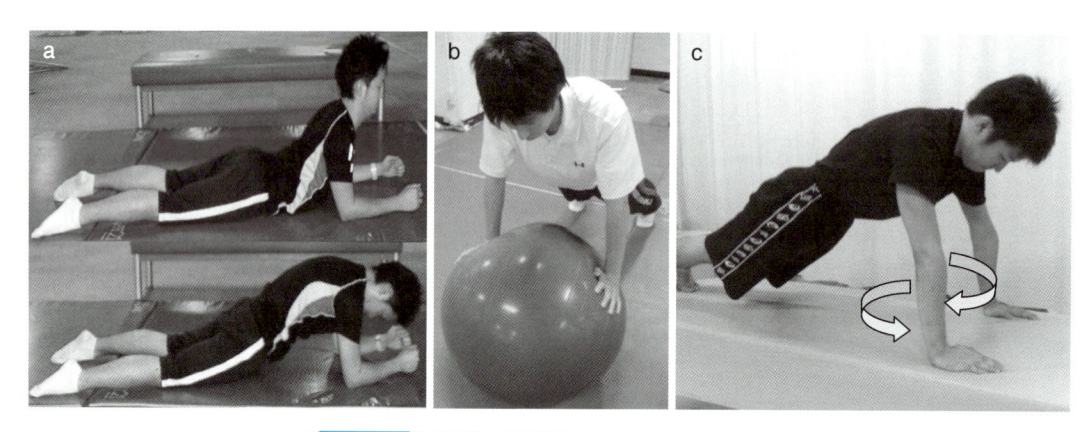

**図 4-89** 肩甲帯・肘関節の CKC エクササイズ
a: Scapula push up, b: On hand 肢位, c: 肩甲帯・上腕・前腕協調エクササイズ

　コンタクトスポーツは体幹・肩甲帯筋力と肘関節・手関節との協調運動の向上が必要とされるため，CKC（closed kinetic chain）エクササイズが選択されることが多い．方法として，肩甲帯支持機能改善を目的とした on elbow での scapula push up から開始し，徐々に on hand の肢位へ移行する（図 4-89）．荷重位での機能的安定性を四つ這いにて，肩甲骨・上腕骨・前腕のアライメント調整と，上腕骨の内旋と肩甲骨外転運動を組み合わせた協調運動や腕立て伏せなどの荷重練習などを実施する．On hand において十分な支持機能が得られた段階で肘関節屈伸運動を組み合わせたプライオメトリックエクササイズへとさらに移行する（図 4-90）．いずれにしてもスポーツ動作中の肘関節がどのように使われ障害を引き起こしたのか，またその動作が何に起因するかを見極めて，局所以

164　4. 上肢のスポーツ障害に対するアプローチ

**図 4-90** 肘関節屈伸運動を組み合わせたプライオメトリックエクササイズ
左から，開始肢位→ジャンプ→着地．

外への理学療法プログラムを実施する．

### D アスレティックリハビリテーション

これまでの理学療法プログラムにおいて，肘関節機能，身体機能の改善が見られれば競技部分復帰となる．競技部分復帰以降は try and error を繰り返しながら，局所・患部外のさらなる機能向上を図る．具体例では，野球においては疼痛が発生していた投球位相を考慮し，late cocking 期から

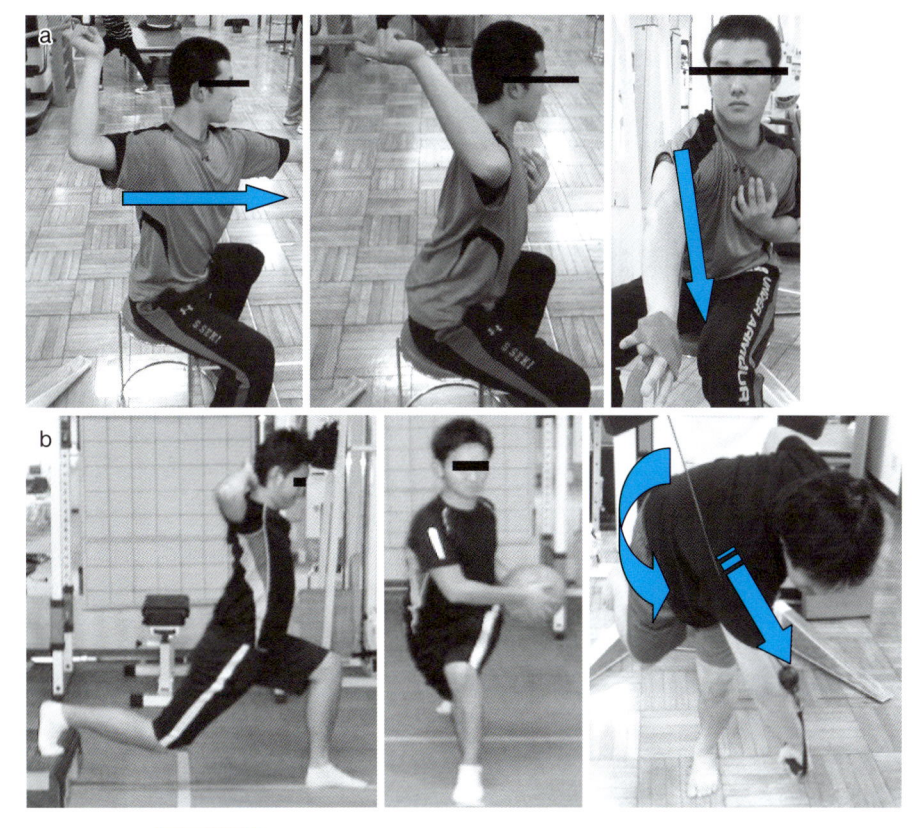

**図 4-91** 野球肘に対するアスレティックリハビリテーション
a：坐位でのトレーニングでは主に体幹回旋運動を意識させる．
b：下肢からの運動連鎖を考慮したエクササイズ．

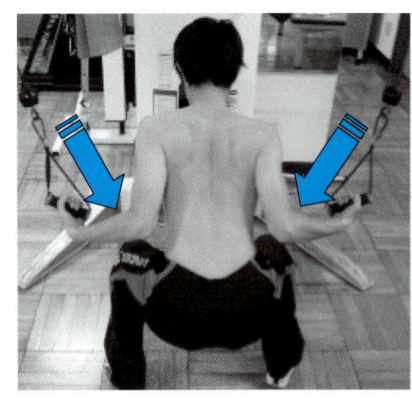

**図 4-92** アスレティックリハビリテーションの一例
低い重心位置を保持しながらの上肢・体幹トレーニングを実施する．

**図 4-93** 体操競技における段階的トレーニング
倒立バーを用いて段階的に上肢荷重量を漸増させていく．

acceleration 期では動作開始からステップ足の foot plant までのトレーニング，follow through 期では投球方向への回旋動作を中心としたトレーニングを実施する（図 4-91）．柔道・ラグビーなどのコンタクトスポーツでは低い重心位置を保持しながらの上肢・体幹トレーニングを実施する（図 4-92）．体操競技の競技復帰時期のアプローチ方法[10]として，基本技術となる倒立時に，選手は床・器具に接している指・手掌機能，肩甲胸郭関節を含む肩甲帯機能で姿勢の制御を行っていることから，競技用具の「倒立バー」を用いた荷重トレーニングの実施が有効である．正座・四つ這い・腕立て・足部を上げた支持・倒立へと段階を上げていく（図 4-93）．また荷重動作の中でも特殊な技術として「着き手」と呼ばれる跳躍技術がある．これは肘関節の屈伸ではなく肩甲帯機能のプライオメト

リックな動作であり，壁に向かい比較的硬さのあるボールなどを両手で把持し肩甲帯機能を十分意識させて練習を行わせる．

　医療機関においても可能な限り，より実践に近い強度でのスポーツ動作を再現させ，不足していると思われる連鎖的な動作もしくはフォームへの介入を行う．あくまでも肘関節へのメカニカルストレス軽減が目的であるため，極端な技術指導となり過ぎないことに留意する．競技復帰方法は当然のことながら，すぐに全力で復帰させるのではなく，各競技における肘関節への負荷量を考慮し段階的に進めていく．

■**文献**
1) 村上恒二，車谷　洋，山下剛正，他．内側型野球肘の鑑別診断と治療．MB Orthop. 2003; 16: 19-26.
2) 薄井正道．テニス肘の病態と手術的（Nirschl-Pettrone 法）治療．MB Orthop. 1998; 11: 81-9.
3) 坂田　淳．テニス肘に対する私の治療．In: 福林　徹，蒲田和芳，編．スポーツにおける肘関節疾患のメカニズムとリハビリテーション．1 版．東京: NAP; 2011. p.128-41.
4) Werner SL, Fleisig GS, Dillman CJ, et al. Biomechanics of the elbow during baseball pitching. J Orthop Sports Phys Ther. 1993; 17: 274-8.
5) 筒井廣明，山口光圀．投球障害肩こう診てこう治せ．1 版．東京: メジカルビュー社; 2004.
6) 宮下浩二，金子昌代，伊良波知子，他．野球肘の選手にみられた手関節背屈制限について．理学療法学．1993; 20: 346.
7) 仲島佑紀，岡田　亨，高村　隆．肘関節の不安定性と理学療法のポイント．理学療法．2010; 27: 1287-94.
8) 林　典雄．運動器超音波解剖の関節拘縮治療への展開．理学療法学．2010; 37: 645-9.
9) 鵜飼建志．肘の可動域と制限因子，その対応について．Sportsmedicine. 2011; 133: 9-14.
10) 岡田　亨，澤野靖之，関口貴博，他．体操選手の傷害と理学療法．PT ジャーナル．2006; 40: 439-47.

［仲島佑紀］

## 4 上肢のスポーツ障害に対するアプローチ

# G 上肢のスポーツ障害に対する体外衝撃波療法の適応と効果

　筋・腱付着部障害の保存療法として，現在本邦では，①運動量の制限，安静，②リハビリテーション（アスレティックリハビリテーション含め），③物理療法，④外用剤，⑤内服薬（NSAIDs 等），⑥装具療法，⑦局所麻酔薬やステロイドを使用した局所注射，関節内注射等様々な方法が行われている．実際の臨床の場ではこのような様々な方法のうちいくつかの方法が選択され，それらを組み合わせて治療が行われている．

　筋・腱付着部障害の治療は保存療法が優先されるが前述の治療法に抵抗性である難治例に対する治療は時に難渋する場合があり，また，十分な休養期間をとれば治癒が見込めるケースであっても，大切な競技や試合を間近に控えたスポーツ選手においては，短期間で症状を軽減することが要求される．このような難治例や治療を急ぐスポーツ選手における保存的治療として体外衝撃波療法は有用と思われる．

## 1 整形外科領域における体外衝撃波療法

　Extracorporeal shock wave therapy（体外衝撃波療法：ESWT）は，古くから結石破砕治療として発展してきた．1991 年に Valchanou ら[1]が骨折後の偽関節に対する治療法として報告して以来，欧米を中心に世界各国で整形外科領域での臨床応用が行われている．当初，骨形成作用に用いられていたが，その後除痛作用があることがわかり，テニス肘，足底腱膜炎等の筋・腱付着部障害の治療に用いられるようになった．1995 年 Loew らが石灰沈着性腱板炎に対する有効性[2]，1996 年 Rompe らが上腕骨外側上顆炎[3]，1996 年足底腱膜炎[4]に対する有効性を報告している．その後 2000 年にアメリカ FDA での認可の後，種々の臨床成績が報告されている．2008 年本邦で足底腱膜炎に対して厚生労働省の認可が下り，臨床使用が可能になった．また 2012 年より足底腱膜炎に対する保険診療が可能となり，今後他の疾患でも認可が進むと思われる．

## 2 体外衝撃波療法の治療効果

　基礎的研究より，骨に対する作用として，骨形成作用[5]，骨塩量増加作用[6]，過成長を誘導する作用[5]，臼蓋形成作用[7]，局所における骨折に類似した遺伝子の発現[8]などがあげられる．しかし，副作用となる危険性がある効果もあり，骨端線早期閉鎖作用[9]，皮内出血，筋肉内出血，骨膜下出血なども起こる危険性があり，照射には注意を要する．一方，除痛メカニズムとして自由神経終末の破壊による除痛効果[10]，endothelial nitric oxide synthase（eNOS），vessel endothelial growth factor（VEGF），proliferating cell nuclear antigen（PCNA）といったサイトカインの産生による血管新生[11]，照射による transforming growth factor-beta（TGF-β），insulin-like growth factor（IGF）の産生亢進による腱の再生[12]，虚血性心疾患モデルにおける血流の再開[13]等の報告があり，血流の増加やサ

イトカインの増加による腱や周囲組織の再生が起こると考えられている．すなわち，病変部で疼痛を感知する自由神経終末の変性を誘導して，早期の除痛をもたらし，腱の再生，修復により長期的な除痛が得られると考えられている．

## 3 体外衝撃波発生装置

　超音波は一定のサインカーブを描く連続する圧力波のため局所に熱エネルギーが蓄積しやすい．したがって，熱による副作用を避けるためには振幅（エネルギー）を少なくしなければならない．一方，体外衝撃波は非連続性の圧力波であるため局所で放出された熱エネルギーが血流などを介して放散する時間があるため，振幅を大きくしても安全性が損なわれにくく高エネルギーでの照射が可能となっている（図4-94）．また，体外衝撃波発生装置には2種類あり，エネルギーが収束するfocused typeおよびエネルギーが放射状に広がるradial typeの2種類に分けられ，欧米では様々な機器が臨床使用されている（図4-95）．本邦で認可が得られているのはfocused typeのドルニエ

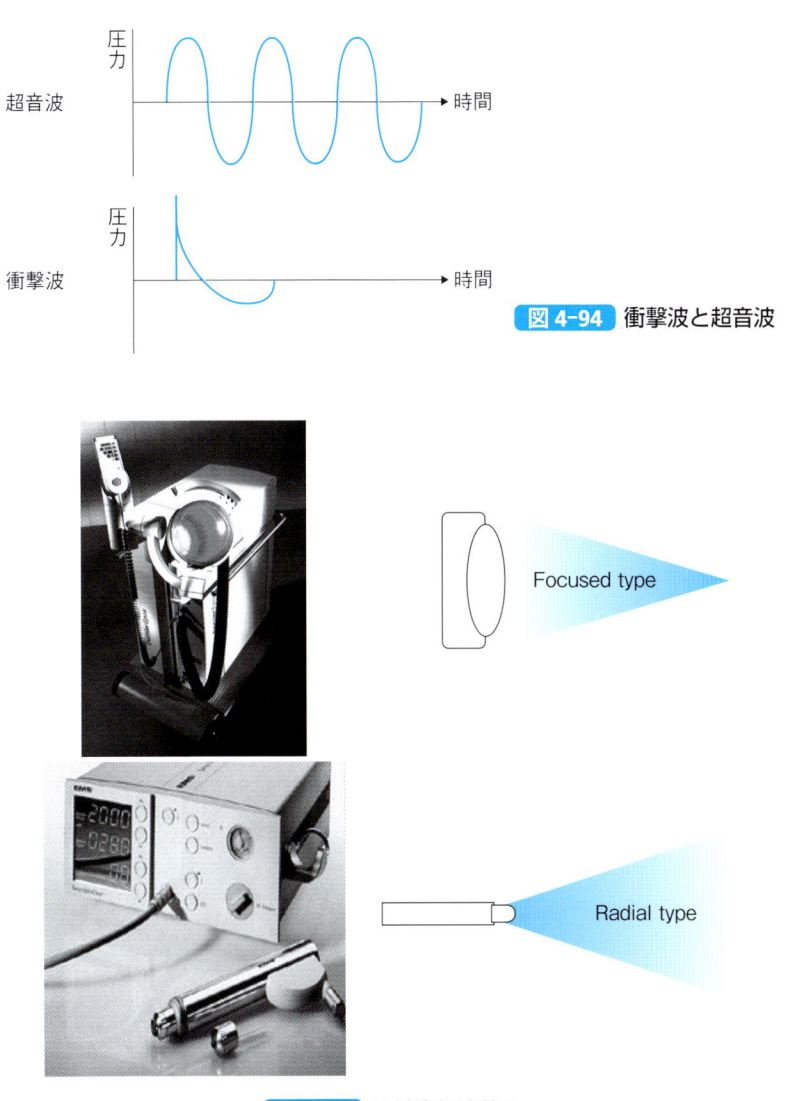

図4-94 衝撃波と超音波

図4-95 体外衝撃波装置

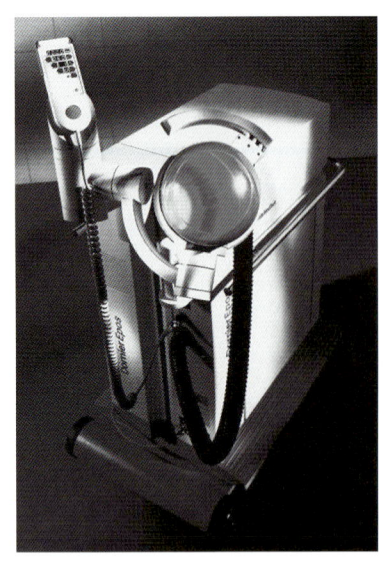

図 4-96　ドルニエ社製エイポスウルトラ

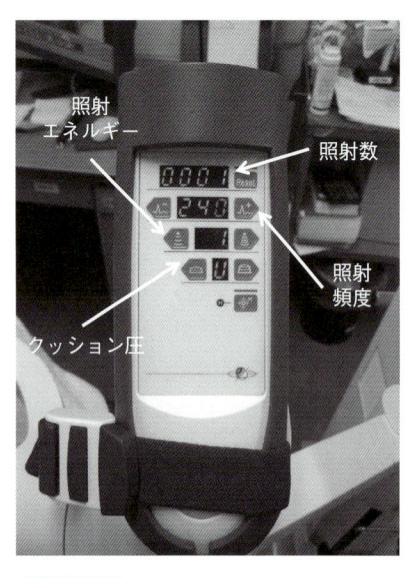

図 4-97　エイポスウルトラの操作盤

表 4-8　Energy flux density（EFD）
7 段階に調節可能.

| レベル | EFD（mJ/mm$^2$） |
| --- | --- |
| 1 | 0.03 |
| 2 | 0.05 |
| 3 | 0.08 |
| 4 | 0.12 |
| 5 | 0.18 |
| 6 | 0.27 |
| 7 | 0.36 |

レベル1～3：Low energy
レベル4～7：High energy

Total energy：EFD×照射回数
結石破壊の際に使われるエネルギーの半分以下

社製エイポスウルトラのみである（図4-96）．本装置は電磁誘導方式で焦点領域は3.8×25 mm，深達度は0～60 mmである．照射エネルギー流速密度（energy flux density）は0.03から0.36 mJ/mm$^2$と7段階に可変式でレベル1～3はlow energyで，レベル4以上は高エネルギーとなる（表4-8）．また，照射頻度も1～4 Hzと可変式である（図4-97）．体外衝撃波は空気が入るとエネルギーが減衰するため，クッションと照射部にはエコー用のゼリーを塗布する．体位は，照射可能な座位，仰臥位，腹臥位として，付属の超音波装置を使用して焦点を病変部に定め，照射を行う．照射回数頻度は，自由に設定可能である．ドルニエ社で推奨している足底腱膜炎に対する照射プロトコールは，レベル1（50発：60発/分），レベル2（50発：90発/分），レベル3（50発：120発/分），レベル4（50発：150発/分），レベル5（50発：180発/分），レベル6（50発：210発/分），レベル7（3500発：240発/分）でエネルギー総量が約1300 mJ/mm$^2$であるが，照射時の痛みや状態によって適宜調節していく．照射方法は主に3種類で，①解剖学的な病変部を触知して直接照射する方法，②エコーガイド下，透視下に病変部を確認して照射する方法，③疼痛部を患者に確認して照射する方法があり，これらを適宜組み合わせ，照射を行う．骨に直接照射すると疼痛が強く照射エ

ネルギーを上げることができないため，可能な限り骨への照射を避け接線方向に照射を行うことが重要である．

## 4 体外衝撃波療法の適応

国際衝撃波学会において，骨折後の偽関節，疲労骨折，骨頭壊死，離断性骨軟骨炎，肩石灰性腱炎，上腕骨外側上顆炎，上腕骨内側上顆炎，ジャンパー膝，Osgood Schlatter病，鵞足炎，腓骨筋腱炎，アキレス腱付着部炎，足底腱膜炎，変形性関節症等が適応となっている．上肢のスポーツ障害における適応は肩石灰性腱炎，上腕骨外側上顆炎，上腕骨内側上顆炎が中心となる．急性期でも照射可能と考えられるが，自然治癒の可能性も否定できないため，基本的には6カ月以上の保存療法に抵抗性の場合照射を行う．

## 5 肩石灰性腱炎に対する体外衝撃波療法

### A 適応

肩石灰性腱炎は，発症後4週以内の急性期，発症後1～6カ月の亜急性期，発症後6カ月以上の慢性期に分かれる．慢性期に至るとimpingementや多方向の可動域制限を生じる．照射の適応は内服，リハビリ，注射等で6カ月以上効果が得られない慢性の肩石灰性腱炎である．衝撃波照射は座位として付属のエコー下に石灰を確認し，焦点を石灰の中心に合わせて照射を行う（図4-98，4-99）．石灰沈着の部位により，照射方法は異なる．棘上筋にある場合，肩を内外旋中間位から軽度外旋させ，棘下筋後方にある場合，肩を内旋させ照射を行う．また，前腕を台座に固定して肩甲骨を照射部に押し付ける力を調節して焦点を合わせ，同時に肩を固定することにより安定して照射を行うことが可能である．肩甲下筋の場合，エコー下に確認しながらの照射は不可能であり，画像所見と圧痛部位を確認して石灰の部位に直接照射を行う．照射は局所麻酔を使用せず，疼痛に応じて可能な限り高いエネルギーで照射を行う．

### B 治療効果

照射後は定期的にX線にて石灰の消失，縮小を確認していく．消失・縮小形態として，①照射後1週以内に痛みを伴い急激に消失・縮小する，②肩峰下滑液包に流れるように消失・縮小する，③約

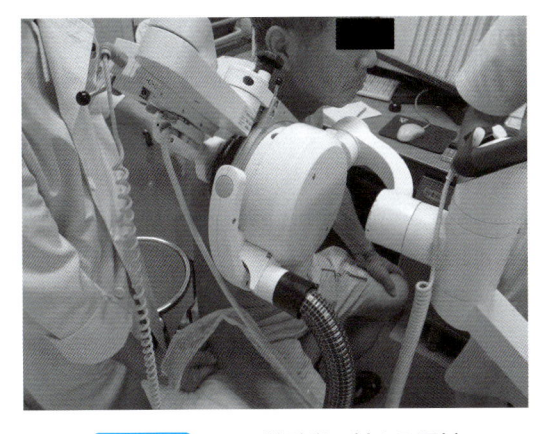

図4-98 肩石灰性腱炎に対する照射

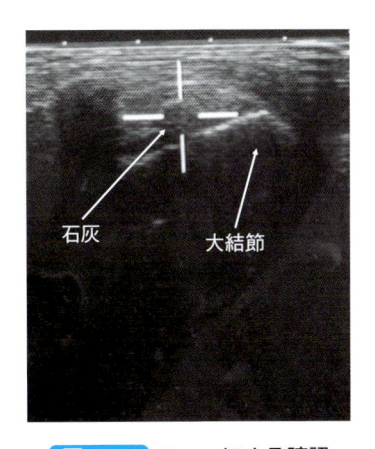

図4-99 エコーによる確認

1カ月と時間をかけて徐々に消失・縮小する場合の3通りに分かれる[15]．照射により，約70％に縮小，消失を認めるが[15]，X線上変化を認めない場合随時再照射を施行する．5～6回照射しても変化がなく疼痛が強い場合は手術など他の治療法に随時変更していく．

### C 副作用

擦過傷，発赤，石灰吸収時の疼痛，照射時の痛み，照射時の迷走神経反射のみで，重篤な副作用は起こりにくい．

## 6 上腕骨外側上顆炎に対する体外衝撃波療法

### A 適応

診断に関しては6章I.「上腕骨外側上顆炎の病態と治療法」に譲る．照射の適応は少なくとも6カ月以上の保存療法に抵抗性の上腕骨外側上顆炎である．衝撃波照射は仰臥位で上腕骨外側上顆を付属のエコー下に確認し（図4-100），腱付着部（図4-101）または腕橈関節内の滑膜ヒダ（図4-102）に焦点を合わせて局所麻酔を使用せずに照射を行う．付属の超音波では画面上にターゲット領域が表示され，厳密に焦点を合わせることが可能である．また照射中は照射部が痛みの部位と一致しているかの確認を行うことが重要であり，疼痛の部位と照射部位を一致させる．照射数，照射エネル

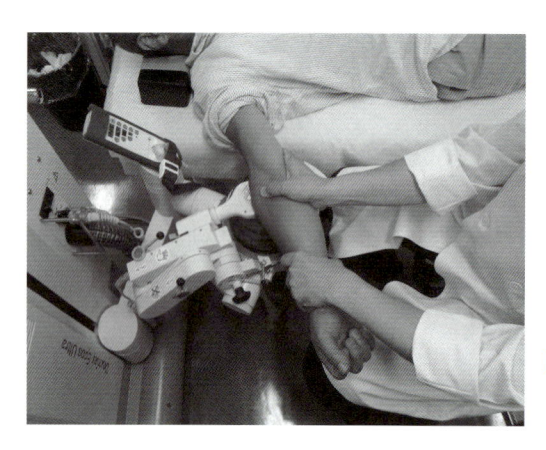

**図 4-100** 上腕骨外側上顆炎に対する照射

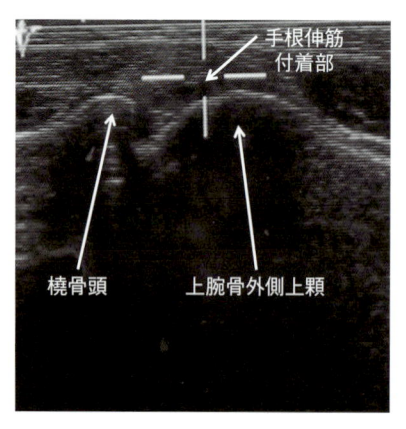

**図 4-101** エコーによる確認（腱付着部）

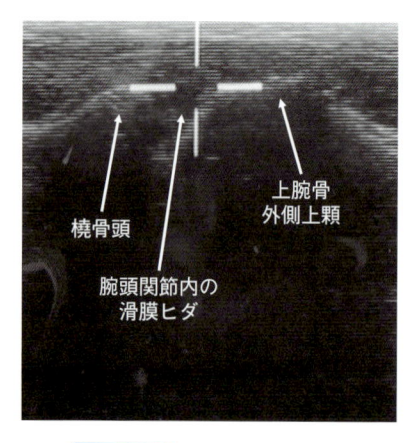

**図 4-102** エコーによる確認（滑膜ヒダ）

ギーは治療中の効果をみながら適宜調節する．照射後は固定等施行せず，日常生活，スポーツ活動等の制限を行う必要はない．また，再診時の効果をみて随時再照射を施行していく．

### B 治療効果

照射により，疼痛の改善と握力の回復を認めるとする報告[16,17]とプラセボ群と比較し差がなく無効とする報告[18,19]と一定の見解がない．疼痛が軽減し，機能が改善している場合，効果ありと判断して体外衝撃波療法を継続していくが，効果が得られない場合手術等他の治療法に随時変更していく．

### C 副作用

発赤を最も多く認め，その他，照射時，後の痛み，皮下出血，腫脹があるが重篤な副作用は起こりにくい．

## 7 上腕骨内側上顆炎に対する体外衝撃波療法

### A 適応

上腕骨内側上顆炎は円回内筋，橈側手根屈筋移行部に初発する．また，屈筋群が伸筋群より筋力が強いため発生頻度が少なく，尺骨神経障害合併例が多い．照射前に内上顆から前腕屈筋群にかけての圧痛を認め，wrist flexion test（抵抗下に手関節を屈曲させ疼痛が生じる），forearm flexion test（抵抗下に前腕を回内させ，疼痛が生じる）が陽性の場合上腕骨内上顆炎と診断して体外衝撃波照射を行う．その際，gravity test による内側側副靱帯不全と肘部管症候群の有無を確認することが重要である．照射の適応は少なくとも6カ月以上の保存療法に抵抗性の上腕骨内側上顆炎である．衝撃波照射は腹臥位で上腕骨内側上顆をエコー下に確認し，腱付着部に焦点をあて，局所麻酔を使用せず照射を行う．また照射中は照射部が痛みの部位と一致しているか確認も行うことが重要であり，疼痛の部位と照射部位を一致させる（図4-103，4-104）．照射数，照射エネルギーは治療中の効果をみながら適宜調節する．照射後は固定等施行せず，日常生活，スポーツ活動などの制限を行う必要はない．また，再診時の効果をみて随時再照射を施行していく．

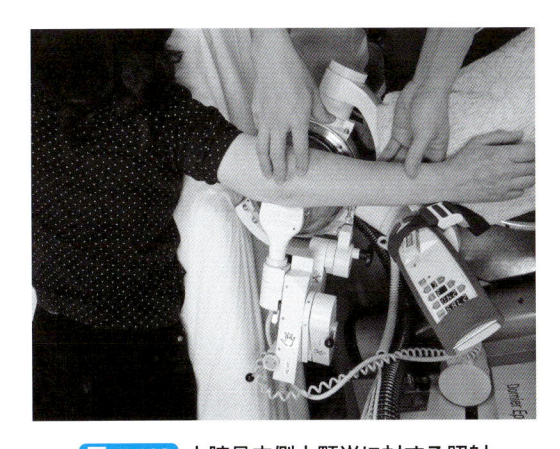

図 4-103 上腕骨内側上顆炎に対する照射

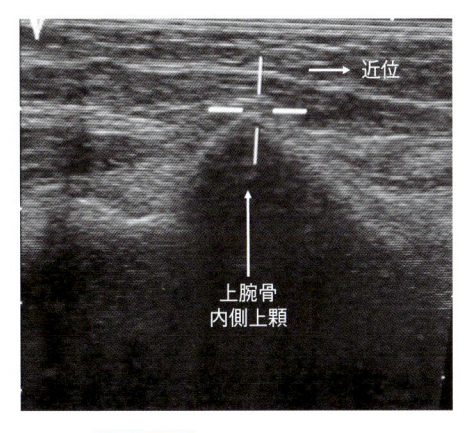

図 4-104 エコーによる確認

## B 治療効果

照射による効果は上腕骨外側上顆炎と同様，除痛が得られるとする報告[20]と効果が得られないとする報告[21]と一定の見解がない．疼痛が軽減し，機能が改善している場合，効果ありと判断して体外衝撃波療法を継続していくが，効果が得られない場合手術など他の治療法に随時変更していく．

## C 副作用

発赤を最も多く認め，その他，照射時，後の痛み，皮下出血，腫脹があるが重篤な副作用は起こりにくい．

### ■文献

1) Valchanou VD, Michailov P. High energy shock waves in the treatment of delayed and nonunion of fractures. Int Orthop. 1991; 15: 181-4.
2) Loew M, Jurgowski W, Mau HC, et al. Treatment of calcifying tendinitis of rotator cuff by extracorporeal shock waves: a preliminary report. J Shoulder Elbow Surg. 1995; 4: 101-6.
3) Rompe JD, Hopf C, Küllmer K, et al. Low-energy extracorporeal shock wave therapy for persistent tennis elbow. Int Orthop. 1996; 20: 23-7.
4) Rompe JD, Hopf C, Nafe B, et al. Low-energy extracorporeal shock wave therapy for painful heel: a prospective controlled single-blind study. Arch Orthop Trauma Surg. 1996; 115: 75-9.
5) Narasaki K, Shimizu H, Beppu M, et al. Effect of extracorporeal shock waves on callus formation during bone lengthening. J Orthop Sci. 2003; 8: 474-81.
6) Saisu T, Takahashi K, Kamegaya M, et al. Effects of extracorporeal shock waves on immature rabbit femurs. J Pediatr Orthop B. 2004; 13: 176-83.
7) Saisu T, Kamegaya M, Wada Y, et al. Acetabular augmentation induced by extracorporeal shock waves in rabbits. J Pediatr Orthop B. 2005; 14: 162-7.
8) Takahashi K, Yamazaki M, Saisu T, et al. Gene expression for extracellular matrix proteins in shockwave-induced osteogenesis in rats. Calcif Tissue Int. 2004; 74: 187-93.
9) 西須 孝, 守屋秀繁, 亀ヶ谷真琴, 他. 体外衝撃波の骨関節発育に及ぼす影響. 日本小児整形外科学会雑誌. 1996; 6: 123-7.
10) Ohtori S, Inoue G, Mannoji C, et al. Shock wave application to rat skin induces degeneration and reinnervation of sensory nerve fibres. Neurosci Lett. 2001; 315: 57-60.
11) Wang CJ, Wang FS, Yang KD, et al. Shock wave therapy induces neovascularization at the tendon-bone junction. A study in rabbits. J Orthop Res. 2003; 21: 984-9.
12) Chen YJ, Wang CJ, Yang KD, et al. Extracorporeal shock waves promote healing of collagenase-induced Achilles tendinitis and increase TGF-beta1 and IGF-I expression. J Orthop Res. 2004; 22: 854-61.
13) Nishida T, Shimokawa H, Oi K, et al. Extracorporeal cardiac shock wave therapy markedly ameliorates ischemia-induced myocardial dysfunction in pigs in vivo. Circulation. 2004; 110: 3055-61.
14) Rompe JD, Kirkpatrick CJ, Küllmer K, et al. Dose-related effects of shock waves on rabbit tendo Achillis: a sonographic and histological study. J Bone Joint Surg Br. 1998; 80: 546-52.
15) 落合信靖, 見目智紀, 大鳥精司, 他. 【肩関節・肩甲帯部疾患 病態・診断・治療の現状】治療 保存的治療と手術的治療の現状 変性疾患 石灰性腱炎 慢性石灰沈着性腱板炎に対する体外衝撃波療法の有効性. 別冊整形外科. 2010; 58: 167-70.
16) 落合信靖, 西須 孝. 上腕骨外側上顆炎に対する体外衝撃波療法の短期成績. 日本肘関節学会雑誌. 2010; 17: 7-9.
17) Pettrone FA, McCall BR. Extracorporeal shock wave therapy without local anesthesia for chronic lateral epicondylitis. J Bone Joint Surg Am. 2005; 87: 1297-304.
18) Melikyan EY, Shahin E, Miles J, et al. Extracorporeal shock-wave treatment for tennis elbow. A randomised double-blind study. J Bone Joint Surg Br. 2003; 85: 852-5.
19) Haake M, König IR, Decker T, et al. Extracorporeal shock wave therapy in the treatment of lateral epicondylitis: a randomized multicenter trial. J Bone Joint Surg Am. 2002; 84: 1982-91.
20) 落合信靖, 国吉一樹, 西須 孝. 上腕骨内側上顆炎に対する体外衝撃波治療の短期成績. 日本肘関節学会雑誌. 2011; 18: 3.
21) Krischek O, Hopf C, Nafe B, et al. Shock-wave therapy for tennis and golfer's elbow--1 year follow-up. Arch Orthop Trauma Surg. 1999; 119: 62-6.

［落合信靖］

## 5 肩のスポーツ障害

# A リトルリーグショルダーの病態と治療法

## 1 定義・概念

　リトルリーグショルダーとは，小・中学生に生じる投球側上腕骨近位端の骨端線離開を伴う上腕骨近位骨端線閉鎖前の投球障害肩である．1953 年に Dotter が 12 歳のリトルリーグ投手に生じた A fracture of the proximal epiphyseal cartilage of the humerus due to baseball pitching を Little leaguer's shoulder と初めて命名した[1]．それ以後，骨端線閉鎖後の投球障害肩同様にさしたる外傷の既往がなく，投球時痛をきたしパフォーマンスの低下を引き起こす病態の総称としてリトルリーグショルダーが用いられている．実際には，肩関節のみならず，股関節・体幹の機能障害が混在することが多い．本稿では，リトルリーグショルダーの病態と診療について詳述する．

## 2 病態

　リトルリーグショルダーは上腕骨近位骨端線損傷 Salter-Harris 分類 I 型であり，繰り返す投球によるストレスで生じる疲労骨折と考えられている．その病態の把握には上腕骨近位骨端部の解剖学的知識と投球動作での肩関節機能の理解が重要となってくる[2]．

### A 解剖学的因子

　骨端線は，骨幹部の骨組織に比べて細胞成分が多い割に細胞間基質が少なく骨全体の中で力学的に最も脆弱な部分である．長軸方向への牽引力に対しては強いが，剪断力に対してはきわめて弱い特徴を持っているといわれている[2]．

### B 機能的因子（図 5-1）

　リトルリーグショルダーは，コッキング期からフォロースルー期までの間で骨端線に過度なストレスが加わるような身体機能異常が原因である．具体的には，股関節機能不全や体幹の回旋不全，胸郭の柔軟性低下や肩甲骨の上方回旋不足や内転障害などにより，肩甲骨関節窩面に対して上腕骨の水平過外転や外転不足（肘下がり）が起こり，投球動作において肩甲上腕関節の外転外旋の肢位から過剰な内旋動作を強いられる[3]．その結果，上腕骨近位骨端線の近位に付着している腱板筋群と遠位に付着している三角筋，広背筋，大円筋，上腕三頭筋大胸筋などのアウターマッスルとの相反する作用により骨端線には過度な剪断力が加わり，それが繰り返されることにより骨端線付近の損傷が生じると考えられる[2]．

### C 誘発因子

　上記の身体機能異常のみならず，過酷な日程による overuse，指導者の経験や知識不足などの環

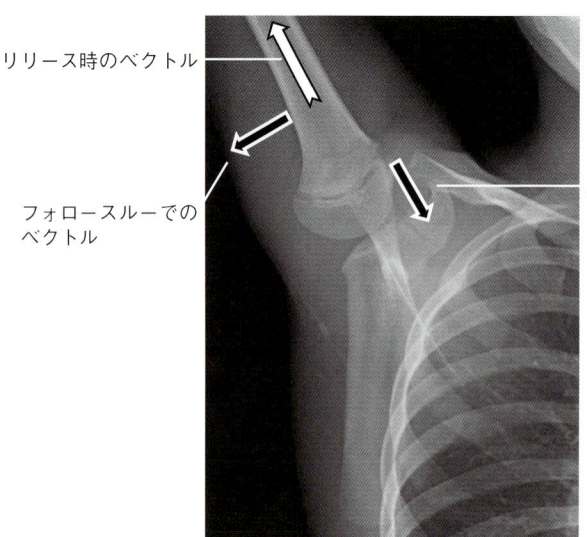

図 5-1　単純 X 線像　ゼロポジション位[2]
上腕骨近位骨端線には剪断力と牽引力が加わっている.

境因子や未熟な投球フォームなども原因となりうる.

## 3　診断

骨端線閉鎖後の投球障害肩の診断と同様, 機能診断が重要となってくる.

### A　症状

投球動作時や投球後の痛みを訴える. 外傷歴はない. 1回の投球動作で症状が生じる場合もあれば, 徐々に症状が生じる場合もある. 通常, 日常生活動作においては支障がない.

### B　好発年齢, ポジション

小学校高学年から上腕骨近位の骨端線が閉鎖する以前の中学生に多く認められる. その約半数が投手であると報告されている[4].

### C　機能診断

機能診断では, 腱板機能, 肩甲帯機能, 胸郭の柔軟性, 股関節機能を中心とした下肢機能, 肩甲上腕関節の解剖学的な異常の有無, および症状発現に対する両者の関与の度合いを診ていく[5].
以下, 当院の診察室で行われている肩関節障害に対する診察を紹介する.

#### 1. 視診・触診

姿勢や肩甲骨の位置の左右差, 棘下筋萎縮の有無, および立位バランスなどを診る. リトルリーグショルダーを含む投球障害肩の場合, 肩甲骨は外転・下制していることが多い.

#### 2. 肩関節の他動的 ROM

健患側の左右差, ROM 制限の有無, 疼痛の出方, インピンジメント兆候の有無, 肩甲骨の動きなどを診る. 通常, 投球側の 90°外転内旋角度, 90°屈曲内旋角度, 外転角度は減少していることが多い.

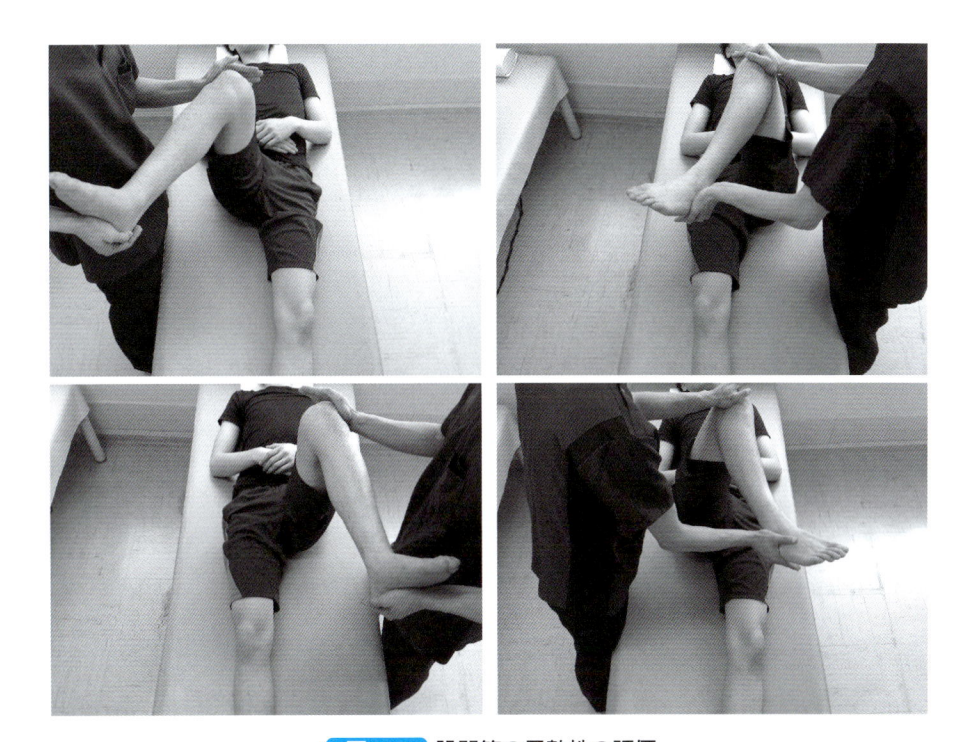

**図 5-2** 股関節の柔軟性の評価
左：股関節内旋運動，右：股関節内転運動

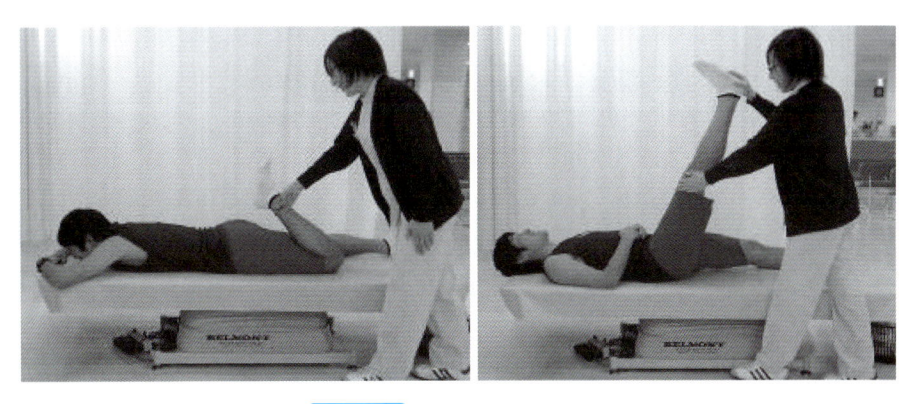

**図 5-3** 下肢の柔軟性の評価
左：踵臀部間距離，右：SLR テスト

### 3．股関節・体幹の柔軟性（図 5-2, 5-3）

　立位体前屈，SLR テスト，股関節 90°屈曲位での内旋可動域や内転の可動性を診る．前述通り，growth spurt 期では，骨すなわち身長が急速に伸びる時期であり，骨の成長に比べ筋腱などの軟部組織の成長速度が遅く，その差は特に体幹・下肢に著しく，その柔軟性が極端に低下している．

### 4．体幹・肩甲帯の柔軟性（図 5-4）

　Combined abduction test および horizontal flexion test[6]にて肩甲骨と上腕骨を繋ぐ筋群および体幹と上腕骨を繋ぐ筋群の柔軟性を診る．機能診断に加え，経過観察時には治療効果の判断基準となるため，非常に有用な検査である．投球障害肩の場合，投球側の肩甲帯周囲筋の柔軟性の低下に起因した肩甲胸郭機能異常が認められる．

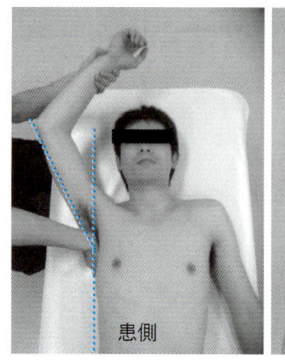

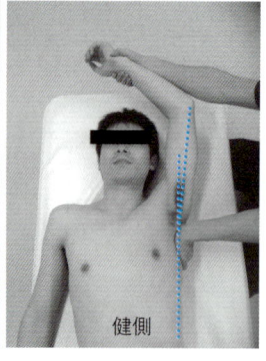

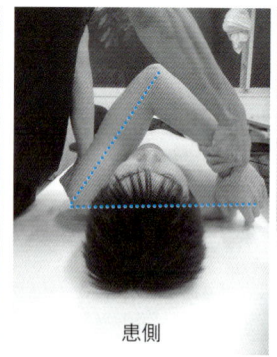

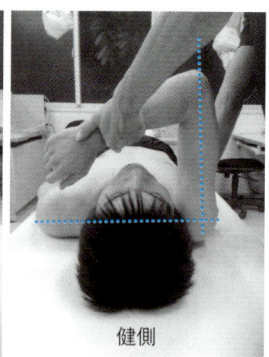

**図 5-4** Combined abduction test（CAT）（左）と horizontal flexion test（HFT）（右）[6]

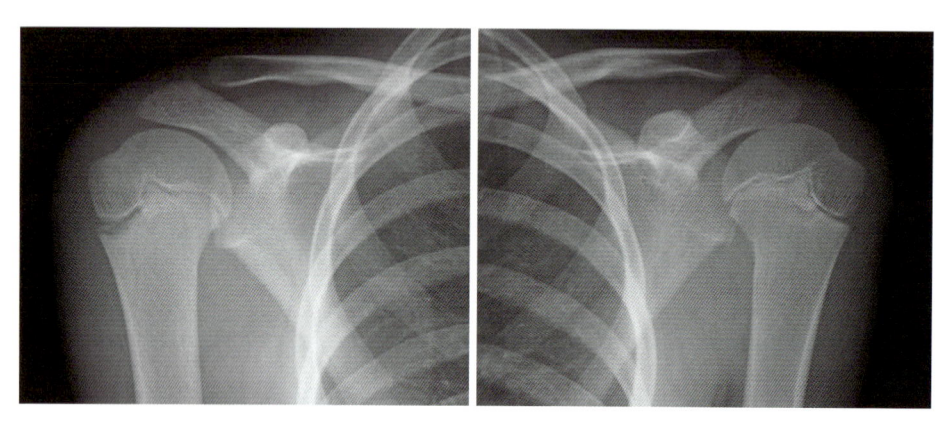

**図 5-5** リトルリーグショルダーの画像所見
単純 X 線像．肩関節外旋位にて上腕骨近位骨端線の拡大が認められる（投球側：右）．
必ず左右を比較すること．

## D 画像診断

　必ず両肩関節の単純 X 線撮影を行い，健側と比較しないと小さな病変を見つけることは難しい（図 5-5）．リトルリーグショルダーの診断は肩関節外旋位が有用であり，上端骨近位骨端線の離開，近位骨幹端の脱灰，骨硬化を認める．一般的には兼松らの分類が用いられている[7]．

**【兼松らの分類】**（図 5-6）
　Type 1：骨端線外側の部分的な拡大
　Type 2：骨端線全域の拡大
　Type 3：すべりを伴う

## 4 治療

　保存的療法によく反応し，予後のよい障害である．まず投球禁止にて，上記機能診断で認められた身体機能異常の陰性化を図る．機能訓練は運動療法が中心となり，機能低下部位の再教育を行っていく．理学所見の陰性化および機能向上と並行して，柔軟性の低下による身体機能異常により，上肢に依存した投球フォームが原因となっている場合も多いため，フォームの改善も同時に行っていく．局所の疼痛が軽減し，身体機能が改善した後に，徐々に投球動作に復帰していく．投球動作の開始時期に関しては，諸家により異なっているが，当院では肩甲帯の柔軟性（combined abduc-

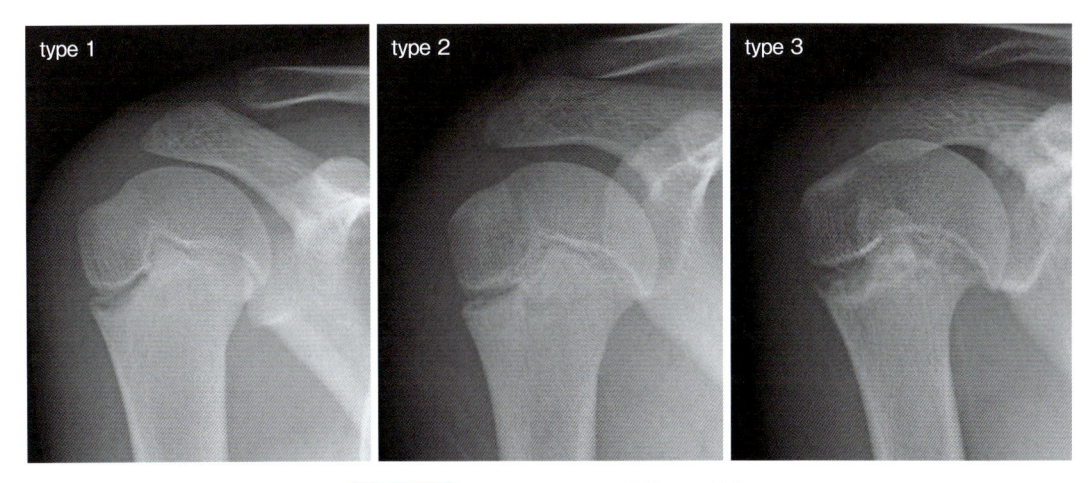

**図 5-6** 単純 X 線による兼松らの分類
type 1: 骨端線外側の部分的拡大, type 2: 骨端線全体の拡大, type 3: すべり症を伴う.

tion test および horizontal flexion test) の改善を指標としている．通常，1 カ月ほどの投球制限と機能訓練にて投球再開が可能となり，2～3 カ月で後遺障害を残すことなく復帰できる．画像的治癒には約 3～6 カ月かかるといわれているが，理学療法を中心とした保存療法により短期間に復帰可能となるため，必ずしも画像的治癒を待つ必要がないことを強調したい[2,8]．

【治療成績】
　2005 年 1 月から 2011 年 10 月までに肩関節痛を主訴に来院した骨端線閉鎖前の投球障害肩で治療を行った 179 例の画像所見別の治療成績を述べる．初診時平均年齢は 12.4 歳（9～15 歳）で，対象の内訳は投手が 99 例，捕手が 17 例，内野手が 37 例，外野手が 23 例，不明が 3 例であった．X 線所見を兼松分類に加え，上腕骨近位骨端線の左右差を認めないものを type 0 とし，投球再開までに要した期間，治療終了までに要した期間を比較検討した．結果は，type 0 群 50 例，type 1 群 84 例，type 2 群 35 例，type 3 群 10 例で，投球許可までに要した期間はそれぞれ平均 0.49 カ月，0.65 カ月，0.73 カ月，1.15 カ月，治療終了までの期間は平均 2.21 カ月，2.53 カ月，2.97 カ月，3.63 カ月であり，それぞれ有意差を認めず，画像的重症度に関わらず，機能訓練を行うことで早期投球復帰が可能であった．一方ですべり症を伴う type 3 では，比較的治療期間が長い傾向を認めた．

## 5  症例提示

　12 歳男性，投手，右投げ右打ち．

［現病歴］
　小学校低学年より野球をしている．2 週間前に投球時に右肩痛が出現．以後，痛みで投球できなくなったために当院受診した．

［現症］
〈肩関節可動域〉
　屈曲 170°，外転 170°，下垂位外旋 80°，下垂位内旋 70°，90°外転位外旋 100°，90°外転位内旋 0°，90°屈曲位外旋 100°，90°屈曲位内旋 0°，結帯 Th7．
　CAT ＋／－　HFT ＋＋／－．
　右肩大結節部に圧痛あり．

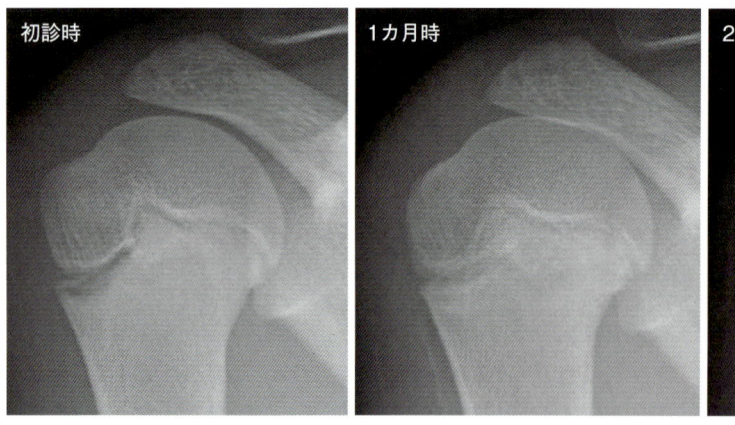

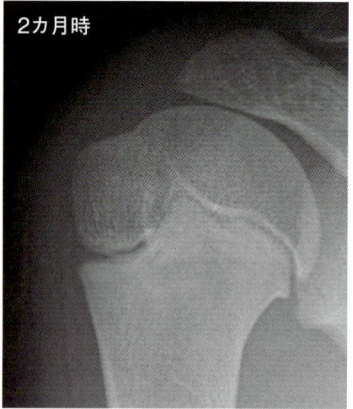

図 5-7 症例の単純 X 線像の経過

FFD 0 cm.
〈股関節〉
SLR 70/80　内旋 30/45　FADIRF ＋/＋.
HBD 5/0.

[画像所見]（図 5-7）
単純 X 線にて骨幹端に不整像あり．兼松分類 type 1．

[臨床経過]
投球禁止とし，肩甲胸郭関節，股関節，体幹の機能訓練を開始．
4 週で局所の痛みは軽快し，投球を許可．
8 週で疼痛なく全力投球でき，12 週の X 線では骨幹端部の不整像は消失し治療を終了した．

## むすび

リトルリーグショルダーは予後のよい障害で，投球制限と併行して機能訓練を適切に行うことで早期の競技復帰が可能である．しかしその発症には身体機能異常だけでなく過酷な日程によるoveruse などの環境因子も関わってくる．発症予防や治療には保護者や指導者の十分な理解と協力が重要であり，医師のみでなく理学療法士，トレーナーが連携して関わっていく必要がある[3,5,9]．

■文献
1) Dotter WE. Little Leaguer's shoulder: a fracture of the proximal epiphyseal cartilage of the humerus due to baseball pitching. Guthrie Clin Bull. 1953; 23: 68-72.
2) 岩堀裕介．リトルリーガーズショルダーの診断．In: 宗田 大，編．復帰を目指すスポーツ整形外科．1 版．東京: メジカルビュー社; 2011. p.6-13.
3) 菅谷啓之．スポーツ障害肩の診断と治療方針の選択．MB Medical Rehabilitation. 2009; 110: 53-9.
4) 中川照彦，土屋正光．成長期の投球障害肩．MB Orthop. 1998; 11: 33-9.
5) 菅谷啓之，鈴木 智．医学的診断・治療に有用なコンディショニング関連情報．上肢．臨床スポーツ医学．2011; 28. 21-7.
6) 菅谷啓之．肩関節の視診・触診―肩スポーツ障害の診察法．MB Orthop. 2007; 20: 7-14.
7) 兼松義二．少年野球における上腕骨近位骨端線障害．整スポ会誌．1989; 8: 163-6.
8) 橋口 宏．Little Leaguer's Shoulder の治療成績．整スポ会誌．2004; 24: 40-3.
9) 菅谷啓之，戸野塚久紘．肩関節のスポーツ障害とメディカルチェックのポイント．整形災害外科．2010; 53: 1575-82.

[河合伸昭，菅谷啓之]

## 5 肩のスポーツ障害

# B 投球肩におけるSLAP損傷・腱板不全断裂の病態と治療法

　投球動作における肩関節の動的な安定化因子として，腱板，肩甲胸郭筋群，長頭筋腱などがあり，静的な因子として，骨軟骨，関節唇，関節包などがある．これらの構造は，一度の外傷においても損傷しうるが，投球動作のような繰り返しの動作によっても障害を生じる[1]．投球動作は，下肢・体幹から伝えられた力を肩甲帯から上肢を通してボールに伝える動作であり，これらの一連の流れはkinetic chainと呼ばれている[2]．したがって，その過程において機能が低下した部位が存在すると，ボールへの力が減じるか，その他の部位が補って一見パフォーマンスは維持される．しかしながら，他の部位の機能障害の代償により，結果として上肢帯，特に，肩関節・肘関節が過負荷となり器質的な障害へと進行する．解剖学的に，投球動作におけるlate cocking phaseでは後上方の関節唇と腱板の関節面が接触することが報告されており[3]，これらの部位の損傷につながる現象（internal impingement）と考えられていたが[4]，生理的な現象であるとする報告もあり[5]病的な現象であるか生理的な現象であるか統一した見解が得られていない（図5-8）．しかしながら，後上方の関節唇や腱板関節面に剝離や断裂が生じると同肢位での病的な症状につながると考えらえられており[1]，SLAP病変や腱板関節面断裂が投球障害肩の器質的な病変であると考えられている．本稿では，投球障害へのアプローチとしてSLAP病変と腱板関節面断裂の病態および治療について述べていく．

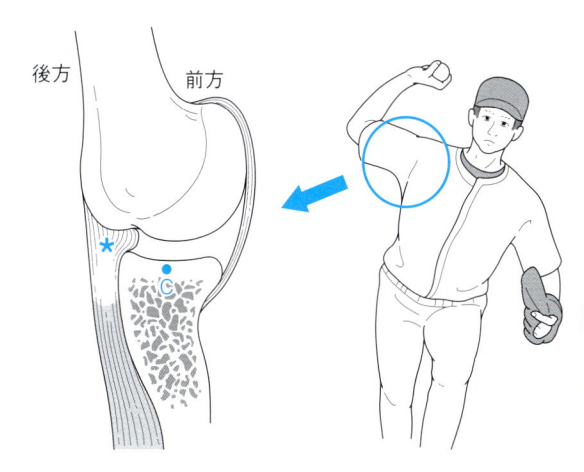

**図5-8　Internal impingement**
投球時のlate cocking phaseにおいて腱板関節面（＊）と後上方の関節唇が接する．
c：関節窩

## 1 SLAP病変

### A 病態

　1985年にAndrewsらが上腕二頭筋長頭腱の関節窩付着部の関節唇損傷を，野球を含むスローイングアスリートの投球側の病変として報告した[6]．その後，Snyderにより投球障害に限定せず，一般的な病変としてSLAP（superior labrum anterior and posterior）病変と名付けられ，4タイプに

分類され報告された[7]．Burkhart らは投球障害肩の主病変は SLAP 病変であるとして，その良好な手術成績を報告した[8]．これはのちに 10 のサブタイプに分類されている[9,10]．Andrews らは投球の follow through における減速期にかかる引き抜きによる病態を仮定し[6]，一方で Burkhart らは，後方関節包の拘縮を主病態として，それによる上腕骨頭の後上方へのシフトにより関節窩から剥離する peel back メカニズムを唱えている[4]．

## B 診断

### 1．分類

前述したように，Snyder によって提唱された 4 型のタイプが後に 10 型に分かれている[7,9,10]．関節唇の変性のみで剥離のない状態は type 1 に分類される．Type 2 は，臨床上最も遭遇する機会の多い病変で，上方の関節唇が関節窩から剥離した状態を指す（図 5-9）．Morgan らは，外傷群とオーバーヘッドスポーツ群での差に着目し，type 2 を 3 つの亜型に分類した[11]（図 5-10）．外傷群では右肩の 12 時から 2 時に限局した anterior type，9 時半から 12 時までに限局した posterior type，それらが連続して存在する combined anterior and posterior type の 3 型を分類し，外傷性の損傷は，anterior type が多く，オーバーヘッド競技者の利き手側では，posterior type が多いと報告した．

Type 3 は，バケツ柄型の損傷で断裂した関節唇実質が転位し関節内に嵌頓しうる状態である．

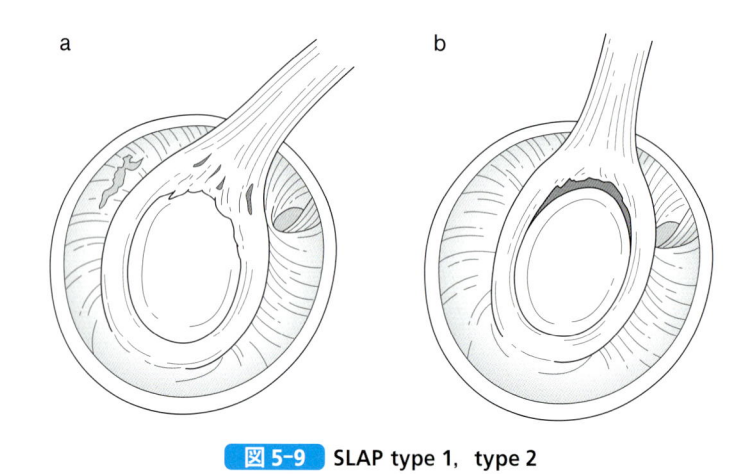

**図 5-9** SLAP type 1，type 2
a: Type 1. 関節唇の fraying を認める．b: Type 2. 上方関節唇の剥離を認める．

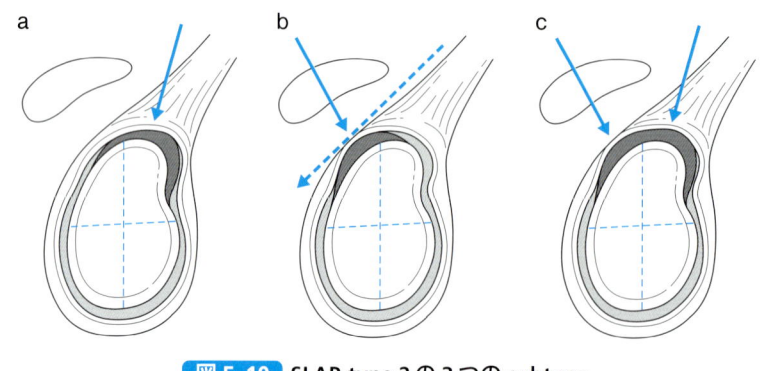

**図 5-10** SLAP type 2 の 3 つの subtype
a: 前方のみの剥離．b: 後方の剥離．c: 前方および後方の剥離．

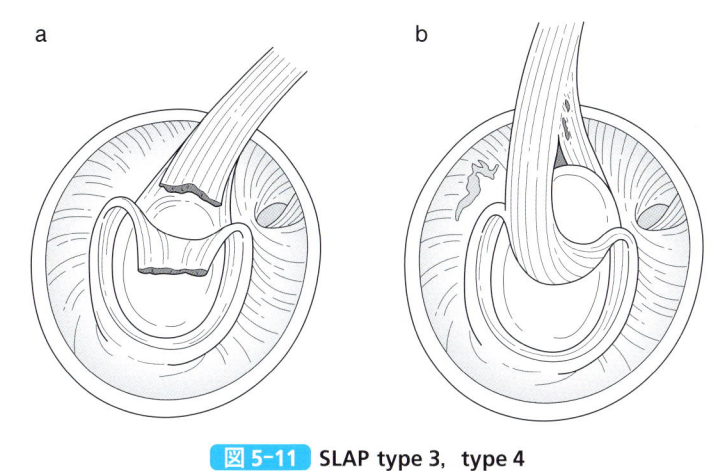

**図 5-11** SLAP type 3, type 4

a: Type 3. バケツ柄断裂. b: Type 4. 二頭筋長頭腱に達する断裂.

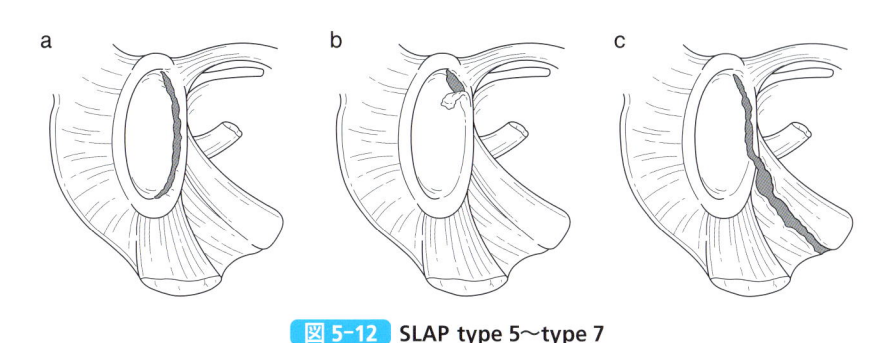

**図 5-12** SLAP type 5〜type 7

a: Type 5. Bankart 病変から連続する上方関節唇損傷. b: Type 6. Type 2 に前方もしくは後方の flap が合併. c: Type 7. Type 2 から MGHL に沿って関節包断裂が合併.

Type 4 は，type 3 と同様に関節唇実質のバケツ柄断裂に加え，損傷が長頭腱に及んでいる（図 5-11）．Type 5 は，Bankart 病変が上方関節唇へ達したもので，type 6 は type 2 に加え関節唇が flap 状に剝離した損傷である．Type 7 は type 2 の損傷が MGHL（中上腕関節包靱帯）に沿って伸展したものとされている[9]（図 5-12）．Type 8 は type 2 から後方関節唇へと損傷が達した病変で，type 9 は全周性に損傷が及んだ病変である．加えて，type 10 は type 2 から後下方まで剝離が及んだ病変である[10]．形態上の分類は多岐にわたるが，オーバーヘッド動作に起因する病態の多くは type 2 で，その頻度は 50％以上とも報告されている[12]．したがって，診断や手術成績においても type 2 を対象とした報告が多く本稿においても type 2 を中心に述べていく．

## 2. 病歴

　SLAP 病変の診断においては，症例個々の病歴を詳細に聴取することが重要である．転落や交通事故などのハイエナジーな外傷や肩関節脱臼の既往は，SLAP 病変の存在を念頭に置く必要がある．スポーツ競技者においては，本邦で最も遭遇する頻度の高い競技は野球である．またそのほかのオーバーヘッドスポーツの活動歴はその発症に大きく関与する．体操競技は，その競技特性から上肢を荷重関節としてしばしば用いるため，競技人口の割に本疾患の症例を認める．自覚症状としては，関節内の引っ掛かり感やクリックなどの訴えや，時に不安定感なども認めることがある．また患者の年齢も SLAP を病変として診断するうえで考慮すべき事項である．40 歳以上では，自然経

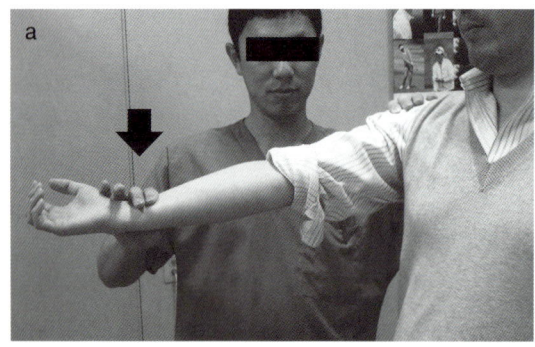

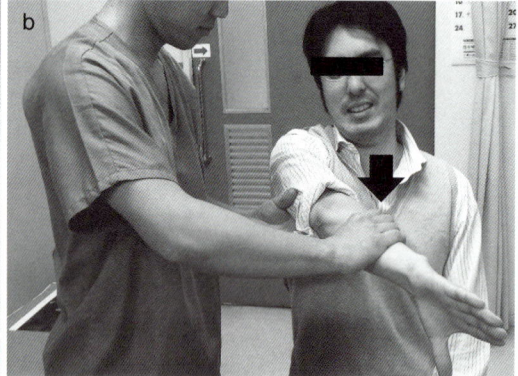

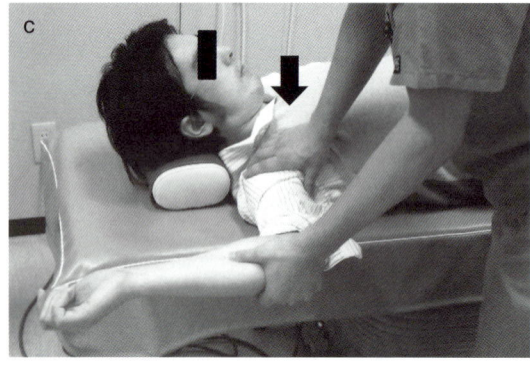

**図 5-13** SLAP 病変に対する理学検査

a: Speed test. b: O'Brien test. 上肢を 10〜15°内転し 90°前方屈曲した状態で抵抗を加える.
c: Jobe's relocation test. 肩関節 90°外転外旋位で生じる後方の肩関節痛が前方からの圧迫により消失する.

過において無症候性の変性を生じると報告されている[13,14]. また, 30〜50 歳までの成人では正常変異として, ときに関節唇と関節窩の境目に亀裂を認め, 60 歳以上では上方の関節唇の断裂や剝離は年齢的な変化としてしばしば存在するとの報告もある[15]. したがって, 腱板断裂や変形性肩関節症に併発する SLAP 病変はその治療, 特に修復に対しては慎重に判断する必要がある.

### 3. 理学検査

SLAP 病変に対する理学検査は数々の手技が報告されているが, 診断率における結果が幅広く一定の見解が得られていない. Morgan らは Speed test (図 5-13a) と O'Brien test[16] (図 5-13b) は前述した anterior type の type 2 SLAP に対し特異的で, Jobe の relocation test (図 5-13c) は posterior type の SLAP type 2 に特異的であると報告している[11]. また近年の文献の review では[17], Speed test は診断に有用ではなく, biceps load test II[18]が有益でありうるとしているが更なる検証の必要があると結論づけている. 著者らは, オーバーヘッド競技者に多く認める posterior type 2 SLAP に対しては, Jobe の relocation test に準じた手技 (hyper external rotation test) で疼痛や引っ掛かり感を確認している (図 5-14).

### 4. 画像検査

SLAP 病変を含めた投球肩障害に対しては, 肩甲帯などの機能を表すバンザイ位での両肩の X 線写真を撮像している. 肩甲上腕関節のアライメントに加えて, 肩甲骨の位置, 鎖骨を含む胸郭のふくらみなども左右で比較している (3 章 A.「肩関節の画像診断」を参照).

SLAP 病変を診断しうる画像検査では, 軟部組織の診断に優れた MRI が必須である. 単純 MRI では 51% の診断率であったと報告されているが, 関節造影を加えた MRI ではその診断率が上昇することが知られている[19,20]. 著者らは, open タイプの MRI で関節造影し通常の斜位冠状断に加え,

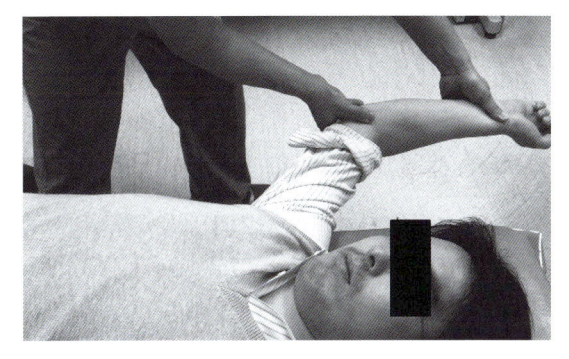

図 5-14 Hyper external rotation test（HERT）
肩関節外転 90°および 120°で痛みや引っ掛かり感を調べる．

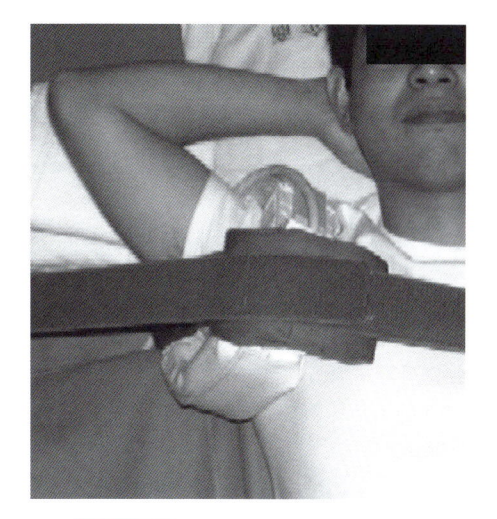

図 5-15 Open type MRI 器機での ABER 位撮影肢位

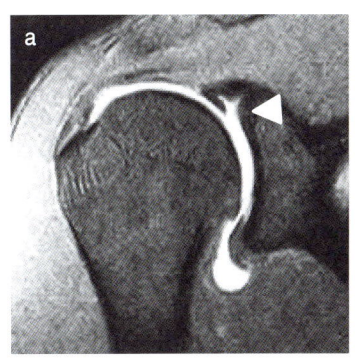

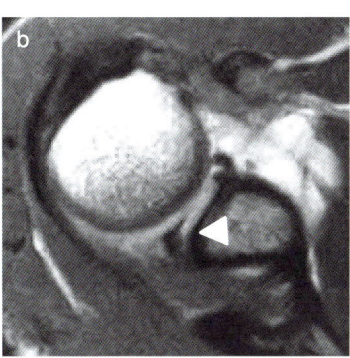

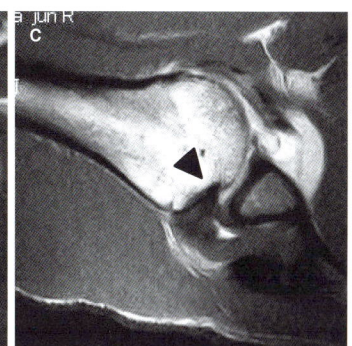

図 5-16 SLAP type 2 症例の MRI
a：冠状断．b：下垂位内旋位での軸位断．c：ABER 位撮影．腱板関節面と関節唇の internal impingement を認める．

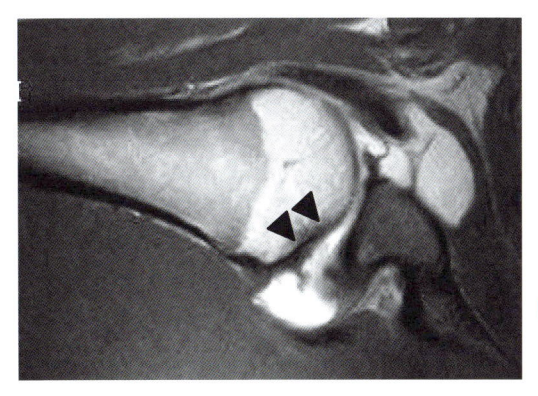

図 5-17 プロ野球投手の ABER 位 MRA
変性した関節唇と上腕骨頭の接触を認める．

ABER 位の軸位断，下垂位内旋軸位断を撮影している（図 5-15, 5-16）．外転外旋位を取ることで，剥離した後上方の関節唇が上腕骨頭や腱板関節面と接触することを確認できる（図 5-17）．

B．投球肩における SLAP 損傷・腱板不全断裂の病態と治療法　185

## C 治療

### 1. 保存療法

　投球障害肩のように慢性発症による病態では，しばしば保存療法が有用である．症状を有するほとんどの症例で，肩甲帯の柔軟性の低下を認める．また肩甲骨の位置異常も internal impingement を増長する要因となるので矯正が必要である．また投球動作は，kinetic chain と言われる下肢から体幹肩甲帯へのスムーズな力の伝達が基本となっているため[2]，下肢，体幹の柔軟性も評価し機能改善していく必要がある．著者らの施設においては，肩甲胸郭・股関節機能・体幹機能にそれぞれアプローチしている[21]．多くの投球障害肩症例では，肩甲帯周囲筋のタイトネスや胸郭の柔軟性低下に起因する肩甲胸郭機能異常が存在するため，胸郭運動，肩甲骨可動性，肩甲骨固定性をそれぞれ評価し，症例個々に応じセルフエクササイズや徒手療法を組み合わせていく．Combined abduction test（CAT），horizontal flexion test（HFT）は，肩甲胸郭の柔軟性を評価するうえで非常に有用であり必ず評価として用いている．肩甲帯へのセルフストレッチの手技としては，sleeper stretch，cross-body stretch などの有用性が報告されている[1,22]．同様に体幹，下肢特に股関節への評価とアプローチを行っている．

### 2. 手術療法

　SLAP 病変に対しては，前述した保存療法がまず試みられるが，反応が乏しい症例では手術が考慮される．前述した機能診断，MR 関節造影による画像診断の精度が向上しているが，鏡視診断が依然として信頼度の高いツールとなっている[23]．Type 1 は，変性した関節唇の表層をシェービングするのみでよいが，関節唇に不安定性のある type 2 では修復が必要となることが多い．近年では，スーチャーアンカーを用いた鏡視下 SLAP 修復術が主流となっている[24]．手術方法は，一般的な後方鏡視で前方ポータルに加え，前方のみの修復では前上方ポータルを，後方の修復が必要な症例では経腱板アプローチによるポータルを用いる[25]．縫合法は，単結節またはマットレス縫合が用いられているが，アンカーの数，部位，縫合数についても現時点では統一された見解がない．長頭腱基部のマットレス縫合と前方の破断強度はマットレス縫合が強いとの報告がある[26]．一方で，後方の SLAP type 2 に対して，単結節のほうが固定力が高いとの報告もある[27]．また，peel back を呈する損傷に対し，後方 2 個のアンカー固定と前後 1 個ずつのアンカーで差がないとする報告もある[28]．著者らは，オーバーヘッド競技者特に野球などの投球側の SLAP type 2 においては，posterior type は関節唇の切除にとどめ，anterior and posterior type に対しては，右肩 12 時半から 1 時にアンカーを挿入し前方のみマットレス縫合で固定している（図 5-18）．また投球側で Bankart 病変との合併である Type 5 の症例などで，後方への損傷部位が広く前方のみの縫合で制動が不十分な症例では，長頭腱の付着部から離し，右肩約 10 時付近を目安にマットレスで縫合している（図 5-19）．一般に，

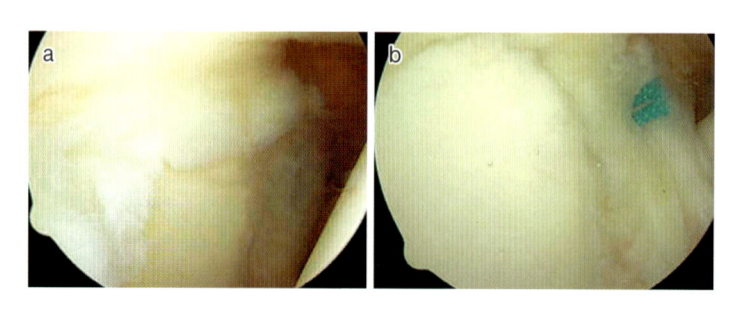

**図 5-18** 前方から後方に及ぶ SLAP type 2 の関節鏡所見
a: 縫合前．b: 後方の関節唇の切除と前方部分のマットレス縫合後．

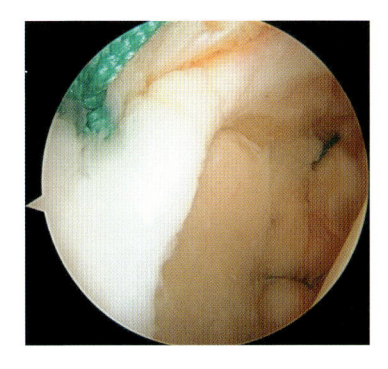

図 5-19 Bankart 修復に加え，右肩 12 時半および 10 時にアンカーを挿入し修復

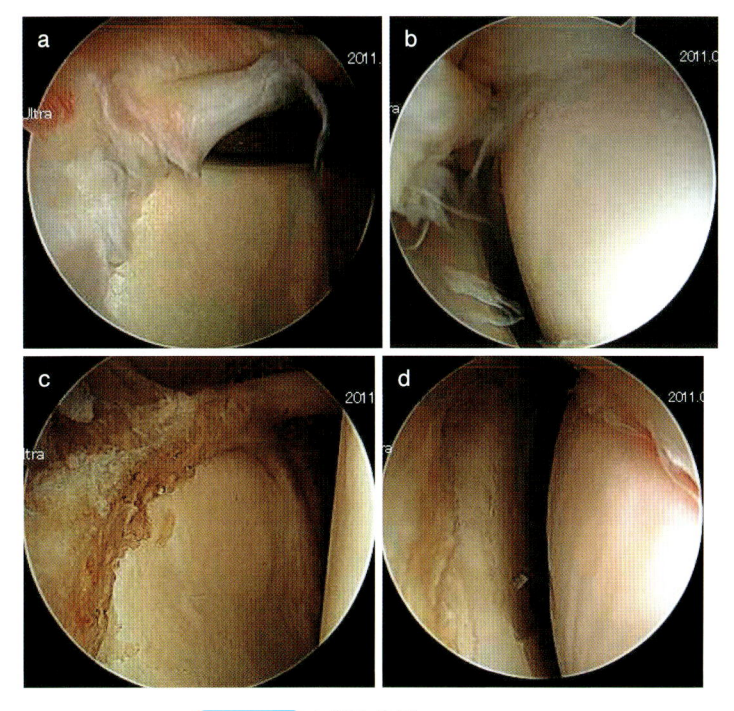

図 5-20 大学生投手 SLAP type 2
a: Type 2　posterior 型．b: 外転外旋位で internal impingement を認める．
c: 関節唇のデブリードメント後．d: 外転外旋位で impingement がないことを確認．

internal impingement を認める症例は，後方鏡視で患肢を投球肢位に近い外転外旋位にし，処置前後で関節内で impingement がないことを確認する（図 5-20）．

## D 手術成績

　臨床現場においては前述したように，type 2 SLAP 病変が最も多く遭遇する．したがって手術成績は type 2 を対象としたものが多く，縫合法や対象症例など様々であるが，おおむね良好な成績が報告されている．スポーツ復帰に着目した結果では，20〜94％が術前レベルへ復帰したと報告されている．一方で，オーバーヘッド競技者に対する成績は劣る傾向を認め，64％（69/107）で術前と同等のレベルに復帰している[29]．中でも野球選手の投球側での復帰率が他の競技に比べ低いと報告されている[30,31]．オーバーヘッド競技者は，術後完全復帰までより長期のリハビリテーションを要

するとも報告されており，SLAP修復からスポーツ復帰までより高度な治療が必要と考えられている．

また，50歳以上のSLAP病変と腱板断裂の合併症例において，腱板修復と長頭腱切離のほうがSLAP修復よりもよい成績であったことが報告されており[14]，合併病変を持つ中年層のSLAP修復については慎重に判断すべきである．

### E 投球障害肩の成績

著者らの施設において，2009年4月～2011年3月までの2年間に外来を受診したオーバーヘッド競技者の肩関節障害は580肩で，初診時平均年齢は21.8歳であった．このうち440肩が野球で，バレーボール，ソフトボール，テニス，バドミントンの順の症例数であった．また，52例のプロ野球選手を含む77%が競技レベルであった．580例中手術を要した症例は34例5.9%であった．2005年～2010年12月までに投球障害肩に対し手術を施行した症例は42例で，術後1年以上経過観察しえた症例は29例であった．内訳は，SLAPおよび腱板関節面のデブリードメント13例，SLAPの前方のみ修復8例，腱板修復8例であった．SLAPのデブリードメントと修復群は，ゲーム復帰までそれぞれ平均10カ月，9カ月と有意な差を認めなかったが，腱板修復群ではゲーム復帰に平均15カ月を要した．

## 2 腱板不全断裂

### A 病態

投球競技者における腱板損傷の多くは，関節面断裂であり後上方のSLAP病変と合併している．SLAP病変により偏心性の不安定性が生じ，cocking phaseに上腕骨頭が後上方に変位し，後方の腱板関節面に繰り返す強い伸張力が働き同部に破綻が生じると推測されている[4]．投球競技者では，外転外旋位で後上方の関節唇と接触する後方の腱板関節面に高頻度に損傷が生じ，これは棘上筋と棘下筋の境界部分を中心に生じると報告されている[3,32,33]．有意な破綻が生じると，外転外旋位に剝離した腱板断端と後上方の関節唇が関節窩と上腕骨頭の間に嵌頓し有症状となると考えられている（図5-8）．

### B 診断

#### 1．理学診断

多くの投球競技者と同様に，投球側肩で外転位での外旋可動域の増加と内旋可動域の減少（glenohumeral internal rotation deficit：GIRD）（図5-21）を認める．前述した後上方のSLAP病変と同様にJobeのrelocation test（図5-13c）が陽性となる．また非特異的であるがimpingement signも陽性となることが多いとされている[1]．

#### 2．画像診断

関節内の微細な病変を描出するために，MR関節造影の有用性が報告されている．加えて腱板関節面断裂に対しては，ABER位での撮影が有意にその診断能力を向上させると報告されている[34]．著者らは，open typeのMRI器機でABER位を撮影している（図5-15）．加えて，斜位冠状断，下垂位内旋位の軸位断を撮影している（図5-22）．同肢位においても関節唇損傷や腱板関節面の断裂が確認でき，疼痛のためにABER位が困難な症例も存在するためしばしば有用となる．近年，造影剤を静脈注射しMRIを撮像する非侵襲的なMR造影法の有用性が報告されている[35]．

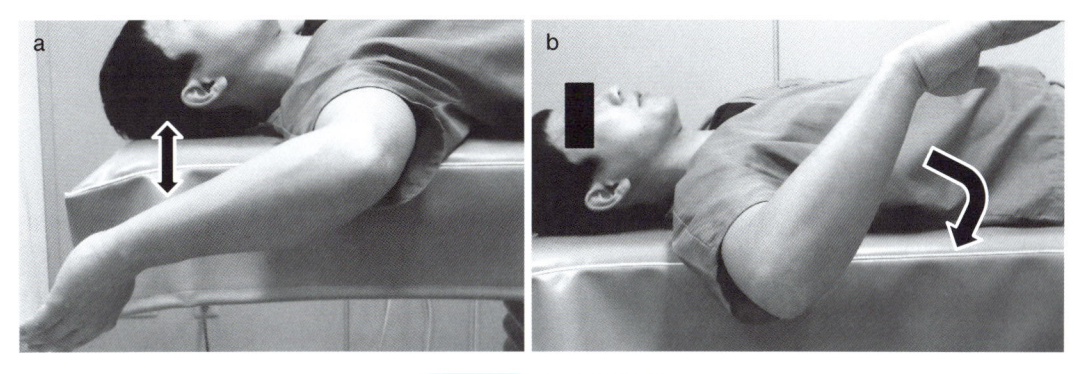

図 5-21 テニス競技者
a: 外旋可動域の拡大． b: 内旋可動域の減少．

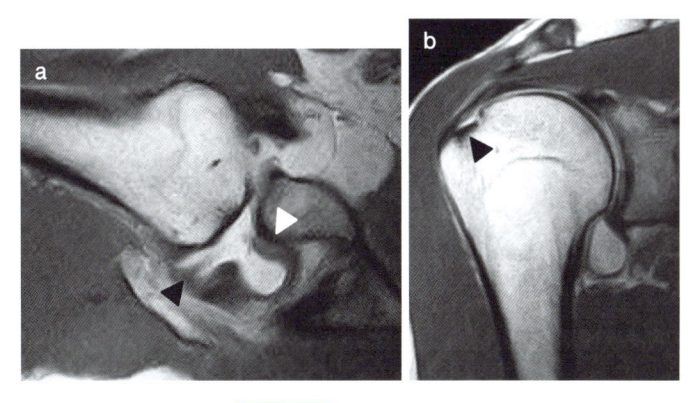

図 5-22 MR 関節造影
a: ABER 位の軸位断で腱板関節面断裂（▶），関節唇損傷（▷）を認める．
b: 斜位冠状断で腱板の関節面への高輝度領域を認める（▶）．

## 3．鏡視診断

　機器の向上に伴い，MR 関節造影による診断力が高まっているが依然として関節鏡による診断が不可欠である．ビーチチェアー位での鏡視下手術においては患肢を外転外旋位にし，投球動作に類似した肢位の再現が可能である．投球時痛を訴える 40 名のプロ選手において，93％に腱板関節面の fraying，88％に後方関節唇の fraying を認め全例術中に外転外旋位での同部の接触が確認できた

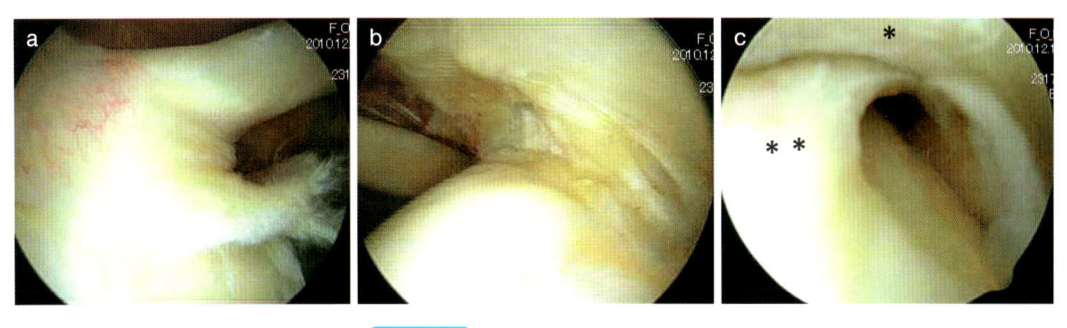

図 5-23 Internal impingement
a: SLAP 病変． b: 腱板関節面断裂． c: 外転外旋位で internal impingement を認める．
＊：腱板関節面，＊＊：関節唇．

との報告がある[36]．著者らもビーチチェアー位で鏡視下手術を行っており，後方鏡視で鏡視を上に向け最大の外転外旋位をとりinternal impingementを確認している（図5-23）．

## C 治療

### 1．保存療法

　腱板関節面断裂を生じた症例のほとんどがSLAP病変を合併しており，治療においてもSLAP病変単独症例と同様にアプローチする．投球時痛を有するほとんどの症例で，肩甲帯の柔軟性の低下を認め，肩甲骨の位置異常，安定性の低下など様々な因子が組み合わさり結果としてinternal impingementを生じると考えられる．保存療法では，これらの因子を診断し矯正する．文献的には，肩甲帯後方の柔軟性の低下を表す，GIRD, combined abduction test（CAT），horizontal flexion test（HFT）などの理学検査[21]を指標としそれらを改善するための理学療法が報告されている．セルフストレッチの手技として，sleeper stretch, cross-body stretchなどの有用性が報告されている[1,22]．著者らの施設においては，セルフストレッチに加え筋スパズムを生じている小胸筋や小円筋，僧帽筋，腱板筋群などへの物理療法，徒手療法などが理学療法士により加えられる[21]．

### 2．手術療法

　投球肩に対する腱板関節面断裂の手術適応は，選手の置かれた状況を考慮し決定すべきである．基本的には前述した全身の機能を向上させる理学療法を十分に行ったうえで，保存療法に反応が乏しい症例は手術適応と考えられている．Andrewsらは34例の鏡視下デブリードメントの術後，85％が良好な成績であったと報告した[37]．その後鏡視下デブリードメントの良好な成績が報告される一方で[38]，腱板の厚さの50％以上が断裂した症例は，デブリードメントのみでは成績が劣るとの報告がなされ，現在では50％以上の断裂は修復術が推奨されている[39]．しかしながら，投球肩に対する腱板修復術の成績は現時点ではいまだ満足のいく成果が得られていない．直視下手術を受けた45例の報告では，41％のみ術前の投球レベルに復帰し，このうち大学またはプロのハイレベルへ復帰したのは32％であった[40]．またミニオープンによる腱板修復を受けたプロの投手のうち1例（8％）のみが大リーグに完全復帰できたとの報告もあり，ハイレベルの投球肩の腱板断裂治療の困難さを物語っている[41]．近年の鏡視下手術の技術向上により，腱板関節面断裂に対する手術手技が報告されている[42]（図5-24）．しかしながら，鏡視下手術の成績においても30％程度の完全復帰率が報告されており[43]，術式にかかわらず投球肩の腱板修復術の競技復帰は難しい挑戦であると言わざるを得ない．

### 3．後療法

　通常の腱板断裂と同様に，術後3～4週間の装具固定を行っている．術後3カ月間は組織の治癒に重要な期間と考えているため，患部に過剰なストレスがかかる動作は禁止している．この時期は

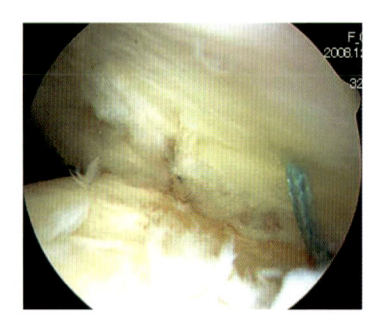

**図5-24** Partial articular surface tendon avulsion（PASTA）repair
経腱板的にアンカーを挿入し縫合する[41]．

まず不良姿勢や肩甲骨周囲筋の過剰な筋緊張による疼痛を改善し，可動域の獲得，低負荷での腱板の促通を行う．術後3～6カ月の期間は，より強調的な関節運動が必要なアスレティックリハビリテーション期の準備として，可動域，筋力，筋協調性の獲得などを行っている．術後3カ月以降に，可動域の回復具合，筋緊張の程度をみて投球を開始する．術後6カ月以降では競技復帰に向けて，競技特性を考慮した運動機能の獲得を目指す．投球動作に必要な，外転外旋最終域での安定した動作の獲得のために，肩甲上腕関節と肩甲胸郭関節の動的可動域・協調運動を目的とした運動療法を行うと同時に，運動連鎖の獲得により肩関節への負荷を軽減するように下肢・体幹・上肢の各機能を向上させるプログラムを選択する[21]．著者らの施設においても，ゲーム復帰まで平均15カ月の長期を要するため，医師と理学療法士，トレーナーが協力することはもちろん医療機関と選手の所属チームが一体となってサポートする体制を作る必要がある．

■文献
1) Braun S, Kokmeyer D, Millett PJ. Shoulder injuries in the throwing athletes. J Bone Joint Surg Am. 2009; 91: 966-78.
2) Kibler BW. The role of the scapula in athletic shoulder function. Am J Sports Med. 1998; 26: 325-7.
3) Walch G, Boileau P, Noel E, et al. Impingement of the deep surface of the supraspinatus tendon on the posterosuperior glenoid rim: an arthroscopic study. J Shoulder Elbow Surg. 1992; 1: 238-45.
4) Burkhart SS, Morgan CD, Kibler WB. The disabled throwing shoulder: spectrum of pathology. part Ⅰ: pathoanatomy and biomechanics. Arthroscopy. 2003; 19: 404-20.
5) Halbrecht JL, Tirman P, Atkin D. Internal impingement of the shoulder: comparison of findings between the throwing and nonthrowing shoulders of college baseball players. Arthroscopy. 1999; 15: 253-8.
6) Andrews JR, Carson WG Jr, McLeod WD. Glenoid labrum tears related to the long head of the biceps. Am J Sports Med. 1985; 13: 337-41.
7) Snyder SJ, Karzel RP, Del Pizzo W, et al. SLAP lesions of the shoulder. Arthroscopy. 1990; 6: 274-9.
8) Burkhart SS, Morgan C. SLAP lesions in the overhead athlete. Orthop Clin North Am. 2001; 32: 431-41.
9) Maffet MW, Gartsman GM, Moseley B. Superior labrum-biceps tendon complex lesions of the shoulder. Am J Sports Med. 1995; 23: 93-8.
10) Powel SE, Nord KD, Ryu RK. The diagnosis, classification and treatment of SLAP lesions. Oper Tech Sports Med. 2004; 12: 99-110.
11) Morgan CD, Burkhart SS, Michael Palmeri M, et al. Type Ⅱ SLAP lesions: three subtypes and their relationships to superior instability and rotator cuff tears. Arthroscopy. 1998; 14: 553-65.
12) Snyder SJ, Banas MP, Karzel RP. An analysis of 140 injuries to the superior glenoid labrum. J Shoulder Elbow Surg. 1995; 4: 243-8.
13) Kim TK, Queale WS, Cosgarea AJ, et al. Clinical features of the different types of SLAP lesions: an analysis of one hundred and thirty-nine cases. J Bone Joint Surg Am. 2003; 85: 66-71.
14) Franceschi F, Longo UG, Ruzzini L, et al. No advantages in repairing a type Ⅱ superior labrum anterior and posterior (SLAP) lesion when associated with rotator cuff repair in patients over age 50: a randomized controlled trial. Am J Sports Med. 2008; 3: 247-53.
15) Pfahler M, Haraida S, Schulz C, et al. Age-related changes of the glenoid labrum in normal shoulders. J Shoulder Elbow Surg. 2003; 12: 40-52.
16) O'Brien SJ, Pagnani MJ, Fealy S, et al. The active compression test: a new and effective test for diagnosing labral tears and acromioclavicular joint abnormality. Am J Sports Med. 1998; 26: 610-3.
17) Hegedus EJ, Goode A, Campbell S, et al. Physical examination tests of the shoulder: a systematic review with meta-analysis of individual tests. Br J Sports Med. 2008; 42: 80-92.
18) Kim SH, Ha KI, Ahn JH, et al. Biceps load test Ⅱ: A clinical test for SLAP lesions of the shoulder. Arthroscopy. 2001; 17: 160-4.
19) Reuss BL, Schwartzberg R, Zlatkin MB, et al. Magnetic resonance imaging accuracy for the diagnosis of superior labrum anterior-posterior lesions in the community setting: eighty-three arthroscopically confirmed cases. J Shoulder Elbow Surg. 2006; 15: 580-5.
20) Jee WH, McCauley TR, Katz LD, et al. Superior labral anterior posterior (SLAP) lesions of the glenoid labrum: reliability and accuracy of MR arthrography for diagnosis. Radiology. 2001; 218: 127-32.
21) 菅谷啓之. 上肢のスポーツ障害に対するリハビリテーション. 関節外科. 2010; 29: 148-58.
22) Burkhart SS, Morgan CD, Kibler WB. The disabled throwing shoulder: spectrum of pathology. part Ⅲ:

SICK scapula, scapular dyskinesis, the kinetic chain, and rehabilitation. Arthroscopy. 2003; 19: 641-61.
23) Keener JD, Brophy RH. Superior labral tears of the shoulder: pathogenesis, evaluation, and treatment. J AAOS. 2009; 17: 627-37.
24) Burkhart SS, Morgan CD, Kibler WB. The disabled throwing shoulder: spectrum of pathology. Part II: Evaluation and treatment of SLAP lesions in throwers. Arthroscopy. 2003; 19: 531-9.
25) O'Brien SJ, Allen AA, Coleman SH, et al. The trans-rotator cuff approach to SLAP lesions: Technical aspects for repair and a clinical follow-up of 31 patients at a minimum of 2 years. Arthroscopy. 2002; 18: 372-7.
26) Domb BG, Ehteshami JR, Shindle MK, et al. Biomechanical comparison of 3 suture anchor configurations for repair of type II SLAP lesions. Arthroscopy. 2007; 23: 135-40.
27) Yoo JC, Ahn JH, Lee SH, et al. A biomechanical comparison of repair techniques in posterior type II superior labral anterior and posterior (SLAP) lesions. J Shoulder Elbow Surg. 2008; 17: 144-9.
28) Morgan RJ, Kuremsky MA, Peindl RD, et al. A biomechanical comparison of two suture anchor configurations for the repair of type II SLAP lesions subjected to a peel-back mechanism of failure. Arthroscopy. 2008; 24: 383-8.
29) Gorantla K, Gill C, Wright RW. The outcome of type II SLAP repair: a systematic review. Arthroscopy. 2010; 26: 537-45.
30) Ide J, Maeda S, Takagi K. Sports activity after arthroscopic superior labral repair using suture anchors in overhead throwing athletes. Am J Sports Med. 2005; 33: 507-14.
31) Brockmeier SF, Voos JE, Williams RJ 3rd, et al. Outcomes after arthroscopic repair of type-II SLAP lesions. J Bone Joint Surg Am. 2009; 91: 1595-603.
32) Jobe CM. Posterior superior glenoid impingement: expanded spectrum. Arthroscopy. 1995; 11: 530-6.
33) Miniaci A, Mascia AT, Salonen DC, et al. Magnetic resonance imaging of the shoulder in asymptomatic professional baseball pitchers. Am J Sports Med. 2002; 30: 66-73.
34) Tirman PF, Bost FW, Steinbach LS, et al. MR arthrographic depiction of tears of the rotator cuff: benefit of abduction and external rotation of the arm. Radiology. 1994; 192: 851-6.
35) Herold T, Bachthaler M, Hamer OW, et al. Indirect MR arthrography of the shoulder: use of abduction and external rotation to detect full- and partial-thickness tears of the supraspinatus tendon. Radiology. 2006; 240: 152-60.
36) Paley KJ, Jobe FW, Pink MM, et al. Arthroscopic findings in the overhand throwing athlete: evidence for posterior internal impingement of the rotator cuff. Arthroscopy. 2000; 16: 35-40.
37) Andrews JR, Broussard TS, Carson WG. Arthroscopy of the shoulder in the management of partial tears of the rotator cuff: A preliminary report. Arthroscopy. 1985; 1: 117-22.
38) Snyder SJ, Pachelli AF, Del Pizzo W, et al. Partial thickness rotator cuff tears: Results of arthroscopic treatment. Arthroscopy. 1991; 7: 1-7.
39) Weber SC. Arthroscopic debridement and acromioplasty versus mini-open repair in the treatment of significant partial thickness rotator cuff tears. Arthroscopy. 1999; 15: 126-31.
40) Tibone JE, Elrod B, Jobe FW, et al. Surgical treatment of tears of the rotator cuff in athletes. J Bone Joint Surg Am. 1986; 68: 887-91.
41) Mazoué CG, Andrews JR. Repair of full-thickness rotator cuff tears in professional baseball players. Am J Sports Med. 2006; 34: 182-9.
42) Lo IK, Burkhart SS. Transtendon arthroscopic repair of partialthickness, articular surface tears of the rotator cuff. Arthroscopy. 2004; 20: 214-20.
43) Ide J, Maeda S, Takagi K. Arthroscopic transtendon repair of partial-thickness articular-side tears of the rotator cuff: Anatomical and clinical study. Am J Sports Med. 2005; 33: 1672-9.

［高橋憲正，菅谷啓之（2. 腱板不全断裂を共著）］

## 5 肩のスポーツ傷害

# C スポーツ選手にみられる肩鎖関節障害の病態と治療法

　本外傷はスポーツの現場において比較的多く遭遇する．関節脱臼にも関わらず，それを放置して保存療法を選択する余地がある不思議な関節である．ましてやハイレベルのパフォーマンスが要求されるスポーツ選手に対しても同様であるのは，単に整復位を保っても肩鎖関節の持つ適度な可動性を失っては逆効果になる可能性があるからであろう．我々は現在，上肢のハイレベルなパフォーマンスを必要とされるスポーツ選手であっても保存療法を行い，特に問題なく経過している．しかし，今までに50種以上の保存療法と40種以上の手術療法が報告され，現在も治療法の選択は意見が分かれるところである．

## 1 解剖と機能 (図5-25)

　保存療法，手術療法か，手術療法を選択した場合はいかなる方法を選択するのかを考えるためには肩鎖関節の解剖と機能を知る必要がある．

　肩鎖関節は鎖骨外側端と肩峰の前内側の関節面からなる関節である．関節包と肩鎖靱帯で形成されており，これを烏口鎖骨靱帯と三角筋・僧帽筋が補強している．関節包は上・下および前・後肩鎖靱帯に覆われており関節内には線維軟骨性の円板が存在する．福田[1]によると肩鎖靱帯は関節のあらゆる方向に制動性を持つが，特に鎖骨の後方移動と後方回旋に強い制動作用を発揮すると述べている．肩甲骨を鎖骨へ連結しているものに肩鎖靱帯以外に烏口鎖骨靱帯がある．この靱帯には前外側部の菱形靱帯（僧帽靱帯）と後内側部の円錐靱帯の2つがある．前者は鎖骨の前方への移動を，後者は後方への移動を主に制御し，全体として上方への脱臼を防止している．安定性はさらに関節

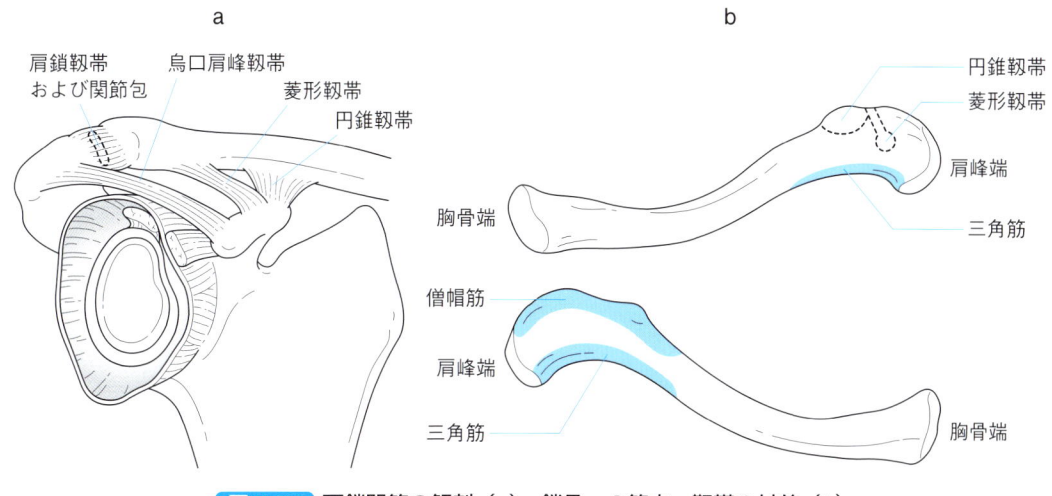

**図5-25** 肩鎖関節の解剖 (a), 鎖骨への筋肉・靱帯の付着 (b)

包，僧帽筋，三角筋が鎖骨や肩峰に付着していることによって強く保たれている．肩鎖関節は小さな関節であるが肩甲帯と体幹とを連結する唯一の解剖学的関節で，肩の機能を担う重要な関節である．Inmanら[2]は上肢の外転180°で，鎖骨は長軸に対し45°上方に回旋し，この回旋が制限されると外転が制限されると述べている．また上肢を最大挙上位にするとき肩鎖関節が20°分担し，肩外転20°と135°以上のときに動くので，信原[3]はこの関節を固定してしまうと最大挙上が不可能になると報告している．

## 2 受傷機転と病態

肩鎖関節脱臼は直達外力と介達外力のいずれでも生じるが，直達外力による場合のほうが多い．

### A 直達外力（図5-26）

受傷機転としては上肢内転位，すなわち上肢が体幹に沿った状態で肩より落ち肩峰を強打した場合が多く，その際，肩甲骨が下方に強く押し下げられる．この時肩甲骨はほぼ烏口突起を中心に回転運動を始め，肩鎖靱帯および関節包の断裂を生じる．さらに外力が続けば肩甲骨の回転運動は進行し，鎖骨は第1肋骨を接点として回転運動が阻止され，第2の支持機構である烏口鎖骨靱帯が緊張し断裂する[4]．

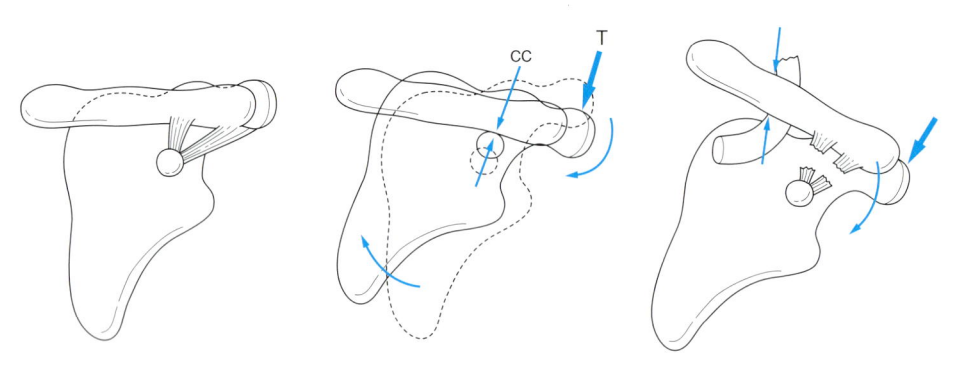

**図 5-26** 肩鎖関節脱臼の直達外力によるメカニズム
cc: Contact of coracoid to clavicle, T: Trauma from above

### B 介達外力

肩外転し転倒して手をついた場合には，上腕骨から長軸方向に介達外力が加わり，肩鎖関節を押し上げ肩鎖関節の損傷を生じるが，この場合烏口鎖骨靱帯は保たれる．

## 3 診断

肩鎖関節と烏口鎖骨靱帯が存在する鎖骨遠位部下方に圧痛を認める．完全な脱臼の場合には鎖骨末梢が上方に浮き上がり，"piano key phenomenon"（鎖骨遠位端を押すと，遠位端が沈み込む浮動感）とよばれる状態になる．通常は肩鎖関節2方向のX線撮影を行い脱臼，亜脱臼の確認を行う．この時，肩鎖関節部の外観上の変形を伴うような完全脱臼では容易に診断がつく（図5-27）が，肩鎖関節の不安定性を把握するには上肢を下方へ牽引するストレス下でのX線撮影をした方がよい．また後方への脱臼を確認するには腋窩撮影が有用で，症例によってはCT撮影が必要になる．症状，

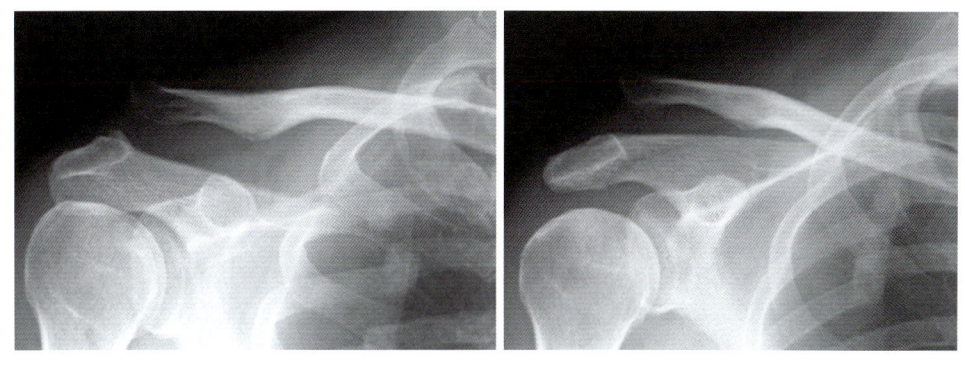

**図 5-27** Rockwood 分類 Type Ⅴの単純 X 線像
2 方向撮像により脱臼の程度がより把握できる．

受傷機転から鎖骨遠位端骨折と鑑別が必要であるが，X 線撮影から鑑別は容易である．

## 4 分類

　解剖学的に靱帯の損傷の部位，程度を考慮した Rockwood[5] の分類が使われることが多い（図 5-28）．ⅠからⅥのタイプ分類は以下のごとくである．

**Type Ⅰ**：肩鎖靱帯の捻挫．肩鎖関節，烏口鎖骨靱帯，三角筋と僧帽筋は正常である．

**Type Ⅱ**：肩鎖靱帯は断裂．肩鎖関節の幅は広がり，やや上方移動していることもある．烏口鎖骨靱帯の捻挫．烏口鎖骨靱帯間隙はやや増加していることもある．三角筋と僧帽筋は正常．

**Type Ⅲ**：肩鎖靱帯は断裂．肩鎖関節は脱臼し，肩甲体は下方へ移動．烏口鎖骨靱帯は断裂．烏

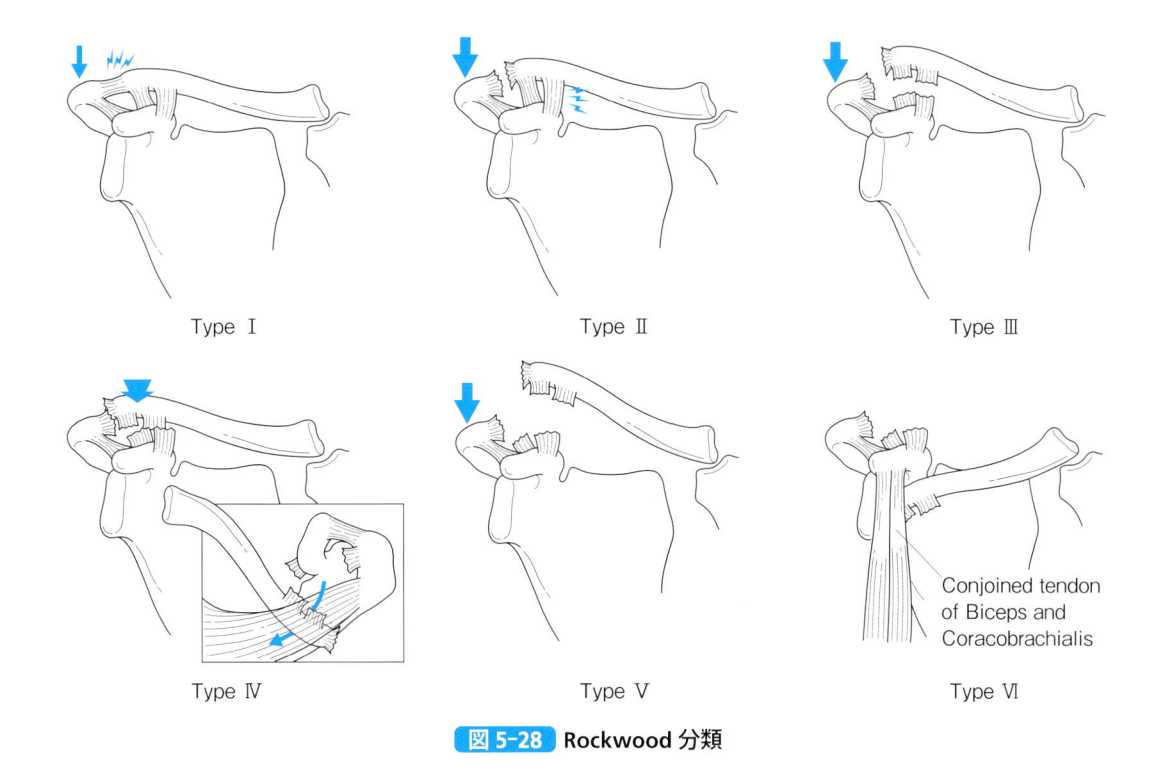

**図 5-28** Rockwood 分類

口鎖骨靱帯間隙は正常側に比べて 25～100% まで増加．三角筋と僧帽筋は多くの症例で鎖骨遠位端より剝離する．

**Type Ⅲ variant**：子供では肩鎖関節の pseudodislocation が起こる．烏口鎖骨靱帯は無傷の骨膜管に付着する．鎖骨は骨膜管内から転位している．

**Type Ⅳ**：肩鎖靱帯および烏口鎖骨靱帯ともに断裂している．鎖骨遠位端は後方へ（僧帽筋内に）転位している．三角筋と僧帽筋は鎖骨遠位端から離れている．烏口鎖骨間距離は正常と同じように見えることもある．

**Type Ⅴ**：肩鎖靱帯および烏口鎖骨靱帯ともに断裂している．鎖骨遠位端は上方へ転位している．三角筋と僧帽筋は鎖骨の遠位半分から離れている．烏口鎖骨間距離は非常に広くなり，100～300% くらい増加する．

**Type Ⅵ**：鎖骨遠位端の位置により肩峰下型と烏口突起下型がある．肩鎖靱帯は断裂し，烏口鎖骨靱帯は烏口突起下型では断裂し，肩峰下型では断裂していない．鎖骨遠位端は肩峰下もしくは烏口突起下へ転位している．三角筋と僧帽筋は鎖骨遠位から離れている．

## 5 治療（図 5-29）

Rockwood の Type Ⅰ・Ⅱ損傷に対する治療は保存療法を選択する．Type Ⅱ で症状の軽快しない症例には，後に手術を施行することがある．Type Ⅲ variant の pseudodislocation は periosteal sleeve から骨新生が形成されるので保存療法を選択する．Type Ⅳ・Ⅴ・Ⅵ損傷は手術療法でないと解剖学的な整復位に戻し保持することはできず，機能的にも保存療法では成績が悪いため手術療法の適応となる．

**Type Ⅲ**：Type Ⅲ以外では治療法にコンセンサスが得られているが，Type Ⅲに対しては施設により治療法が異なる．保存，手術療法どちらの選択肢もあるが，どちらも一長一短があり成績に差

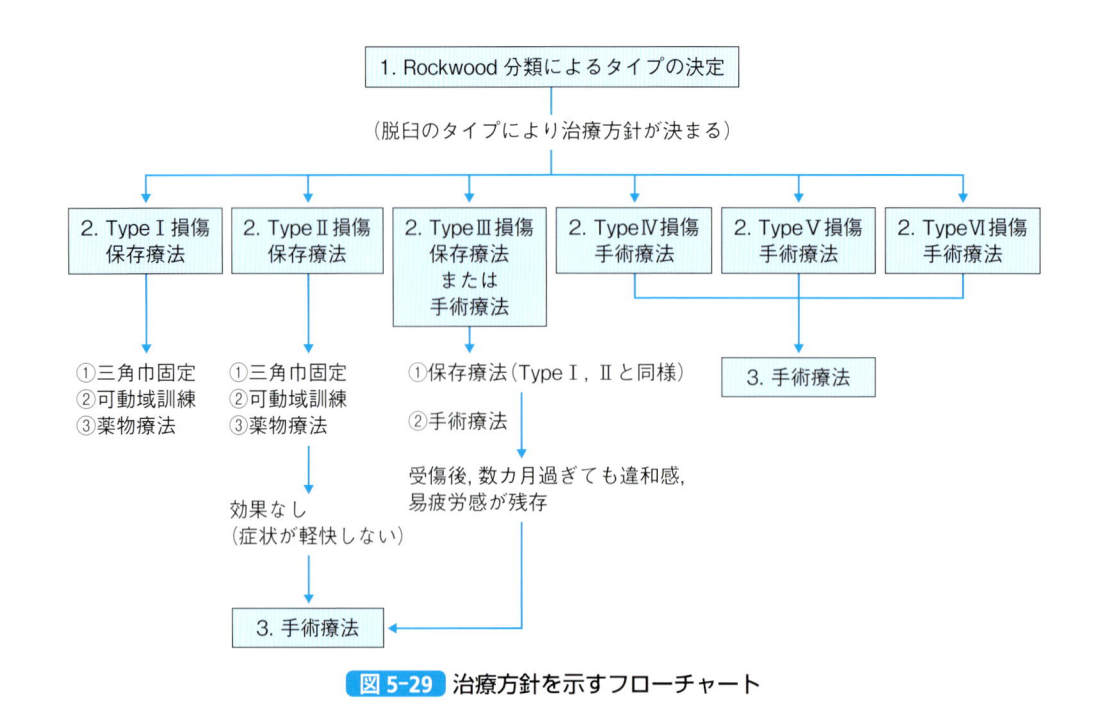

**図 5-29** 治療方針を示すフローチャート

がないからである[6]．保存療法の利点はリハビリテーションの短期化，早期のスポーツ競技復帰ができること，欠点は外観上の変形が残存し，違和感や易疲労感が残存する可能性があること．日常生活レベルでは支障がなくともスポーツ選手では脱臼位が放置されると脱力感や易疲労感などの愁訴，水平挙上位以上での筋力低下が残ると指摘されており，スポーツ選手のType III 症例には，手術療法が考慮される．手術療法の利点は変形が矯正されること，保存療法での欠点である機能低下が改善される可能性があることであるが，欠点として固定材料破損，リハビリテーションの長期化などがあげられる．利点，欠点を話し，選手の置かれている立場や社会的背景なども参考にし，インフォームドコンセントを十分行い総合的に判断する．

### A 保存療法

**Type I，Type II**：疼痛が軽減するまで三角巾による安静を保つ．疼痛がなければ三角巾も不要である．疼痛が長期継続し，可動域制限が生じた場合は機能訓練が必要である．

**Type III**：Type III では上肢の重量による肩峰の下方牽引，小胸筋，大・小菱形筋，僧帽筋中・下部線維などによる肩甲骨内下方牽引，さらに胸鎖乳突筋，僧帽筋上部線維などによる鎖骨内上方牽引が生じている．したがって整復は鎖骨を上方から十分押し下げ，肩峰を下方より十分に押し上げる2つの操作が同時に確実に行われれば可能である．Kenny Howard brace が比較的使用される．約6週間の固定期間後にリハビリテーションを開始する．ただし，苦痛や不快感を伴うことが多く皮膚損傷などの問題や固定後も完全な整復位が得られずに手術療法を余儀なくされる症例もあることが難点である．

そこで外観上の変形は残存するものの，長期経過観察の結果は良好であるという報告もあり[7]，我々は三角巾のみの簡単な安静を保つ程度にし，疼痛軽減後早期より機能的リハビリテーションを施行している．疼痛も機能的にも大きな問題を生じたことは今までない．

### B 肩鎖関節脱臼に対するリハビリテーション[8]

受傷後数日間は同関節部を中心に疼痛が激しい．この間に過度の緊張が生じると肩鎖関節のみならず肩甲帯，身体全体にまで影響することがあり，まずはリラクゼーションが最も重要である．三角巾などを用いさらに患者自身が最も楽になれる肢位をできるだけとるように指導する．そして，疼痛の軽減とともに肩鎖関節に負担をかけない範囲の運動療法を基本とし開始する．具体的にはRockwood type I，II では鎖骨遠位と肩峰が起始部である三角筋前部線維を効かせるような筋肉トレーニングをする．また，外転，屈曲は90°までの範囲にとどめるが，肩甲上腕関節の拘縮予防に下垂位から外転90°までの各肢位での内外旋運動は積極的に行う（図5-30）．さらに数週経過してから制限をなくし肩甲胸郭関節を含めた可動域改善・筋力強化の機能的訓練を開始する．

### C 手術療法

受傷から1カ月以内程度の新鮮例であれば，Phemister 変法が一般的である．またBosworth 法もあげられる（図5-31a，b）が，これらは，烏口鎖骨靱帯の縫合が困難なことがあり，アンカーや人工靱帯で補強処置を追加することもある．人工靱帯の併用は，靱帯移行より侵襲が少なく固定力に優れるが，摩擦や異物反応による骨びらんや骨吸収などの報告[9]があるため注意が必要である．肩鎖関節プレートによる整復固定術（図5-31c）は，固定性に優れ，手技が簡便なことから頻用されていたが，近年フックのカットアウト，migration などの報告[10]があり，新鮮例でも靱帯の縫合や再建を併用しない単独での適用は見直されてきている．

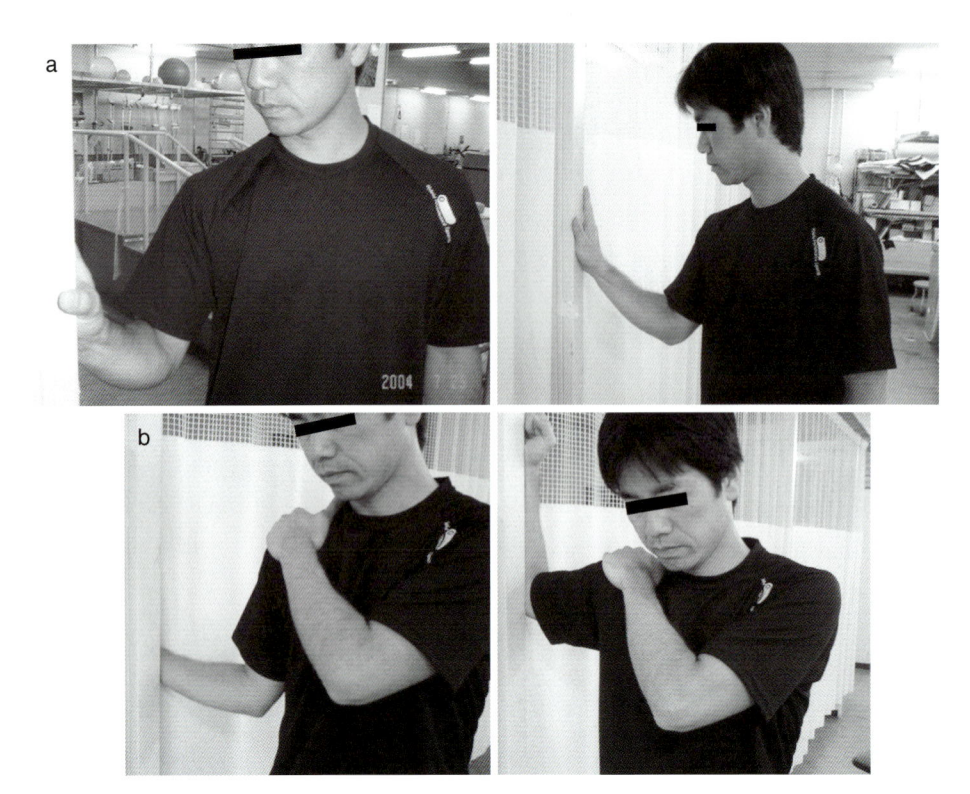

**図 5-30** 三角筋前部線維を効かせるような筋肉トレーニングの一例
a：壁を押すようにして，三角筋前部線維の等尺性筋肉トレーニングを行う．
b：肩鎖関節には負担をかけず，肩甲上腕関節の可動域訓練．

　陳旧例では靱帯再建術が必須となり，Neviaser 変法（肩鎖関節再建），Cadenat 変法（烏口鎖骨靱帯再建），Dewar 法（筋移行術）などが一般的である（図 5-31d, e, f）．各手術法ともに臨床的には良好な成績の報告が多いが，問題点として，①術後再転位，②肩鎖関節症，③靱帯の骨化などがあげられる．鎖骨の再転位に関しては疼痛の残存と関連がある[11]との報告や関連がない[9]との報告など様々である．再転位を防ぐために，人工靱帯で補強したり，仮固定の抜釘の時期を遅らせたりなどの工夫が検討されている．肩鎖関節症は術後比較的よくみられる合併症であるため，鎖骨遠位端切除を追加する報告[12,13]もある．この場合 Escola ら[14]は，骨切除量が 1 cm を超えると易疲労感を生じやすくなるとしており，切除量は 1 cm 以内にとどめるべきである．靱帯の骨化は臨床的に問題とならない報告が多い[15]．

　近年では，三角筋や僧帽筋など軟部組織に対する侵襲を最小限にすべく鏡視下手術の報告[12,16]が散見されているが，整復位や臨床成績などまだ改良の余地があり，手技の確立など今後に期待すべき術式である．

　本疾患に対する手術法は数多く存在し，それぞれ臨床的には比較的良好な成績が得られているものの問題点もあり，現時点においても各施設で様々な思考を凝らし，最もよい術式を模索しているのが現状である．

## むすび

　以上のことを踏まえ，スポーツ選手に生じた肩鎖関節障害では，個々のスポーツ選手の競技特性，ポジション，社会的背景すべてを把握し総合的にベストの治療法を選択していく必要がある．

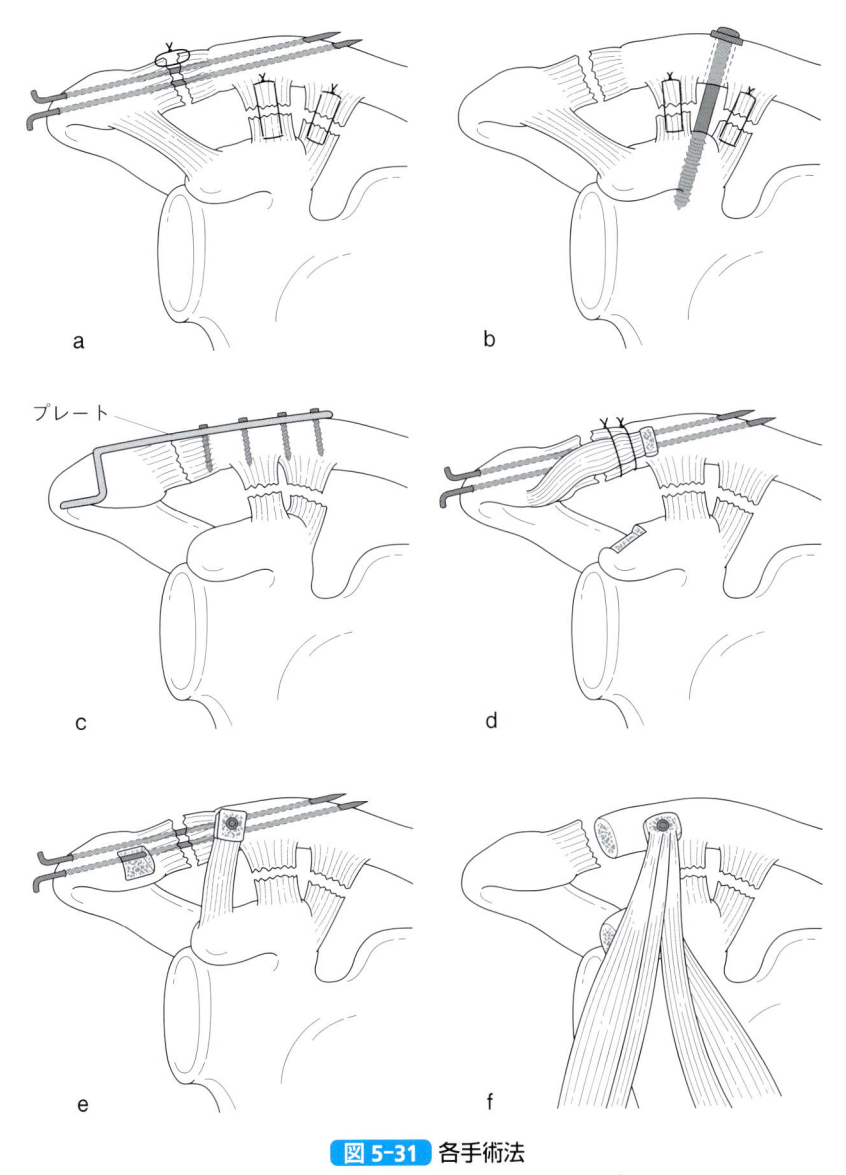

**図 5-31** 各手術法
a: Phemister 変法. b: Bosworth 変法. c: 肩鎖関節プレート固定.
d: Neviaser 変法. e: Cadenat 変法. f: Dewar 法.

■文献
1) 福田公孝. Anatomical and biomechanical studies of the ligamentous system of the acromioclavicular joint（肩鎖関節における靱帯構造の解剖学的ならびに生態学的研究）. 北海道整災誌. 1987; 31: 1-18.
2) Inman VT, Sanders JB. Observation on the function of the clavicula. Calif Med. 1946; 65: 158-66.
3) 信原克哉. 烏口鎖骨靱帯について. 整形外科. 1970; 21: 89-94.
4) Calliet R. Shoulder Pain. 1, 30 & 82. Philadelphia: FA Davis; 1967.
5) Rockwood CA. Injuries to the acromio-clavicular joint. In: Rockwood CA, Green DP, editors. Fracture in adults. Vol 1, 2nd ed. Philadelphia: JB Llippincott; 1984.
6) Phillips AM, Smart C, Groom AF. Acromioclavicular dislocation: conservative or surgical therapy. Clin Orthop. 1998; 353: 10-7.
7) Rowes ML, Dias JJ. Long-term results of conservative treatment for acromioclaviculer dislocation. J Bone Joint Surg Br. 1996; 78: 410-2.
8) 西中直也. 肩鎖関節脱臼. In: 筒井廣明, 編. これだけは知っておこう 肩の診かた治しかた. 東京: メジカルビュー社; 2004. p.118-27.

9) 石井達也, 藤原正利, 和田山文一郎, 他. 肩鎖関節脱臼に対する人工靱帯（ポリエチレン縫合糸）を用いた関節形成術の治療成績と問題点. 中部整災誌. 2010; 53: 691-2.
10) 小島英郎, 関口昌之, 勝呂 徹, 他. 一期的に肩鎖靱帯および烏口鎖骨靱帯の縫合術を行った新鮮肩鎖関節脱臼の検討. 別冊整形外科. 2010; 58: 127-31.
11) 前田 大. 新鮮および陳旧性肩鎖関節3度脱臼の術後成績. 肩関節. 2003; 27: 331-4.
12) 菅谷啓之, 永井宏和. 関節鏡視下肩鎖関節脱臼再建術. 整形外科. 2011; 62: 761-6.
13) 小畠昌規, 谷 雅彦. 新鮮肩鎖関節脱臼に対するBosworth変法の治療成績. 北整・外傷研誌. 2008; 24: 44-9.
14) Escola A, Santarirta S, Viljakka HT, et al. The results of operative resection of the lateral end of the clavicle. J Bone Joint Surg Am. 1996; 78: 584-7.
15) 三笠貴彦, 濱田一寿, 芦澤裕子, 他. 肩鎖関節脱臼に対するPhemister変法（4 in 1 procedure）による治療成績. 肩関節. 2008; 32: 533-6.
16) Thomas MD, Michael JP, Joel F, et al. Arthroscopic stabilization of acromioclavicular joint dislocation using the AC graftrope system. J Shoulder Elbow Surg. 2010; 19: 47-52.

［西中直也, 上原大志］

## 5 肩のスポーツ障害

# D スポーツによる肩関節周辺の神経障害

　スポーツによる肩関節周辺の神経麻痺は，1回の外傷によって生じる場合と繰り返し外力が加わって生じる場合とがある．野球のバットスウィングで空振りをして腕神経叢麻痺になったような例も報告されているが，ここでは繰り返す肩関節の酷使によって発生する神経障害について述べる．

　神経障害は徐々に起こり，比較的 disability が少ないため，症状の持続にもかかわらず競技を続けている例も多い．肩関節では同じような機能を持った複数の筋肉があり，神経障害が生じても異なる神経支配の筋肉が代償性に肥大して[1]，麻痺している筋肉の機能をカバーして，パフォーマンスには全く問題ない例もみられる（図5-32）．

　神経麻痺が進んで臨床所見が出現する前に診断をつけることは困難なことが多く，診察にあたっては，そのスポーツ種目に特有な肩関節の動きと潜在的な神経障害の可能性を常に考慮に入れる必要がある．

## 1 腕神経叢

　スポーツによって様々な形態をとるが，ここでは代表的な腕神経叢麻痺であるリュックサック麻痺と胸郭出口症候群について述べる．

### A リュックサック麻痺[2]

#### 1．病態
　両肩にストラップをかけて長時間重量物を背中に背負うことにより腕神経叢麻痺が生じる疾患

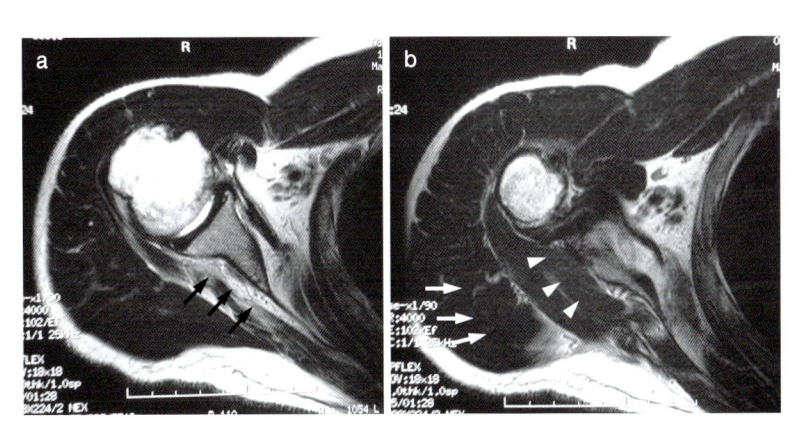

**図 5-32 代償性筋肉肥大の例**
a：萎縮した棘下筋（矢印）で輝度変化（周囲筋と比べ高輝度）も認める．
b：代償性に肥大した小円筋（矢頭）および三角筋（矢印）を認める．

で，以前は兵士に多くみられたが，近年では登山者に多くみられる．神経損傷は橈骨神経麻痺，腋窩神経麻痺などの後束神経障害を呈することが多いが，長胸神経麻痺の発生もある．腕神経叢上位幹の走行は比較的急角度で，上肢の重量で伸張されている．そこに上肢帯がリュックサック荷重によって後下内側へ引き離されるような牽引力が働くと上位幹が損傷されやすい．また，腕神経叢の下位幹は第1胸神経根が外側上方に走行した後，第8頸神経根と合流し，第1肋骨の上面と近接し胸郭出口に達する．そこへリュックサックのショルダーストラップによって，鎖骨の上方からの圧迫により下位幹の損傷が生じると考えられている．

### 2．診断

臨床症状は，上肢の脱力，倦怠感，しびれ感などとともに運動麻痺，知覚鈍麻が認められる．また，鎖骨上窩に Tinel 様徴候を認めることが多い．神経損傷の程度は neurapraxia であるので，電気生理学的には正常のことが多い．

### 3．治療

一般的には原因の除去で数日から3カ月くらいで自然寛解し，手術の適応となることはほとんどない．予防としては，ショルダーのストラップの弾性を高めたり，チェストストラップやヒップベルトを締める，リュックサック内を高重心に保つことなどが有用であるといわれている．

## B 胸郭出口症候群

### 1．病態

胸郭出口症候群の部分症状として腕神経叢障害が発生することがある．これは単にスポーツによる繰り返しの動作のみで発生したとは考えにくく，頸肋，小斜角筋などの異常束の存在や第1肋骨の先天異常，斜角筋の肥大，線維化などの素因を持つ選手に発生する．肩の挙上を繰り返すスポーツ（プロ野球選手，特に投手で時々みられる）に発症しやすい．また，なで肩の若い女性や姿勢異常でも発生するといわれている．柔道選手などの格闘技で第1肋骨の疲労骨折から，この胸郭出口症候群の症状が出現した例もある[3]（図5-33）．

### 2．診断

頸，肩，腕の疼痛としびれが特徴で，Adson，Morley，Wright などのテストや腕神経叢造影，鎖骨下動脈造影で診断される．最近では，侵襲の少ない MR アンギオグラフィ（図5-34）が用いられることが多い．

### 3．治療

治療は僧帽筋や大胸筋の筋力訓練を指導し，胸郭出口部を拡げるような鎖骨を上に持ち上げる運動も時に有用である．無効であれば第1肋骨切除，斜角筋切離が有効である（図5-35）．

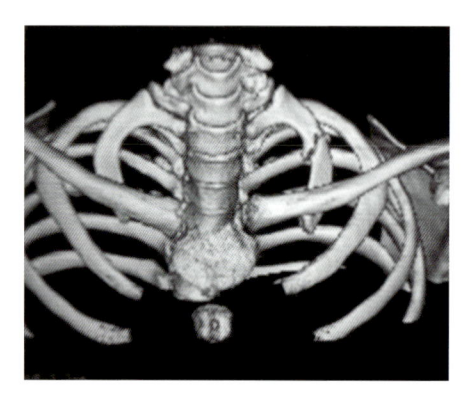

**図 5-33 左第1肋骨骨折の 3DCT**
左第1肋骨の疲労骨折を認める（柔道選手例）．

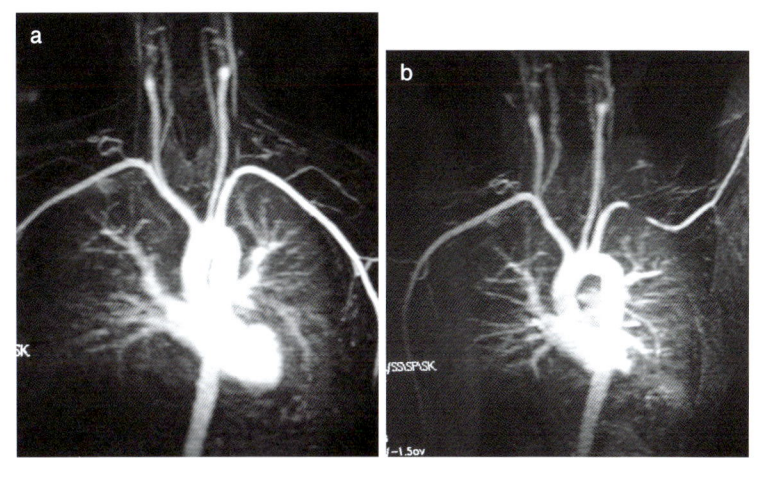

**図 5-34** 胸郭出口症候群の MR アンギオグラフィ
　　　　a：上肢下垂位.
　　　　b：左上肢挙上位で血行が途絶している.

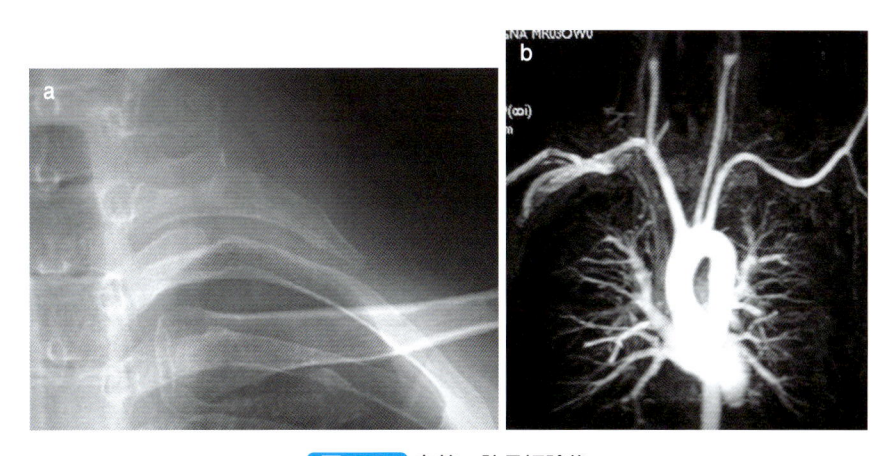

**図 5-35** 左第 1 肋骨切除後
　　a：単純 X 線像.
　　b：手術後の左上肢挙上位で（図 5-34 と同一症例），血行が途絶していない.

## 2● 腋窩神経

### 1．病態

　Bateman[4]，Cahill[5]，Palmer[5]らによって quadrilateral space syndrome が提唱されて以来，腋窩神経の entrapment point として quadrilateral space（図 5-36）がよく知られている．同部には，骨性防御がなく，スポーツ外傷により発達した静脈叢より容易に出血し，瘢痕や癒着が生じて神経障害を生じることが多い．また，この間隙は，バレーボール，テニス，ハンドボール，野球などの over arm pattern に属するスポーツで肩関節外転外旋位となったときに狭小化し，entrapment が生じるとされている．

### 2．診断

　臨床症状は，肩の疼痛や倦怠感を伴った脱力，肩関節外側のしびれを訴える．疼痛は運動時痛から安静時痛，夜間痛を訴えるものまで様々で，運動障害も軽度の筋力低下から肩の挙上不能の例ま

**図 5-36** Quadrilateral space

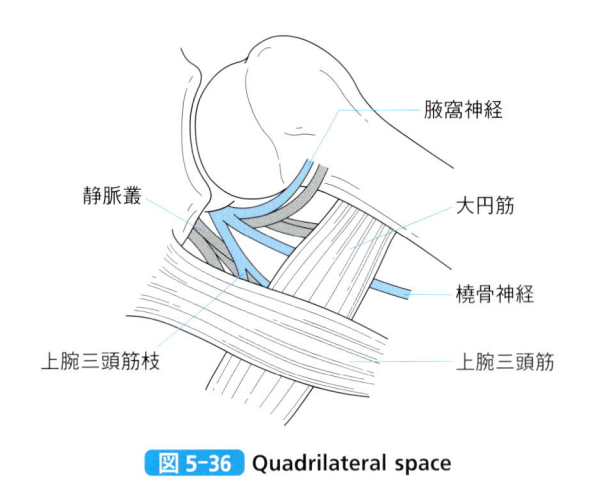

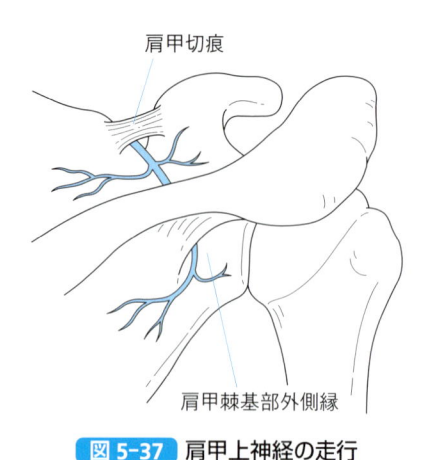

**図 5-37** 肩甲上神経の走行
肩甲上神経は，絞扼部位（肩甲切痕，肩甲棘基部外側縁）を通過する．

である．なかでも肩関節外側（腋窩神経固有知覚領域）の感覚障害を伴うことが多い．橈骨神経上枝は，quadrilateral space を通過していないが，時に上腕三頭筋麻痺を伴うこともある．筋電図検査が有用であり，三角筋から脱神経電位を確認できれば，少なくとも腋窩神経を構成する神経線維に損傷があると判断できる．腋窩神経の走行距離は短いので，神経伝導速度は実用的ではない．また，後上腕回旋動脈の閉塞や狭窄を診断根拠とする見解もある．

### 3．治療

治療の第一選択は，診断的治療の意味からも，quadrilateral space での腋窩神経ブロックである．これは軽症例には著効し，症状の軽快が得られることが多いとされる．しかし，保存的治療で改善傾向がなく，三角筋の萎縮が認められる症例には，quadrilateral space での腋窩神経の神経剥離術や絞扼物，骨棘（Bennett lesion）の切除を行う．

## 3 ● 肩甲上神経

### 1．病態

肩甲上神経はC5〜6から分枝した後，肩甲骨の上端に達し，肩甲切痕を通過して棘上窩に出る．棘上窩で棘上筋に運動枝，続いて関節枝を出した後，肩甲棘外側縁をまわり棘下筋の下に達し，棘下筋枝に終わる．この走行路のうち，entrapment point として肩甲切痕部と棘下切痕部が知られている（図5-37）．野球，バレーボール，テニス，ハンドボール，バドミントンなど over arm pattern に属するスポーツで生じる．

### 2．診断

初期症状は運動時痛や肩の後外側の漠然とした深部痛であるが，時には肩鎖関節にも痛みを生じ，肘伸筋に放散痛を訴える場合もある．また，急性期には夜間痛が出現し，さらに肩関節の外転外旋筋力の低下がみられる．慢性期になると棘上筋，棘下筋の萎縮が出現してくる．また，従来は感覚障害はみられないと言われていたが，実際に感覚検査を行うと腋窩から肩峰外側にかけて感覚障害を認める[6]．電気診断として，棘上筋，棘下筋に脱神経電位の検索と Erb 点を電気刺激した場合の棘上筋，棘下筋の M 波の潜時測定を行い健側との比較をそれぞれについて行う．棘上筋，棘下筋ともに陽性所見が得られれば肩甲切痕レベルの絞扼であり，棘下筋のみの陽性所見であれば肩甲棘外

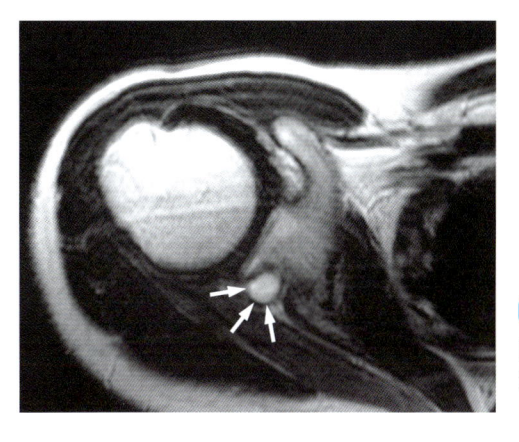

**図 5-38** ガングリオンによる肩甲上神経麻痺例の MRI
肩甲骨後方にガングリオン（矢印）を認め，棘下筋の萎縮と輝度変化がみられる．

側縁または下肩甲横靱帯レベルの絞扼であると診断できる．画像検査では，MRI，超音波検査が，棘上筋・棘下筋の筋萎縮の評価や輝度変化，ガングリオンの有無がわかるので有用である（図 5-38）．

### 3．治療

保存療法として，肩甲上神経が緊張する上腕の外転位，外旋位，過渡の内転位を避け，安静を保つ．また，局所麻酔剤を用いた肩甲上神経ブロックを行う．また，ガングリオンを伴う例では，超音波ガイド下でガングリオン穿刺が有効である．肩甲上神経ブロックの無効例やガングリオン穿刺をしてもすぐに再発する例，電気生理学的検査上明らかな肩甲上神経麻痺が認められるものは観血的治療を行う．肩甲切痕部での障害の場合は，上肩甲横靱帯の切離ないし切除術を行い，神経の癒着がみられた場合は神経剝離術を加える．棘下切痕部での障害に対しては，肩甲棘基部で，内下方に曲がった肩甲上神経の剝離術を行い，下肩甲横靱帯が認められる場合は，これを切離する．

## 4 ● 長胸神経

### 1．病態

長胸神経は，C5〜7の神経根から分岐して集合し，腕神経叢の後方，前・中斜角筋の間から第一肋骨に至り，腋窩，胸壁を通って前鋸筋に到達する．その走行が直線的で，斜角筋および前鋸筋で固定されているので，肩の強制的な下降や頸の反対側への屈曲で伸展されやすい．Gregg ら[7]はテニス，ボーリング，ゴルフなど種々のスポーツでの発生を報告しており，注意すればそれほど稀ではないと指摘している．

### 2．診断

臨床症状は，肩関節痛や易疲労感があり，肩関節の挙上困難や挙上筋力の低下を認める．前鋸筋麻痺が発生し，翼状肩甲（肩を 90°屈曲させ，壁を押すと肩甲骨に winging を起こし，肩甲骨の内側と下角が突出する（図 5-39）をきたすが，特に自覚症状がないことも多い．

### 3．治療

多くの症例は保存的治療が有効で 3〜12 カ月で回復するといわれている（図 5-40）．この回復具合の評価には，MRI 撮影が有効（図 5-41）で，経時的に前鋸筋の萎縮を評価するのにたいへん有効である．発症後 2 年を経過しても改善しなければ，観血的治療も行われる[1,6]．観血的治療は，神経に対するものでなく，Whitman 法（大腿筋膜により第 4〜7 胸椎棘突起と肩甲骨内縁を結んで肩甲骨を内下方に整復する）や Chaves らの方法（小胸筋を肩甲骨に移行する）など腱移行術が行われる．

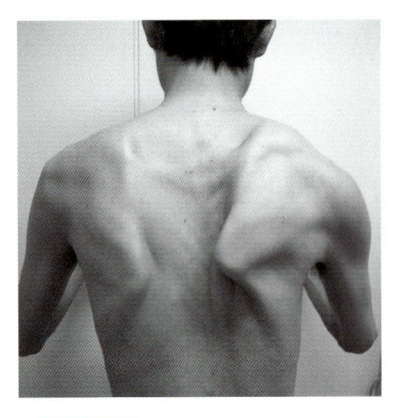

**図 5-39** 右長胸神経麻痺による翼状肩甲

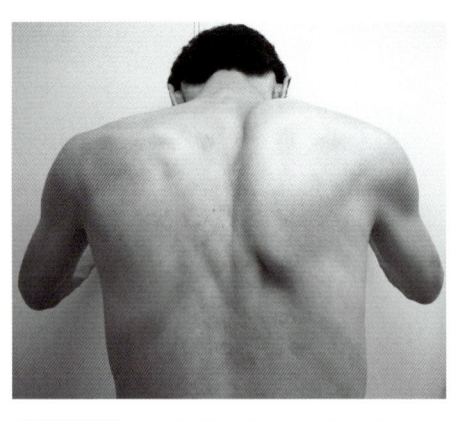

**図 5-40** 右長胸神経麻痺の回復途中（保存療法）（図 5-39 と同一症例）

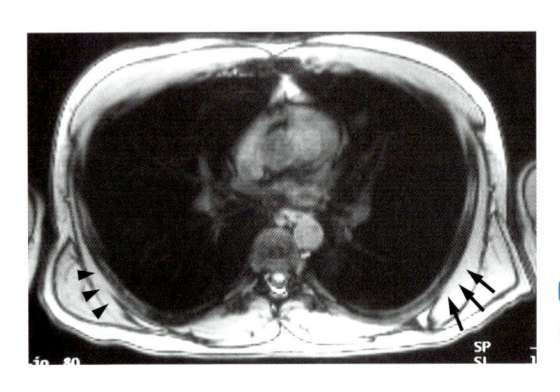

**図 5-41** 長胸神経麻痺の MRI
矢頭：萎縮した前鋸筋，矢印：健側の前鋸筋．

## 5 ● 肩甲背神経

### 1．病態

肩甲背神経は，C4〜5 の神経根から分枝して集合し，大菱形筋，小菱形筋，肩甲挙筋を支配している．アーチェリーなどでの発生が報告されており，神経が中斜角筋通過部位で entrapment されて生じるとされている．

### 2．診断

大小菱形筋の麻痺（菱形筋の検査は，腹臥位で腕を 90°外転し水平伸展することで行える）が生じ翼状肩甲をきたすが，症状としては肩甲骨内縁の痛みのみのことが多い．

### 3．治療

治療は主に保存的に行われる．

■ 文献
1) 池上博泰, 小川清久, 高山真一郎, 他. 肩甲帯に発生した末梢神経麻痺—明らかな誘因のない 50 例の検討—. 肩関節. 2003; 27: 585-8.
2) Daube RJ. Rucksack paralysis. JAMA. 1969; 208: 2447-52.
3) 池上博泰. 投球以外のスポーツによるまれな肩関節障害. 関節外科. 2003; 22: 1145-53.
4) Bateman JE. The shoulder and neck. 2nd ed. Philadelphia: WB Saunders; 1980. p.602-6.
5) Cahill BR, Palmer RE. Quadrilateral space syndrome. J Hand Surg [Am]. 1983; 8: 65-9.
6) 池上博泰, 小川清久, 中道憲明, 他. 肩甲上神経麻痺に対する知覚検査. 肩関節. 2007; 31: 429-32.
7) Gregg JR, Labosky D, Harty M, et al. Serratus anterior paralysis in the young athlete. J Bone Joint Surg Am. 1979; 61: 825-32.

［池上博泰］

## 6 肘のスポーツ障害

# A 上腕骨小頭離断性骨軟骨炎の病態と治療法
―診断と治療選択

## 1 病態

### A 病因

　離断性骨軟骨炎（osteochondritis dissecans：OCD）の病因として，骨壊死，微小外傷，遺伝的素因などがあげられている．小頭骨端核の骨壊死性病変である Panner 病は，離断性骨軟骨炎よりも年齢が若く，骨端核全体に変化が現れ，予後良好であり，離断性骨軟骨炎とは区別されている．上腕骨小頭離断性骨軟骨炎の早期病変の病理組織では骨壊死がほとんどみられないことから，主因は骨壊死よりもむしろ微小外傷と推測されている[1]．

　幼弱ブタの骨端の破断実験で損傷が生じやすい部位は骨軟骨移行部あるいは軟骨下骨であった[2]．早期離断性骨軟骨炎の病理所見は軟骨深層部の分離が主体であった[1]．これらの結果は，成長期の上腕骨小頭内で最初に損傷が生じるのは軟骨最深部あるいは骨軟骨移行部であることを示唆している（図 6-1，6-2a）．離断性骨軟骨炎の最も早期の画像変化は成長期骨端核の局所的扁平化である（図 6-2b）[3]．この変化は成長中の骨端核表層に閉鎖性損傷が生じ，同部の骨化が周辺に比べ停滞したために出現した変化であると考えられる．扁平部は周りからの新生骨によって被われる（図 6-2c）[3]．新生骨が癒合せずに不安定な骨軟骨片になり，離断性骨軟骨炎が発症するという仮説[3,4]が提唱されている（図 6-2d）．

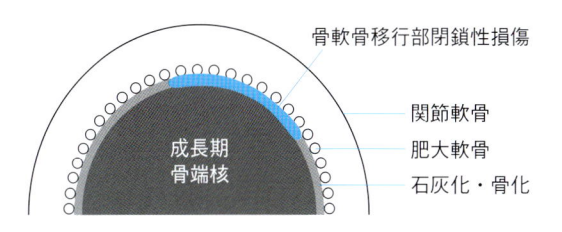

**図 6-1** 離断性骨軟骨炎の初期病変（仮説）
成長期骨端の軟骨最深部あるいは骨軟骨移行部の閉鎖性損傷．

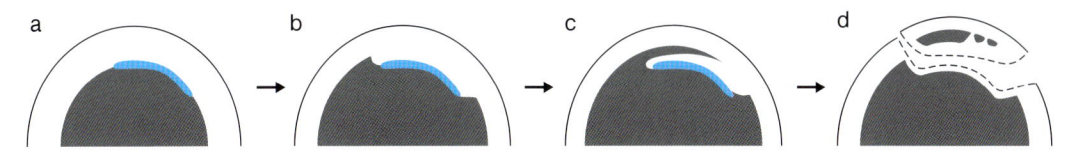

**図 6-2** 離断性骨軟骨炎の自然経過
a：成長期骨端の軟骨最深部あるいは骨軟骨移行部の閉鎖性損傷．
b：成長期骨端核の局所的扁平化．
c：扁平部は周りからの新生骨によって被覆．
d：新生骨が癒合せずに，不安定な骨軟骨片の形成．

離断性骨軟骨炎の両側肘関節罹患例，多関節両側罹患例，家族内発生例の報告が散見されている．これらの症例には体質的要因があり，何らかの外傷要因が加わることで発症したものと考えられる[5]．

### B 疫学

少年野球選手における上腕骨小頭離断性骨軟骨炎の頻度は1.7%から1.9%と報告されている．骨端線閉鎖前の離断性骨軟骨炎の初診時年齢は平均11.6歳，症状出現時の年齢は平均11.2歳であった[6]．初診時にすでに骨端線が閉鎖していた例で13歳以下に絞ると，症状出現時の年齢は平均11.4歳であった[6]．平均11歳で症状が出現しており，すべての離断性骨軟骨炎は骨端線閉鎖前に発症すると考えられる．身長の年間成長7cm以上のグループは有意に疼痛既往者が多く，離断性骨軟骨炎の発症とgrowth spurtは関連性があると推測される．骨端線閉鎖前の離断性骨軟骨炎のほとんどの症例に内側上顆の異常を認める．まず内側障害が発症し，次に外側障害が発症すると考えられる[5]．

離断性骨軟骨炎の症例では，股関節内旋可動域と体幹前屈（指床間距離）が減少しており，投球側における肩関節内旋が低下している[7]．離断性骨軟骨炎の発症には柔軟性低下が関与している可能性がある．

### C 罹患部位

野球における投球動作では肘関節屈曲位で関節面に圧力が生じやすいため，離断性骨軟骨炎の病巣中心は肘関節屈曲54°である．器械体操競技の上肢荷重は肘関節伸展位であり，離断性骨軟骨炎の病巣中心は屈曲24°である[5]．

Schenckらのヒト肘関節軟骨の生体力学研究では，小頭外側の軟骨は内側より軟らかく，橈骨頭中央より有意に軟かかった．外反ストレスが加わると，小頭外側と橈骨頭の軟骨の硬さの差のために，小頭外側にひずみが増加し，離断性骨軟骨炎が生じやすくなると考えられる[5]．

### D 肉眼分類

International Cartilage Repair Society（ICRS）が関節鏡所見をもとに，離断性骨軟骨炎を4つに分類した（図6-3）．原文とともに紹介する．

ICRS OCD Ⅰ：stable lesions with a continuous but softened area covered by intact cartilage

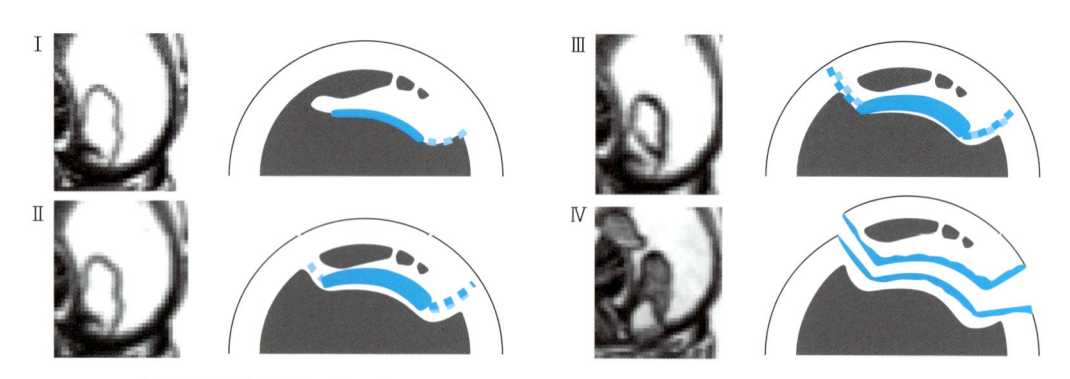

**図6-3** 離断性骨軟骨炎のInternational Cartilage Repair Society（ICRS）分類

ICRS OCD Ⅰ：stable lesions
ICRS OCD Ⅱ：partial discontinuity
ICRS OCD Ⅲ：complete discontinuity
ICRS OCD Ⅳ：dislocated fragment

（正常軟骨に被われた軟らかい部分があるが，連続性で安定した病変）
ICRS OCD Ⅱ : lesions with partial discontinuity that are stable when probed
（部分的に不連続性があるが，プロービングでは安定した病変）
ICRS OCD Ⅲ : lesions with a complete discontinuity that are not yet dislocated（"dead in situ"）
（完全に不連続だが，まだ転位していない病変）
ICRS OCD Ⅳ : empty defects as well as defects with a dislocated fragment or a loose fragment within the bed（転位した骨軟骨片や遊離体がある骨軟骨欠損）

この分類は，OCDの病巣の不安定性の程度を示す分類であり，治療の選択に有用である．現在の発表や論文ではICRS OCD分類がよく用いられている．

戸祭らは術中所見で外側辺縁の関節軟骨が欠損しているか，残存しているかで治療成績が異なり，対処法を変える必要があることを提唱している[8]．

## 2 診断

### A 症状の評価

疼痛，ロッキング，可動域制限の有無，日常生活やスポーツでの支障の有無を聴取する．症状やスポーツの支障度を定量化することが有用である．DASHスポーツはスポーツ活動制限の半定量化であり有用である．普段の投球を100％としてどの程度の投球ができるかを質問する．また，目標にしている試合や復帰への意思の強さを知ることが治療の選択に重要である．

### B 診察

上腕骨小頭に圧痛を認め，肘関節可動域に軽度の制限をきたすことが多い．握力が若干低下する．肘関節外反ストレステストにて疼痛の有無を確認する．O'Brienが提唱したmilking maneuver（moving valgus stress test）では肘関節屈曲90°で痛みが誘発されやすい．

投球障害肘を有する選手では，投球側における肩関節外転と内・外旋の可動範囲の減少がみられる[7]．肩甲帯周囲筋のタイトネスがみられ，投球側のcombined abduction test（CAT），horizontal flexion test（HFT）が陽性となる[7]．また，肩甲骨の位置異常や運動制限がみられる．股関節内旋可動域と体幹前屈（指床間距離）の減少，ハムストリングや大腿四頭筋の柔軟性低下を認める．特にステップ脚の股関節の内旋可動域制限は投球障害の発症に関与している可能性があるので，投球障害肘の診察に必須の項目である．投球障害肘の治療には，これらの柔軟性の改善が不可欠である[7]．

### C 単純X線診断

三浪ら[9]が単純X線像を透亮型，分離型および遊離型に分け，治療成績を報告した（図6-4）．通常の単純X線正面・側面撮影では感度は低く，肘関節45°屈曲位正面像や30°外旋斜位像を用いることが必須である[10]（図6-5）．岩瀬ら[10]は，離断性骨軟骨炎の病期を透亮期，分離期，遊離体期とし，透亮期外側型，透亮期中央型，分離期前期型，分離期後期型，遊離体期巣内型，遊離体期巣外型と分類した（図6-4）．透亮期は小頭骨端線が閉鎖する前である．透亮期外側型は最も早期病変であり，まだ外側上顆骨端核が出現する前に多い[10]．吉津[11]は，単純X線所見と手術所見より透亮型，初期分離型，晩期分離型，遊離型と4型に分類したが，遊離型と晩期分離型が混在する症例を混合型として追加した．予後との観点から，病変の大きさや骨棘形成の評価は重要である[12,13]．また，外側型は中央型よりも手術成績が劣る傾向にある[8]．

■ OCDのX線分類（三浪ら）[9]

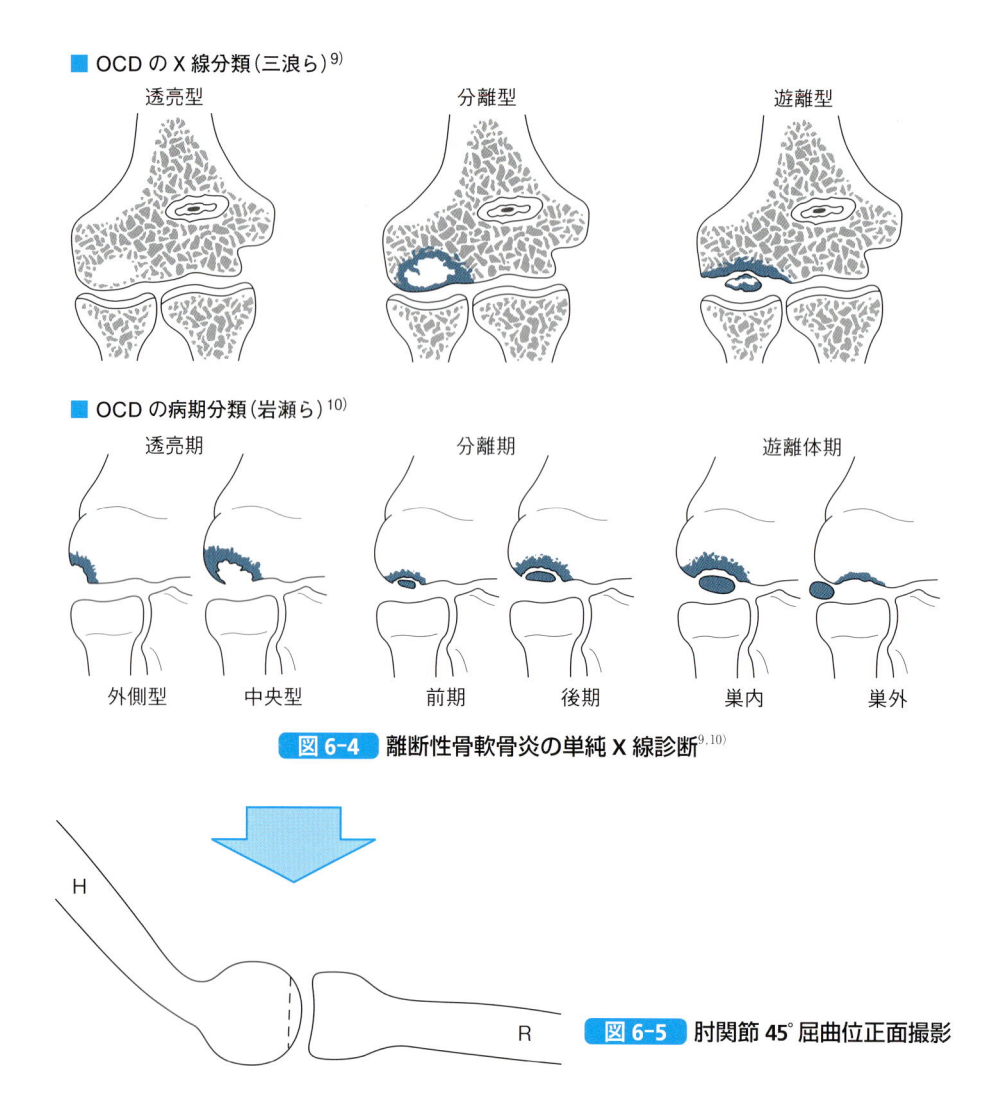

透亮型　　　　　　　　分離型　　　　　　　　遊離型

■ OCDの病期分類（岩瀬ら）[10]

透亮期　　　　　　　　分離期　　　　　　　　遊離体期

外側型　中央型　　　　前期　　後期　　　　巣内　　巣外

**図6-4** 離断性骨軟骨炎の単純X線診断[9,10]

**図6-5** 肘関節45°屈曲位正面撮影

　離断性骨軟骨炎は骨端線閉鎖前の小頭外側から始まり，小頭外側から修復される傾向にある（図6-2b，c）．透亮型における扁平部は新生骨によって修復されるが，この間に投球による繰り返す外力が加わると不安定な骨軟骨片が形成される（図6-2d）[3]．これが透亮型から分離型への変化である．透亮型，分離型，遊離型の順で年齢が高くなる傾向があり，病態はこの順で進行していくものと考えてよい[4,10]．

　単純X線では異常なしか透亮型であっても，実際には軟骨片が遊離し，手術を要することがある．すなわち，早期であってもすでに非常に不安定になっていることがあるので，病期以上に安定か不安定かの評価が治療選択に重要である[6]．著者らは，106例の後ろ向き調査から，安定型の条件として，骨端線閉鎖前，透亮型，肘関節可動域制限20°未満の3つをあげ，3条件を満たさない場合は不安定型とした[6]．病期とともに病変部の損傷程度（安定/不安定）を評価し，治療を選択すべきである[6]（表6-1）．

### D MRI

　離断性骨軟骨炎のT1強調画像では小頭の遠位に低信号域がみられる．矢状断の脂肪抑制T2強調画像が不安定性の評価に最も有用であり，不安定性を示すT2所見は，関節軟骨を貫通する高信

表 6-1 小頭離断性骨軟骨炎の保存・手術の適応

|  | 肘関節可動域制限 | 骨端線 | X線像 | MRI |
|---|---|---|---|---|
| 保存 | 20°未満 | 開存 | 透亮 | 安定 |
| 手術 | 20°以上 | 閉鎖 | 分離，遊離 | 不安定 |

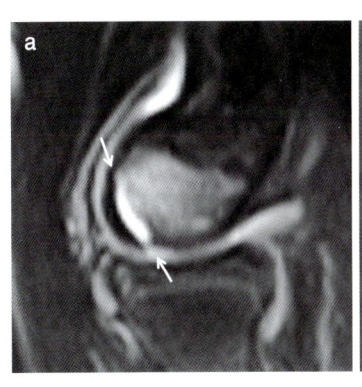

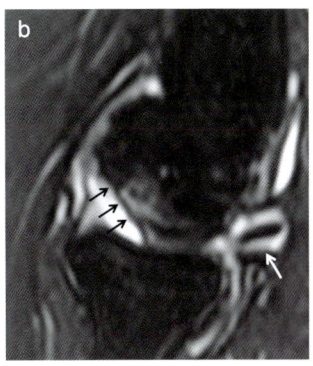

図 6-6 離断性骨軟骨炎の矢状断 T2 脂肪抑制 MR 画像
a: high signal interface（⇒）
b: articular defect（→），転位病変（⇒）

号 (high-signal-intensity line through the articular cartilage)，骨軟骨片と母床との間の高信号の介在 (high-signal-intensity interface)，ならびに関節面の局所的欠損 (articular defect) である（図 6-6）．これらの高信号は関節液の介入を反映している[14]．

MRI は病変部の剥離の鑑別に有用であり，治療方針の決定に有用である．MRI は単純 X 線ではわからない軟骨病変も描出する．MRI は病変の不安定性の有無を明らかにする点で，現在最も優れた検査である．

ほとんどの離断性骨軟骨炎は，MR の不安定所見を有するが，稀に不安定性所見のない例がある．著者らは，既往症のない少年野球選手の 44 人に MRI を行い，3 例に T1 強調像にて明瞭な低信号を認めたが，T2 では不安定性を示す所見を認めなかった[3]．この MRI での安定型病変は投球禁止によって治癒した[3]．

### E 超音波診断

超音波検査の利点として，軟骨下骨と関節軟骨の両者を同時に観察できること，単純 X 線像よりも詳細な断層画像が得られること，骨性のみならず軟骨性の遊離体も検出可能であること，および肘関節屈伸運動中の観察が可能なことなどがある[14]．超音波検査は離断性骨軟骨炎の有用な補助診断である．携帯用超音波診断機器を用いた野外検診にてその有用性が発揮されている[14]．

透亮型では軟骨下骨の扁平化とその上層の軟骨の肥厚がみられる[3,14,15]．分離型では骨片と母床との間に間隙があり，骨が二重に描出される[4,14,15]．その間隙が大きく，骨片が浮き上がっているようにみえる例が多い．軟骨下骨と軟骨層の局所的陥凹は，骨軟骨欠損を示している[14,15]（図 6-7）．

### F CT 診断

CT は骨片の性状や遊離体の存在部位，ならびに母床の骨硬化の有無を確認するのに有用である（図 6-8）．関節内に嵌頓している遊離体を検出することがあるので，有用である．3 次元再構成に

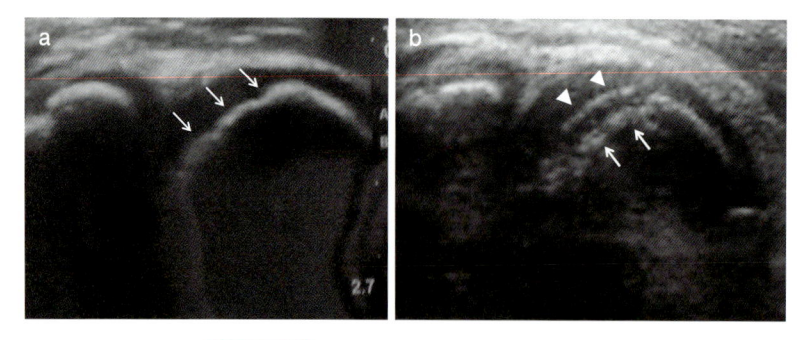

**図 6-7** 離断性骨軟骨炎の超音波画像
a：小頭の軟骨下骨に扁平化（⇨）がみられる．
b：小頭の軟骨下骨に分離帯があり，骨片（▷）と母床（⇨）が二重にみえる．

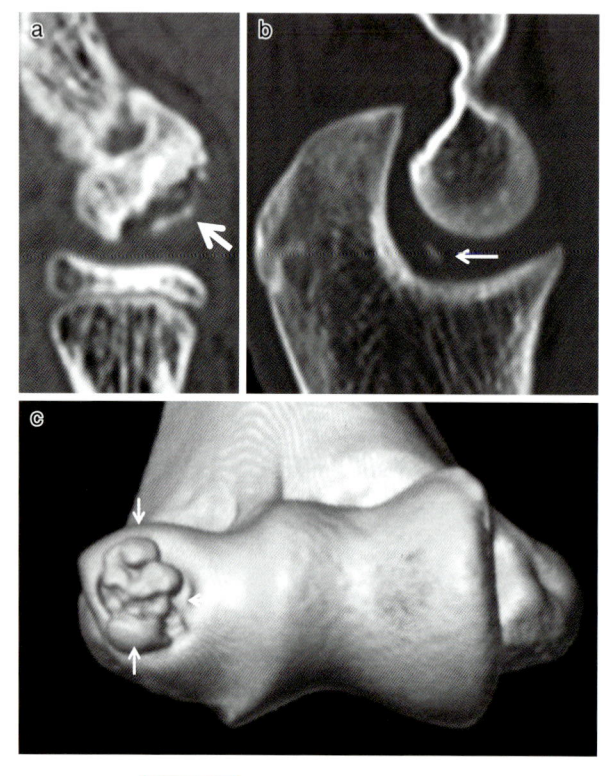

**図 6-8** 離断性骨軟骨炎の CT 像
a：小頭の骨片（⇨）がみえる．
b：腕尺関節内に遊離体（⇨）がみえる．
c：3D にて骨片（⇨）の大きさや性状がわかる．

よって立体的に観察でき，手術の計画に役立つ．しかし，軟骨成分の多い遊離体は検出できないので注意を要する．

### G 手術例における術前診断の一致率

X線診断と術中直視下所見が必ずしも一致しない．透亮型は必ずしも安定病変とは言えない．単純 X 線で骨端線閉鎖前の透亮型であっても病巣が極めて不安定になっている例がある．単純 X

線像では過小評価になる傾向がある[14]．単純 X 線評価には限界があることを念頭に置いておかなければならない[14]．

治療方針の決定と治療成績の予後を予測するには，関節鏡は不可欠な検査である．関節面に埋没した遊離体は関節鏡のみでは見逃されるので，術前の CT と MRI は必須である[14]．

## 3 治療

### A 保存・手術の選択（表 6-1）

保存療法と手術療法の成績の比較から著者らは，**小頭骨端線閉鎖前**の**透亮型**で**肘関節可動域制限がない**症例のみに限って保存療法を勧めている[6]．保存療法を選択する場合には，MRI にて不安定性を示す所見がないことを確認した方がよい．上記の保存療法のよい適応症例は数％と少ない[6]．

**小頭骨端線閉鎖前**の**透亮型**で**肘関節可動域制限がない**症例以外には手術を勧める[6]．特に，ロッキングや著明な可動域制限がある例，日常生活動作に支障がある例，スポーツの継続が不可能な例には早期に手術を行うことを勧める．投球などのスポーツの継続が可能な場合には，試合や大会に出場することを優先したいと希望する選手が多い．手術を行って大会までによりよい状態でスポーツに復帰する見込みがある場合には手術を勧める．症状や支障がほとんどない場合にはそのままスポーツを続け，経過観察を行うことがある．

### B 保存療法（表 6-2）

罹患側での投球を禁止する．同時に，腕立て伏せ，跳び箱，逆立ち，および腕相撲など肘関節に圧迫や剪断力のかかることを禁止する．

投球側の肩の外転制限，内旋制限，肩甲胸郭関節の運動制限，および反対側股関節の内旋制限は，投球時の肘関節外反ストレスを増加させる要因となるので，これらの柔軟性の改善のためのリハビリテーションが必要である．肩甲骨周囲筋の柔軟性向上と筋力強化はスポーツ復帰後も継続的に行う必要がある[7]．

患部の自発痛や運動痛が消失したなら，痛みなくできるスポーツ活動に参加する．ランニング，ストレッチ，筋力訓練の他に，野球選手では打撃や守備の練習参加を始める．患部に痛みが出現し

### 表 6-2 保存療法・術後療法の内容

| 保存（術後）療法 | 内容 | 備考 |
| --- | --- | --- |
| 1．肘関節の安静 | 罹患側での投球禁止<br>肘関節筋力訓練の禁止 | 跳び箱，逆立ち，腕相撲も禁止<br>腕立て禁止 |
| 2．柔軟性の獲得 | 肩の外転・内旋ストレッチ<br>肩甲胸郭関節の運動<br>股関節内旋ストレッチ | リハビリテーション<br>肩肘への負担軽減が目的<br>肩肘への負担軽減が目的 |
| 3．制限付きスポーツ参加 | 痛みなくできるスポーツ活動<br>痛みなくできる実技練習 | ランニング，ストレッチ，筋力訓練<br>打撃，守備，走塁など |
| 4．非罹患側での投球 | 制限付き試合参加 | 焦燥感の軽減，試合参加可 |
| 5．罹患側での投球 | 質・量とも 50％以内で開始<br>ワン（ツー）バウンド投球<br>コントロール中心<br>練習後にクーリング・アイシング | 圧痛・ストレステスト陰性化後<br>痛みが出たら中止<br>スピード・パワーより正確性<br>肘関節内側アイシング 15 分以内 |
| 6．スポーツ障害予防 | 肩・股関節のストレッチ | 再発予防に有用 |

ない範囲で行うことが条件である．素振りや打撃練習で患部に痛みを感じるようなことがある場合には即座に中止する．罹患側で投球しない条件での守備練習を許可する．

長期の投球禁止が予想される少年には，できるだけ非利き手側での投球を勧める．非利き手側での投球には始めは抵抗があるが，小学生では上達は早く，数カ月後に外野手や1塁手として試合に出られるようになる．試合に出られるようになると，罹患側で早く投げたいという焦燥感は少なくなる．

### 1. 投球禁止期間について（表6-3）

離断性骨軟骨炎では通常6〜12カ月の投球禁止が必要である．X線上で病変の半分以上の修復を認めてから罹患側での投球を許可する．近年，肩関節と肩甲胸郭関節の柔軟性を獲得して早期（約数カ月後）に投球を開始するという積極的保存療法が報告された[7]．柔軟性を獲得することによって，肩・肘に負担がかからないように投球することができ，離断性骨軟骨炎の修復を損ねることがなく，好結果が得られるということである．柔軟性向上によって投球禁止期間を短縮できる可能性がある．

骨端線閉鎖後の離断性骨軟骨炎では病巣の修復はあまり期待できないので，目標としていた試合や大会が間近であれば疼痛管理をして投球を許可することがある．

### 2. 自然修復について（図6-9）

病変部に骨形成がみられるが，母床と連続して骨が形成される場合と母床と少し離れて小骨片が形成される場合がある[3,4]．小骨片と母床とは通常は数カ月で癒合するが，6カ月以上しても癒合しない場合がある．修復は小頭の外側から始まり，内側の修復は遅れる．外側の小骨片は癒合しやすいが，内側の小骨片は癒合しないことが少なくない[6]．保存療法にて完全修復が得られるまでには

**表6-3** 小頭離断性骨軟骨炎の治療と投球復帰

| 治療 | 投球禁止 | 完全復帰 |
|---|---|---|
| 保存（骨端線閉鎖前） | 6〜12カ月 | 12カ月 |
| 保存（骨端線閉鎖後） | 1〜2週 | ? |
| 積極的保存 | 1〜2カ月 | 2カ月 |
| 鏡視下遊離体摘出 | 2〜3週 | 3カ月 |
| 骨釘移植 | 3カ月 | 6カ月 |
| 骨軟骨柱移植 | 3カ月 | 6カ月 |

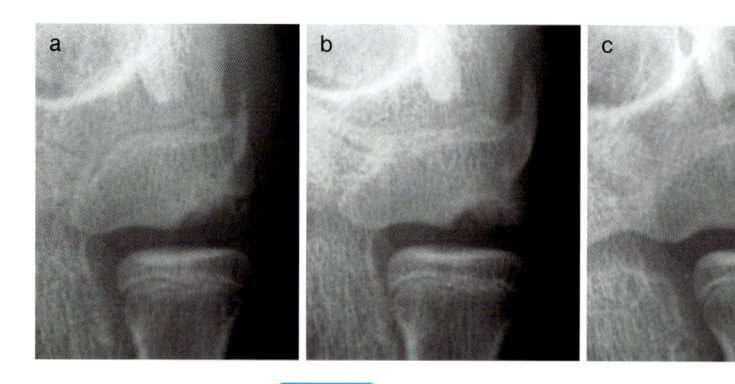

**図6-9** 保存療法による自然修復
13歳男子．a: 初診時，b: 4カ月後，c: 8カ月後．
外側より骨形成がみられたが（b），内側の修復は遅れた（c）．

1年から2年を要する[3,6]．投球を続行すると，自然修復を損ね，病状がより進行し，成績は不良になる[3,6]．

### 3．保存療法の成績

骨端線閉鎖前では投球禁止にて約90％に病巣の縮小がみられ，約70％に完全修復が認められた[6]．一方，骨端線閉鎖後では病巣の縮小がみられたのは36％であり，完全治癒にいたったのはわずかに9％のみであった[6]．透亮型では完全修復が得られる率が高かったが，分離型では部分的な修復のみで完全修復は困難であった[6]．

保存療法の好結果の多くは検診例から得られたものであった．自ら外来を受診した症例に保存療法を行って，X線の完全治癒を得ることはきわめて困難であった．

## C 手術療法の選択 (表6-4)

ICRS分類は，離断性骨軟骨炎の病巣の不安定性の程度を示す分類であり，治療の選択に有用である．著者らは，ICRS OCD Iには保存治療か骨釘移植，骨端線閉鎖前のIIには骨釘移植，IIIには病変の切除や固定，IVには骨軟骨片や遊離体の摘出を選択している．病変切除後の骨軟骨欠損が大きく，15 mm以上の場合には長期成績が劣るので[12,13]，骨軟骨柱移植による関節面の再建を勧めている[6]．10〜15 mmの病変には症例毎に年齢，罹患部位，ポジション，希望などによって関節面再建を決定している．しかし，高校生などで早期復帰を望む場合には復帰までに期間を要する再建術は選択しないことが多い．

### 1．関節鏡

著者らは仰臥位にて肘を挙上し関節鏡を行っている[16,17]．前腕を台に乗せ，上肢を保持する．肘関節鏡は腹臥位が一般的だが，仰臥位は体位がとりやすく，骨軟骨移植など他の手術に移行しやすい．関節内にエピネフリン入り1％リドカインを10〜20 mL注入し，駆血帯を使用しない．23ゲージ針を用いてポータルの至適部位を確認する．後方，後外側ポータル，soft spotのポータル作成ではメスを用いて皮膚から関節内まで一刀のもとに切開する．近位外側や近位内側ポータルでは前腕皮神経を損傷しないようにメスは皮膚のみの切開にとどめる．小鉗子を用いて皮下を鈍的に剥離し，筋膜から関節包を貫き，ポータルを拡大する．4 mm径30°斜視鏡にて観察を行い，遊離体を摘出する．ワーキングスペースを保つために，灌流ポンプを用いるか，関節鏡を入れているポータルより同時に鈍棒を刺入し関節包をつり上げるとよい．

遊離体は腕尺関節外側に嵌頓していることが多いので注意を要する（図6-10a）．時には腕尺関節内側に嵌頓していることもある．また，遊離体が関節軟骨内に埋没していることが稀にある．これらの遊離体は強い痛みやロッキングを誘発しやすい．これらの遊離体は一見すると見逃しやすいので，術前のCTやMRIにて確認しておくことが重要である[14]．

術前の画像診断でみえている遊離体は全て確認し，取り残しのないように切除する．大きな遊離体は捻るようにポータルから引っ張り出す．一塊として切除が困難な場合には2つに分けるか，削

**表6-4** 小頭離断性骨軟骨炎の治療選択

| ICRS OCD 分類 | I | 保存治療/骨釘移植 |
|---|---|---|
| （関節鏡分類） | II | 骨釘移植 |
| | III | 切除/固定 |
| | IV | 切除 |
| 関節面の欠損 | 10 mm 未満 | 無処置 |
| | 15 mm 以上 | 再建 |

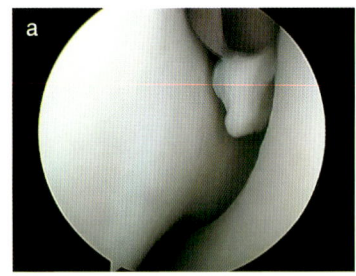

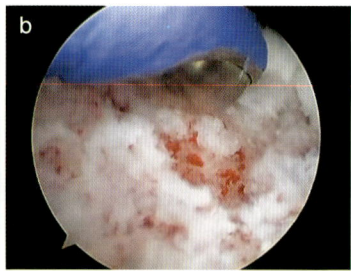

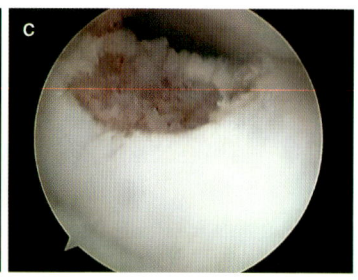

**図 6-10 関節鏡視下手術**
a: 腕尺関節内の遊離体切除，b: 小頭病変の掻爬，c: 小頭病変の掻爬後．

り取る．遊離体を取り損ない，見失うことがある．関節内でみつけられない時にはポータルの途中にあることがある．同様に皮下に遊離体の小片が残ることがあるので注意する．

　小頭の不安定な骨軟骨片の切除の際には，探索子にて骨軟骨片を持ち上げ，遊離体に近づけてから鉗子で把持して切除する．病巣片縁の不安定病変や母床の線維組織をシェーバーにて掻爬する．母床の骨が露出し，わずかに出血がみられる程度まで掻爬する．関節面の欠損が小さい時には，鏡視下遊離体摘出のみで手術を終える（図 6-10b）．

　関節鏡視下手術（遊離体切除術や病巣掻爬）では 3 週後から罹患部のスポーツ活動（投球）を開始し，3 カ月後に完全復帰とする．

### 2. 骨釘移植（図 6-11）

　肘頭より 2〜4 mm 径，約 2 cm 長の骨釘を採取する．骨端線開存例では骨釘やドリルが骨端線に及ばないように長さの調整が必要である．骨釘の刺入を容易にするために骨釘尖端を細くする．ドリル径は骨釘の中心部と同じ径のものを選択し，骨釘が途中で止まらないようにする．関節軟骨面より 1 mm 深く打ち込むためにドリルの平らな面を打ち込み器として用いる[17]．骨軟骨片を強固に固定するために，骨釘を 2 本以上移植する（図 6-10）．骨釘移植後 3 週間ギプス固定を行う．骨軟骨片の癒合が得られてから投球を許可する．癒合には約 6 カ月を要する．病変の外側部は早期に癒合するが，内側部は癒合に時間を要する．内側部が癒合しないこともあり，痛みが残存する場合には部分切除を追加する．

### 3. 骨軟骨柱移植（図 6-12）

　大腿骨外顆より骨軟骨柱を採取し，小頭関節面を再建する．本来の小頭関節面よりも約 1 mm 沈下させて，関節面を再建する[17]．2〜3 本の骨軟骨柱を移植し，関節欠損のすべてではなく，約 50〜70％を再建するだけで十分である[16,17]．著者らは 6〜8 mm 径の骨軟骨柱を 1〜3 本移植している（図 6-11）．術後 2 週間のギプス固定を行う．移植片の癒合と小頭の骨再造成が得られたら，投球を開始する．小頭への骨軟骨柱移植 3 カ月後から罹患部のスポーツ活動（投球）を開始し，6 カ月後に完全復帰とする．離断性骨軟骨炎の病巣を固定する骨釘の代わりに骨軟骨柱を用いる方法が報告されている．小頭の形態を保持したまま，硝子軟骨による関節軟骨面の再建が可能である．

## D 保存・手術療法後のスポーツ復帰（表 6-2）

　投球再開時には，全力の 50％の力で 1 日 20 球，翌日は投球を休むことを勧めている．スピードよりもコントロールを重視し，遠投や全力投球を極力控え，ワンバウンド投球を多用することを勧める．

　X 線では完全治癒と評価した症例でも，投球開始後に疼痛を認める症例がある．治癒していない

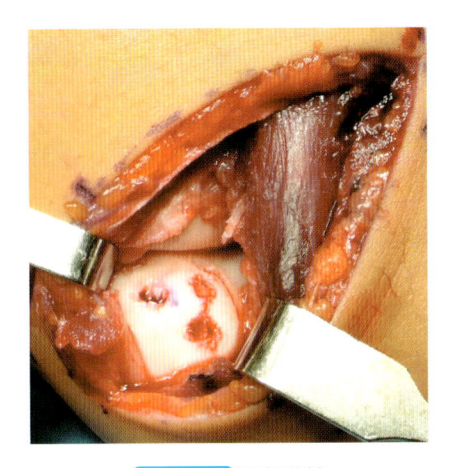

**図 6-11** 骨釘移植
小頭に骨釘を 3 本移植した．

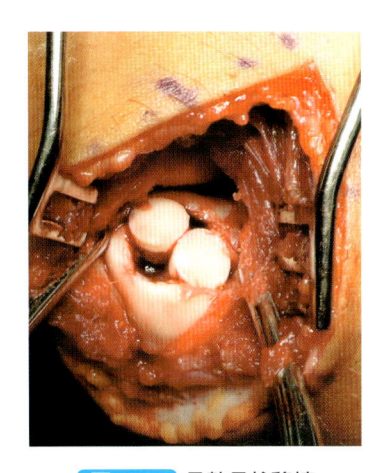

**図 6-12** 骨軟骨柱移植
小頭に骨軟骨柱を 2 本移植した．

部分があるからであり，CT などで確認し，その部分を手術的に摘出すると投球時痛は寛解する．
肩や股関節の柔軟性獲得のためのリハビリテーションは投球再開後も継続して行う．

■文献
1) 楠美智巳, 津田英一, 石橋恭之, 他. 【骨関節病変のエッセンス 非腫瘍性病変】関節遊離体の臨床病理 離断性骨軟骨炎を中心に. 病理と臨床. 2009; 27: 275-82.
2) 菊川久夫, 戸松泰介, 中村 豊, 他. スポーツによる骨軟骨障害発生に関する実験的研究 関節端組織のせん断損傷に対する成熟度の影響. 東海大学スポーツ医科学雑誌. 1996; 8: 73-7.
3) Takahara M, Shundo M, Kondo M, et al. Early detection of osteochondritis dissecans of the capitellum in young baseball players: report of three cases. J Bone Joint Surg Am. 1998; 80: 892-7.
4) Takahara M, Ogino T, Takagi M, et al. Natural progression of osteochondritis dissecans of the humeral capitellum: initial observations. Radiology. 2000; 216: 207-12.
5) 高原政利, 戸祭正喜, 松浦哲也, 他. 上腕骨小頭離断性骨軟骨炎の文献調査: 画像診断, 分類, 病理, および病因. 日本整形外科スポーツ医学会誌. 2011; 31: 3-16.
6) Takahara M, Mura N, Sasaki J, et al. Classification, treatment, and outcome of osteochondritis dissecans of the humeral capitellum. J Bone Joint Surg Am. 2007; 89: 1205-14.
7) 菅谷啓之. 上肢のスポーツ障害に対するリハビリテーション. 関節外科. 2010; 29 (4月増刊号): 148-58.
8) 戸祭正喜, 藤井正司, 宇野耕吉, 他. 肘離断性骨軟骨炎に対する治療経験. スポーツ傷害. 2001; 6: 35-8.
9) 三浪三千男, 中下 健, 石井清一, 他. 肘関節に発生した離断性骨軟骨炎25例の検討. 臨整外. 1979; 14: 805-10.
10) 岩瀬毅信, 井形高明. 上腕骨小頭骨軟骨障害. 整形外科 Mook 54. 東京: 金原出版; 1988. p.26-44.
11) 吉津孝衛. 【肘のスポーツ障害の診断と治療】 肘離断性骨軟骨炎に対する外顆楔状骨切り術. Orthopaedics. 1998; 11: 29-41.
12) Takahara M, Ogino T, Sasaki I, et al. Long term outcome of osteochondritis dissecans of the humeral capitellum. Clin Orthop. 1999; 363: 108-15.
13) 島田幸造, 三宅潤一, 正富 隆. 上腕骨小頭離断性骨軟骨に対する関節鏡視下病巣掻爬形成術. 関節外科. 2008; 27: 1048-55.
14) 高原政利. 【肘関節画像診断のコツ】上腕骨小頭離断性骨軟骨炎の画像診断. Orthopaedics. 2007; 20: 19-24.
15) Takahara M, Ogino T, Tsuchida H, et al. Sonographic Assessment of Osteochondritis Dissecans of the Humeral Capitellum. Am J Roentgenol. 2000; 174: 411-5.
16) 高原政利. 上腕骨小頭離断性骨軟骨炎に対する関節鏡視下手術. 整形外科 Surgical Technique. 2011; 1: 305-24.
17) Takahara M, Mura N, Sasaki J, et al. Classification, treatment, and outcome of osteochondritis dissecans of the humeral capitellum: Surgical technique. J Bone Joint Surg Am. 2008; 90: 47-62.

［高原政利］

# 6 肘のスポーツ障害

## B 上腕骨小頭離断性骨軟骨炎の病態と治療法 ─進行期を中心に

　投球，および類似動作の外反を伴う肘の屈曲・伸展や回内・回外動作は肘腕橈関節への圧迫力・剪断力として作用する．上腕骨小頭離断性骨軟骨炎（OCD）はこのような投球動作を繰り返し行うことで生じる．発生時期は成長期が多く，放置し進行すると骨軟骨片は遊離し変形性肘関節症に移行する．透亮期・分離期前期で示される比較的早期に OCD が発見されれば投球禁止により自然修復が期待できる．一方，発症早期には症状が乏しいため，痛みや可動域制限によって外来を受診したときにはすでに病期が進行してしまい，保存治療では対応不能で手術選択をせざるを得ない場合も少なくない．

　進行期上腕骨小頭 OCD に対する手術治療には病巣が限局されている症例は骨軟骨片摘出術を，病巣が広範囲である症例では吉津法や骨軟骨片固定術などがある．近年，関節面の組織学的・解剖学的再建を目指して自家骨軟骨柱を用いた移植術が広く行われるようになり，大きな病巣や進行してしまった病期でも良好な治療成績が得られ，その有効性が報告されるようになった．本稿では，進行期上腕骨小頭 OCD に対する骨軟骨柱移植術（mosaic plasty）の適応と限界，術式について述べる．

## 1 診断

### A 病巣部位診断

　病巣の部位は上腕骨小頭 OCD 治療の予後を考える上で特に重要である．肘関節 X 線 45°屈曲位正面像：tangential view により上腕骨小頭中央部に限局した「中央型」と小頭外側壁が破壊された「外側型」に分類する（図 6-13）．

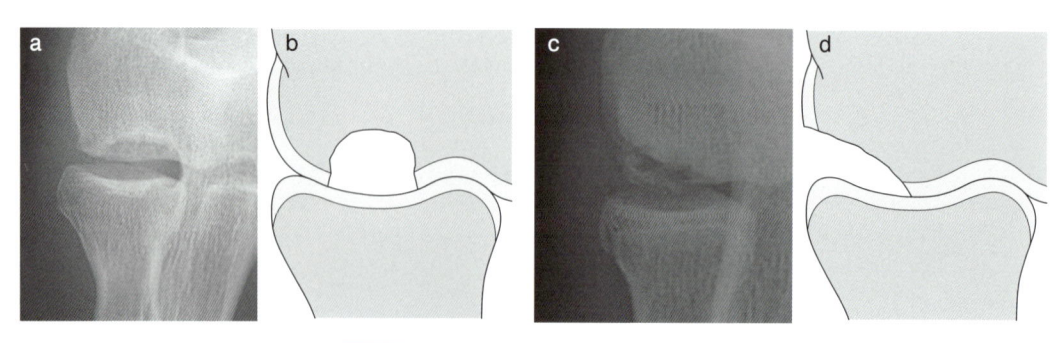

**図 6-13　上腕骨小頭 OCD の病巣部位**[5]
a，b：中央型．病巣が上腕骨小頭中央部に限局している．
c，d：外側型．小頭外側壁まで破壊されている．

**表6-5** 上腕骨小頭 OCD の病期診断：画像所見分類と肉眼・関節鏡所見分類との対比

現時点で画像上，肉眼所見上骨軟骨片が安定かどうかを厳密に判断することは困難である．

|  | 早期 |  | 進行期 |  |  |
|---|---|---|---|---|---|
| 骨軟骨片の状態 | 安定 |  | 不安定 |  |  |
| 画像所見分類 | 透亮期 | 分離期前期 | 分離期後期 | 巣内遊離期 | 巣外遊離期 |
| 関節鏡・肉眼所見分類（ICRS） | stage Ⅰ | stage Ⅱ | stage Ⅲ |  | stage Ⅳ |

### B 病期診断

　術前にはX線検査，CT検査，MRI検査を行った総合判断として島田[1]の分類に従い，「分離期」を軟骨面の連続性があり病巣が安定している「分離期前期」と，軟骨面に亀裂を有し，連続性を失っている「分離期後期」に，「遊離期」を病巣部が遊離していながらそこにとどまっている「巣内遊離期」と，転位してしまっている「巣外遊離期」に分けて治療方針を決定している．国際的には関節鏡および直視下の病巣観察所見から分類するInternational Cartilage Research Society（ICRS）分類が用いられている．この分類ではstage Ⅰはとくに所見のないもの，stage Ⅱは軟骨に亀裂はあるが病巣は安定しているもの，stage Ⅲは骨片が部分的にはがれて不安定となっているもの，stage Ⅳは骨片が完全に遊離しているものとされている．これを島田の分類にあわせるとICRS stage Ⅰは「透亮期」から「分離期前期」に，ICRS stage Ⅱは「分離期前期」に，ICRS stage Ⅲは「分離期後期」から「巣内遊離期」に，ICRS stage Ⅳは「巣外遊離期」に相当するものと考えられる（表6-5）．しかしICRS分類は手術を行うことで診断できる分類で，術前の病期診断としてはふさわしくなく，保存治療を選択した場合，厳密な病期診断がなされないことになる．ここでの病期診断は島田の分類に統一して記述する．

　術前に手術治療方法を含め治療方針を決定するもっとも重要な因子として病巣部骨軟骨片が安定しているか否かということである．病期で言えば分離期前期と分離期後期を，ICRS stage Ⅱとstage Ⅲを正確に分類することであるが，軟骨表面だけではなく境界部までの安定性の評価となると現段階ではMRI検査に依存することになる．

　しかし，小児の場合MRI検査でも撮影条件によって母床-骨軟骨片境界部の写り方が異なるため，骨軟骨片の不安定性までを厳密に評価することは困難な場合がある．今のところ成人ではT2強調脂肪抑制画像[2]において上腕骨小頭内に関節内から連続した，あるいは連続していなくても線状高信号域（high intensity area）を認めた場合，骨軟骨片が上腕骨小頭から剥離した所見と考えられ，分離期後期以降と診断できる．しかし，この所見がなくても不安定性を有していた症例もあり，線状高信号域がないからといって骨軟骨片が安定であるとは必ずしも言えない[3]．また，骨端線が残存している若年齢では骨軟骨片が不安定であってもMRI所見に乏しいという報告[4]もあり，病巣の安定性とMRI所見の関係については今後のさらなる検討が待たれるところである．

## 2 治療

### A 適応

　分離期後期・遊離期である進行期では保存治療での治癒はほとんど期待できないため，病巣が小さければ関節鏡視下に骨軟骨片摘出術を行い，広範囲に病巣が及ぶ外側型や病巣の大きな（めやすとして直径10 mm以上）中央型であれば骨軟骨柱移植術（mosaic plasty）をすすめている．その目的は関節面を形成することで変形性関節症を予防し，投球のストレスに耐える肘を再獲得すること

にある．進行期に対する手術方法として，以前は骨釘固定術かあるいは骨軟骨柱移植術かで選択していたが，術前に分離骨軟骨片の性状や形を正確に判断することが困難で，骨釘固定術後に癒合不全が残る症例があること[5]，また骨軟骨柱移植手術手技の確立と移植した骨軟骨柱に癒合が得られやすい経験から現在では骨軟骨柱移植術を選択することが多くなっている．術前に分離期前期と診断した症例でも，術中不安定性が認められた場合骨軟骨柱移植術を選択している．また近年，肋骨肋軟骨移植術の報告も散見されるが，我々には経験がないためここでは骨軟骨柱移植術について述べる．

## B 術式—骨軟骨柱移植術（mosaic plasty）

### 1．手術体位

手術は仰臥位で行い，手術後の杖歩行を考え，骨軟骨柱は同側の膝関節より採取している．X線透視は基本的に用いていない．

### 2．関節鏡検査

肘内側穿刺により前方関節腔から上腕骨小頭の病巣部を観察し，病期診断を行うとともに遊離体の存在を確認する．必要に応じて外側からプロービングを行う．また，前腕回内外で橈骨頭の前方・側方への病的移動がないかも観察する．

### 3．皮膚切開（皮切）

外側上顆やや後方より腕橈関節に向かって約3.5〜4.0 cmの皮切を加える（図6-14a）．適切な部位に切開を行うことでより低侵襲の手術が可能になる．Kocherの外側アプローチでは尺側手根伸筋と肘筋の境界から侵入していくが，少し後方から侵入した方が中央部の骨軟骨柱を挿入しやすくなるため，肘筋の筋膜を一部切開して関節包に達している（図6-14b）．

関節包は，外側上顆から肘筋の走行に切開をすすめ，橈骨頭関節面から平行にL字状に展開する．この展開により輪状靱帯を損傷することなく，また上腕骨小頭の十分な視野が得られる（図6-14c）．外側壁に大きい欠損がある症例でも伸筋回外筋群の外側上顆付着部を前方へ部分的に切離し，肘関節を屈曲することで病巣前方部分の観察が容易になる．

骨軟骨柱移植を選択した場合は骨軟骨片を摘出し，母床から出血がみられるまで瘢痕組織や硬化骨を除去する．

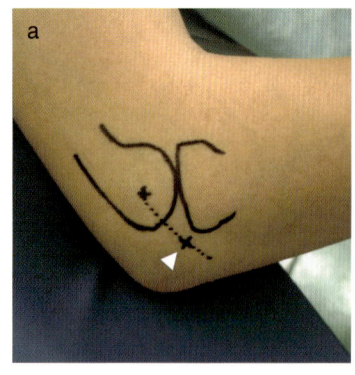

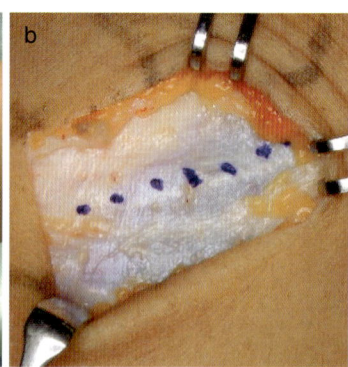

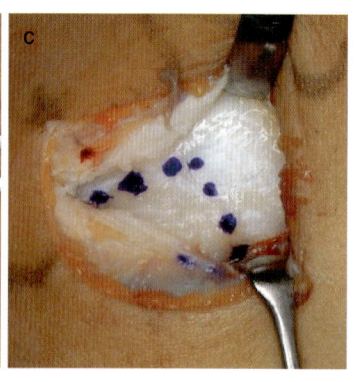

**図6-14** 皮膚切開[6]
a：外側上顆やや後方より腕橈関節後方ソフトスポット（▷）に向かう皮切を行う．
b：尺側手根伸筋と肘筋の境界からやや後方の肘筋筋膜を切開して関節包に達する．
c：関節包切開．外側上顆から肘筋の走行に切開をすすめ，橈骨頭関節面から平行にL字状に展開する．

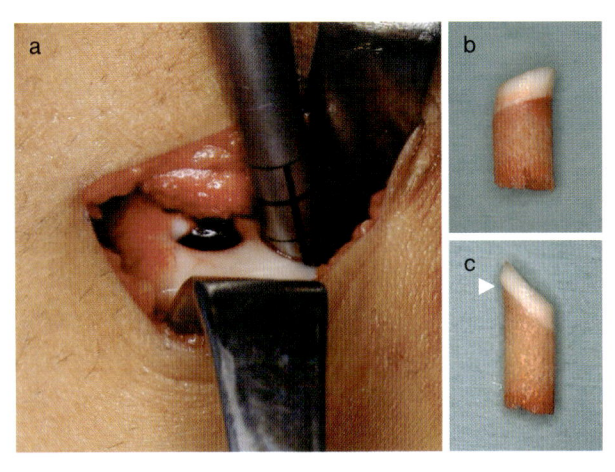

図6-15 骨軟骨柱の採取[6]
a：膝からの骨軟骨柱採取の実際.
b：曲がった骨軟骨柱.
c：軟骨部分の剥脱（▷）が起こった骨軟骨柱.

### 4．骨軟骨柱の採取

　膝蓋骨外側縁に約4 cmの皮切を加え，軟骨欠損部の大きさに応じて直径4.5〜8.5 mm，長さ13〜18 mmの骨軟骨柱を同側の膝関節外顆より1〜4本採取する．我々はAcuflexモザイクプラスティーシステム（Smith & Nephew社製）を用いている．

　骨軟骨柱採骨を中枢から行うと成長軟骨を損傷させてしまう危険がある．一番太く長い骨軟骨柱の採骨はやや末梢から行うようにする．

　斜めに採骨する場合（図6-15a），柔らかい軟骨から硬い骨に刃が入る際，刃の刺入角度が変わってしまい骨軟骨柱が曲がったり（図6-15b），軟骨部分の剥脱が起こることがある（図6-15c，▷）．採取には十分な注意を要する．

　膝関節採骨部分には何も充填せず，ドレーンも留置しないで閉創している．術後10日を過ぎて術後関節内血腫が多く，屈曲可動域が90°未満の場合は関節穿刺を行っている．

### 5．骨軟骨柱移植術のコツ

　手術成否のポイントは肘関節の側方への安定性に関与する外側壁の再建にある．我々は可能な限り大きい骨軟骨柱（直径6.5〜8.5 mm）を1〜2本外側に，またできるだけ上腕骨軸に平行になるよう挿入設置する．骨軟骨柱の固定性を得るために骨部分が母床内に十分埋まるようにする．外側壁を含んだ広範囲欠損の場合，45°前方部より後方に病巣が及んでいることが多く，挿入時骨軟骨柱が相互に干渉しやすい．干渉しない，させない工夫は，骨軟骨柱を関節面が斜めになるように採取し，これを外側壁後方部分に利用することによって上腕骨小頭に2本平行に移植することである（図6-16）．移植終了後，メスで軟骨面を削り形成することで肘と膝の曲率半径の違いに対応する（図6-17a，▷）．

　中央型でも可能な限り大きい径の骨軟骨柱1〜2本で軟骨面を再建するようにしている．

### 6．骨軟骨柱の挿入のコツ

　骨軟骨柱は挿入しすぎても引っぱり出すことができないため，至適挿入位置のやや手前でガイドをはずして周囲の関節面や母床骨との位置関係を確認しながら慎重に挿入していく．

　また，外側壁再建に使用した骨軟骨柱の固定性を考え，骨部分には直径8.5 mmを用いた場合で

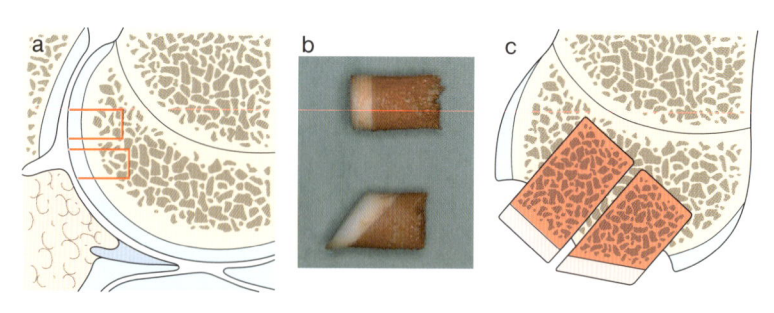

**図 6-16** 外側壁を含んだ広範囲欠損例に対する骨軟骨柱移植の工夫[5]
a： 膝外顆より骨軟骨柱を採取する．2本の骨軟骨柱を平行に採取するため相互に干渉し，骨軟骨柱が削れたり折れたりする問題が起こりにくい．
b： 採取した骨軟骨柱．
c： 関節面が斜めの骨軟骨柱を外側壁後方部分の再建に用い，2本を平行に移植することで相互に干渉せず十分な固定性が得られる．

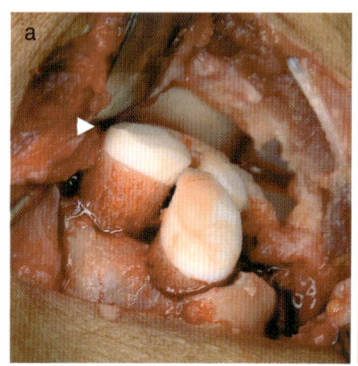

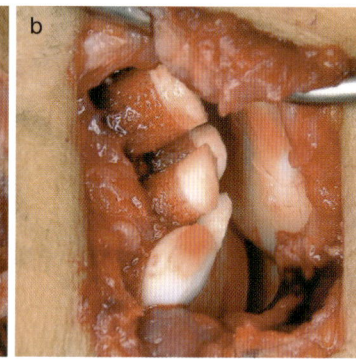

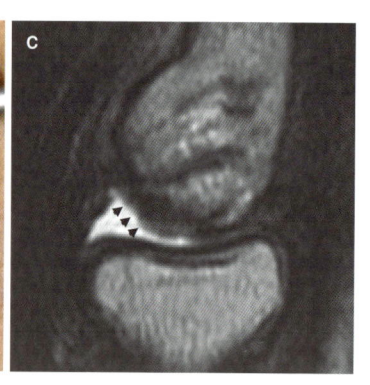

**図 6-17** 移植終了後の形成[6]と術後 MRI[7]
a： 外側壁を直径 8.5 mm の骨軟骨柱 2 本で再建し，内側には直径 6.5 mm の骨軟骨柱を移植した．メスで軟骨面を削り形成した（▷）．
b： 縦径 30 mm の外側壁欠損に対し，直径 6.5 mm 2 本と 4.5 mm 1 本の骨軟骨柱を 2〜3 mm の間隔をあけて移植し，外側壁を再建した．
c： 術後 6 カ月での MRI T2 強調画像．▶：移植した骨軟骨柱軟骨面．

も少なくとも 10 mm 以上は骨内に入るように工夫したい．基本的には使用する骨軟骨柱の直径の 1.5 倍の深さが骨内に挿入されることが理想と考えている．

　複数の骨軟骨柱を移植する場合でも骨軟骨柱同士を重ね合わせることはせず，接触させて移植している．しかし，病巣部の範囲が縦径 25 mm を超えるような大きな欠損に対しては採取できる骨軟骨柱に限界があるため 2〜3 mm の間隔を作って再建している（図6-17b）．

### 7．後療法

　病巣部位によって肘のリハビリプログラムを変えている[7]．

　術後，手術侵襲による軟部組織の修復と除痛のため上腕以下ギプス固定を 10 日間行い，外側型ではさらにあと 1 週間ほどのギプスシャーレ固定を追加して行っている．固定除去後に自動可動域訓練から徐々に開始し，他動可動域訓練は固定除去後 1 週より開始する．術後中央型 2.5 週，外側型 3.5 週で肘痛と腫脹の消失を確認してからトレーニングを開始する．投球再開する時期にあわせて肩甲帯・体幹の機能改善も行っていく．

　術後後療法で再獲得できる肘関節可動域は術前の可動域までとし，手術による可動域の回復はほ

とんどないか，得られたとしてもわずかであることをあらかじめ患者・家族に説明しておく．術前に遊離した骨軟骨片がロッキングしていたり，肘関節炎による可動域制限が強い症例では，麻酔下およびロッキング解除後の可動域を確認しておくことが特に重要である．中央型で4カ月後，外側型で6カ月後に行うMRI検査で水腫の貯留や移植骨軟骨柱に異常がなければ投球動作を許可する（図6-17c）．投球再開後も定期的に肩や肘，体幹，下肢の状態をチェックし，機能低下が生じないよう慎重に投球レベルを上げ，約2カ月かけて段階的に全力投球へすすめていく．

膝から骨軟骨柱を採取しても術後3日目に片松葉での退院が可能である．荷重制限は特に行っておらず，松葉杖は1週間後には除去可能となる．術後水腫貯留があれば適宜関節穿刺を行い，術後2カ月で膝周囲筋力，特に大腿四頭筋筋力と膝可動域の回復を確認してからジョギングを許可している．当院では現在まで膝の問題で最終スポーツ復帰に支障をきたした例を経験していない．

### C 成績と限界

2003年以後，骨軟骨柱移植術を行った91例のうち分離期後期以後の進行期で，1年以上経過観察可能であった65例を対象として成績を検討した．男性64例，女性1例，スポーツ種目は野球63例，体操1例，テニス1例であった．手術時年齢は平均13.4歳（12～16歳），病期分類では分離期後期が21例，巣内遊離期が23例，巣外遊離期が21例であった．病巣の部位別にみると，保存治療中に外側型から中央型に変化した4例を含め中央型が32例，外側型は33例で経過観察期間は平均2年7カ月（12カ月～5年1カ月）であった．治療成績を疼痛（30点満点[5]）・可動域の臨床症状と，スポーツへの復帰状況で評価した．統計学的検討には paired t test, one-way ANOVA を用いた．

中央型は32例全例で術前の疼痛11.8点から術後30点に改善した．可動域は術前から術後で屈曲・伸展ともに5°程度の改善がみられた．復帰状況は全例で完全なもとの投球（スポーツ）レベルに復帰できており，完全復帰率は100％であった．外側型33例は術前の疼痛12.8点が術後27.7点に改善した．可動域は中央型と同程度で有意に改善した．復帰状況は外側型ではレベルダウン4例，復帰に至らず2例と完全な元のレベルへの復帰は27例（81.8％）にとどまった（表6-6）．

成績不良の原因について調査すると外側型6例中5例に術前に橈骨頭の中枢移動や側方亜脱臼を認めていた．しかし術前に亜脱臼が存在していれば成績不良につながるかどうかを検討すると[8]，健側に同程度の亜脱臼が存在する先天的亜脱臼や，患側の前方亜脱臼のみであれば骨軟骨柱移植術で問題がなかった．

橈骨頭の亜脱臼がなく成績不良となった1例は外側壁再建に使用した骨軟骨柱が短く，固定性を重視した押し込んだ位置に設置してしまった例で術後に関節症変化が進行した（図6-18）．骨軟骨柱をいったん挿入してしまうと引っ張り出すことができないことがこの術式の欠点と言える．外側壁に使用する骨軟骨柱は可能な限り太く，やや長めに採取して骨内に挿入する骨部分に十分な長さが得られるようにすること，また至適位置前にガイドをはずして周囲関節面や母床骨との位置関係

**表6-6** 病巣の位置による骨軟骨柱移植術の成績比較
可動域変化は術前にロッキングしていた症例を除外して検討した．

| 病巣の位置 | 屈曲 術前 | 屈曲 術後 | 伸展 術前 | 伸展 術後 | 疼痛（30） 術前→術後 | 同レベルへのスポーツ復帰率 |
|---|---|---|---|---|---|---|
| 中央型 | 132.0±9.2 | 137.6±8.1* | −1.9±7.8 | 1.8±6.6* | 11.8→30* | 100％ |
| 外側型 | 129.5±9.9 | 134.6±8.0* | −9.8±10.0 | −4.9±9.5* | 12.8→27.7* | 81.8％ |

*$p<0.05$

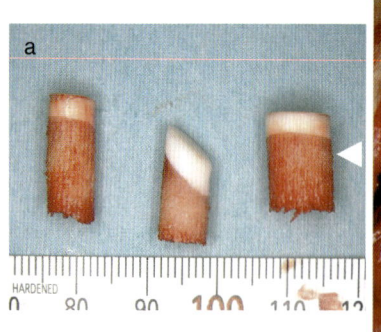

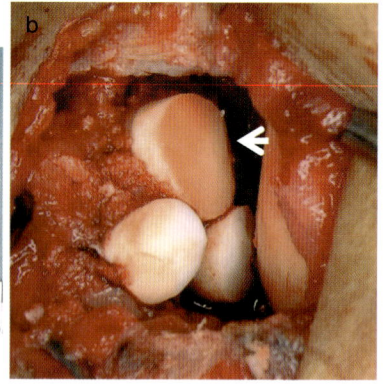

**図6-18** 13歳男性，外側型広範囲欠損例[5]

欠損範囲：縦21mm・横15mm，直径8.5mm 1本と6.5mm 2本の骨軟骨柱を移植した．
a：外側壁再建に用いる骨軟骨柱が短い（▷）．
b：固定性を得るために押し込んだ位置に挿入した（←）．

を確認しながら，絶対に押し込み過ぎないように慎重に挿入することが重要であると考えられた．

### むすび

上腕骨小頭OCDの治療には正確な部位診断と病期診断が必要である．分離期後期および遊離期の進行期で病巣の大きな中央型と，橈骨頭亜脱臼を認めない外側型では外側壁再建の工夫などを加えた骨軟骨柱移植術（mosaic plasty）で良好な治療成績が期待できる．一方，手術時すでに橈骨頭に側方亜脱臼を認める外側型症例では術後成績不良例が存在し，手術適応は慎重になされるべきであると考える．しかし，他に有効な手術方法が存在しない現在，骨軟骨柱移植を行っても完全復帰に至らない可能性を理解していただいたうえで手術になることもある．

■**文献**
1) 島田幸造, 秋田鐘弼, 濱田雅之, 他. スポーツによる肘関節離断性骨軟骨炎の治療. 臨整外. 2000; 35: 1217-26.
2) 高原政利. 肘関節画像診断のコツ: 上腕骨小頭離断性骨軟骨炎の画像診断. MB Orthop. 2007; 20: 19-24.
3) O'Connor MA, Palaniappan M, Khan N, et al. Osteochondritis dissecans of the knee in children, A comparison of MRI and arthroscopic findings. J Bone Joint Surg Br. 2002; 84: 258-62.
4) Kijiowski R, Blankenbaker DG, Shinki K, et al. Juvenile versus adult osteochondritis dissecans of the knee: Appropriate MR Imaging criteria for instability. Radiology. 2008; 248: 571-8.
5) 松浦健司, 橋本祐介, 島田永和. 野球肘の観血的療法（適応と限界）. MB Orthop. 2008; 21: 45-54.
6) 松浦健司, 橋本祐介, 島田永和. 骨釘・骨軟骨柱移植（Mosaic Plasty）による治療. 臨床スポーツ医学. 2011; 28: 529-35.
7) 松浦健司, 橋本祐介, 溝口大五, 他. 術後リハビリテーション・プログラム～上腕骨小頭離断性骨軟骨炎. 臨床スポーツ医学. 2012; 29: 855-62.
8) 松浦健司, 橋本祐介, 吉田 玄, 他. 橈骨頭亜脱臼を伴った上腕骨小頭離断性骨軟骨炎に対する手術成績. 整スポ会誌. 2008; 27: 361-9.

［松浦健司］

# 6 肘のスポーツ障害

## C 成長期野球肘内側障害の病態と治療法

　野球選手の障害で肘関節の占める割合は高く，部位別には内側が圧倒的に多い．成長期と成人期では障害の様相が異なっており，ここでは成長期を骨端線が閉鎖するまでと定義し，その病態，診断と治療について述べる．

### 1 病態

　成長期野球肘の内側障害は古くから知られており，一般的な概念として定着したのは1960年のBrogdonらの報告以降と思われる[1]．彼らは内側に疼痛を有する11〜13歳の3人の投手のX線像が内側上顆のfragmentation（内側上顆下端の分離・分節像）とseparation（骨端核と骨幹端の離開）に特徴があると指摘しlittle leaguer's elbowと名付けた．内側上顆の骨端核は6〜9歳頃に点状の二次骨化中心として出現し，12〜14歳で骨端線が閉鎖するので[2]，little leaguer's elbowは小中学生期に発生する障害である．

　Little leaguer's elbowの病態についてBrogdonらはfragmentationとseparation，いずれの所見も前腕屈曲回内筋群の牽引により，内側上顆の骨端核がavulsion（裂離，剥離）した結果と考察している．確かに"この1球で激痛が生じた"というエピソードから急性にavulsionが生じたと考えられる症例もあるが，明らかなエピソードを有していない症例の方が多く，持続的な外力で徐々に生じたosteochondrosis（骨軟骨障害）と考える方が適当と思われる．実際，小学生を対象とした検診で疼痛はないが念のためにX線検査をした場合に内側上顆下端に透亮像がみられる症例があり，経過を追うとすべからく透亮像の中にfragmentation（小骨片）が現れる（図6-19）．透亮像は骨の虚血性変化であり，Pappasは持続的な外力による局所的な血流障害を基盤として本障害が発生すると述べており[3]，受け容れやすい考え方と思われる（図6-20）．

　また内側上顆の骨端線が閉鎖する頃になると尺骨鉤状結節に障害がみられるようになる（図6-21）．鉤状結節は尺側側副靱帯の付着部位に相当し，尺側側副靱帯による牽引ストレスの集中が内側上顆から鉤状結節に移行するためと考えられる．

　内側上顆や鉤状結節は筋・腱・靱帯の付着部であるという解剖学的特徴と，障害がX線で捉えやすい点から病態についての考察がなされてきたが，滑車については論じられることが少なかった．これは滑車の二次骨化核が10歳前後で出現し，比較的短期間に成長を遂げるために障害なのか正常骨化過程のバリエーションなのかを判断するのが難しいことが多いためと思われる．さらに内側の障害は主に肘外反ストレスにより生じるので，滑車には大きな負荷がかからないと考えられてきた．しかし近年MRIによる病態解析が進み，滑車にも慢性的なストレスが加わっている症例が少なからず存在することが明らかとなり[4]，その所見からは外反ストレスのみならず内反ストレスの関与も示唆される．

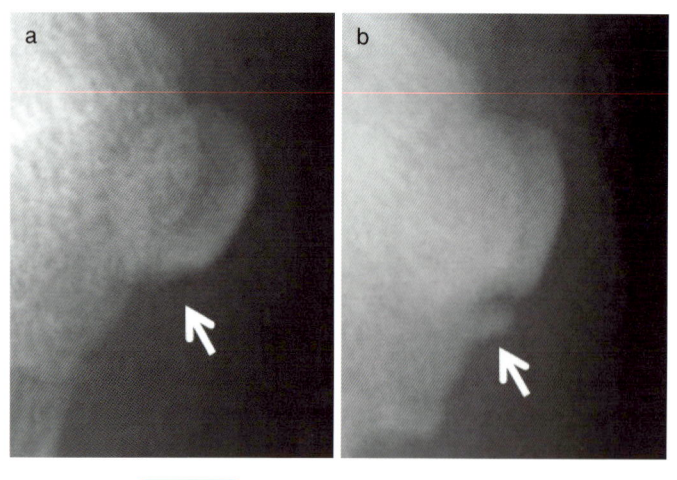

**図 6-19** 内側上顆障害初期の X 線経過
a: 初診時, b: 5 カ月後. 初診時にみられた透亮像（→）のなかに 5 カ月後には fragmentation（小骨片）（→）が出現した.

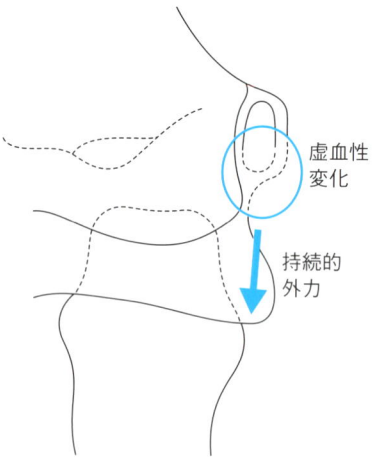

**図 6-20** 内側上顆障害発生のメカニズム
持続的な外力による局所的な血流障害を基盤として発生する.

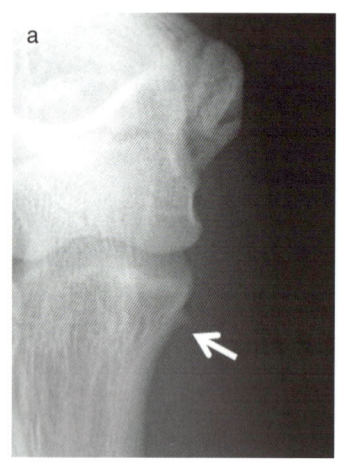

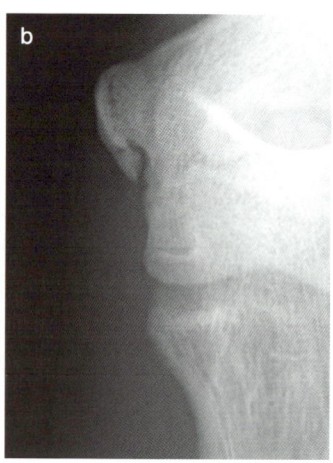

**図 6-21** 鉤状結節障害
a: 投球側, b: 非投球側. 内側上顆の骨端線が閉鎖する頃になると, 鉤状結節の障害（→）がみられるようになる.

## 2 ● 診断

　まずは病歴聴取から行う．学年，ポジション，野球歴といった基本的な事柄をまずチェックする．大半は疼痛を主訴に来院するので，痛みがいつから出現したのかを尋ねる．また出現様式も"この一球"といったエピソードがあるのか，徐々に出現してきたものなのかを明らかにする．さらに投球中に痛いのか投球後に痛いのかについても尋ねる．一般的には投球動作に関連して出現することが多いが，打撃や日常生活動作でも痛いかどうかで疼痛の程度が推し量れる．

　次いで身体所見をチェックする．チェック項目には可動域制限，圧痛，外反ストレス痛が挙げられる．まず可動域制限であるが，症状が進行すれば伸展・屈曲ともに制限されるが，比較的初期からみられるのは伸展制限である．ただし，伸展制限は肩関節を 90°前挙し，前腕を回外して両肘を比べなければ見落とすことが多いので，注意を要する（図 6-22）．圧痛は疼痛部位を診断するのに最も重要な要素である．小学生から中学校低学年までは内側上顆の筋・腱・靭帯付着部に相当する内側上顆の前下端が最も多い．しかし骨端核の後方よりや骨端線に沿った圧痛を有したり，なかには前腕屈曲回内筋群そのものであったりする場合があり，丹念に調べる必要がある（図 6-23）．さ

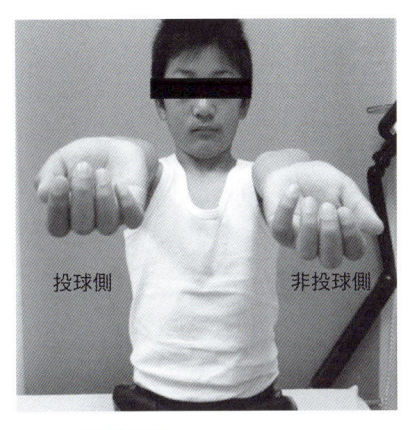

**図 6-22** 肘伸展制限の診方

肩関節を 90°前挙し，前腕を回外して両肘を比べることにより，投球側が非投球側に比べて制限されていることがわかる．

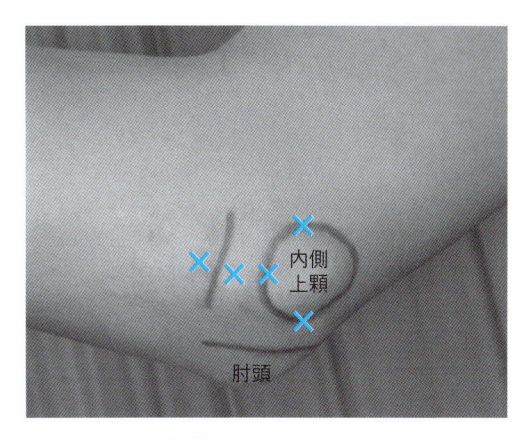

**図 6-23** 内側上顆周辺の圧痛点

内側上顆骨端核周辺の複数個所（×）を丹念にチェックする．

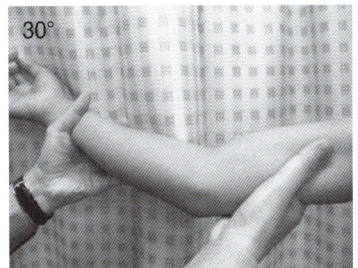

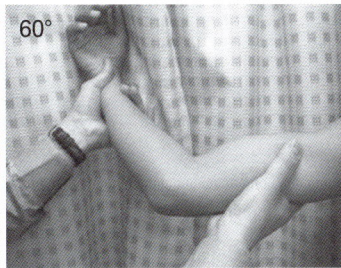

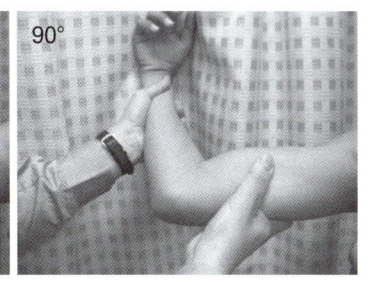

**図 6-24** 肘外反ストレステスト

外反ストレステストは少なくとも 3 つの異なった角度（例えば 30°，60°，90°）で行う．

らに中学高学年になると内側上顆よりも鉤状結節に明らかな圧痛を有する症例があり，同部の障害が示唆される．また鉤状結節に圧痛を有する場合には尺側側副靱帯の走行に沿った圧痛がみられることもある．外反ストレステストは元来肘 30°屈曲位で行うものであるが，少なくとも 3 つの異なった角度（例えば 30°，60°，90°）で行うか（図 6-24），milking test[5]のように肘を動かしながらチェックすることが求められる．一般的な傾向としては，低学年では浅い屈曲角度，高学年では 90°付近の屈曲角度で陽性になることが多い．

　最後に画像診断を行う．基本となるのは単純 X 線撮影であり，主に内側上顆骨端核の状態を確認することになる．特に筋・腱・靱帯の付着部である前方下端の病変を捉えるには，障害部の tangential 像となる肘 45°屈曲位正面像が有用である（図 6-25）[6]．通常の伸展位正面像では障害部位が後方の健常部と重なって撮影され，異常像が見逃されたり，分離・分節の程度が正確に描出されなかったりする可能性がある．単純 X 線での診断でまず行わなければならないのは病期判定である．病期は透亮像の初期，分離・分節像の進行期，ossicle とも呼ばれる遊離骨片を有する終末期の 3 期に分けられる（図 6-26）．透亮像の初期は時に判定が難しい場合があるが，両側比較することで容易となり，患者や保護者への説明の助けとなる．次いで鉤状結節，滑車について読影するが，両側比較が基本であることに変わりはない．他には CT，MRI や超音波検査がある．CT は単純 X線の補助検査としての役割を担うが，単純 X 線で内側上顆の separation（離開）を疑われた症例でも CT を撮像すると骨端核と骨幹端の間がさほど離開していない場合もあり，微細な変化を捉えるこ

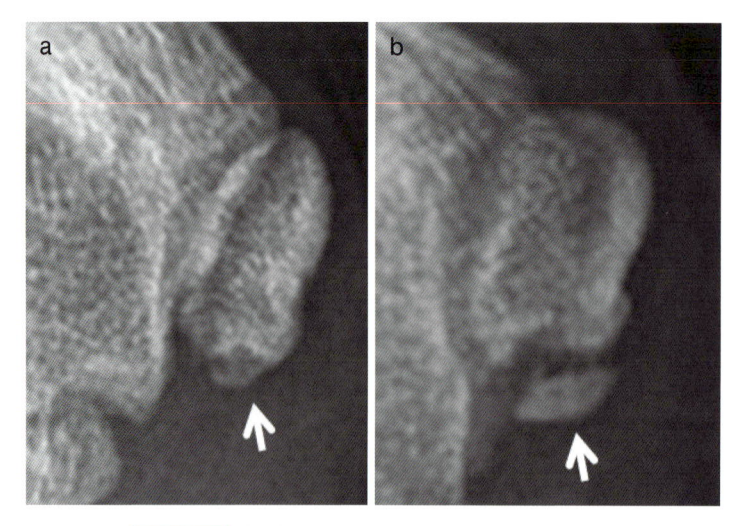

図 6-25 内側上顆障害に対する単純 X 線撮像法
a: 伸展位正面像，b: 45°屈曲位正面．内側上顆障害の病変を捉えるには，障害部の tangential 像となる肘 45°屈曲位正面像が有用である．

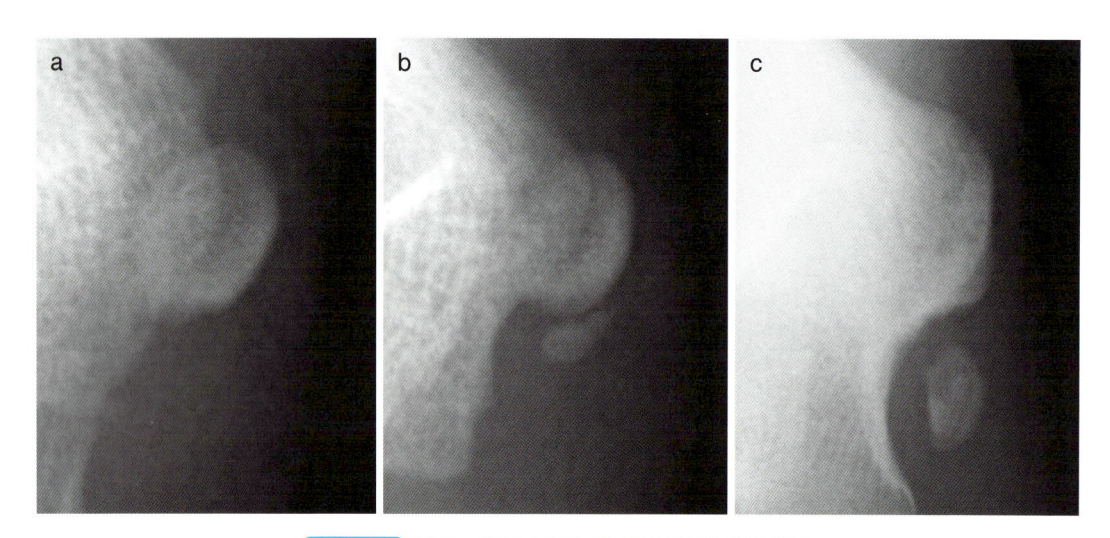

図 6-26 単純 X 線による内側上顆障害の病期分類
内側上顆障害は透亮像の初期（a），分離・分節像の進行期（b），ossicle とも呼ばれる遊離骨片を有する終末期（c）の 3 期に分けられる．

とに適している．MRI や超音波検査は軟部組織の描出に優れており，特に尺側側副靱帯の診断に威力を発揮する．形態的変化については超音波，質的変化については MRI が優れていると思われる．

## 3 ● 治療

治療の原則は保存療法である．手術適応となるのは尺側側副靱帯機能不全も伴った遊離骨片や骨棘であり，具体的な手術方法などについては他稿に譲る．

まず成長期野球肘の内側障害で受診する選手の大半を占める内側上顆の fragmentation（内側上顆下端の分離・分節像）に対する保存療法について述べる．保存療法の原則は肘関節への負荷の制

限である．具体的には疼痛が消失するまで投球を中止させる．練習では打撃，捕球のみの守備練習，走塁は許可している．ただし疼痛が強い場合には打撃も禁止している．日常生活に支障をきたすほどの疼痛を有する例は少ないが，支障をきたしていれば短期間の三角巾固定を行っている．ギプスや装具については，本障害が外傷ではなく骨軟骨障害であるとの立場から使用していないが，外傷的な要因が強い場合には考慮してもよい方法と思われる．また投球中止している間にボールの握り方，コンディショニングや投球フォームのチェックを行うと症状の再発予防につながる[7]．

　保存療法による臨床経過は，2〜3週で可動域制限が消失し，次いで圧痛，最後に外反ストレス痛が消失する．ただし野球選手では障害がなくとも5°程度の伸展制限がみられる場合が多く，軽度の伸展制限が残存しても気にする必要はない．外反ストレス痛が消失すればX線での修復を待つことなく投球を許可している．Fragmentationを外傷による剝離骨折と考えるならばX線での修復を待って復帰させるべきだが，osteochondrosisと考えているのでX線での修復を待つことはしていない．後述するが，こうした保存療法でおおむね経過良好であり問題となることは少ない．具体的な投球復帰については，軽いキャッチボールから練習を開始，3〜4日後より投球距離，投球数，投球強度を漸増させる．漸増の程度は各自の疼痛の有無に応じて決定しており，約3週間でチーム

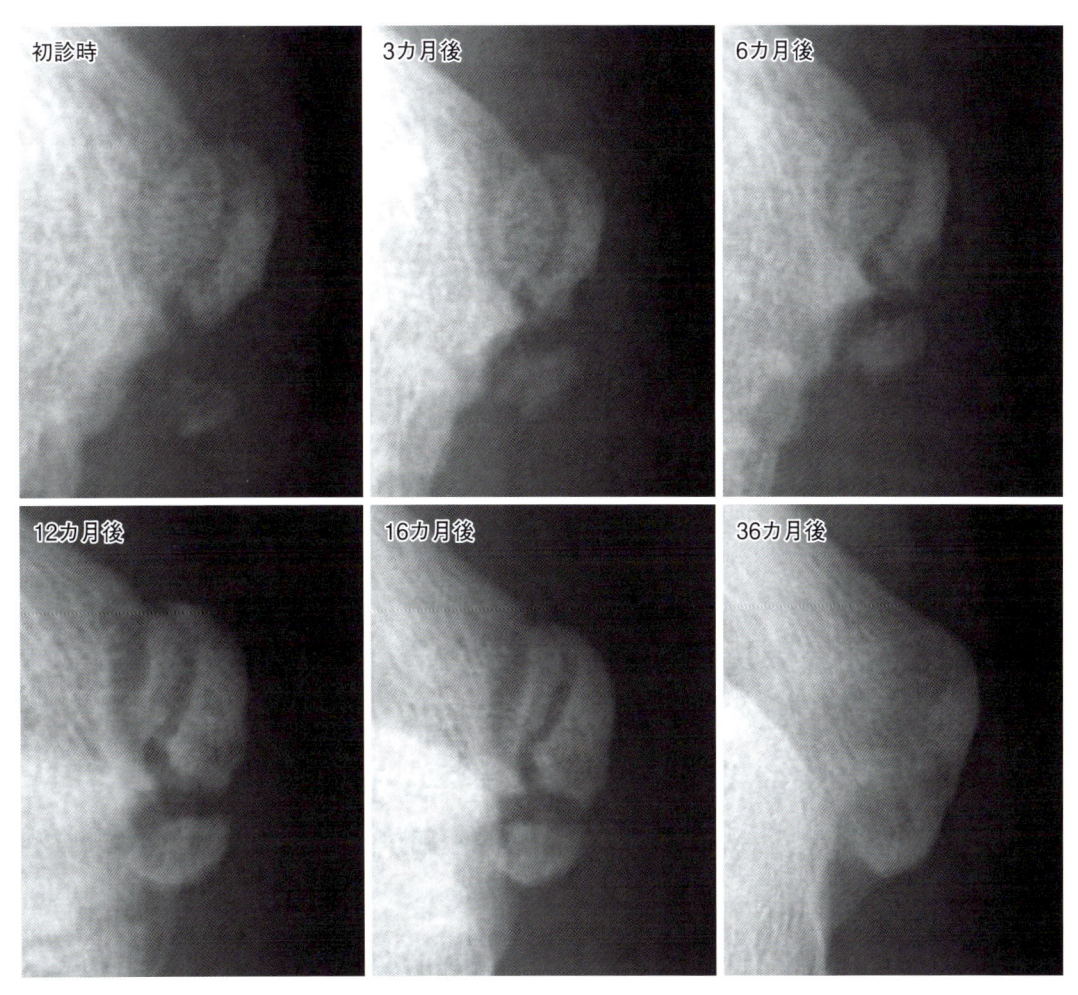

**図 6-27** 保存療法による内側上顆障害の修復経過

内側上顆下端にみられた離断骨片が肥大しながら徐々に骨性癒合する．修復に数年を要することも稀ではない．

C．成長期野球肘内側障害の病態と治療法

表 6-7 保存療法の結果

| | 初期（n=5） | 進行期（n=15） |
|---|---|---|
| 修復 | 5 | 13 |
| 未修復 | 0 | 2 |

練習に復帰させている．

　X線での修復経過には比較的長期間を要することが多く，3カ月ごとにX線チェックを行っている．典型的な修復経過は内側上顆下端にみられた透亮像の中に新生骨が出現する．その後新生骨，母床ともに肥大しながら徐々に骨性癒合する（図6-27）．修復した場合の内側上顆は肥大や骨棘様変化を伴うことが多い．非修復例では母床，骨片ともに肥大しつつも癒合不全となり，最終的には遊離骨片を形成する．

　保存療法の結果について述べる[8]．初診時にX線病期分類で初期ないしは進行期の症例で骨端線閉鎖後まで経過の追えた20例について臨床的，X線学的な検討を行った．初診時の病期は初期5例，進行期15例で，初期全例と進行期の13例はX線での癒合がみられたが，進行期の2例は遊離骨片を形成した（表6-7）．平均修復期間は初期で17.3カ月（13～21カ月），進行期で10.5カ月（6～23カ月）であった．修復例の形態は肥大と骨棘様変化に分けられ，初期4例と進行期12例は肥大し，初期，進行期の1例ずつが骨棘様変化を形成した．骨端線閉鎖後の疼痛が肥大例16例中の4例（25％），骨棘様変化例2例中1例（50％），遊離骨片の2例ではいずれの症例にも認められた．肥大例や骨棘様変化例では短期間の投球中止で疼痛の消失をみたものの，遊離骨片例では疼痛が遷延していた．

　ここまでfragmentationについて述べてきたが，内側上顆のseparation（骨端核と骨幹端の離開）や鉤状結節の障害についても基本的にはfragmentationに準じた保存療法を行っている．

## むすび

　成長期野球肘内側障害ではX線学的な形態修復にこだわることなく，臨床症状を優先した保存療法でおおむね良好な経過をたどる症例が多い．しかしながらその病態についてはいまだ不明な点が多く，近年診断装置として盛んに導入されているMRIや超音波検査を駆使して解明されることが期待される．

■文献
1) Brogdon BG, Crow NE. Little leaguer's elbow. Am J Roentgenol Radium Ther Nucl Med. 1960; 83: 671-5.
2) 村本健一．肘関節部骨年齢評価法．日整会誌．1965; 38: 939-50.
3) Pappas AM. Elbow problems associated with baseball during childhood and adolescence. Clin Orthop Relat Res. 1982; 164: 30-41.
4) 塚越祐太，馬見塚尚孝，万本健生，他．内側部野球肘は肘関節内側部複合組織損傷である　初発例高分解能MR画像．整スポ会誌．2010; 30: 359.
5) O'Driscoll SW, Lawton RL, Smith AM. The "moving valgus stress test" for medial collateral ligament tears of the elbow. Am J Sports Med. 2005; 33: 231-9.
6) 岩瀬毅信，井形高明．上腕骨小頭骨軟骨障害．柏木大治，編．整形外科MOOK No.54　肘関節の外傷と疾患．東京：金原出版；1988. p.26-44.
7) 岩堀裕介．投球肩・肘障害に対するメディカルチェックとフィードバック効果．骨・関節・靱帯．2006; 19: 229-40.
8) 松浦哲也，井形高明，柏口新二，他．野球による発育期上腕骨内上顆骨軟骨障害の追跡調査．整スポ会誌．1997; 17: 263-9.

［松浦哲也］

## 6 肘のスポーツ障害

# D 肘関節後内側インピンジメントの病態と治療法

　本邦では貴島ら[1]が，肘頭・肘頭窩の骨棘およびその骨折による遊離体形成をスポーツ選手の特定の動作で生じる肘インピンジメントと提唱し，変形性肘関節症の初期像と捉えた．それに先立ち1990年代初頭より北米を中心として同様な病態を，posterior impingement[2]あるいはposteromedial olecranon impingement[3]と表記し現在に至っている．本稿では，上記を踏まえ肘関節後内側部での骨性衝突にて生じる肘頭，肘頭窩の骨軟骨障害を後内側インピンジメントと呼称する．

## 1 病態

　投球動作によって発生する肘の関節トルク，すなわち外力に対して身体内部組織が抵抗するトルクには，屈曲，内反，回内トルクの3つがある．中でも内反トルクは，肩関節が最大外旋位となる直前のコッキング期の終わりで最大 $64±12$ Nm になり，屈曲トルクは加速期の終わり，ボールリリースの直前に最大 $61±11$ Nm となる[4]．このトルクに貢献する骨性要素の破綻のうち，とくに肘関節後内側部での骨性衝突にて生じる肘頭，肘頭窩の骨軟骨障害が後内側インピンジメントである．発生メカニズムとして，コッキング後期から加速期での valgus extension overload[5] や投球終末時での mechanical door stop action[6] があり，代表的な病態は，肘頭先端と肘頭窩関節面の衝突による骨棘形成で，骨・軟骨の微細損傷から生じる反応性の骨増殖性変化と考えられる．また骨棘の折損による関節遊離体形成やその後に生じる関節症性変化あるいは上腕骨滑車後内側部の骨軟骨病変も含まれる．成長期においては，肘頭先端の疲労骨折や骨端核の癒合不全あるいは離断性骨軟骨炎と思われる症例も存在し，成人例とは異なる経過を呈するので注意が必要である．肘頭滑車切痕部の疲労骨折や肘頭骨端線離開・閉鎖不全も同様なメカニズムで生じるものと考えられるが本稿では割愛する．

## 2 診断

### A 問診

　どの投球相で疼痛を生じるのかを聞き出すことが重要である．ボールリリースからフォロースルー時にかけて，肘関節の後方に疼痛を引き起こす場合，本疾患が最も考えられる．しかしコッキング後期から加速期に内側部すなわち内側側副靱帯（MCL）由来の疼痛を合併している場合もあり詳細な問診が必要となる．他にポジション，野球歴，疼痛発症時期とその様式，疼痛経過，現在のスポーツ能力などを問診し，また治療歴があればその検証が必要である．

### B 理学所見

　診察に際しては，まず肩甲帯および体幹，下肢を含めた身体所見を把握する．全身各部位におけ

る運動機能の低下は，運動効率の悪い投球フォームの原因となるばかりか，投球動作時の運動連鎖の破綻を生じ，肘関節への負荷増大の原因となる．肘関節においては，詳細な圧痛部位の検索が必要で，特に後方から内側にかけては，肘頭，滑車などの骨組織とMCLや尺骨神経などの軟部組織を触診にて同定し，圧迫による再現痛の有無を確認する．自動・他動での肘関節可動域を計測後，各種誘発テストによる投球時痛の再現の有無を確認する．野球肘における誘発テストとして，著者らは，強制伸展・屈曲ストレス，肘関節伸展位と60°屈曲位での外反ストレス，milking test，moving valgus stress test[7]，late cocking test[8]などをルーチーンに行っているが，後内側インピンジメントの診断には，強制伸展での疼痛誘発が有用である．他に肘関節不安定性および神経学的所見を診察する．外反不安定性の存在はMCL損傷，手掌尺側部の知覚障害や手内在筋力の低下は，尺骨神経障害の合併を示唆する所見である．特に尺骨神経に関しては，神経の走行に沿って上腕部のStruthers' arcadeから肘部管末梢のOsborne靱帯にかけ，Tinel様徴候の有無を確認する．

### C 画像所見

後内側インピンジメントにおける骨棘形成の診断は，単純X線像でも可能であるが(図6-28)，後方骨棘の初期像は，肘頭先端後内側の比較的限局した部位に認め，単純X線正・側面像では過小に評価される場合があり注意が必要である．その際ヘリカルCTによる任意断面変換(MPR)と三次元(3D-CT)投影像が有用である(図6-29)．また上腕骨滑車後内側部の骨軟骨病変は，単純X線像では描出困難なため3D-CT像やMRIでの評価が必要となる(図6-30)．成長期すなわち肘周辺の骨端線閉鎖前および閉鎖直後の若年者においては，肘頭先端に骨棘などの骨増殖性変化を認めず，

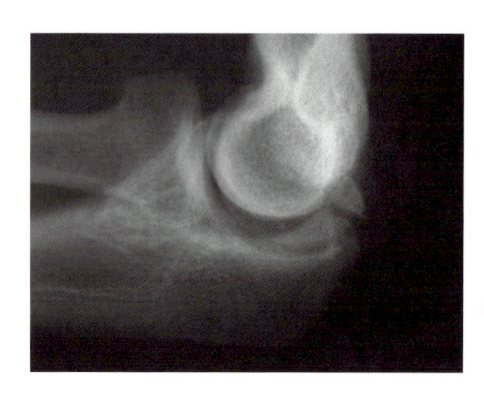

**図 6-28** 典型的後内側インピンジメントの単純X線側面像

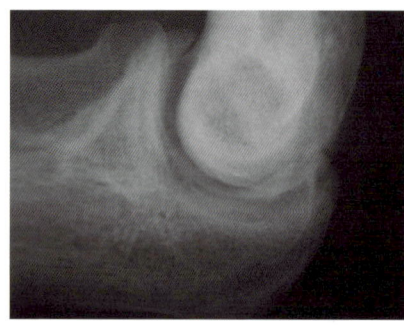

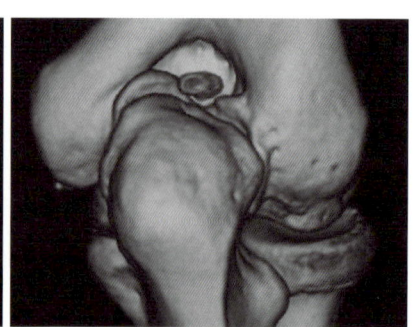

**図 6-29** 単純X線像と3D-CT像
 a：単純X線側面像では肘頭窩の骨棘評価が困難．
 b：同一症例の3D-CT像．

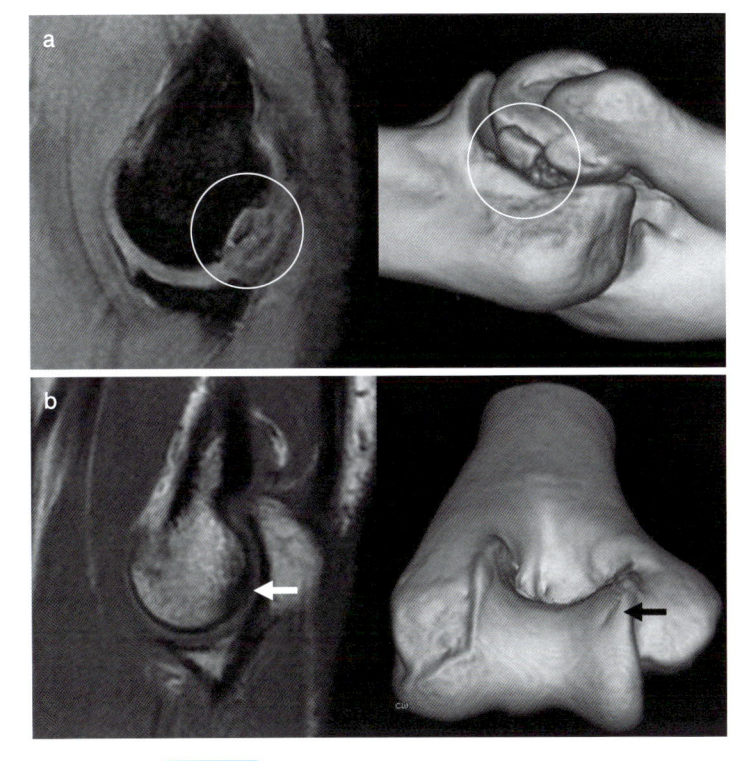

**図 6-30** 上腕骨滑車後内側部の骨軟骨病変
a： 離断性骨軟骨炎の MRI および 3D-CT 像．
b： 軟骨損傷の MRI および尺骨を除去した 3D-CT 像．
⇨： 滑車軟骨下骨の低輝度像，➡： 滑車軟骨下骨面の亀裂．

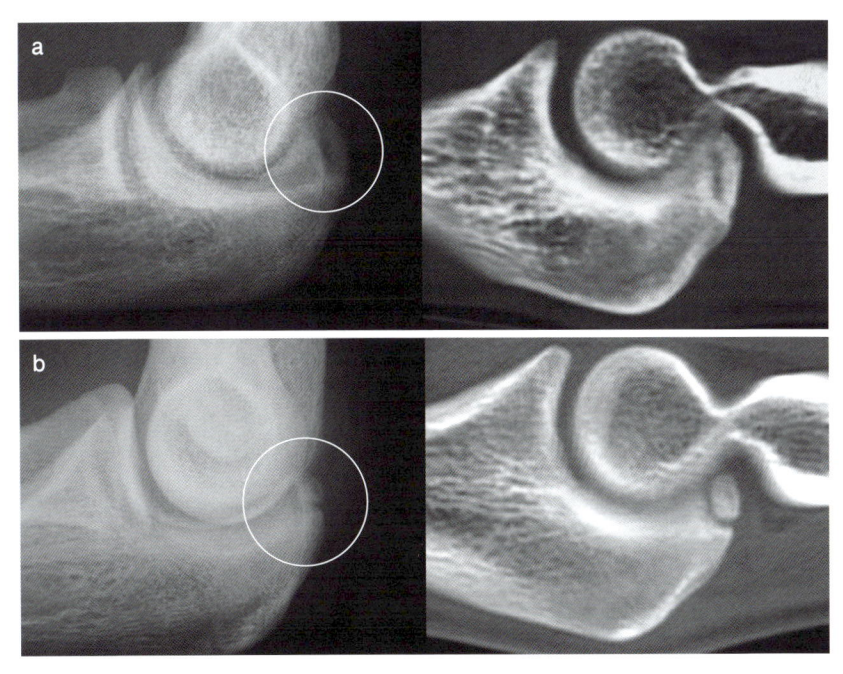

**図 6-31** 若年者の後内側インピンジメント（単純 X 線およびヘリカル CT 像）
骨片と健常部との境界線が，肘頭先端の接線に対して垂直（a）あるいは水平（b）に走行．

D．肘関節後内側インピンジメントの病態と治療法

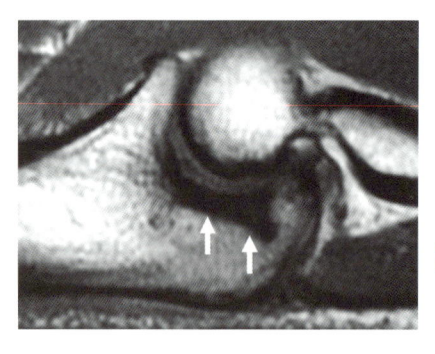

**図 6-32** 滑車切痕部の低輝度像（MRI）
⇨: 肘頭滑車切痕部の骨硬化像.

疲労骨折や骨端核癒合不全あるいは離断性骨軟骨炎様の骨片を生じている場合があり，骨片と健常部との境界線に走行の違いを認める（図 6-31）．後内側インピンジメント以外の病態が疑われれば，MRI にて検索する必要があり，特に合併病変として多い MCL の評価は重要である．他に症候性滑膜ヒダや肘頭疲労骨折の初期病変と思われる滑車切痕部の低輝度像（図 6-32）などにも注意する．

## 3 ● 治療

### A 保存療法

若年者に生じる病態に対しては，保存的治療が原則で，一定期間の投球禁止で自然治癒する場合もある（図 6-33）．骨棘形成が生じた成人例においても全身的機能評価に基づいた運動療法の介入や投球フォームの矯正により，疼痛の消失，軽減およびパフォーマンスの向上が可能となる場合が

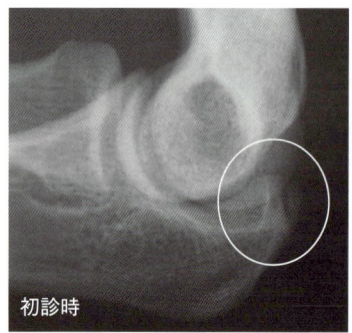

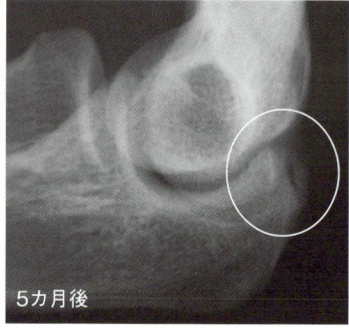

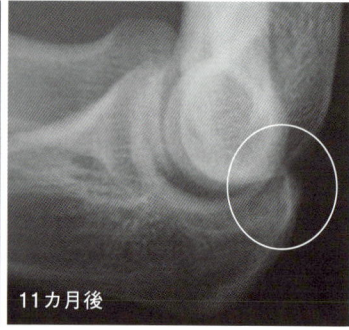

**図 6-33** 若年者の後内側インピンジメント
15 歳投手．保存的治療にて画像上治癒.

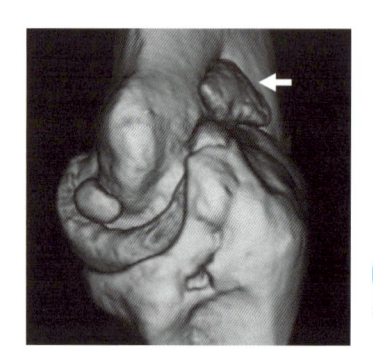

**図 6-34** 現役プロ野球投手
後方関節腔に大きな遊離体（⇨）を認めるも肘関連の症状なし.

ある．またヒアルロン酸製剤の関節内注入も効果的である．実際，後方関節腔に大きな遊離体が存在しても無症状のプロ野球投手もいるため（図6-34），一定期間の保存療法は必要と考える．

## B 手術療法

### 1．適応

長期にわたる動作時痛や可動域制限により競技力の低下をきたしている場合は，手術的治療の適応となり，その際早期のスポーツ復帰を考慮すると鏡視下手術が推奨できる[9,10]．

### 2．術式

手術体位は，全身麻酔下腹臥位にて上腕部を水平位に保持し（図6-35a），前腕以下を下垂させ肘

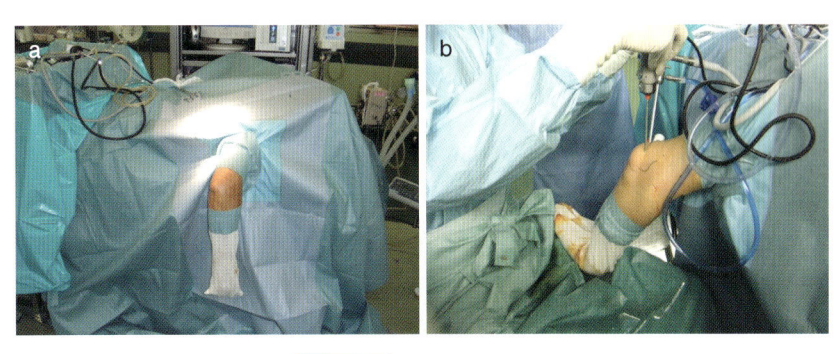

**図 6-35** 鏡視下手術体位
a：全身麻酔下腹臥位にて上腕部を水平位に保持．
b：肘関節の屈伸を術者が自由に調節．

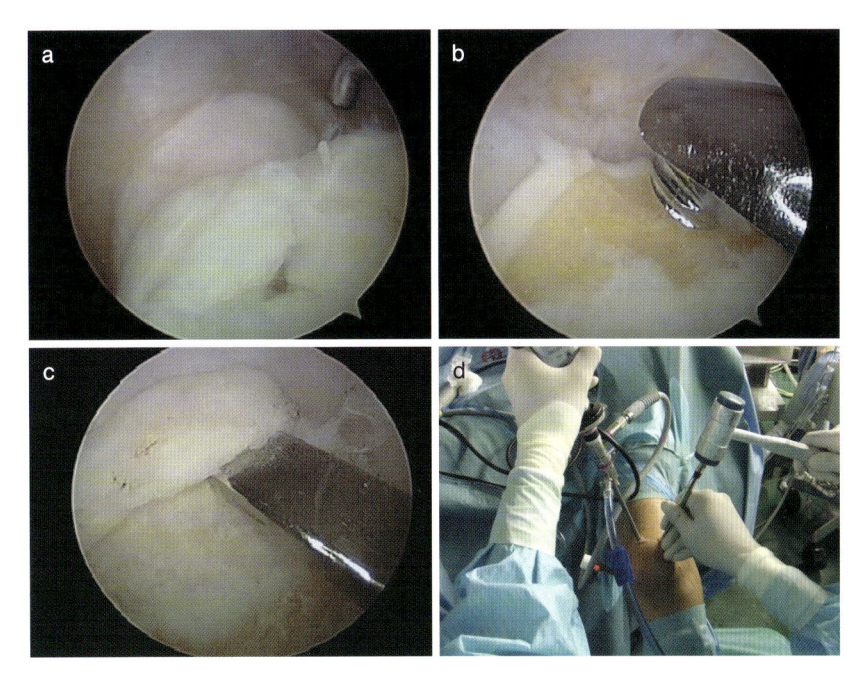

**図 6-36** 鏡視下骨棘切除
a：肘頭先端後内側の骨棘鏡視像．
b：電動アブレーダーでの骨棘切除．
c，d：薄刃ノミを使用しての骨棘切除．

D．肘関節後内側インピンジメントの病態と治療法

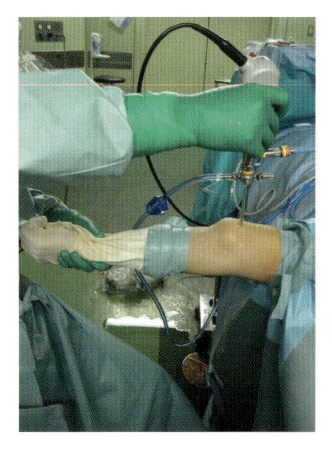

図 6-37 骨切除量の目安
術中肘関節を最大伸展させ，後外側ポータルより鏡視しインピンジメントの消失を確認．

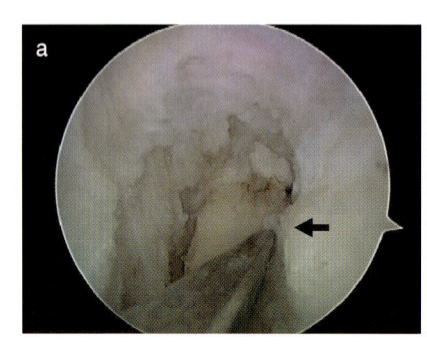

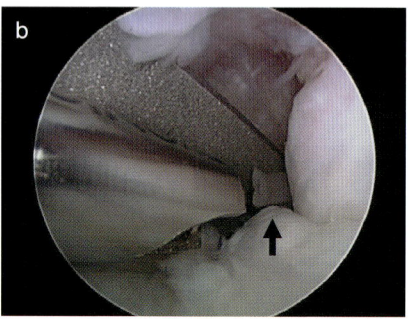

図 6-38 肘頭内側縁の骨棘切除
a：視野およびワーキングスペースの十分な確保．
b：金属ヘラを挿入し靱帯および神経損傷を回避．
→：肘頭滑車切痕内側部．

関節の屈伸を術者が自由に調節できるようにする（図 6-35b）．鏡視下手術は，後正中・後外側ポータルを適宜使用し，視野確保のため電動シェーバーや RF 機器にて滑膜を可及的に切除する．遊離体が存在すれば摘出し，その後肘頭先端および肘頭窩の骨棘（図 6-36a）を，鏡視下ラスプ，電動アブレーダーなどを用い切除する（図 6-36b）．肘頭先端の骨棘は，皮膚からの距離が近いため一般的な薄刃ノミが使用可能であり（図 6-36c, d），電動アブレーダーを単独で使用するより短時間でかつ安全に切除可能である（若年者の病態に対しては，骨片切除と切除面のトリミングのみにとどめる）．骨切除量は，術前の 3D-CT を参考にし，術中肘関節を最大伸転させ，インピンジメントの消失を目安とする（図 6-37）．肘頭内側縁の骨棘切除に際しては，その直上に MCL 後方線維束を介して走行する尺骨神経に十分注意する必要があり，鋭匙やノミでの切除が好ましく，電動アブレーダーを使用する際は，視野およびワーキングスペースを十分に確保し，場合によっては金属ヘラで防御する（図 6-38）．上腕骨滑車後内側部の骨軟骨病変に対しては，肘関節屈曲位での鏡視が必要で，骨軟骨片の切除および軟骨欠損部に対しては，肉芽様組織を掻爬後，Kirschner 鋼線によるドリリングやマイクロフラクチャーオウルを使用した骨髄刺激法を行う（図 6-39）．なお前方関節腔に遊離体や鉤状突起および鉤状突起窩に骨棘を有する場合は，後方関節腔に先立ち，前外側および前内側ポータルを使用し前方関節腔の処置から開始する．尺骨神経障害の合併例は，術前に確認したTinel 様徴候部位の直上に最小限の皮切を追加し，神経剝離術を行う．上腕三頭筋の内側頭と筋間中隔を含む三頭筋筋膜による狭窄が原因と考えられる症例では，筋膜を切離後，筋間中隔を切除し

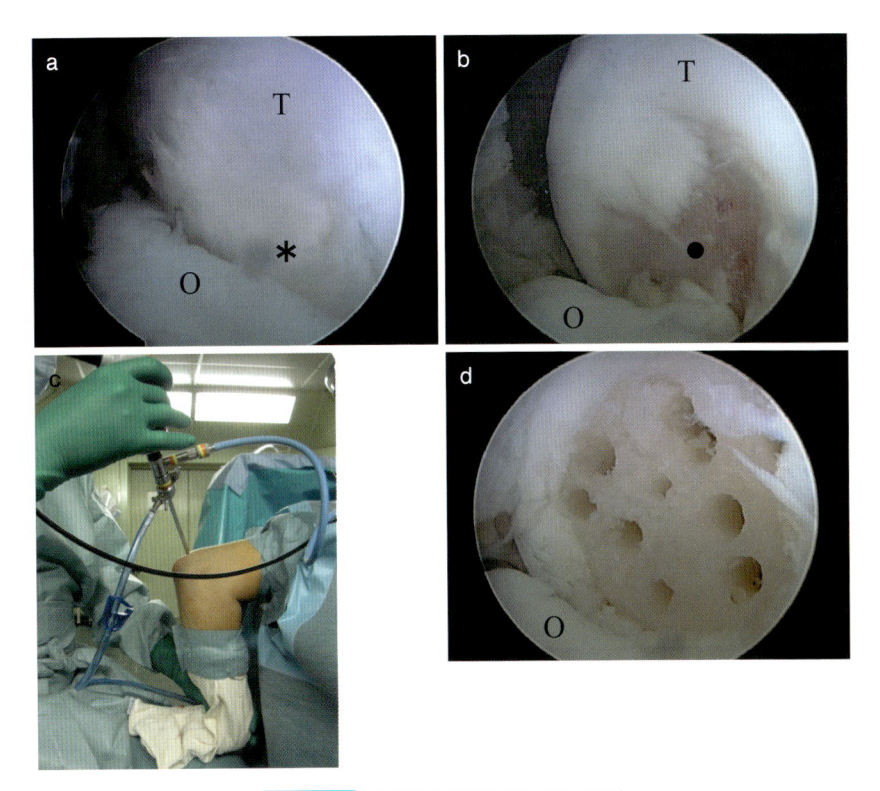

**図 6-39** 上腕骨滑車後内側部の病変

O：肘頭後内側端，T：滑車軟骨面，＊：離断骨軟骨片，●：軟骨下骨露出．
a：離断性骨軟骨炎の鏡視像．
b：軟骨損傷の鏡視像．
c：肘屈曲位での鏡視．
d：病巣掻爬後の骨髄刺激（ドリリング）．

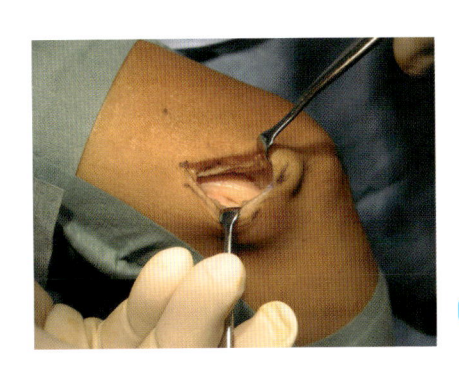

**図 6-40** 小皮切での尺骨神経剥離術

神経剥離術を追加する（図 6-40）．また肘部管での絞扼例では弓状靱帯（arcuate ligament）のみ切離し肘部管を開放する．

## 3．後療法

　術後外固定は不要であり，術直後より関節の自動運動を許可する．術後の腫脹および疼痛が軽減したら徐々に他動的関節可動域訓練と肘を中心とした上肢筋力訓練を開始する．体幹，下肢および健側上肢に関しては，術翌日より運動制限なしとし，心肺機能訓練を目的としたエアロバイク，ジョギングなどを適宜開始させる．術後 4 週以降，可動域の完全回復が得られた段階でスローイングメニューを開始する．肩関節や体幹筋群など肘以外の身体機能が低下している場合が多いため，投球

フォームを含めた全身的な評価を行い，リハビリテーションを進める必要がある．

## 4 術後成績

　鏡視下手術を施行し1年以上の経過観察が可能であった105例105肘，平均年齢25.1歳（15〜44歳）を対象として術後成績を調査した．スポーツ種目は全例野球，競技レベルはプロ33例，社会人31例，大学30例，高校6例，その他5例，ポジションは投手72例，野手30例，捕手3例，術後経過観察期間は平均18.2カ月（12〜72カ月）であった．手術方法は，前述したごとく後方関節腔の遊離体および肘頭先端と肘頭窩の骨棘を切除し，51例は前方関節腔の鏡視にて鉤状突起および鉤状突起窩の骨棘も切除した．合併病変として，7例に症候性の滑膜ヒダを認め腕橈関節後方のポータルからの切除術を，4例に尺骨神経障害を認め神経剝離術を追加した．術後のスポーツ復帰状況は，96例（91.4％）は自己ベストと同じ状態へ完全復帰した．8例は投球後にときどき痛みがある不完全復帰で，1例は復帰不能であった．詳細なリハビリテーションスケジュールの記録があるプロ野球選手25例の投球再開時期は，術後28日から63日で平均38.1日であった．完全復帰後，骨棘の再発をきたしたプロ野球選手2例に再手術を行った．

　骨棘の再発すなわち切除後のリグロウイングは，選手が元のスポーツに復帰し継続する以上避けられない問題と考える．著者らの経験では，個々の症例により骨棘再発状況は異なり（図6-41），投球フォームの指導や投球数の制限により進行速度の遅延は図れるものと考える．むしろ再発を危惧し，過度に骨切除を行うとMCLへの負荷を増大させ，肘不安定性の出現や靱帯由来の疼痛を引き起こす可能性があるので注意が必要である．

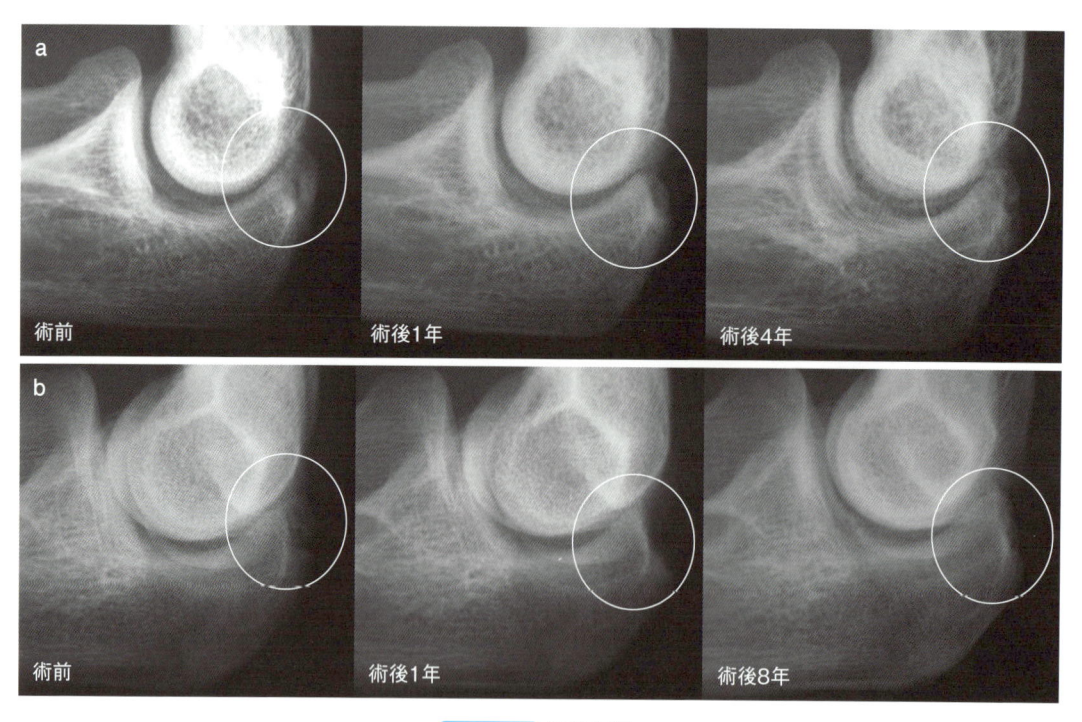

図 6-41 術後経過
a：20歳投手．術後4年で骨棘再発．
b：26歳投手．術後8年で骨棘再発なし．

## むすび

　投球動作により生じる肘頭・肘頭窩の骨軟骨障害である後内側インピンジメントの診断および治療に関して記述した．同病態は，比較的レベルの高い選手に生じる場合が多く，また骨棘形成以外にも上腕骨滑車後内側部の軟骨病変や若年者にも生じることを念頭に置き，迅速かつ正確な診断が必要である．治療は，各種運動療法を含めた保存的治療が原則であるが，無効例に対しては鏡視下手術が有用で，良好な術後成績が得られる．

### ■文献

1) 貴島　稔，大崎　泰，小桜博幸．肘インピンジメントの関節鏡視下手術．関節鏡．1999; 24: 169-74.
2) Ogilvie-Harris DJ, Gordon R, Mackay M. Arthroscopic treatment for posterior impingement in degenerative arthritis of the elbow. Arthroscopy. 1995; 11: 437-43.
3) Andrews JR, Timmerman LA. Outcome of elbow surgery in professional baseball players. Am J Sports Med. 1995; 23: 407-13.
4) Fleisig GS, Anderws JR, Dillman CJ, et al. Kinetics of baseball pitching with implications about injury mechanisms. Am J Sports Med. 1995; 23: 233-9.
5) Wilson FD, Andrews JR, Blackbum TA, et al. Valgus extension overload in the pitching elbow. Am J Sports Med. 1983; 11: 83-8.
6) Slocum DB. Classification of elbow injuries from baseball pitching. Tex Med. 1968; 64: 48-53.
7) O'Driscoll SW, Lawton RL, Smith AM. The "moving valgus stress test" for medial collateral ligament tears of the elbow. Am J Sports Med. 2005; 33: 231-9.
8) 三幡輝久，渡辺千聡，白井久也，他．Late Cocking Test 肘内側側副靱帯損傷の新しい疼痛誘発テスト．整スポ会誌．2008; 28: 230-3.
9) 山崎哲也，蜂谷將史，山田勝久．投球動作に起因した変形性肘関節症に対する鏡視下手術．整スポ会誌．2004; 24: 51-6.
10) 山崎哲也．肘後方関節腔の郭清術．J MIOS. 2010; 56: 43-50.

［山崎哲也］

## 6 肘のスポーツ障害

# E 投球障害にみられる尺骨神経障害の病態と治療法

　投球により内側痛を生じる病態としては，内側不安定症である上腕骨内側上顆下端障害（裂離または分節），内側上顆骨端離開，鉤状結節裂離，内側側副靱帯（MCL）損傷が代表的であるが，その他に回内屈筋群筋肉痛・上腕骨内側上顆炎，肘頭疲労骨折，そして末梢神経障害である尺骨神経障害がある．投球では頻回かつ急速に肘関節の屈伸を繰り返し肘部管での圧迫・伸張ストレス，さらに加速期には外反ストレス，減速期には内反ストレスも加わり，また発達した上腕三頭筋や尺側手根屈筋による圧迫も生じるため尺骨神経障害が生じることは稀でない．小学生にも発生する可能性があり，内側野球肘の野球選手を診察する際には念頭におく必要がある[1-3]．投球を含むスポーツによる肘部管症候群では，典型的な尺骨神経麻痺の症状・所見を示すことは稀で，電気生理学的検査でも異常を呈さない例が多く，MRIなどの画像所見にも乏しいため，正確に診断されていないことも多い．主症状が肘内側の疼痛であり，MCL付近に圧痛があり，内側不安定症の疼痛誘発テストも陽性になるため，内側不安定症と診断されていることもある．また，時に胸郭出口症候群（TOS）において尺骨神経障害と類似した症状を呈したり，TOSや頚椎疾患などとの複合神経障害のこともあるため注意が必要である[1-3]．

## 1 要因

　尺骨神経は解剖学的に図6-42に示すような部位を走行し，その神経の近傍組織が障害発生に密

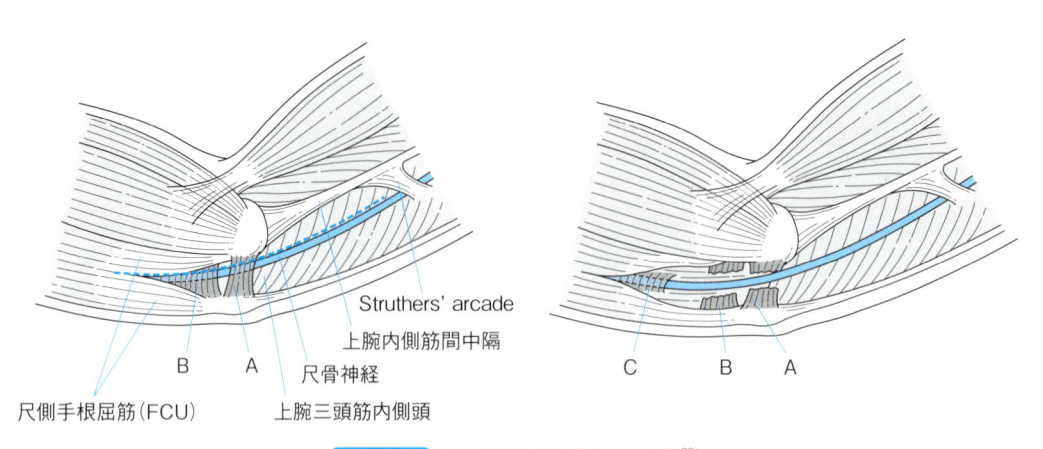

**図6-42** 尺骨神経走行部位の解剖[33]

近位からStruthers' arcadeの下方，上腕内側筋間中隔の後方で上腕三頭筋の上，滑車上肘靱帯・筋の下，尺側手根屈筋腱膜の下，common flexor aponeurosisの下を走行する．
A：滑車上肘靱帯・筋（伊藤），線維性腱弓・Osborne band（Osborne），cubital tunnel retianculum（O'Driscoll）
B：尺側手根屈筋腱膜，弓状靱帯・arcuate ligament
C：common flexor aponeurosis（Green），deep flexor-pronator aponeurosis（Amadio）

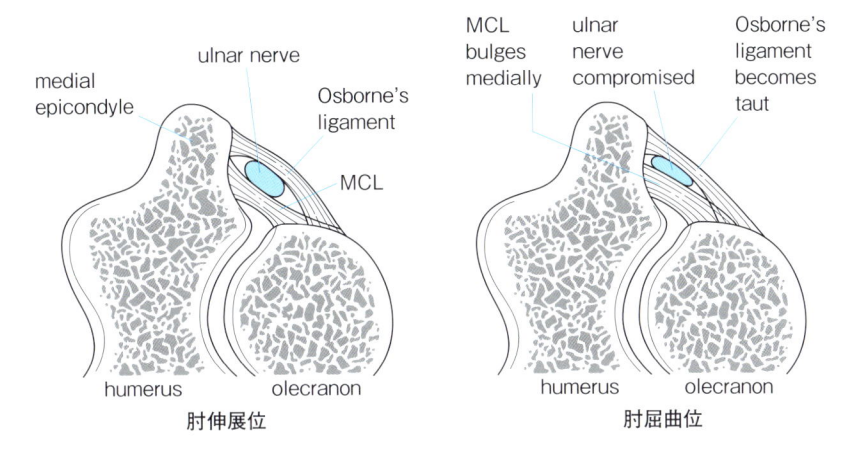

**図 6-43** 肘関節屈曲時の肘部管での尺骨神経の圧迫（Johnson DH, Pedowitz RA, editors. Practical Orthopaedic Sports Medicine & Arthroscopy. Philadelphia: Lippincott Williams & Wilkins; 2007 より改変）

肘関節屈曲時には，肘部管の内側では MCL が膨隆し，外側からは緊張した滑車上肘靱帯（Osborne band）が圧迫するため肘部管は狭小化して尺骨神経を圧迫する．

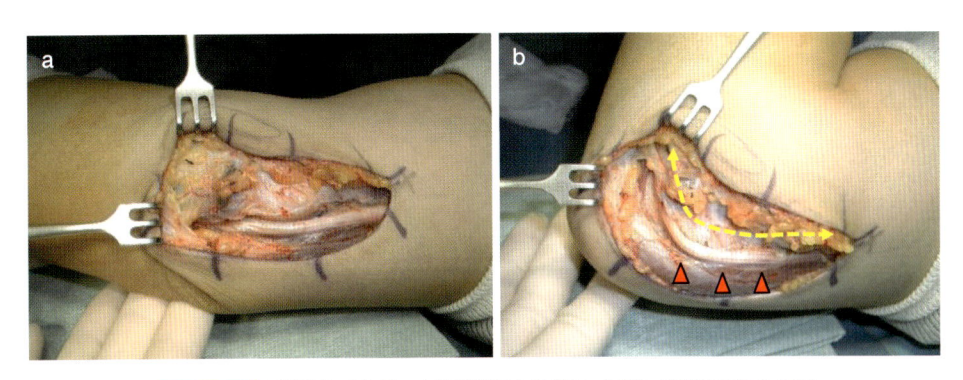

**図 6-44** 肘関節屈曲時の尺骨神経の伸張と上腕三頭筋の突き上げ

a：伸展時，b：屈曲時．単純除圧法により，伸展位において尺骨神経の圧迫は解除され神経自体の緊張もない．しかし肘関節屈曲位では尺骨神経は肘部管を中心に伸張し（破線矢印）緊張が高まり，肘部管より近位において上腕三頭筋の突き上げ（矢頭）により圧迫される．

接に関わる．投球による尺骨神経障害の要因には，静的要因（解剖学的要因）として，①Struthers' arcade[4,5]，②上腕三頭筋内側頭の発達[1,3,6-8]，③内側上腕筋間中隔の肥厚[1,3]，④滑車上肘靱帯（Osborne band）の肥厚・滑車上肘筋[1,3,7]，⑤尺側手根屈筋の発達や尺側手根屈筋腱膜（deep pronator-flexor aponeurosis）の肥厚[1,3,7]，⑥内側上顆の肥大・下方への突出・裂離骨片（内側上顆下端障害の遺残）[7]，⑦尺骨鉤状結節の膨隆・骨棘・裂離骨片[1,7]，⑧変形性関節症の骨棘[1,3]，⑨内側上顆の低形成（内側上顆下端線の早期閉鎖）[1]，⑩ガングリオンなどがある．動的要因として，①屈曲に伴う肘部管容積の減少[9,10]（図 6-43），②屈曲に伴う肘部管内圧の上昇[9,11-14]，③屈曲に伴う尺骨神経の伸張[9,11,15,16]（図 6-44），④外反ストレスに伴う尺骨神経の伸張[1,3]，⑤屈曲時の上腕三頭筋による尺骨神経の突き上げ[1,3,6-8]（図 6-44），⑥加速期とボールリリース時の前腕屈筋群の緊張[1,3]，⑦尺骨神経の習慣性（亜）脱臼[1,3,17]などがある（表 6-8）．Gelberman ら[11]は，屈曲時に肘部管内圧よりも神経内圧の方が高くなることから肘部管容積の減少による圧迫より伸張の影響の方が強いことを報告した．Aoki ら[15]は屍体モデルでの研究において，コッキング後期の肢位では尺骨神経は 13% 程度

**表 6-8** 投球による尺骨神経障害の要因

■静的要因（解剖学的要因）
① Struthers' arcade
② 上腕三頭筋内側頭の発達
③ 内側上腕筋間中隔の肥厚
④ 滑車上肘靱帯（Osborne band）の肥厚・滑車上肘筋
⑤ 尺側手根屈筋の発達や尺側手根屈筋腱膜（deep pronator-flexor aponeurosis）の肥厚
⑥ 内側上顆の肥大・下方への突出・裂離骨片（内側上顆下端障害の遺残）
⑦ 尺骨鉤状結節の膨隆・骨棘・裂離骨片
⑧ 変形性関節症の骨棘
⑨ 内側上顆の低形成（内側上顆骨端線の早期閉鎖）
⑩ ガングリオン

■動的要因
① 屈曲に伴う肘部管容積の減少
② 屈曲に伴う肘部管内圧の上昇
③ 屈曲に伴う尺骨神経の伸張
④ 外反ストレスによる尺骨神経の伸張
⑤ 屈曲時の上腕三頭筋による尺骨神経の突き上げ
⑥ 加速期とボールリリース時の前腕屈筋群の緊張
⑦ 尺骨神経の習慣性（亜）脱臼

伸張され，機械的弾性限界や血流途絶限界である 15％に近いことを示した．肘部管レベルでは圧迫よりも伸張ストレスの影響が強い可能性がある．いずれにしても，上記の静的・動的要因のいくつかが複合して発症に関わる．すなわち，単純な絞扼性障害ではなく，反復性の圧迫，伸張，摩擦など動的複合障害である[1-3]．

反復的圧迫外力による神経の生理学的変化として，吉井ら[18]は神経血液関門の破綻と再灌流障害に伴う神経内膜内浮腫の増悪が生じ，それが末梢神経障害の発生因子になる可能性を報告している．

さらに尺骨神経障害を助長する因子として，重複神経障害[1-3,19-21]がある．Eaton[19]は成書の中で，投球の加速期には Struthers' arcade から尺側手根屈筋レベルの間の障害のほかに，肩関節外転外旋伸展による腋窩での牽引障害や手関節伸展による Guyon 管での牽引障害が重複することを述べている（図6-45）．三原ら[3]は，スポーツ選手における肘部管症候群症例の報告の中で，14例中7例に

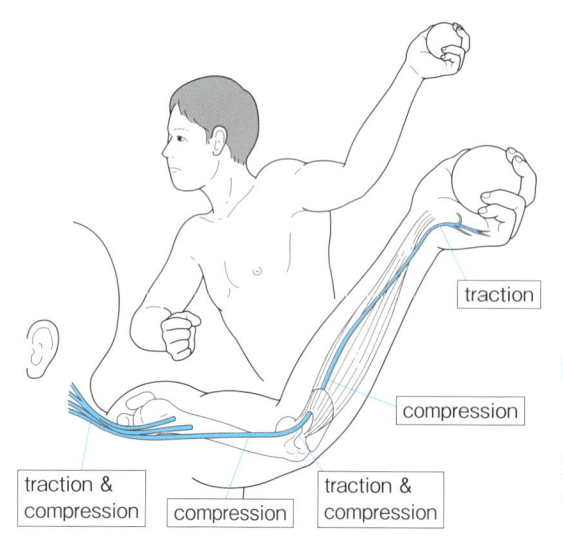

**図 6-45** コッキング後期から加速期における尺骨神経に伸張，圧迫ストレス
（文献 13 より改変）

胸郭出口，Struthers' arcade〜肘部管，Guyon 管において尺骨神経は伸張・圧迫ストレスを受ける．

TOSや肩不安定症を合併し，これらの存在が末梢の尺骨神経の易刺激性・易障害性を惹起した可能性を論じている．コッキング後期から加速期前半までは，肩甲骨は内転位，肩関節は外転外旋位をとり，肘関節は屈曲位で外反ストレスを受け，上腕三頭筋や尺側手根屈筋が活発に活動する[22]．そのため斜角筋間・肋鎖間隙・小胸筋腱下などの胸郭出口において圧迫・牽引ストレス，Struthers' arcade から尺側手根屈筋レベルにおいて上記した動的要因による圧迫・牽引・摩擦ストレスを受ける．ボールリースからフォロースルーでは，肩関節は内旋，前腕は回内，肘関節は伸展しながら内反ストレスを受け，この際上腕三頭筋内側頭による圧迫，回内屈筋群による圧迫を受ける．ボールリリース時には示中指でボールを押し出すため示中指の屈筋群起始部の緊張による圧迫をうける．

青木[23]は，投球フォームと肘関節障害との関連について検討し，加速相において肘下がり状態で肘を前方に突出し肩関節内旋優位な投球フォームと，肘関節が上がり気味になり肩関節を内旋して加速する変化球の投球フォームが，肩関節の急激な内旋運動をもたらし肘に加わる外反ストレスを増強して，肘部管症候群を含む肘関節内側障害を発生する可能性を指摘している．さらに肘関節の屈曲角度が深かったり，肘関節周囲軟部組織の柔軟性が低下していたり，投球過多で握力が低下していたりすると，肘部管で尺骨神経が過度に伸展される可能性があると述べている．

## 2 症状

投球時の肘内側の疼痛が主体であるが，前腕尺側から環小指のしびれ感，握力低下，ボールが抜ける感じも時折みられる症状である．多くの場合，投球を繰り返すうちに肘内側の疼痛と前腕尺側から手指の脱力が増強しボールが抜けるようになる．練習直後には環小指のしびれ感や握力低下も認めるが，数時間経過すると軽減または消失するため，日常生活での支障はほとんどない．内側上顆下端裂離やMCL損傷の急性発症時にある一球の投球で急性発症することもある．

## 3 理学所見と診断

診断に際して重要なことは，主訴が肘関節内側痛で神経脱落症状に乏しく外反ストレスや moving valgus stress test といった内側不安定症の疼痛誘発テストで疼痛が誘発されることが多いため内側不安定症と安易に診断しないこと，肘部管症候群の単独神経障害とは限らずTOSや頚椎疾患などの上位の神経疾患との重複神経障害のこともあること[1-3]，肘関節内側不安定症，変形性肘関節症などに合併している可能性があることである．

尺骨神経に沿った障害部位の圧痛・Tinel 様徴候が最も重要であり，Struthers' arcade から尺側手根屈筋部まで丹念に触診し，左右を比較する（図6-46）．主な障害部位，近位から Struthers' arcade，内側上顆近位の上腕内側筋間中隔部後方，Osborne band 部，尺側手根屈筋腱膜部，尺骨鈎状結節部である．Struthers' arcade よりも近位において陽性の場合には小胸筋腱部，肋鎖間隙部，斜角筋間部，側頚部まで検索し，胸郭出口症候群や頚椎疾患の可能性についての検討も必要となる．尺骨神経が前方（亜）脱臼する例では，屈曲位ではMCLと尺骨神経が重なり判別が困難となるため伸展位でもチェックする（図6-46）．尺骨神経障害の誘発テストとしては，肘関節屈曲位でのテストとして Buehler ら[24]が報告した elbow flexion test（肘関節最大屈曲位，前腕回外位，手関節伸展位），Ochi ら[25]の shoulder internal rotation test（肘関節90°屈曲，肩関節90°外転・10°屈曲・最大内旋位，手関節・手指伸展位），小林ら[26]の機能的肘屈曲テスト（肩関節90°外転，肘関節最大屈曲位，手関節伸展位）（図6-47），肘関節伸展位でのテストとして尼子ら[27]が報告した肘部管より近

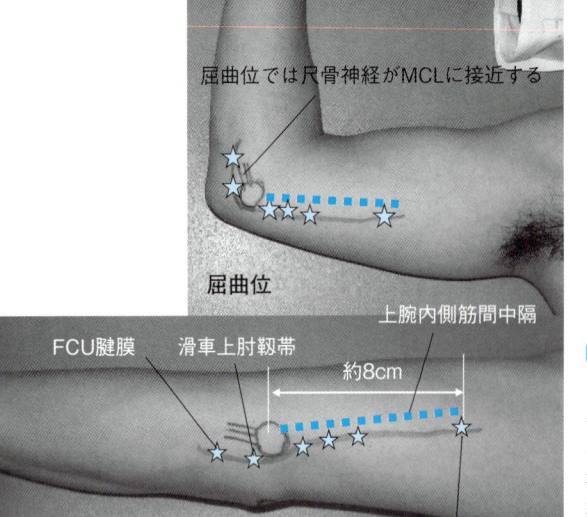

**図 6-46** 尺骨神経の圧痛・Tinel 様徴候ポイント

☆印が尺骨神経の主な圧痛・Tinel 様徴候のポイントである．肘屈曲位では肘部管部の尺骨神経と MCL が接近するため，どちらの圧痛か判別が困難になることがあるので，伸展位でも確認する．

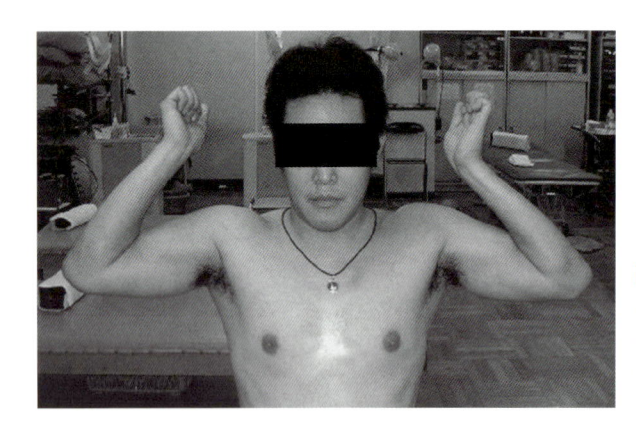

**図 6-47** 機能的肢位での肘屈曲テスト

肩関節 90°外転，肘関節最大屈曲位，手関節伸展位を 1 分間保持して，肘内側痛や環小指のしびれ感が出現するかをみる．

位である上腕三頭筋による尺骨神経障害の誘発テストである上腕内旋テスト（肘伸展位，肩 90°屈曲・最大内旋での誘発テスト）がある．村上ら[7]や三原ら[3]は，軽症例の診断には Tinel 様徴候とともに elbow flexion test が有用であったと報告している．投球による尺骨神経障害の診断には，より投球時の機能的肢位に近い小林らの機能的屈曲テストが有用と思われる[26]．

触診により上腕内側筋間中隔の肥厚・硬化，上腕三頭筋内側頭や前腕回内屈筋群の筋伸長性低下・筋硬度上昇を確認する．時に肥大・硬化した尺骨神経を触知することもある．

肘関節を屈曲伸展して尺骨神経の（亜）脱臼の有無と左右差を確認する．

尺骨神経領域の知覚低下はあってもごく軽微なことが多いが，この知覚低下の確認には酒精綿による冷覚の左右差の比較が有用である[1]．運動麻痺もあっても軽微であり，小指球筋・骨間筋の筋萎縮，Froment sign，Escape sign，猿手変形などの尺骨神経麻痺（手内筋麻痺）の所見は，スポーツ障害例では稀である．

電気生理学的検査である神経伝導速度や筋電図は，投球直後に軽度の異常所見を検出できることがあるが，通常は正常であることが多い．MRI は，$T2^*$ 強調像において，尺骨神経がやや高信号を

呈し，正中神経との比較が有用であるとの報告がある[1,28].

## 4 治療

### A 保存療法

　一般的な野球肩，野球肘の保存療法に準じ，オーバーユース，コンディショニング不良，投球フォームの問題に対してアプローチする[29]．

　投球過多は上腕三頭筋や尺側手根屈筋などの肘関節周囲筋の伸張性低下を招き肘部管症候群の発症に関わるため，一定期間の投球休止期間を設け，現場関係者に協力を仰いで是正する必要がある．肩関節内旋優位な変化球の多投は，肘関節の外反ストレスを増強する[23]ため避ける必要がある．

　コンディショニングに対するアプローチとして，上腕三頭筋や尺側手根屈筋などの肘関節周囲筋の伸張性低下は尺骨神経障害の危険性を高め，上腕三頭筋の伸張性低下は肘下がりの要因にもなるため，十分にストレッチングして柔軟性を維持する必要がある[1,23]（図6-48）．TOSとの重複神経障害を避けるためにも，胸郭出口周囲筋である斜角筋・小胸筋・鎖骨下筋のリラクセーションを図る[1,3]．

　投球フォームに関しては，上記したように肘下がりで肘を突き出して肩関節の内旋を大きく使う投球は肘部管症候群の危険性を高めるため，体幹の回旋により肩関節内旋と肘関節伸展を複合した腕振りを誘導するフォーム指導を行う[23,30]（図6-49）．

　圧痛・Tinel様徴候を認めるポイントへのステロイド注射も数回までは実施してみる価値がある[1]．

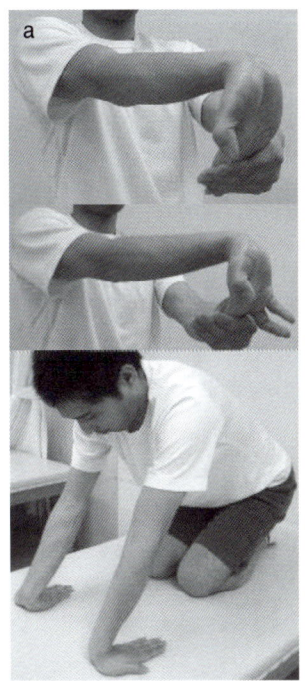

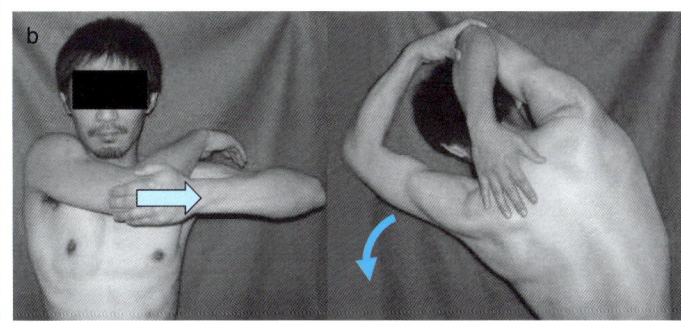

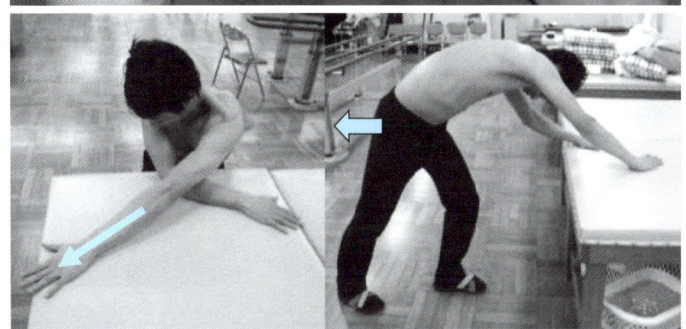

**図 6-48** ストレッチングメニュー
　a：尺側手根屈筋を含む回内屈筋群のストレッチング．
　b：上腕三頭筋を含む肩後方ストレッチング．

**図 6-49** 投球フォーム指導による改善

上：指導前，肘を突出して肩関節の内旋を大きく使う投球．Throwing plane（上腕骨の回旋平面）と elbow plane（肘関節の伸展平面）が大きくずれ，肘関節外反ストレスが大きい．

下：指導後，throwing plane に前腕の軌道を乗せて肘関節伸展と肩関節内旋を複合させた投球．Throwing plane と elbow plane のずれが少なく，肘関節外反ストレスが小さい．

## B 手術療法

保存療法に抵抗する例，すでに運動麻痺を生じている重症例は手術療法の適応となる．手術方法については，要因と術中所見により選択する．

### 1. 単純除圧法（Osborne 法）（図 6-50）

圧痛・Tinel 様徴候が滑車上靱帯（Osborne band）から尺側手根屈筋腱膜に限局している場合に選択されるが，投球による肘部管症候群は，より近位部の障害を合併していることが多いため，この単純除圧法の適応となることは比較的少ない．Osborne[31] が滑車上靱帯の切離する除圧法を最初に報告したが，現在の単純除圧法は滑車上靱帯から尺側手根屈筋腱膜を切離し，さらに尺側手根屈筋の深部にある筋膜である deep pronator-flexor aponeurosis の切離を行う[7,32]．単純除圧法試行後に肘を屈曲して尺骨神経の（亜）脱臼を生じる場合，尺骨神経の圧迫は解除されても緊張が高い状態が残存する場合，滑車上靱帯切離近位部で kinking を生じる場合は，後述する皮下前方移行術，small King 法，尺骨神経溝形成術のうちから選択する．

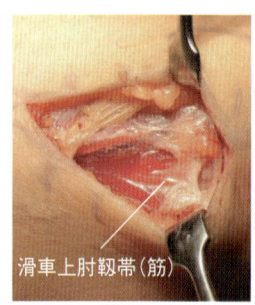

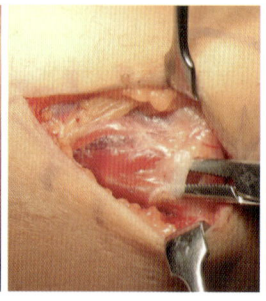

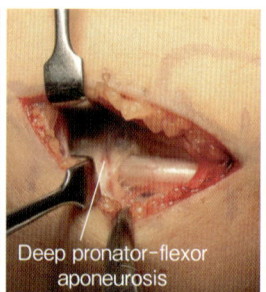

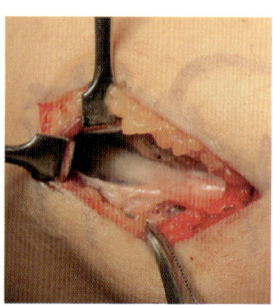

**図 6-50** 単純除圧法（Osborne 法）

滑車上肘靱帯（筋）と尺側手根屈筋腱膜を解離して，遠位深部にある deep pronator-flexor aponeurosis を解離する．

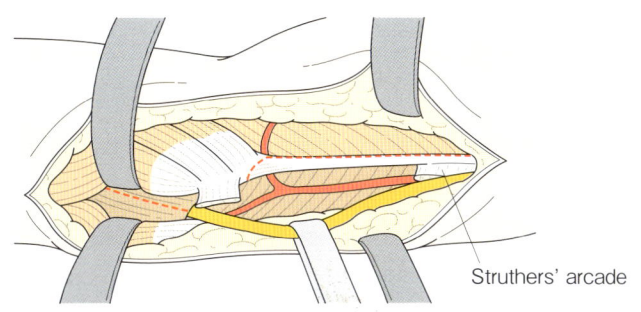

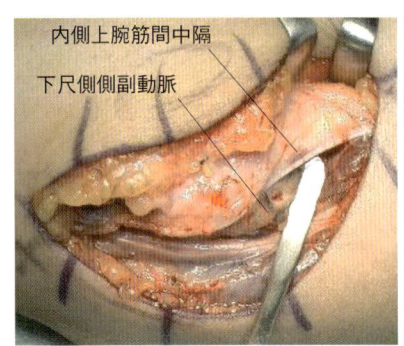

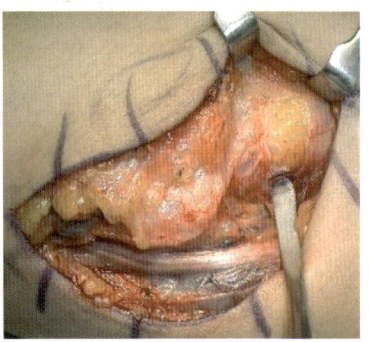

**図 6-51** 内側上腕筋間中隔の切除（Doyle JR, editor. Surgical Anatomy of The Hand & Upper Extremity. Philadelphia: Lippincott Williams & Wilkins; 2003 より改変）

Struthers' arcade を開放して内側上腕筋間中隔を切除する．下尺側側副動脈の止血を十分に行う．

### 2．上腕内側筋間中隔切除術[1,5,8]（図 6-51）

　圧痛・Tinel 様徴候が Struthers' arcade から上腕内側筋間中隔に限局する場合に選択される．Struthers' arcade を開放し，そこから内側上顆レベルまで約 8 cm の範囲で上腕内側筋間中隔を切除する．深筋膜も必要に応じて切除する．内側上顆近傍の内側筋間中隔を穿通する下尺側側副動脈を損傷すると思わぬ出血を招くため注意する．

### 3．皮下前方移行術[7,33]（図 6-52）

　圧痛・Tinel 様徴候を Struthers' arcade から尺側手根屈筋腱膜部まで広範囲に認め，単純除圧法と内側上腕筋間中隔切除を同時に実施後，尺骨神経が（亜）脱臼する例が適応となり，中でも伸展制限合併例がよい適応である．一方，過伸展例は伸展時に前方移動した神経が kinking して緊張がかかるため非適応であり，small King 法，尺骨神経溝形成術のいずれかを行う．伸展位にして kinking が明らかな場合にも同様の術式変更を検討する（図 6-53）．留意点は神経剝離が広範囲となるため栄養血管を極力温存すること，無理なく前方移行できるように関節枝は基本的に切離し尺側手根屈筋尺骨頭への筋枝は剝離を十分行うこと，前方移行した場合に新たな圧迫因子になる可能性がある上腕内側筋間中隔と尺側手根屈筋筋膜の切除を十分行うこと，皮下前方移行術では神経の新しい走行部になる前方の皮下組織の剝離を行うため尺側前腕皮神経を損傷しないように留意することである．我々は移行した神経の再移動防止に筋膜弁を用いていたが，術後に癒着や再絞扼を生じる危険があるとの報告があり[34]，皮下脂肪の縫着または皮下脂肪弁の作成が推奨され，我々も術式を変更している．

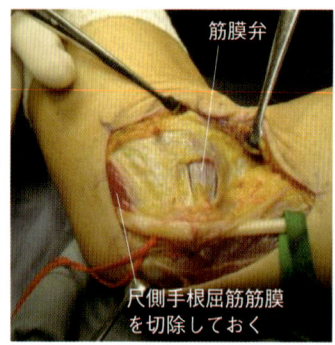

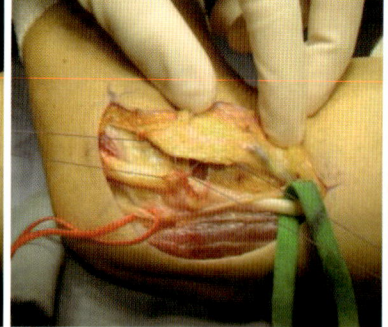

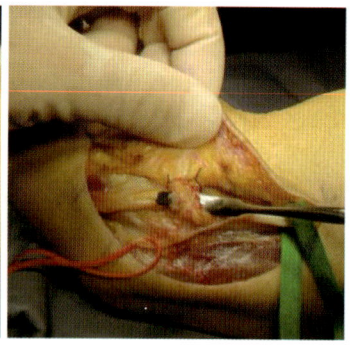

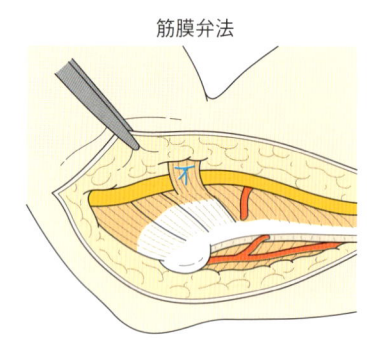

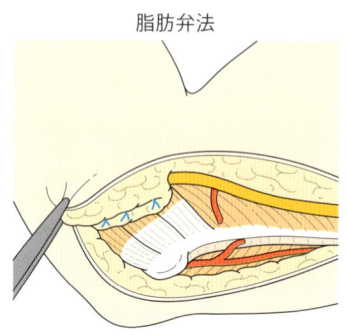

**図 6-52** 皮下前方移行術と神経再移動防止処置（Doyle JR, editor. Surgical Anatomy of The Hand & Upper Extremity. Philadelphia: Lippincott Williams & Wilkins: 2003 より改変）

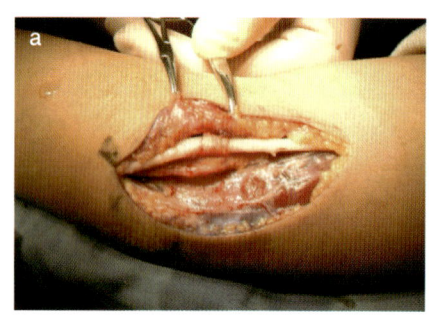

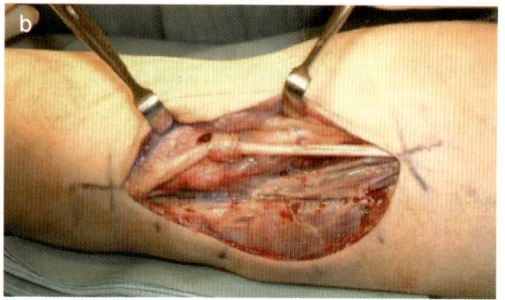

**図 6-53** 皮下前方移行術後の伸展位における尺骨神経の kinking
a：伸展位にしても kinking は軽度であり支障ない．
b：伸展位にすると kinking が明らかで神経の緊張も強く，術式の変更が要求される．

### 4．Small King 法（図 6-54）

内側上顆の切除を主に後上方で必要最低限とし通常の King 法よりも骨切除量が少ないため，伊藤[1]は small King 法と呼称している．回内屈筋群の起始部の剝離操作は最小限にしないと術後に内側上顆炎を生じるため，変形性肘関節症例，尺骨神経（亜）脱臼例のうち内上顆低形成や内反肘を認める例に適応は限定される．深く切り込んで MCL 付着部を損傷しないこと，剝離した内上顆後方の骨膜は神経の新たなフロアーとなるため丁寧に修復することが留意点である．

### 5．肘部管形成術（骨棘切除術）[1,35]

変形性肘関節症例が適応となる．単純除圧法の手技に加えて，腕尺関節の尺側の骨棘と肥厚した MCL の後方成分を切除する．肘部管形成術実施後に尺骨神経の（亜）脱臼を生じる場合には，

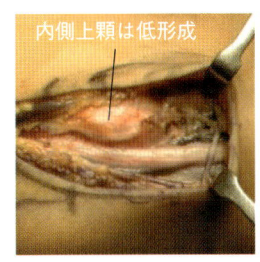

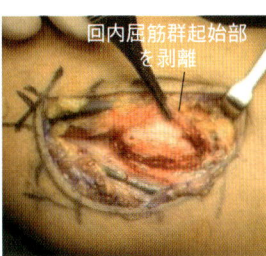

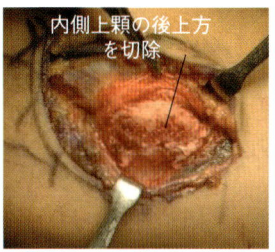

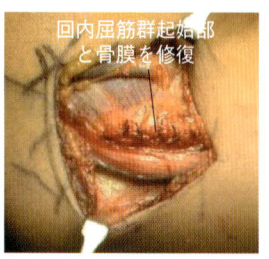

**図 6-54** Small King 法

内側上顆低形成例において施行．回内屈筋群起始部の剥離は最小限とし，内側上顆の後上方をスロープ状に切除し，剥離した回内屈筋群起始部と骨膜を丁寧に修復する．

small King 法か尺骨神経溝形成術を行う．

### 6．尺骨神経溝形成術[1,36]

皮下前方移行術の適応例とほぼ同様であるが，そのうち過伸展肘例が最もよい適応となる．逆に内側上顆低形成や内反肘例には適さない．尺骨神経の本来の解剖学的な走行に近く一番合理的な術式であるが，骨溝を深くし過ぎると内上顆骨折を生じる危険があること，長期的に骨溝が浅くなり障害が再発する可能性があること，神経溝を形成するだけでなく上腕三頭筋の深部の上腕骨付近に尺骨神経を走行させるため侵襲が大きくなることが短所である．

### むすび

投球による肘部管症候群は，単純な絞扼性神経障害ではなく，反復性の圧迫，牽引，摩擦など動的複合障害である．その診断に際して内側不安定症との鑑別，内側不安定症の合併や TOS など複合神経障害の可能性について留意する．治療は，進行例を除き保存療法をまず試みるべきで，上腕三頭筋や尺側手根屈筋のストレッチングを含む全身のリコンディショニングやオーバーユース・投球フォームに対する適切なアプローチにより，多くの症例が復帰可能となる．保存療法に抵抗する場合と進行例に対しては手術療法を適応するが，術式の選択は，障害の範囲・可動域制限の有無・変形性関節症の有無・内反肘の有無などの術前・術中所見に応じて適切に行う．

■文献
1) 伊藤恵康．スポーツによる肘関節部末梢神経の障害：特に尺骨神経障害．In：肘関節外科の実際　私のアプローチ．初版．東京：南江堂；2011．p.285-91．
2) 岩堀裕介．肘関節内側痛の診断．スポーツ医学．2012；29：245-54．
3) 三原研一，筒井廣明，西中直也，他．スポーツ選手における肘部管症候群．日肘会誌．2005；12：37-8．
4) al-Qattan MM, Murray KA. The arcade of Struthers: an anatomical study. J Hand Surg Br. 1991; 16: 311-4.
5) 伊藤恵康，宇沢充圭，星　亨，他．スポーツ選手にみられる Struthers' arcade による尺骨神経の entrapment neuropathy．臨床スポーツ医学．1997；14：795-8．
6) Hayashi Y, Kojima T, Kohno T. A case of cubital tunnel syndrome caused by the snapping of the medial head of the triceps brachii muscle. J Hand Surg Am. 1984; 9A: 96-9.
7) 村上恒二，濱田宜和，定地茂雄，他．スポーツ選手における肘部尺骨神経障害．日肘会誌．1996；3：3-4．
8) 辻野昭人，伊藤恵康，鵜飼康二，他．近位肘部管症候群の病態と治療．日肘会誌．2003；10：43-4．
9) Bozentka DJ. Cubital tunnel syndrome pathophysiology. Clin Orthop Relat Res. 1998; 351: 90-4.
10) O'Driscoll SW, Horii E, Carmichael SW, et al. The cubital tunnel and ulnar neuropathy. J Bone Joint Surg Br. 1991; 73: 613-7.
11) Gelberman RH, Yamaguchi K, Hollstein SB, et al. Changes in interstitial pressure and cross-sectional area of the cubital tunnel and of the ulnar nerve with flexion of the elbow. J Bone Joint Surg Am. 1998; 80: 492-501.
12) Green JR Jr, Rayan GM. The cubital tunnel: Anatomic, histologic, and biomechanical study. J Shoulder

13) 射場浩介, 和田卓郎, 辻 英樹, 他. 肘部管症候群における肘部管内圧の測定. 日肘会誌. 2005; 12: 57-8.
14) Werner CF, Ohlin P, Elmqvist D. Pressures recorded in ulnar neuropathy. Acta Orhop Scand. 1985; 56: 404-6.
15) Aoki M, Takasaki H, Muraki T, et al. Strain on the ulnar nerve at the elbow and wrist during throwing motion. J Bone Joint Surg Am. 2005; 87: 2508-14.
16) Toby EB, Hanesworth D. Ulnar nerve strains at the elbow. J Hand Surg Am. 1998; 23: 992-7.
17) Patel VV, Heidenreich FP, Bindra RR, et al. Morphologic changes in the nerve at the elbow with flexion and extension: a magnetic resonance imaging study with 3-dimentional reconstruction. J Shoulder Elbow Surg. 1998; 7: 368-74.
18) 吉井雄一, 落合直之, 西浦康正, 他. 末梢神経障害：基礎と臨床のすべて：反復微小外傷：反復的圧迫外力による神経の生理学的変化. 整・災外. 2008; 51: 677-85.
19) Eaton RG. Anterior subcutaneous transposition. In: Gelberman RH, editor. Operative nerve repair and reconstruction. Philadelphia: JB Lippincott; 1991. p. 1077-85.
20) Upton AR, McComas AJ. The double crush in nerve entrapment syndromes. Lancet. 1973; 18: 359-62.
21) 根本孝一, 松本 昇, 高橋正憲, 他. 臨床例にみる "double lesion neuropathy". 関東整災誌. 1983; 14: 717-21.
22) DiGiovine NM, Jobe FW, Pink M, et al. An electromyographic analysis of the upper extremity in pitching. J Shoulder Elbow Surg. 1992; 1: 15-25.
23) 青木光広. 投球フォームと尺骨神経障害. 関節外科. 2008; 27: 69-74.
24) Buehler MJ, Thayer DT. The elbow flexion test. A clinical test for the cubital tunnel syndrome. Clin Orthop Relat Res. 1988; 233: 213-6.
25) Ochi K, Horiuchi Y, Tanabe A, et al. Comparison of shoulder internal rotation test with elbow flexion test in the diagnosis of cubital tunnel syndrome. J Hand Surg Am. 2011; 36: 782-7.
26) 小林明正, 只野 功, 森口尚生, 他. 肘部管症候群の診断法としての機能的肘屈曲試験. 別冊整形外科. 2006; 49: 130-2.
27) 尼子雅俊, 根本孝一, 有野浩治, 他. 近位型尺骨神経絞扼性障害の疼痛誘発テスト. 日肘会誌. 2011; 18: S17.
28) Vucic S, Cordato DJ, Yiannikas C, et al. Utility of magnetic resonance imaging in diagnosing ulanr neuropathy at the elbow. Clin Neurophysiol. 2006; 117: 590-5.
29) 岩堀裕介. 成長期における上肢スポーツ障害の特徴と治療. In: 山口光國, 編. Skill-Up リハビリテーション＆リコンディショニング. 投球障害のリハビリテーションとリコンディショニング：リスクマネジメントに基づいたアプローチ. 初版. 東京：文光堂; 2010. p.91-117.
30) 伊藤博一, 中里浩一, 眞瀬垣啓, 他. 上肢投球障害者への対策―真下投げからの次の展開―. 日本臨床スポーツ医学会誌. 2007; 15: 102-12.
31) Osborne GV. The surgical treatment of tardy ulnar neuritis. J Bone Joint Surg. 1957; 39B: 782.
32) 鶴田敏幸, 峯 博子. 肘部管症候群：Osborne 法, 鏡視下除圧術. In: 金谷文則, 編. 肘関節外科の要点と盲点. 初版. 東京：文光堂; 2011. p.224-5.
33) 成澤弘子. 肘部管症候群：皮下前方移行術. In: 金谷文則, 編. 肘関節外科の要点と盲点. 初版. 東京：文光堂; 2011. p.226-8.
34) Broudy AS, Leffert RD, Smith RJ. Technical problems with ulnar nerve transposition at the elbow: findings and results of reoperation. J Hand Surg Am. 1978; 3: 85-9.
35) Tsujino A, Ito Y, Hayashi K, et al. Cubital tunnel reconstruction for ulnar neuropathy in osteoarthritic elbows. J Bone Joint Surg Br. 1997; 79: 390-3.
36) Tsujino A, Ochiai N. Ulnar groove plasty for friction neuropathy at the elbow. Hand Surg. 2001; 6: 205-9.

［岩堀裕介］

## 6 肘のスポーツ障害

## F 野球選手の肘内側側副靱帯損傷
―伊藤法による再建術

### 1 病態

　肘関節にとって投球動作による外反ストレスは非生理的運動である．肘関節は骨・靱帯・筋・関節包などによって安定性を保っており，骨性の安定性は肘屈曲20°以下と肘屈曲120°以上で，この間の角度では骨性の安定性はほとんどない．肘関節20～120°の範囲では，外反ストレスに対して内側側副靱帯（MCL）の前斜走線維（AOL）が主要な静的安定化機構であるといえる．投球時の肘内側への負荷は，late cocking期からacceleration期（肘関節90～120°）にかけて約64 Nmの強大な外反トルクが作用しているとされる[1]．若年屍体標本を用いた実験においても，34 Nmの肘外反トルクでMCLの機能不全を引き起こすといわれており[2]，MCL単独では投球時のストレスには抗しきれない．このためMCLのみではなく，動的支持機構の関与も重視しなければならない．
　最近のバイオメカニクスの研究から，浅指屈筋（FDS）や尺側手根屈筋（FCU），円回内筋（PT）の筋力も肘外反ストレスの動的安定化機構として重要であることが報告されている[3,4]．靱帯の静的安定性と筋の動的安定性は外反に対する抑制力として協同しており，筋力の低下はMCL損傷をもたらす危険があると考えられている．GlousmanらはMCL，筋電図検査を用いた研究で，MCL損傷がある投手ではPTの筋活動が減少しており，原因か結果か断定できないが，これらの筋活動の低下はさらなる肘関節の障害をもたらすとし[5]，Conwayらは，MCL損傷の手術例で，70人中9人（13％）の投手において屈曲回内筋群の内側上顆付着部あるいは実質部断裂があったことを報告している[6]．また，FCUの筋線維は密にMCLに付着しており，FCUの損傷は，少なからずMCLの機能不全に関与していると思われる．Udallらの報告では，FDSが屈曲回内筋群のなかで最も内側支持機構として寄与していると示している[4]．したがって，MCL損傷の病態は，繰り返す微小損傷とともに屈曲回内筋群の筋力低下なども関与していると思われる．

### 2 診断

　投球時（late coking期）での内側上顆下端の疼痛が明らかなためMCL損傷の診断は容易に察しがつく．MCLに対する徒手検査は"moving valgus stress test"と"milking maneuver"がある（図6-55）．Moving valgus stress testはO'Driscollが提唱したテストであり，感度100％，特異度75％と報告されている[7]．Milking maneuverは前斜走線維単独のテストで，投球時の疼痛を再現するテストであり有用な徒手検査である．
　画像検査では，造影CTとMRIを比較した研究で，MCLの部分損傷の場合，造影CTのほうが優れていると1994年に報告されている[8]．しかし近年MRIの画像精度も向上し，現在ではMRI単独でも断裂部が明瞭に描出可能である．MRI撮影は軽度屈曲位で行い，靱帯の長軸に沿って描出する．また，ストレス撮影では健側差2 mm以上であれば完全断裂が疑われる．現在我々は，局所の

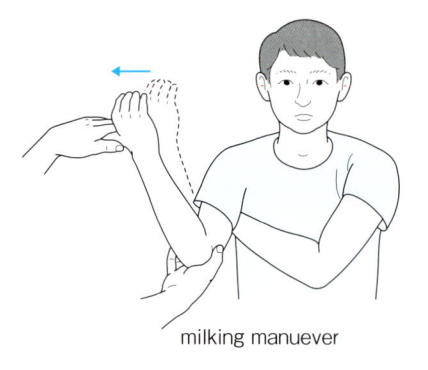

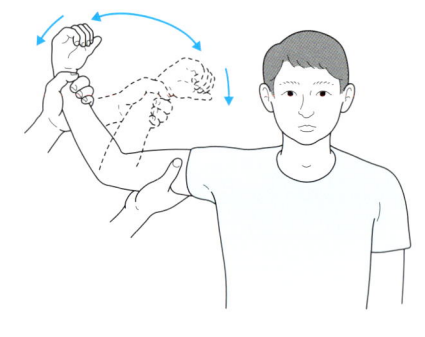

milking manuever　　　　　　　moving valgus stress test

**図 6-55** MCL ストレス徒手検査

**表 6-9** 内側側副靱帯（MCL）損傷の診断基準

① 局所に限局した頑固な圧痛．
② 投球時痛による全力投球不可．
③ 外反ストレスでの疼痛の増強（徒手検査）．
　①～③いずれかと，補助診断として
④ MRI での靱帯損傷所見．
⑤ ストレス X 線での内側関節裂隙の開大差が 2 mm 以上．
　のいずれかがみられる場合に MCL 損傷と診断する．

限局した頑固な圧痛，milking maneuver 陽性，MRI 画像での断裂所見陽性の 3 点で診断を確定している（表 6-9）．

一方，投球障害においては靱帯損傷のみでなく，肘頭疲労骨折や離断性骨軟骨炎，遊離体，滑膜ひだ障害，尺骨神経障害などの合併損傷を決して見逃さないように注意して診察しなければならない．

## 3 治療

### A リハビリテーション

画像所見で断裂がみられてもそれのみでは手術適応ではなく，まず第一にリハビリテーションの介入によって，筋力強化や体幹から下肢まで全身柔軟性の獲得などを指導して復帰を試みることが重要である．少なくとも 3 カ月間積極的にリハビリテーションを行う．

### B 手術療法

**1. 適応**

リハビリテーションによる改善がみられなければ再建手術を考慮する．手術を行う場合は競技レベルの投球が不能であることが絶対条件で，かつ本人の強い復帰の希望がある場合に手術適応としている．

対象は，骨年齢・体格など考慮するが，骨端線の閉鎖がみられ，リハビリテーションに対して理解力が十分である中学生高学年以上としている．ときには還暦野球で投球復帰を強く希望してくる場合もあるが，特に本人の強い希望があり，高度な関節症性変化などの問題がなければ年齢の上限は定めていない．

## 2．術式（靱帯再建術）[9]

### a）展開

皮切は内側上顆頂部やや前方中枢から始まり，尺骨神経に沿って末梢に弓状切開を加える．皮下の展開では前腕内側皮神経に注意しテープで保護する．内側上顆後方は近位骨孔作製時に尺骨神経を保護するため骨膜下より剝離するが，血管が豊富であるため止血しながら剝離していく．

### b）内側側副靱帯の展開

屈筋群起始部を尺骨神経前縁に沿って線維方向に鈍的に分け，尺骨鉤状結節（sublime tubercle）を触れながら内側上顆下端から 5 cm 程展開する．内側上顆下端に軟化した瘢痕性の MCL が現れる．鉤状結節は尺骨神経のほぼ直下にあるため，尺骨神経を剝離し後方へ保護する．遠位へ展開していくと尺側手根屈筋への分枝がみられるので注意する．また尺骨神経に伴走して血管網があり，鉤状結節の展開には結節後縁にみられる血管の分岐に注意しながら処理する．

### c）骨孔の作製

①内側上顆部（図 6-56a）

内側上顆下端やや前方（ほぼ 7 時の方向）から径 4.5 mm ドリルで，ガイドをしっかり把持しながら穿孔する．特に内側上顆が低形成の場合，穿孔時に内側上顆を破壊しないよう注意する．また後方の尺骨神経を損傷しないように骨膜起子を挿入し保護しておく．

②鉤状結節部（図 6-56b）

鉤状結節は丘陵状のものや山脈状の急峻なものなど個人差がある．骨孔作製時には，必ず注射針を用いて関節裂隙を確認し，その関節裂隙から約 8〜10 mm 末梢で 3.2〜3.5 mm 径ドリルを用い，鉤状結節の前方および後方から骨内で直角に交叉させるように骨孔を作製する．骨強度を保つためには骨孔間の骨皮質は 5〜8 mm は残すようにする．結節隆起が低い例では V 字型に近い角度で穿

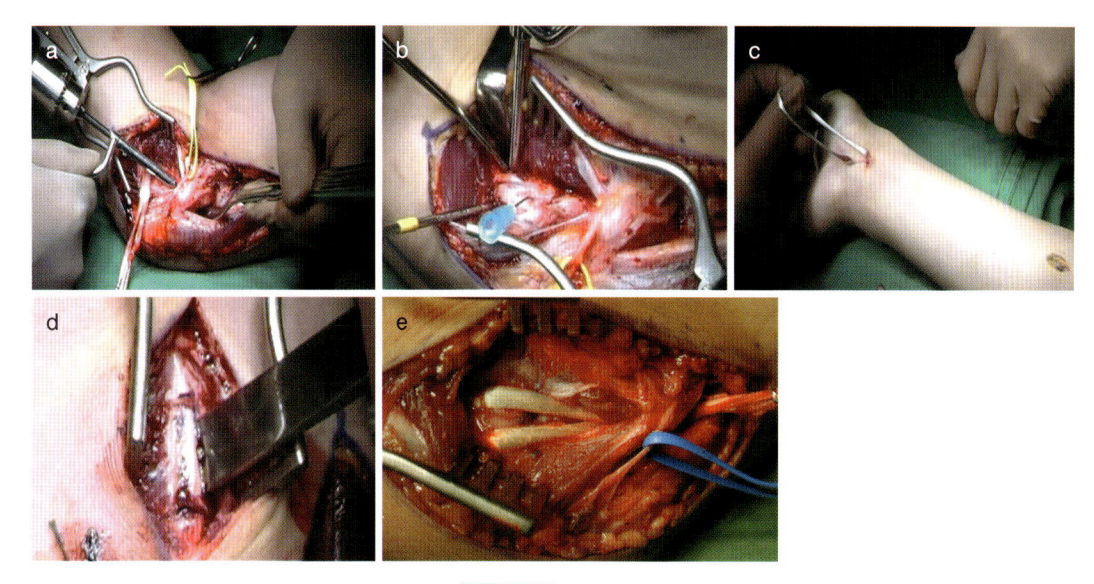

**図 6-56** 靱帯再建
a：内側上顆に径 4.5 mm で骨孔作製．
b：関節裂隙を注射針で確認し，その 8〜10 mm 末梢部で鉤状結節に径 3.2 mm の骨孔 2 個を作製．
c：長掌筋腱の採取．
d：肘頭骨皮質から骨釘採取．
e：移植腱を骨孔に通す．再建靱帯の断端を牽引しながら肘屈伸し緊張を確認する．

図 6-57 靱帯再建シェーマ

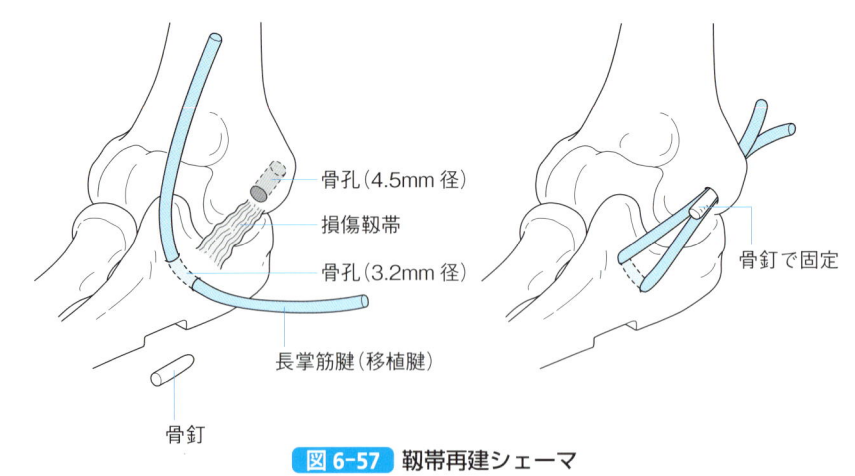

孔し，骨皮質はやや広く残す．

**d）長掌筋腱・骨釘採取**（図 6-56c, d）

　長掌筋腱が移植腱として最も適している．患側長掌筋腱をできるだけ長く（約 15 cm）採取する．患側長掌筋腱が欠如している場合は，健側長掌筋腱あるいは薄筋腱，長趾伸筋腱などを利用する．薄筋腱は太いため適宜骨孔径を調節する必要がある．骨釘は内側上顆部での腱固定材料として，同側肘頭皮質部から採取する．移植腱の壊死を防ぐため径 4.5 mm のドリルより厚さはやや薄く，脱転を防ぐためやや広く，長さ 15 mm 程の骨柱とする．

**e）靱帯移植・固定**（図 6-56e，6-57）

　0.46 mm の軟鋼線を折り返して単鈍鉤の弯曲に合わせて採型し，鉤状結節骨孔をくぐらせる．採取した移植腱の端を引っかけて骨孔を通過させ，次いで 2 本の腱を内側上顆骨孔へ前下方から中枢後方へ引き抜く．固定する前に腱両端を強く牽引して pretension を加え，緊張を確認する．肘関節を内反位に保ち，腱を強く牽引しながら肘屈曲 60°位で，肘頭より採取した骨釘を打ち込み固定する．移植腱の太さには個人差があり，その都度骨釘の太さを調節する．骨釘の固定性に関しては強度もあり問題ないが，打ち込み時に移植腱の損傷を防ぐなど技術的にやや熟練を要する．余った腱は末梢へ折り返して屈筋群起始部へ埋め込み筋膜と縫合する．

## 3．後療法（表 6-10）

　以下に述べるものは高校生を基準にしたプログラムであり，本リハビリテーション期間よりも早い復帰は認めていない．特に，ハイレベルなパフォーマンスが要求される大学生以上では 7 カ月以降は慎重に時間をかけ，約 10 カ月を復帰目標としている．

　術後ギプスは肘関節屈曲 45〜60°，内反回内位で腋窩まで 4 週間固定する．2 週間で抜糸・ギプス

表 6-10 後療法

| | |
|---|---|
| 4 週 | ギプスを除去し，手・肘関節 ROM 開始 |
| 6 週 | 手関節，前腕上腕の筋力トレーニング開始 |
| 3 カ月 | スポンジボール真下投げ開始 |
| 4 カ月 | ネットスロー開始 |
| 5 カ月 | 塁間までキャッチボール開始 |
| 6 カ月 | 40 m までキャッチボール開始 |
| 7 カ月 | 投手立ち投げ開始 |
| 8 カ月 | 全力投球開始 |
| 術前より全身柔軟性・筋力強化などコンディショニングを平行して行う． | |

巻き替えを行う．

&lt;術後 4 週&gt;
- ギプス除去後外反位にならないよう肘関節自動運動を開始する．

&lt;術後 6 週&gt;
- ジョギング開始（10〜20 分を目安に）．
- 下半身のウエイトトレーニング開始．
- 手関節，上腕前腕の筋力トレーニング（0.5 kg）．各トレーニングとも 5 分間 5 セット．
  ①Wrist curl：2 秒かけて持ち上げ 4 秒かけて下げる．
  ②Arm curl：3 秒かけて持ち上げ 6 秒かけて下げる．
  ③Triceps extension：3 秒かけて引っ張り 6 秒かけて戻す（肘内側を下に向けて黄色のセラバンドを使用）．

&lt;術後 8 週&gt;
- ジョギング（20〜30 分を目安に）．
- アウターマッスル Ex 開始．
- 下半身のストレッチ開始．
- 手関節，上腕前腕の筋力トレーニング（1 kg）．

&lt;術後 10 週&gt;
- Triceps extension：緑のセラバンドを使用．
- インナーマッスル Ex 開始：20 回 3 セット，①外旋，②内旋，③挙上．
  （外旋は内旋位から外旋 0°まで．①②③いずれも 3 秒かけて引っ張り 6 秒かけて戻す．）
- 手関節，上腕前腕の筋力トレーニング（2 kg）．

&lt;術後 3 カ月&gt;
- 上半身のストレッチ開始．
- 素振り開始．1 日につき 50 スイングまで．
- 手関節，上腕前腕の筋力トレーニング（3 kg）．
- 真下投げ開始：スポンジボールを使用．週 5 回までとして，1 日 50 球まで．

&lt;術後 4 カ月&gt;
- ティーバッティング，トスバッティング開始．1 日につき 100 スイングまで．
- ネットスロー開始．バックネットに向かって山なりに投げる．各週とも 20 球×3 セット．週 2 日はノースローの日を設ける．

&lt;術後 5 カ月&gt;
- キャッチボール開始（5 割の力で投球．各週とも 4, 7 日目はノースロー）．
  アップ：10 m から 1 球ごとに後退して，次第に目標距離に近づけていく．
  ダウン：1 球ごとに前進して 10 m まで短くしていき終了．
- フリーバッティング開始．1 日につき 150 スイングまで．

&lt;術後 6 カ月&gt;
- キャッチボール．6〜7 割の力で投球．各週とも 4, 7 日目はノースロー．アップ，ダウンは術後 5 カ月と同じ．

&lt;術後 7 カ月&gt;
- 立ち投げ開始．8〜9 割の力で投球．
  投手：肘の状態にあわせて距離・球数の増減を行う（30 球から徐々に最大で 50 球までに球

数を増やす).

捕手：セカンドまで送球可.

内野手，外野手：ノックに入り送球可.

＜術後8カ月＞

・復帰に向けて実戦練習開始.

投手：ピッチングにて全力投球開始.

野手：全力投球開始.

・徐々に実戦復帰へ.

### 4．中期手術成績

#### a）対象・方法

2004年1月から2008年12月において術後2年以上経過した野球選手308例に対して手紙にてアンケート調査を行った．返信のなかった症例には電話調査を行った．有効回答が得られた165例においてアンケートを解析した．手術時平均年齢は17.7歳，術後平均経過期間は約3年10カ月であった．アンケートは投球能力，疼痛，ポジション，競技レベルなどについて解析した．評価は全力投球ができるか否か，違和感や疼痛の有無で評価した．Excellent, Good, Fair, Poorと表6-11のように分類した．ExcellentとGoodが競技復帰可能群とした．

#### b）結果

有効回答（165例）の得られた症例の内訳はプロ野球選手12例，社会人野球17例，大学生32例，高校生53例，中学生51例であった．肘以外の問題で，あるいは卒業後野球を継続していない症例は11例であり，これを除いた154例について術後復帰評価を行った．

Excellent 134例（87.0％），Good 13例（8.4％），Fair 2例（1.3％），Poor 5例（3.2％）であった（図6-58）．全力投球が可能で競技復帰したのは95.4％（Excellent＋Good）．投手・捕手で復帰後，受傷前と同じポジションに復帰したのは103例中83例（80.6％）．チーム事情や自分自身の判断で無理をしないためにコンバートした症例が数名いた．おおむね同じポジションでの復帰が可能であった．

MCL再建術と同時に行った手術は，尺骨神経剝離術（or 前方移行術）30例（18.2％），滑膜ひだ切除20例（12.1％），小頭離断性骨軟骨炎に対するモザイク形成術13例（7.9％），肘頭疲労骨折に

**表6-11 MCL再建術後評価基準**

| | | |
|---|---|---|
| 全力投球可 | Excellent | 肘痛なく全力投球可 |
| | Good | 若干の肘痛はあるが，競技レベルで全力投球可 |
| 全力投球不可 | Fair | 軽度の肘痛はあるが，レクリエーションレベルで投球可 |
| | Poor | 投球不可 |

**図6-58 術後復帰評価**

Excellent 87.0％
Good 8.4％
Fair 1.3％
Poor 3.2％
Excellent＋Good 95％が競技復帰

表6-12 同時手術内訳

| | |
|---|---|
| 尺骨神経剝離術 | 30例 |
| 滑膜ひだ切除 | 20例 |
| モザイク形成術 | 13例 |
| 肘頭疲労骨折に対する偽関節手術 | 10例 |
| 第一肋骨切除 | 9例 |

表6-13 アンケート回答

| | はい | いいえ |
|---|---|---|
| 1．また同じ症状になったら手術を受けたいか？ | 48人 (68.6%) | 22人 (31.4%) |
| 2．同じ症状の人がいたら手術を勧めるか？ | 61人 (87.1%) | 9人 (12.9%) |

対する骨接合術＋骨移植術10例（6.1%），胸郭出口症候群に対する第一肋骨切除術9例（5.5%）であった（表6-12）．術後合併症として一過性尺骨神経刺激症状（軽症を含む）は22例（13.3%）で，投球時に若干のしびれが残存したのは3例（1.8%）であった．術後経過観察が可能であった症例にアンケートを行った結果，"また同じ症状になったら手術を受けたい"選手は68.6%（48/70），"同じ症状の人がいたら手術を勧める"は87.1%（61/70）であった（表6-13）．

### c）考察

我々はMCL再建術後の評価を疼痛の有無と全力投球ができているかで評価した．多くの症例において，疼痛の状態が術後の復帰状態をよく反映していると考えられた．疼痛なく全力投球できる症例はExcellent，一方，投球後に違和感や張り，若干の疼痛があるが，再建術によって競技レベルの全力投球が可能となった症例はGoodと評価した．Excellent，Good例を我々は競技復帰可能群と評価した．投球時の疼痛があり，全力投球ができず，競技レベルでは復帰できないが草野球レベルでプレイすることは可能であると答えた症例はFairとし，投球不可はPoor，これらを復帰不能群とした（表6-11）．基本的にはConway-Jobe評価と同様になるようにした[6]．

プロ野球選手，社会人では全例Excellentであり，再建術による満足度は非常に高かった．1例は3年後メジャーリーグへ移籍した．プロ野球選手や社会人ではトレーナーがついており，リハビリテーションの密度や選手自身のモチベーションは高く，手術の効果は高いと考えられる．一方，中学生や高校生では時間的に猶予がないため，復帰を焦り十分なコンディショニングを行わなかったり，リハビリテーションを守らなかったりする選手も少なからず見受けられた．また術後復帰したが肩関節痛などで再び投球困難になって再診することがあった．術後復帰不能例を検討すると，大学生1例，高校生1例，中学生5例であった．ポジションは投手5名，捕手1名，内野手1名であった．術後プロトコールを遵守せずに勝手に早期復帰したものがほとんどであった．また，2例において精神的問題がみられた．

合併する障害に対しては積極的に同時手術を行う．MCL再建後復帰した後に，別の症状で再び手術をすることになると選手生命を失うことがある．レベルの高い選手では長期の離脱は死活問題であり，手術治療を要する例ではMCL単独の損傷だけでないことも多く，初診時に見逃さないことが大事である．特にしびれや上肢のだるさなどの症状はしっかりと聴取しないと胸郭出口症候群などを見逃すことがある．

術前からの尺骨神経刺激症状例を含めて，術後一過性の軽いしびれを生じていたのは22例（13.3%）で，手術時に鉤状結節に骨孔を作製するとき，あるいは移植腱固定時に尺骨神経が圧迫されたり牽引されたりすることも原因の一つである．ほとんど術後数日で消失し問題となることはない．しかし，3例（1.8%）において投球時や投球後にしびれ感が残った．日常生活では支障はなく，投球が続くと症状が出るが特に尺骨神経剝離術を要する程ではなかった．鉤状結節は個々の症例により形状が異なり，鉤状結節が低形成であると骨孔作製時に尺骨神経が手術操作の邪魔になる場合があるので注意が必要である．

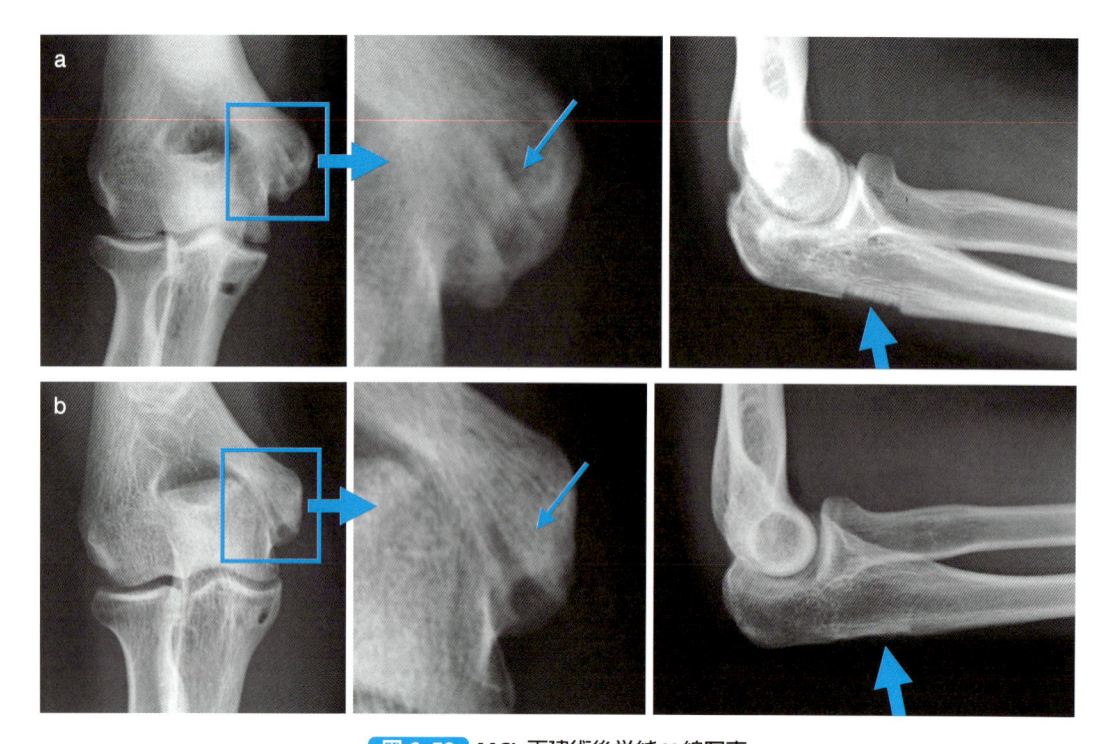

**図 6-59** MCL 再建術後単純 X 線写真
a: 術後 1 カ月. b: 術後 4 カ月. 骨釘は癒合している.

## むすび

　術後平均 3 年 10 カ月の中期経過において，伊藤法（MCL 再建術）は復帰率 95％と高かった．本術法は末梢停止部を固定しないため前後の移植腱が適当なバランスがとれること，骨釘の固定力はかなり強固であること，そしてまた，骨釘の癒合によって骨孔内の移植腱の固定力は永続するため生理的で患者にも受け入れやすい．単純 X 線で約 4 カ月すると骨釘と内側上顆の骨孔境界線は不鮮明となり，骨釘採取部の骨皮質も再生される（図 6-59）．鉤状結節前後に通してある移植腱は，それぞれ正常 AOL における前方線維および後方線維の機能と同様に，肘屈曲時に後方が緊張し肘伸展時には前方が緊張するため，可動域全域において外反不安定性を抑制することができる機能的な再建術である．

■文献
1) Fleisig GS, Andrews JR, Dillman CJ, et al. Kinetics of baseball pitching with implications about injury mechanisms. Am J Sports Med. 1995; 23: 233-9.
2) Ahmad CS, Lee TQ, Elattrache NS. Biomechanical evaluation of a new ulnar collateral ligament reconstruction technique with interference screw fixation. Am J Sports Med. 2003; 31: 332-7.
3) Park MC, Ahmad CS. Dynamic contributions of the flexor-pronator mass to elbow valgus stability. J Bone Joint Surg Am. 2004; 86-A: 2268-74.
4) Udall JH, Fitzpatrick MJ, McGarry MH, et al. Effects of flexor-pronator muscle loading on valgus stability of the elbow with an intact, stretched, and resected medial ulnar collateral ligament. J Shoulder Elbow Surg. 2009; 18: 773-8.
5) Glousman RE, Barron J, Jobe FW, et al. An electromyographic analysis of the elbow in normal and injured pitchers with medial collateral ligament insufficiency. Am J Sports Med. 1992; 20: 311-7.
6) Conway JE, Jobe FW, Glousman RE, et al. Medial instability of the elbow in throwing athletes. Treatment by repair or reconstruction of the ulnar collateral ligament. J Bone Joint Surg Am. 1992; 74: 67-83.
7) O'Driscoll SW, Lawton RL, Smith AM. The "moving valgus stress test" for medial collateral ligament

tears of the elbow. Am J Sports Med. 2005; 33: 231-9.
8) Timmerman LA, Andrews JR. Undersurface tear of the ulnar collateral ligament in baseball players. A newly recognized lesion. Am J Sports Med. 1994; 22: 33-6.
9) 古島弘三, 伊藤恵康. 肘内側側副靱帯機能不全の再建. In: 金谷文則, 編. OS NOW Instruction 11 肩・肘のスポーツ障害. 東京: メジカルビュー社: 2009. p.147-53.

［古島弘三, 伊藤恵康］

## G 野球選手の内側側副靱帯損傷
## ―TJ screw system を用いた再建法を中心に

　肘関節は，両（内・外）側副靱帯にて，安定性を保っている．特に野球選手において，投球での繰り返す外反ストレスにより内側側副靱帯を構成する3つの部分のうち，特に前斜走線維（AOL）が障害され，不安定性が生じスポーツ活動に支障をきたすことが多い（図6-60）．近年，これらの病態・治療法が解明され，積極的に再建術が行われ，再起を図るようになっている．各種の再建術が報告されているが，本稿では，内側側副靱帯損傷に対する TJ screw system[1] を用いた再建法を述べる．

### 1 病態

　投球動作の acceleration phase にて内側側副靱帯特に前斜走線維（AOL）は，強大なストレスがかかる．この動作を繰り返し行うことにより，この内側靱帯が機能不全に陥った状態を野球肘内側型障害という．特に成長期の軟骨成分の多い時には，成長期順に内上顆下端の裂離・分節，内上顆骨端線離開，さらに尺側の鉤状結節の裂離，骨化が完成近くなると，靱帯の上腕付着部での損傷が起こる．我が国では，野球開始の若年齢化や不適切な過度の練習量により，内上顆下端の裂離・分節から発症することが多い．成長期であるため，発症早期に適切に治療されれば治癒する例が多い．しかし，痛みを我慢して投球を続けることにより，上腕側での障害が遺残し再建術の適応となる．

### 2 診断

　自覚的症状としては，投球後に肘関節内側部の痛みが続き，飛距離，ボールスピードの低下，さらに尺骨神経症状が併発し，ついには投球が不可能となる．また，遠投や加速投球時に激痛を自覚

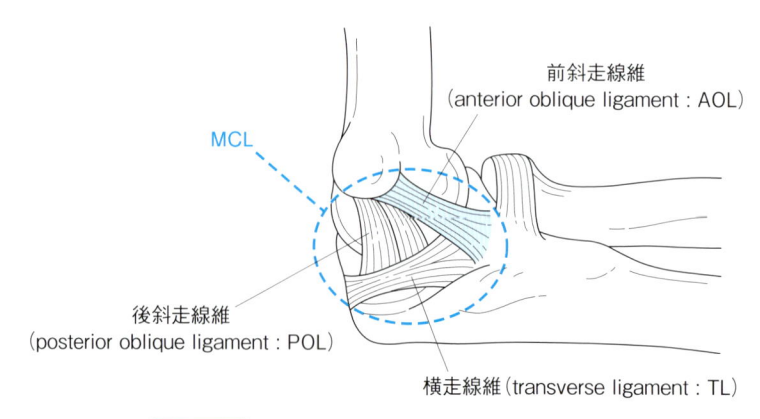

図 6-60 肘内側側副靱帯を構成する3つの要素

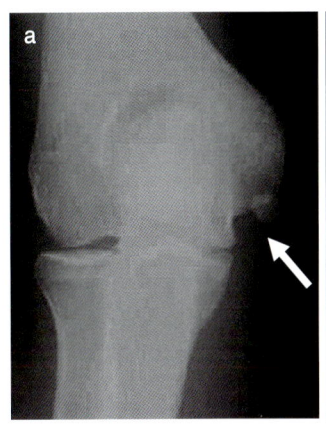

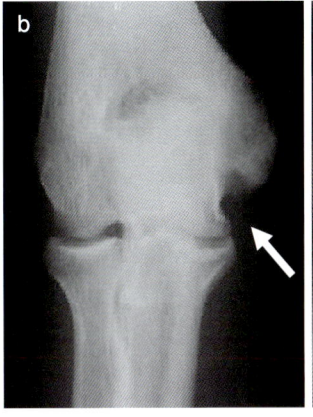

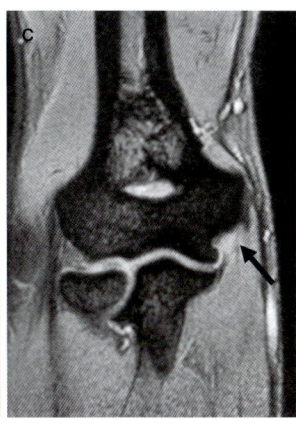

**図 6-61** 野球肘内側型でみられる所見
a, b: 単純 X 線像〔a: 骨片（＋）型, b: 陥凹型〕
c: MRI. T2 にて high intensity area を認める.

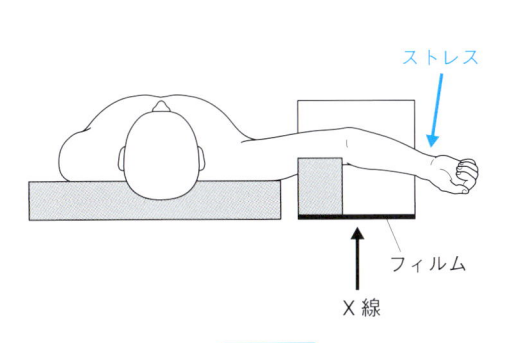

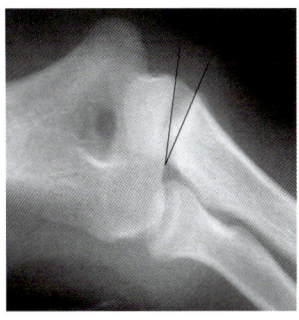

**図 6-62** Gravity 撮影（ストレス撮影）

し，以降投球が不可能になり発症することもある．他覚的症状では，内上顆部の圧痛，外反ストレス時の靱帯付着部での疼痛，誘発テストとして前腕回外位で屈曲し外反ストレスをかける milking maneuver がある．

　単純 X 線像にて内上顆靱帯付着部の遊離体，ないしは陥凹像が認められる（図 6-61a, b）．遊離体は靱帯成分とは強く結合しているが，内上顆から遊離している状態である．一方陥凹型ではこの部は疎な結合織で埋まり滑膜炎を併発している所見がみられることが多い．これらは AOL 成分付着部の遺残する癒合不全状態を意味する．

　診断で最も信頼できるものの 1 つは，gravity ストレス撮影による関節裂隙の開大である（図 6-62）．通常 30°，60°屈曲位にて撮影するが，上腕部が回旋し正確に関節裂隙を描出することが難しいため注意を要する．また，肘関節の屈曲角度により開大がみられないこともある．これは，AOL 成分のみの損傷であるためと考える．同様に，わずかな開き（2 mm 程度）しか出ないことも多い．遊離体存在例では，内上顆から開大している像がみられる．また"関節の固さ"には個人差があるため，正常側との比較が大切である．術直前の全身麻酔下でのイメージ透視下での再確認が必要である．

　MRI にては上腕内上顆付着部での T2 強調にての high intensity area 像（付着部不全や関節液の流入を推察させる）がみられる（図 6-61c）．しかし，描出面によっては，正常であったり，靱帯成分そのもの損傷像の描出は困難であることが多い．これは，投球障害例では，内側側副靱帯の内前

斜方成分（AOL）の選択的損傷であるためである．また，ほとんどが，内上顆付着部での損傷であるが，尺側部損傷例では，付着部で同様の所見がみられる．

3DCT では，遊離体の存在部位や大きさの確認，他の後方型発症合併の有無などを確認する．超音波検査は，解像度の進歩により，また，特に簡便であることよりスクリーニングに適し，有用との報告が多いが，筆者には経験がないため割愛する．

## 3 治療

### A 保存療法

本靱帯損傷患者の治療は，成長期では保存的治療が選択される．しかし，骨化が終了し保存的治療を継続しても，投球動作障害が遺残し，野球継続を希望する患者が手術的治療の適応となる．

### B 手術療法

#### 1．適応

肘関節脱臼後の不安定性残存例では，手で体が支えらえない，手をついて起き上がれない．スポーツ活動中にlocking症状が生じるなどADL障害が著しく，再建術の適応は広い．しかし，野球肘内側型障害は，投球後の痛みや，尺骨神経麻痺の症状で，スポーツ活動の低下として現われるが，ある程度のスポーツ活動は可能である．日常生活で障害されるほどの不安定性でないため，スポーツをやめたり，他の競技へ変更する場合の手術適応は限られる．また，投手以外のポジションへの変更にて対処することも，まず考慮すべきである．特に成長期（骨端線が残っている場合）では，再建術の適応はなく，積極的な保存療法が優先される．適応は，肘関節部の骨化が完了ないしは間近の例で，内側靱帯不全が遺残し，投球動作に支障をきたしているもので，あくまでも野球を継続的にしようと志す患者である．個人差はあるが，中学高学年から高校初期の時期の症例が多いと言える．一方大学生や社会人野球例では，長年の靱帯機能不全による不安定性から生じる，野球肘後方型（骨棘形成や遊離体）や，初期関節症を併発し増悪している例も多く，靱帯再建のみでは，これら随伴症状軽減に難渋する例も多くみられる．

#### 2．術式

再建方法は，Jobe法[2]以降，種々の再建法[2-4]が報告されている．靱帯再建に必要な条件として，①元の靱帯付着部に，②移植腱が元の靱帯走行に一致し，③移植腱が適度の緊張を有し，④その固定が強固であり，⑤より低侵襲であることが重要と考えている．これらを満たすために，我々は，1997年より小関節用 interference screw である TJ screw と附属手術器具を開発し，"TJ screw system" として供給している（図6-63）[1]．その詳細につき述べる．

全身麻酔下，仰臥位，駆血帯使用下に手術を始める．

a）移植腱の採取・形成（図6-64）

まずはじめに駆血下に同側の手関節掌側に約1cmの皮切を加え，長掌筋腱（PL腱）に津下式ループ針をかけ遠位を切離し，テンドンストリッパーを用いて中枢に引き，採取し，皮膚縫合する．いったん駆血を解除する（術者を別にする場合は，駆血のままとする）．

次に，採取したPL腱の腱鞘滑膜を切除する．特に骨孔に引きこむ部は完全に除去することが望ましい（術後の骨穴開大の原因となる）．次に採取PL腱の一端の津下式ループ針を約4〜5cmとなるように針を通し，2つ折りとし，間に0号サージロン糸を通しておく，グラフトメーカーに固定した後，折り返した端を1-0サージロンで縫合する（図6-64）．この2つ折りPL腱の太さをサイジ

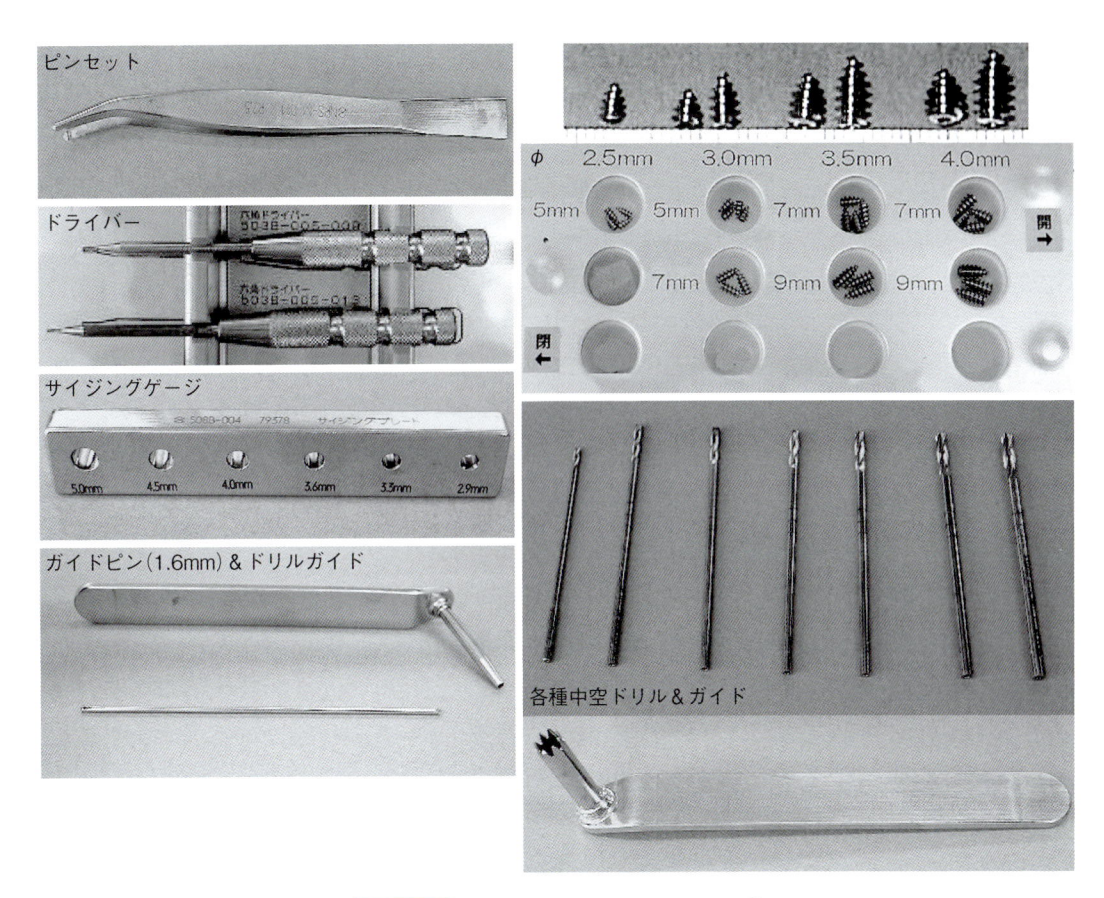

図 6-63 TJ screw system（メイラ社製）

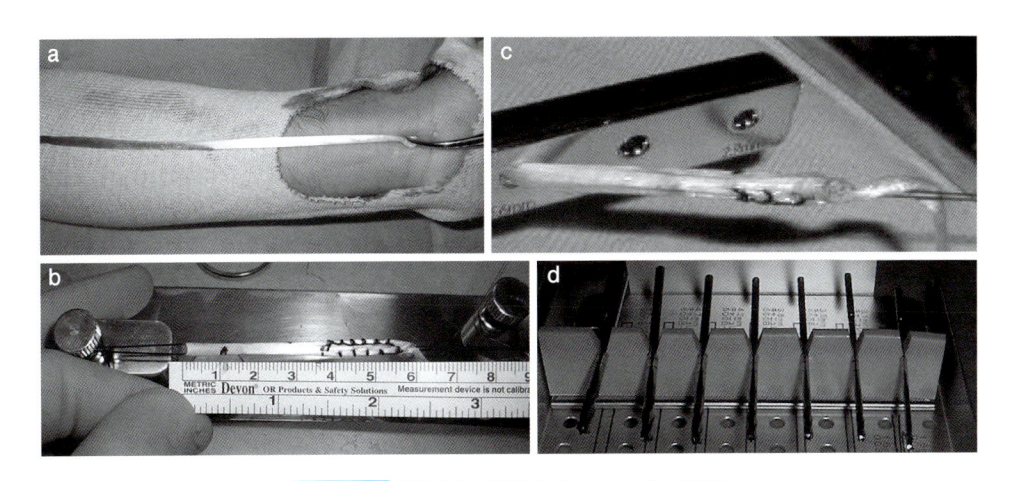

図 6-64 移植腱の採取と形成・太さの計測
a：長掌筋腱（PL）採取．
b：附属グラフトメーカーによる 2 つ折り，移植腱形成．
c：サイジングゲージを用いての太さ測定．
d：適合中空きドリルの選択．

ングゲージを用いて計測し，骨孔の大きさを決定する．基本的に骨孔の大きさは移植腱の太さ＋0.2 mm としている．計測が終われば，グラフトメーカーの両端に掛けたサージロン糸を用いて，

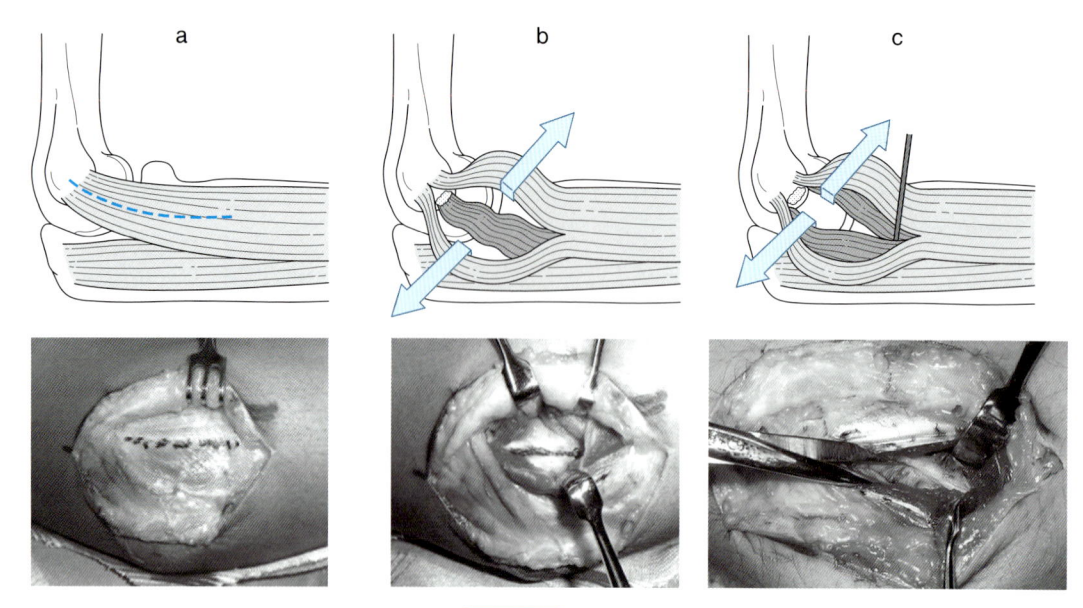

**図 6-65 侵入路**
a: 内側弓状皮切にて入り，尺側手根屈筋を同定．
b: 上腕骨内上顆の前腕屈筋群の付着部を温存し，尺側手根屈筋の前縁から筋肉を線維方向に分けて進入する（muscle-splitting approach）．
c: 上腕骨内上顆および尺骨付着部を確認して anterior bundle（AOL）を線維方向に切開して観音開きにする．

移植腱に可能な限りの牽引を掛けて，移植を待つが，この移植腱2つ折り部の端から1.0 cmに印をつけておく．

### b）MCL の展開と靱帯付着部の確認（図 6-65）

肘内側弓状切開にて進入する．尺側手根屈筋群の付着部を温存しつつこの筋を線維方向に分ける（muscle-splitting approach）．この時尺骨神経は後方を走行しているが，展開はしない．直下に関節包内の MCL の AOL を確認する．この時，中枢付着部に遊離骨片があったり，疎な結合織で繋がっているのを確認する．骨片は靱帯性分を残し，摘出する（図 6-65）．尺側は隆起（鉤状結節）しており，わかりやすい．同定できたら，この AOL 成分の靱帯中央を線維方向に鋭的に分け中央で切開し，観音開きにする．通常中枢側（上腕側）は離れ，尺骨側が繋がった扇状になる．この靱帯成分は移植腱を覆い補強縫合するために決して切除してはならない．

### c）介在させる皮質骨採取（図 6-66）

TJ screw 固定時に介在させる皮質骨を採取する．以前は内上顆より採取していたが，現在では，切開を後方に引っ張り，肘頭部より採取している．骨膜を完全閉鎖することで，術後の骨形成もよく，障害とならない．また，量が多く，また骨釘のように形成し，強固に打ち込むことも可能である．やや多めに採取する．

### d）骨孔の作製（図 6-67）

上腕骨・尺骨の元の靱帯付着部に1.6 mm 穴開きガイドピンを刺入する．尺側は隆起している付着部の先端から尺骨内を対側の尺骨稜橈側へ貫く．上腕側は，抉れた元の付着から内顆内を尺骨神経前方の内上顆中枢の筋間中隔付着部に貫く．次にこのガイドピンを用いて骨孔を作成するが，中空ドリルは，先に測定した移植腱（PL 腱）の径+0.2 mm 大のものを使用する．骨孔の入口は移植腱がスムーズに通るようにわずかにドリルで拡げておく．上腕側中枢は完全に貫くが，尺側の対側

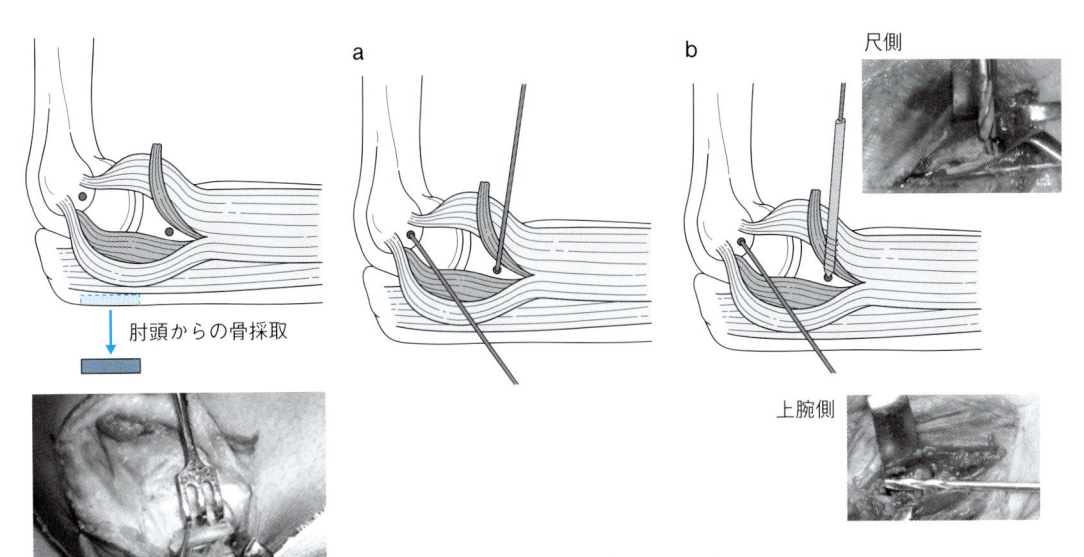

**図 6-66** 介在皮質骨の採取
肘頭から採取する．

**図 6-67** 骨孔作成
a：元の付着部に穴開きガイドピン（1.6 mm）を刺入．
b：適合 cannulated drill により作成．

骨皮質は温存する．

### e）移植腱の挿入と固定（図 6-68）

次に，先の PL 腱を二つ折りし，形成した移植腱を移植する．まず，前もって牽引を掛けた PL 腱の二つ折り部を尺側へくるように穴あき K-wire に通し，対側へ引き抜く．次に上腕側も同様に穴開き K-wire にサージロン糸を通し，上腕内顆へ引き抜く．この後，腕尺関節が開かないよう軽度内反ストレスをかけながら，関節裂隙の開きに注意し，腕尺関節を肘頭から 2 本の 1.8～2.0 mm の K-wire で仮固定を行う．

次に，移植腱の固定は，まず，両側に引き抜いたサージロン糸をしっかり牽引する．尺側は，先に印をつけた 1.0 cm 部を目印に骨孔に引き入れる．この入口部でまず楔状に形成した皮質骨を打ち込みこれを挟み込むように TJ screw にて固定する（通常 2.5 mm 径×7 mm 長）．次に，中枢に引き抜いた上腕入口（末梢部）から同様に楔状に形成した皮質骨骨釘を中枢に向けて打ち込む．この時スペースがあれば入口で TJ screw にて固定するが，しっかりした骨釘で入る余裕のない場合は，内上顆の出口で TJ screw にて固定する．最後に，尺側の TJ screw が浮き上がっていないかを確認し，靱帯の緊張が十分得られているかをチェックする．

### f）残存靱帯を用いた補強と創閉鎖（図 6-69）

最後に，先に観音開きにした残存靱帯成分を移植靱帯の上から覆い縫合閉鎖してゆく．この時，縫合糸を残存成分と移植腱に掛け縫縮していく．さらに線維方向に split した尺側手根屈筋腱の筋膜を縫合し，閉鎖し，さらに皮膚縫合を行い，手術を終了する．図 6-70 に術直後の X 線像を示す．

## 3．後療法

術後 2 週間で抜糸を行うとともに仮固定の K-wire の抜釘を行う．術後 3 週でギプスシーネ固定からヒンジ付きサポーターに変更し，サポーター装着下に肘関節自動 ROM 訓練，前腕筋群の筋力訓練を開始する．この時点での外反ストレスは禁忌である．3 カ月まで同サポーター使用とし 3 カ月から軽い投球動作を許可し，部分復帰とし，6 カ月で全力投球を許可し，完全復帰とする．これは目安であり，個々の症例の握力，前腕周径を指標とし回復の評価を行うことが大切である．

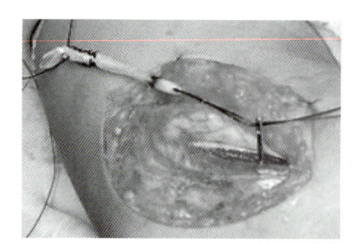

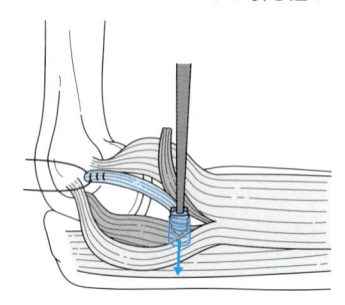

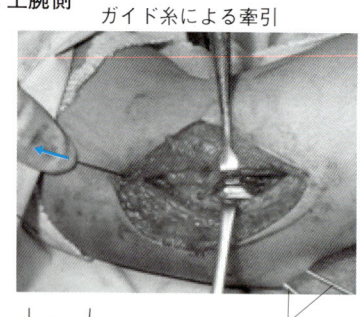

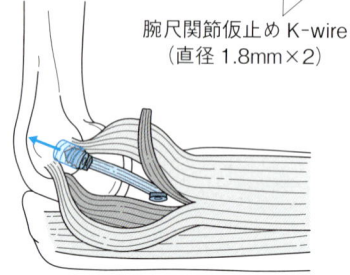

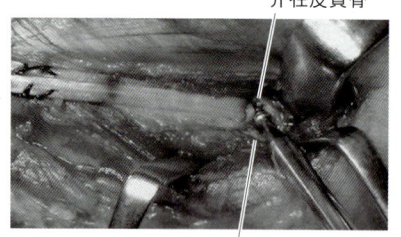

a. 尺側　　　　　　　　　b. 上腕側

**図 6-68** 移植腱固定

骨孔に移植腱を引き込み，ガイド糸にて緊張を掛け皮質骨を介在させ TJ screw で固定する．
a： 尺側は，穴開きガイドピン（1.6 mm）を用いて骨孔内へ引き込み，皮質骨を介在させ TJ screw で固定する．
b： 上腕側も同様に固定する．同時に腕尺関節を K-wire（直径 1.8 mm×2）にて仮止めする．

### 4．結果

1998〜2010年までに野球肘内側型により同法で再建術を行った症例は102例（全例男性）であり，JOA肘機能評価では，術前72点が術後91点に改善し，野球復帰率は92％であった．元のポジションに復帰したものは75％，変更復帰したものは17％，野球をやめたものが8％であった．しかしこの結果は，野球継続のために，肘に最も負荷のかかる投手から意識的に別のポジションに変更したのか，また，術後肘の症状が持続したために野球を断念したのか等の正確な調査はできていない．

### 5．本術式の長所と pitfall

Jobe法[2]をはじめ，種々の再建法[2-4]があるが，我々は，1996年より本法を行ってきている[5,6]．靱帯再建術は，いかに継続的に end-point をもった靱帯を構築できるかである．それに必要な条件として，①元の靱帯付着部に設置され，②移植腱が元の靱帯走行に一致し，③移植腱が適度の緊張を有し，④その固定が強固であり，⑤手術がより低侵襲であることが重要と考えている（表6-14）．

野球肘内側型（内側靱帯損傷）においては，度重なる外反ストレス，そして最もストレスのかか

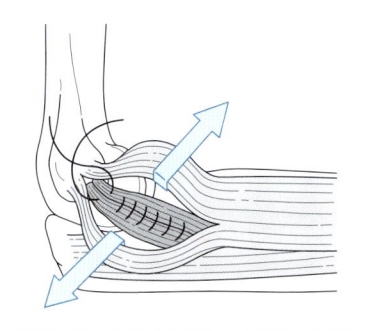

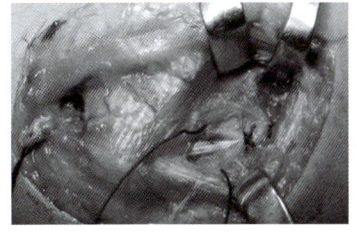

図6-69 残存靱帯成分による包み込み縫合

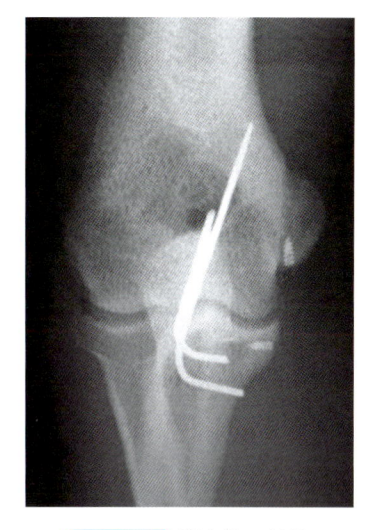

図6-70 術直後X線像

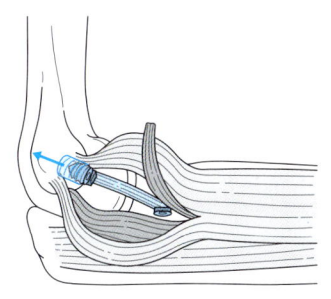

a. 術式シェーマ

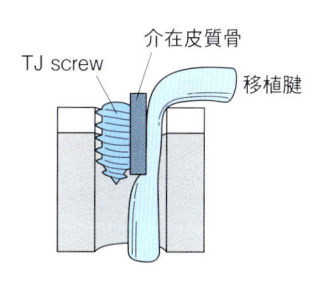

b. TJ screwによる移植腱固定法

表6-14 靱帯再建の必要条件
①元の靱帯付着部に設置
②移植腱が元の靱帯走行に一致
③移植腱が適度の太さと緊張を有す
④その固定が強固
⑤手術がより低侵襲

図6-71 骨孔作成

るAOL成分の機能不全である．多くの場合，尺側付着部やその他の靱帯成分はほぼ正常である．大前提としてこの靱帯を再建する場合，これら他の正常部組織を犠牲にすることなく，術後も機能させる術式が最も好ましいと考え，AOL成分のみの侵襲で再建できればと考えた（図6-71）．他の多くの術式が尺側に2つの穴をあけ移植腱を通す．この手技はかなり面倒で，侵襲の大きな術式である．これに対し，本術式は，1つの骨穴で済む低侵襲手技であることに特徴がある．これにより正常な尺側に付着する靱帯成分を温存することが可能である．加えて，本術式では，尺骨神経の処置（剝離，前方移動）を必要としないことも，特徴の1つである．他術式でみられる術後の尺骨神経症状[7]は，尺側部処置の術侵襲に起因すると考える．一過性とはいえ，好ましいものでなく，生じないにこしたことはない．

一方，本術式の有用性を明らかにするために，基礎的実験を行い報告している[8,9]．これにより，本法は，靱帯再建術において，大切な初期固定，並びに生物学的な靱帯付着部再建を可能にすることが明らかになっている．つまり，皮質骨を介在させTJ screwにて固定する術式は，TJ screwによる強固な初期固定力が得られ，入口に咬み込ませた皮質骨が新しい靱帯付着部の形成に有用に働くことが，我々のこれらの実験結果より明らかになっている（図6-72）．また，術中，靱帯固定時の牽引力は移植腱の緩みを防止し，適当な緊張を保ったままの固定が可能である．もちろん移植靱帯

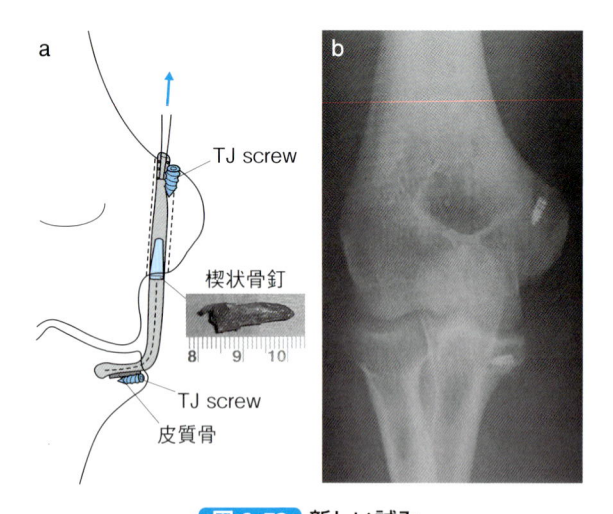

**図 6-72** 新しい試み
a：術式シェーマ，b：術後 X 線像

走行と元の AOL 成分の線維方向は一致している．さらに，各種サイズの interference screw にて，PL の太さにより左右される術式の変位を修正できる．また，附属しているシステム化された手術器械は，手技の均一化に有用である．

一方で，pitfall としては，TJ screw は穴開きでないため，挿入角度を間違え固定効果のない方向に挿入されたり，逸脱する危険がある．また，手技的に，介在させる皮質骨の大きさ（容積）により，刺入固定が困難であることなどが生じることがある．これらの問題の解決のために，現在新しい穴空き型 TJ screw を開発中である．また，以下の術式変更を行っている．

### 6．新しい試み

最近，上腕側（中枢側）固定時に，若干の術式変更を試みている（図 6-72）．まず，TJ screw 固定時に，噛み込ませる皮質骨は，従来では上腕骨中枢から採取していたが，容量が限られるため，肘頭からの採取とした（図 6-66）．これにより十分な量と強度の高い皮質骨が利用できる．また，上腕側入口での皮質骨と TJ screw を噛み込ませる手技がやや煩雑で，難しい．これに対処するために，まず，上腕中枢側出口にて TJ screw にて移植腱を固定し，強固な力学的初期固定を得る．さらに，上腕末梢入口には堅い皮質骨を楔状に形成し打ち込み固定する．これは，新しい靱帯の付着部は，移植腱の入口で形成されるため（骨孔内ではない），骨釘移植が力学的固定の作用のみならず，付着部形成に有用に作用すると考えているためである．同時に，この操作により，interference screw 固定時の特性により，移植腱は，TJ screw の刺入方向と逆の力がかかり，より緊張をもった移植腱となることがわかった．本術式は，現在ではいまだ症例数が限られるため，結果は追って報告する予定である．

### むすび

内側型野球肘に対する TJ screw system を用いた靱帯再建法を述べた．本法は，低侵襲であり，手技の均一化が計れ，かつ簡便に行うことができるなどの数々の特徴を有している．最も要求される早期復帰に対しても，他の手技に比してより早期の復帰を可能にしているといえる．しかし，靱帯再建術は，整形外科医にとって，どの部位の再建においても，また，どの手技を駆使しても，決してやさしい手術でない．注意深い手技の習得と経験をもって初めてよい結果を得ることができる

ことを知る必要がある.

## ■文献

1) 田中寿一, 大迎知宏, 奥野宏昭, 他. TJ screw system を用いた靱帯再建術. 日手会誌. 2003; 20: 570-75.
2) Jobe FW, Elattrache NS. Diagnosis and treatment of ulnar collateral ligament injuries in athletes. In: Morrey BF, editor. Elbow and its disorders. Philadelphia: WB Saunders; 1993: p.566-72.
3) 辻野昭人, 伊藤恵康, 綾部敬生, 他. 骨釘を用いた肘関節内側側副靱帯再建術. In: 落合直之, 編. 関節不安定性の手術療法―靱帯再建術を中心に. 東京: メジカルビュー社; 2000. p.38-43.
4) Rohrbough JT, Altchek DW, Hyman J, et al. Medial collateral ligament reconstruction of the elbow using the docking technique. Am J Sports Med. 2002; 30: 541-8.
5) Tanaka J, Yanagida H. Reconstruction of the ligament using an interference screw (Tendon Junction Screw). Tech Hand Up Extrem Surg. 2001; 5: 57-62.
6) 奥野宏昭, 田中寿一, 柳田博美, 他. TJ Screw System を用いた肘内側側副靱帯再建症例の検討. 日肘会誌. 2002; 9: 27-8.
7) 古島弘三, 岩部昌平. 肘内側側副靱帯損傷に対する靱帯再建術―肘内側側副靱帯再建術（伊藤法）の中期治療成績―スポーツによる肘不安定症の治療. 臨床スポーツ. 2011; 28: 523-8.
8) Okuno H, Tanaka J, Fujioka H, et al. Evaluation of an interference screw for tendon reattachment to small bones. J Orthop Trauma. 2002; 48: 418-21.
9) 奥野宏昭, 田中寿一, 常深健二郎, 他. Interference screw（TJ Screw）を用いた靱帯再建の組織学的・力学的検討. 中部整災誌. 2004; 47: 421-30.

［田中寿一］

## 6 肘のスポーツ障害

# H スポーツ選手の変形性肘関節症の病態と治療法

　スポーツ選手の変形性肘関節症には，格闘技・コンタクト系選手のものと，野球選手にみられるような後内側インピンジメント症状が中心のものがある．治療は，いずれの場合も局所所見を捉えると同時に機能診断が優先され，特に肩甲胸郭関節機能の修正を図ることで保存療法に比較的よく反応するが[1,2]，機能改善後も症状が取れない場合は鏡視下手術を行う．本稿では，スポーツ選手の変形性関節症の病態と理学療法のポイントおよび手術療法につき述べる．

## 1 病態

　コンタクト・格闘技系スポーツにおいては，肘関節の強制屈曲や強制伸展を強いられることが多く，また脱臼などの外傷の後遺症として，変形性肘関節症をきたしやすい．症状としては肘頭や肘頭窩，あるいは鈎状突起や鈎状窩における骨棘形成による関節可動域制限，また遊離体や同部の骨棘の骨折など不安定骨片が存在することによる屈曲あるいは伸展最終域における疼痛が典型的である（図6-73）．一方，投球障害における変形性肘関節症では，肩関節最大外転外旋位，すなわち切り返しでの内側部痛やフォロースルーでの後方部痛を訴える．多くは少年期に野球肘内側障害を経験しているため内側上顆の肥大や裂離を伴っており，内側側副靱帯を含む内側支持機構の弛緩を伴う．また，内側に緩みがあるため，肘頭後内側部の骨棘過形成をきたし（図6-74），フォロースルーで肘関節後内側部の痛みを訴える場合が多い（肘関節後方インピンジメント）．

　投球動作における肘関節障害は，加速期における肘関節外反ストレスが大きく関与する．投球動作では，コッキング期から加速期への切り返しに相当するポイントで肩甲上腕関節は最大外旋位となるが，この時に肩甲上腕関節だけでなく，胸郭のしなり，肩甲骨の上方回旋と後傾が最大となる

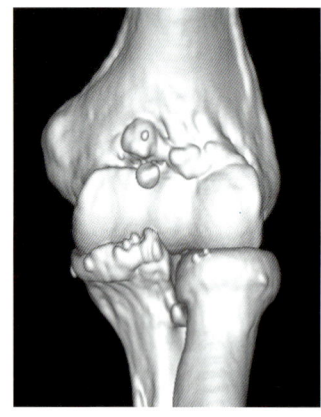

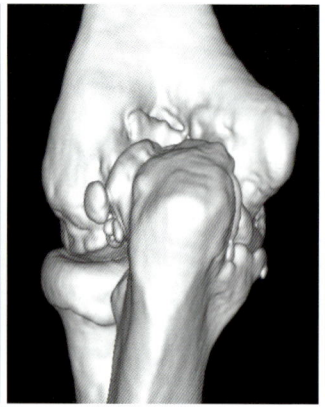

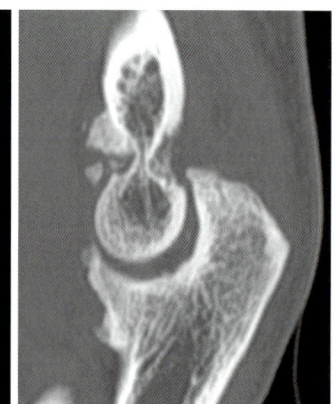

**図 6-73** 大相撲幕内力士にみられた変形性肘関節症

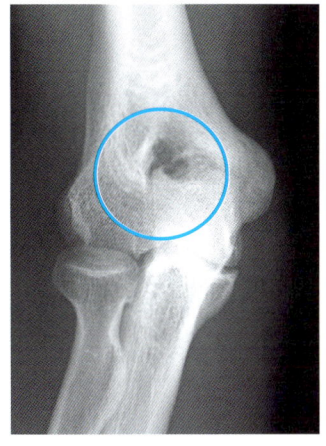

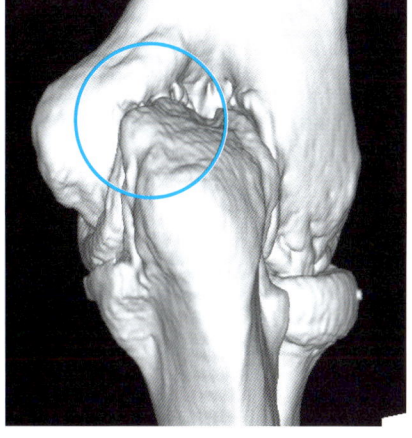

図 6-74　プロ野球選手にみられた肘頭後内側部の骨棘形成
○印内部が骨棘形成部.

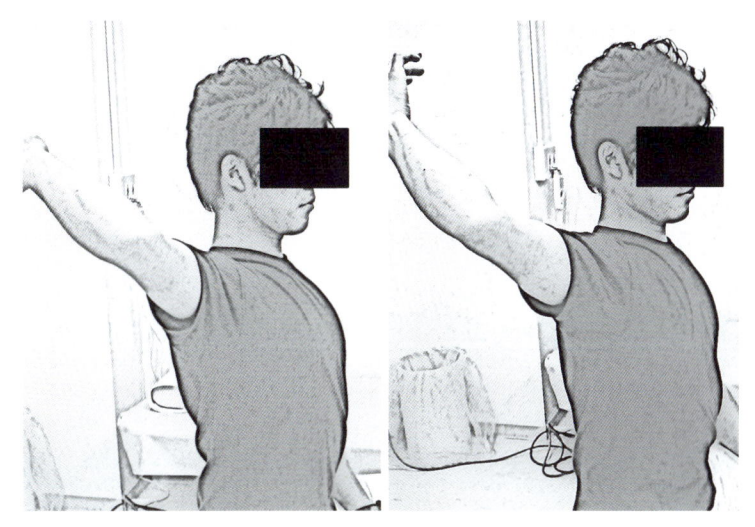

図 6-75　投球動作の切り返し時（最大外転外旋位）の肩甲骨と胸郭の
　　　　しなり
左：肩甲骨の上方回旋と後傾および胸郭のしなりがあれば，肘頭が投球方向を
　　向く．
右：肩甲骨の胸郭の動きが不足しているため肘頭はやや右方向を向いている．

必要がある（図 6-75）[3]．肩甲胸郭関節機能障害が存在すると，胸郭および肩甲骨の動きが少なくなるため，その分肩甲上腕関節は過剰な水平外転と外旋を強いられるだけでなく，投球時の上腕骨の回旋平面（throwing plane）と肘関節の伸展平面（elbow plane）のズレが生じる[3]．具体的には，投球時の肘の軌道が，選手の意識よりもやや外側や下方にズレるようになる（いわゆる肘下がり）．そうなると，加速期以降で肘関節の伸展と体幹の回旋だけでは目標方向にボールを放ることができなくなり，肩甲上腕関節は過剰な内旋運動を行うことでボールを目標方向に放ろうとするため，加速期における肘関節に対する外反ストレスが増大する[4]．一方，投球動作のないコンタクト・格闘技系アスリートにおいても，肩甲骨の可動性を阻害する肩甲胸郭関節機能障害は，パンチングや受け身，肩や肘でのコンタクト動作において肩関節や肘関節にかかる負担を増大させるため，同部の疼

痛を誘発あるいは増悪させる．したがって，保存療法としてはオーバーヘッドアスリート同様，肩甲胸郭関節機能を改善させ肩甲骨の可動性を回復させることがポイントとなる．

## 2 治療

### A 保存療法

　肘関節障害のあるスポーツ選手においては，患側の肩甲帯周囲筋のタイトネスや胸郭の柔軟性低下に起因する肩甲胸郭関節機能異常が高頻度で存在する．具体的には，上位胸椎や肋骨および鎖骨の可動性が低下するため患側胸郭の柔軟性が低下する．それと同時に，患側肩甲骨周囲筋，すなわち，小胸筋，小円筋，棘下筋，大円筋，広背筋あるいは三角筋などがタイトネスを起こし，腱板筋群の機能低下や前鋸筋および僧帽筋の中部・下部線維などの肩甲骨固定筋の機能も低下する（図6-76～6-78）．静的には肩甲骨の位置異常，動的には肩甲骨の抵抗運動に対する固定性の低下や上方回旋能が低下する．治療としては，胸郭運動，肩甲骨可動性，肩甲骨固定性，腱板訓練を行っていくが，理学療法士による評価と治療を経て，セルフエクササイズを指導する[1,2,4]．

### B 手術療法

　先に述べたような画像所見上の問題があり（図6-73, 6-74），肩甲胸郭関節機能異常がないか理学療法にて機能修正を図った後も臨床症状が取れない場合は，鏡視下手術の適応となる．
　コンタクト・格闘技系アスリートでは，中等度以上の可動域制限を伴い肘関節屈曲最終域もしくは伸展最終域での疼痛を訴え，関節可動域制限を訴える．このような症例では鉤状突起や鉤状窩および肘頭や肘頭窩には骨棘形成が著明で，多くは遊離体を伴っている（図6-73）．鉤状窩および鉤

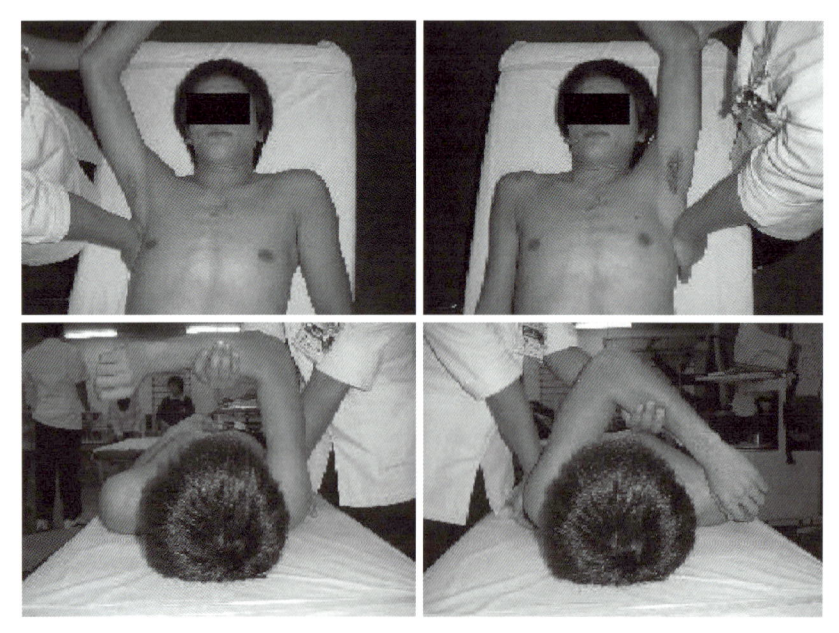

**図6-76** Combined abduction test（CAT）および horizontal flexion test（HFT）[4]
肩甲胸郭関節機能異常を抽出する簡便かつ容易な徒手検査法．上段：CAT，下段：HFT．
左：投球側，右：非投球側．肩甲骨を押さえながら外転（CAT）および水平内転（HFT）を行うと，有症状の投球側は非投球側に比べて明らかな可動域制限がみられる．

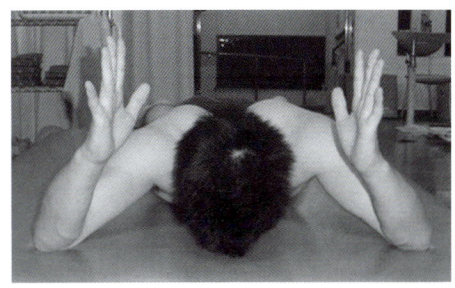

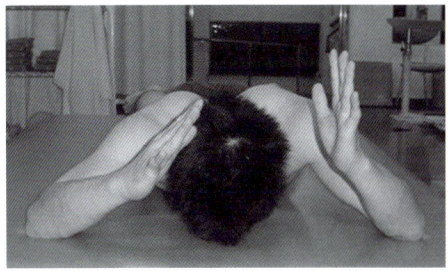

図 6-77 ゼロポジションにおける外旋筋力

ゼロポジションのような患側上肢挙上位での肩関節外旋能をみる．上段では左右共に外旋可能であるが，下段では患側（右）における外旋筋力低下が著明．この状態では elbow plane を throwing plane に合わせることが困難となる．

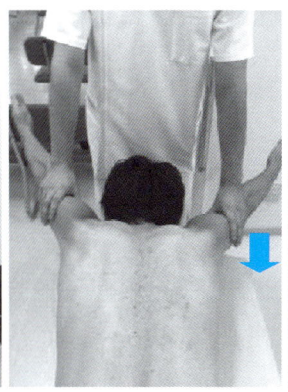

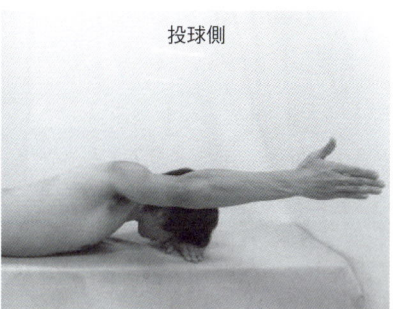

図 6-78 僧帽筋下部線維の筋力評価[2]

非投球側では肩甲骨の後傾・内転を伴う上肢挙上が可能となるが，投球側では十分な肩甲骨運動が認められない．

状突起，肘頭窩および肘頭窩における余剰骨棘を切除し，遊離体があれば摘出する（図 6-79）．

野球選手やオーバーヘッドアスリートでは，関節可動域制限は強くないが，内側支持機構の緩みと後内側インピンジメントの関係から，肘頭や肘頭窩を中心とした変形性関節症が主体となる．鏡視下に肘頭骨棘（特に不安定骨片）と肘頭窩の骨棘を切除する（図 6-80）．ただし，切除量が多いと内側支持機構の緩みを誘発するので，切除量は最小限にとどめる．

＜内側側副靱帯（MCL）の弛緩と肘頭後内側部の骨棘形成の関係＞

投球動作の切り返し時に強い外反ストレスがかかれば，肘頭後内側部は肘頭窩内側部に衝突し骨棘を形成するようになる．MCL の弛緩があればなおさらこの傾向は強まり肘頭後内側部に骨棘が形成されやすい．また，この変化は単なる病的変化ではなく内側不安定性に対する代償性変化である可能性もある．この骨棘が骨折などで不安定になるとフォロースルーでの肘関節伸展時に伸展時痛をきたすようになる．従って，投球時の外反ストレス，肘頭後内側部の骨棘形成，MCL の弛緩は互いに大きく関連していることに留意すべきである．このような選手を治療する場合，理学療法にて肘関節外反ストレスの軽減を図ることが第一選択かつ最も重要なことである．また，肘頭骨棘の

H．スポーツ選手の変形性肘関節症の病態と治療法　273

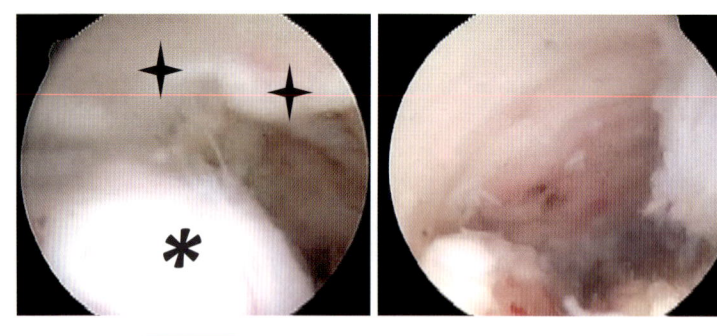

**図 6-79** 大相撲力士にみられた変形性肘関節症
右肘の前方関節腔鏡視．左：骨棘切除前，右：骨棘切除後．
＊：鈎状突起の骨棘，＋：鈎状窩の骨棘．

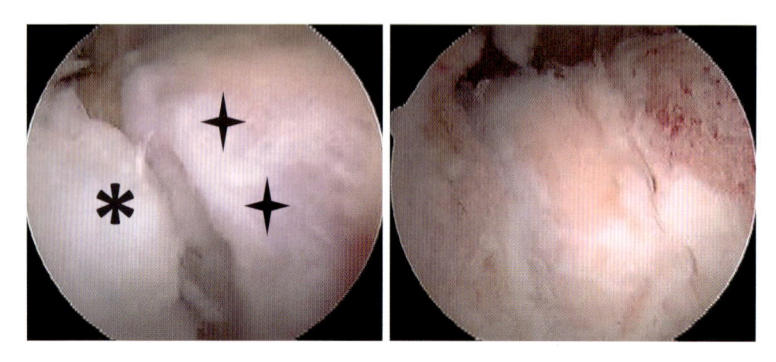

**図 6-80** プロ野球選手にみられた変形性関節症[1]
右肘の後方関節腔鏡視．左：切除前，右：切除後．
＊：不安定な肘頭骨片，＋：肘頭窩の骨棘．

クリーニングを行う場合，取り過ぎれば内側不安定性を増長することにもなりかねないので切除量など細心の注意が必要である．もちろん選手の希望やチーム内での状況に依存せざるを得ないが，筆者はこれらの関連を吟味した上でMCLの再建の適応を決定すべきであると考えている[4]．

## C 手術手技

### 1．使用ポータルとセットアップ

手術は全身麻酔下の腹臥位で行う（図6-81）．ポータルは，前方関節腔は上内側ポータルおよび前外側ポータル，2個のソフトスポットポータル，2個の後方（肘頭）ポータルを用いる（図6-82，6-83）[5,6]．

### 2．前方関節腔の操作

上内側ポータルより関節鏡を前方関節腔に刺入する．次いで，アウトサイドイン法にて前外側ポータルを作成し，この2つのポータルを使用して前方関節腔の手術を行う．遊離体があればこれを摘出し，鈎状突起および鈎状窩の余剰骨棘を切除する（図6-79）[7]．

### 3．後外側関節腔の操作

ここはいわゆるソフトスポットであるが，ソフトスポットポータルを2個作成し，腕橈関節の後面から外側面，さらに腕尺関節の外側面から関節裂隙まで観察する．遊離体が腕尺関節面に挟まっていたりすることがあるので必ず一通りの観察を行う[7]．

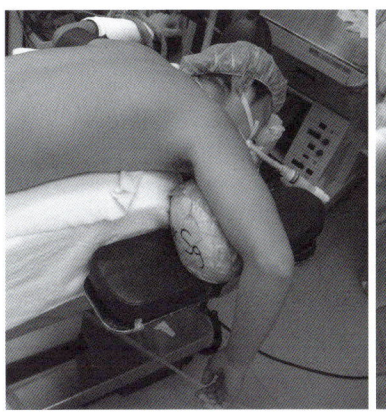

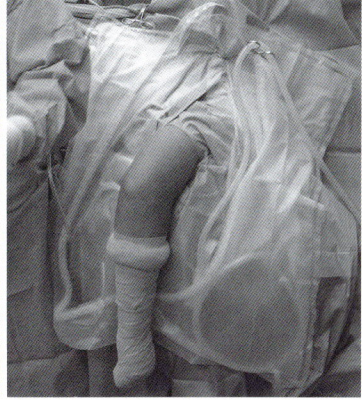

**図 6-81** 腹臥位による肘関節鏡のセットアップ[4]

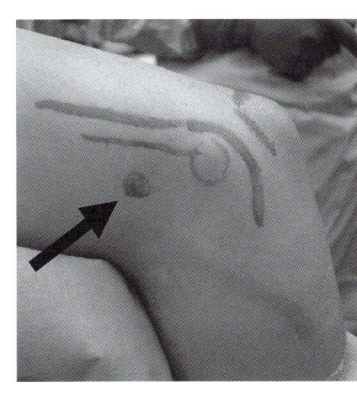

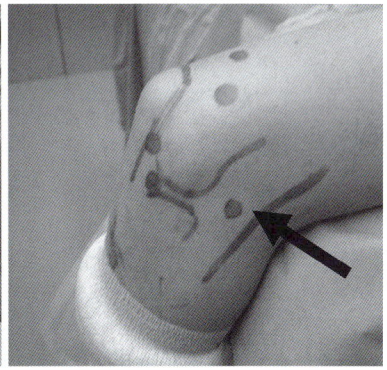

**図 6-82** 前方関節腔に対するポータル[1]
左（矢印）：上内側ポータル，右（矢印）：前外側ポータル．

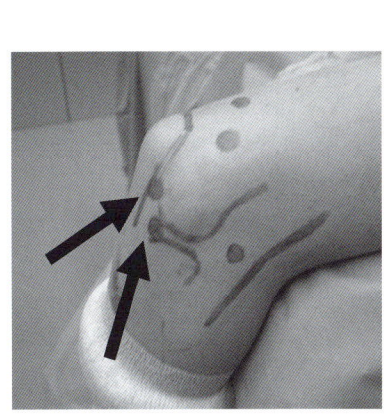

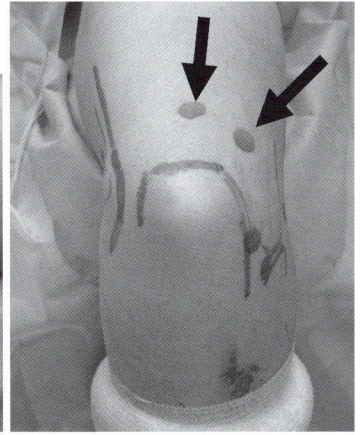

**図 6-83** 後外側腔および後方関節腔に対するポータル[1]
左（矢印）：ソフトスポットポータル，右（矢印）：後方ポータル．

## 4．後方関節腔の操作

　ソフトスポットポータルから関節鏡を腕尺関節面に沿って後方へ進めて行き肘頭窩に達する．ここから鏡視しながら肘頭窩に通常2個のポータルを作成し，関節鏡を肘頭窩ポータルへ挿入し，別

の肘頭窩ポータルより遊離体を摘出し，さらにノミやアブレーダーバーを挿入して余剰骨棘を切除する（図 6-80）[7]．

## D 後療法

術後外固定は行わない．疼痛の許す範囲内で翌日より自動運動を開始する．ほぼ 1 カ月程度で疼痛なく ROM もフルとなり ADL 上の支障がなくなる．創治癒・腫脹消退後より全身運動となるトレーニングや，局所に対する負荷を許可し，肩甲胸郭関節機能や上腕・前腕機能の修正を図り，術後 3 カ月で原則スポーツ活動を許可する．その後，局所所見や，肘 ROM の改善，肩甲胸郭関節機能の改善の度合いに応じスポーツ強度を上げていき，術後 6 カ月から 12 カ月までの間にスポーツ完全復帰（ゲーム復帰）を目指していく[8]．

## E 手術成績

### 1．対象

2004 年から 2010 年までに手術を施行したアスリートの変形性肘関節症のうち，6 カ月以上経過観察可能であった 46 名（男性 44 名，女性 2 名），46 肘である．手術時年齢は平均 29 歳（20〜48 歳）で，術後経過観察期間は平均 14 カ月（6〜37 カ月）であった．これらのうち，コンタクト・格闘系アスリートは 24 名（男性 23 名，女性 1 名），24 肘で，手術時年齢は平均 30 歳（20〜48 歳），術後経過観察期間は平均 13 カ月（6〜37 カ月）であり，スポーツ種目の内訳は，格闘技 9 名，ラグビー・アメフト 5 名，大相撲 4 名，ボクシング 3 名，柔道 3 名，空手 2 名などであった．一方，野球など非コンタクト系アスリートは 22 名（男性 21 名，女性 1 名），22 肘で，手術時年齢は平均 28 歳（18〜40 歳），術後経過観察期間は平均 14 カ月（6〜34 カ月）であり，スポーツ種目の内訳は，野球 16 名，バレーボール，バドミントン，ゴルフ，体操，ダンス，ボディビルが各 1 名であった．

### 2．結果

コンタクト・格闘技系における JOA スポーツスコアでは，術前 52.1 点から術後 92.6 点（疼痛：術前 14.1 点から術後 28.0 点，ROM：術前 20.1 点から術後 24.6 点，スポーツ能力：術前 7.4 点から術後 28.0 点）へ有意に改善した（図 6-84）．非コンタクト系でも，同様に術前 55.6 点から術後 92.1 点（疼痛：術前 17.5 点から術後 28.0 点，ROM：術前 21.2 点から術後 23.6 点，スポーツ能力：術前 7.1 点から術後 28.0 点）へ有意に改善し，特にスポーツ能力での改善が著しかった（図 6-

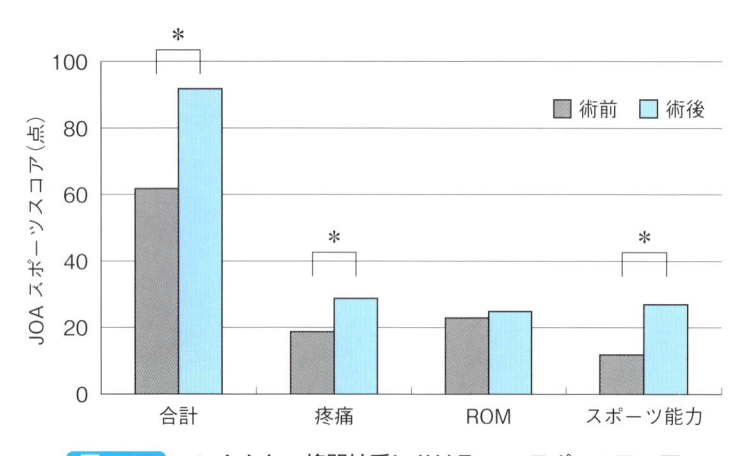

**図 6-84** コンタクト・格闘技系における JOA スポーツスコア
術前 52.1 点から術後 92.6 点へ有意に改善した．＊：$P<0.05$．

図 6-85 非コンタクト系における JOA スポーツスコア
術前 55.6 点から術後 92.1 点へ有意に改善した．＊：P＜0.05．

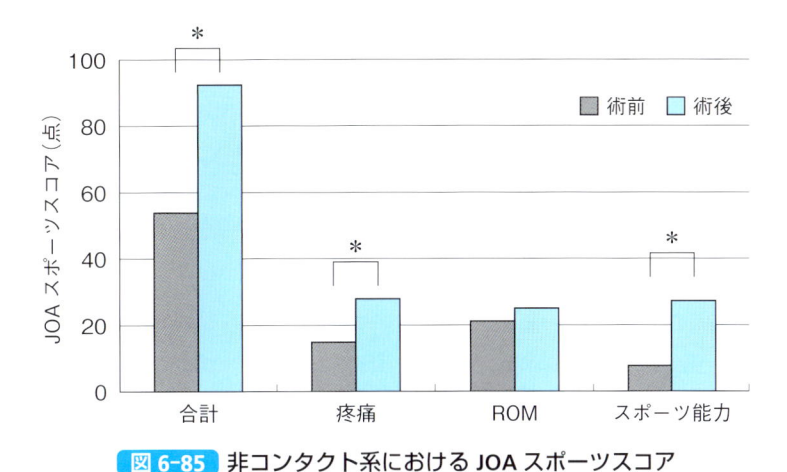

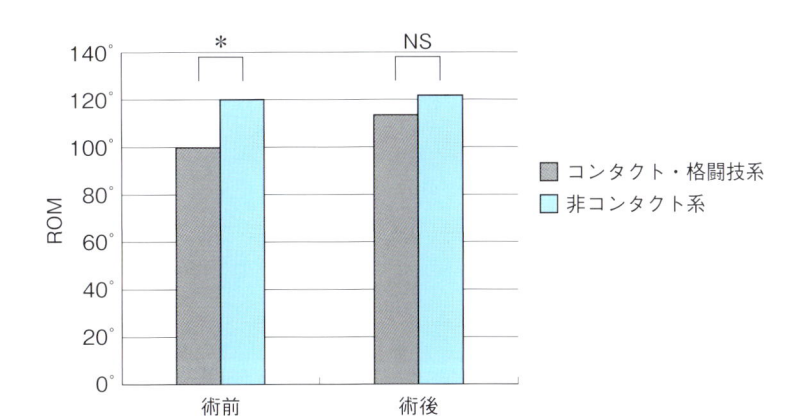

図 6-86 術前後の ROM（トータルアーク）
コンタクト・格闘技系では，術前 100°から術後 120°へ有意に改善した．非コンタクト系では術前 113°から術後 120°へと改善したが，有意差はなかった．
＊：P＜0.05，NS：Not significant.

85）．ROM では，両者で屈曲・伸展ともに改善した．コンタクト・格闘技系では，屈曲は術前 116°から術後 128°，伸展が術前 −16°から術後 −8°へ，非コンタクト系でも屈曲が術前 127°から術後 132°，伸展が術前 −14°から術後 −10°へと有意に改善した（図 6-86）．スポーツ復帰に関しては，最終調査時愁訴なく復帰できていた完全復帰が 34 名（74％），愁訴が残存しながらも競技可能な不完全復帰が 10 名（22％）であったが，不完全復帰例には全例に肩甲胸郭関節機能異常がみられた．また，完全復帰例では，競技開始まで平均 3.5 カ月，完全復帰まで平均 8.2 カ月を要していた．競技別では，コンタクト・格闘技系は，完全復帰が 79％で，競技開始時期が平均 2.6 カ月，完全復帰までの期間が平均 5.2 カ月であったのに対し，非コンタクト系では，完全復帰が 68％とやや低く，競技開始時期が平均 4.5 カ月，完全復帰までの期間が 8.6 カ月と，やや復帰が遅れる傾向があった．

### 3．考察

変形性肘関節症に対する関節鏡視下手術は近年広く行われるようになってきており良好な手術成績も報告されつつあるが[9,10]，スポーツ選手に対する鏡視下手術の報告はほとんどない[11-13]．本法は手技に熟練を要するものの，遊離体と余剰骨棘の除去を低侵襲下に行える鏡視下手術はスポーツ

選手にとっては利点が多い[4,7]．また，本調査では，スポーツ復帰においてコンタクト・格闘技系にくらべ，野球選手では完全復帰率も低く，復帰時期が遅れる傾向があった．これは，特に，野球選手においては手術だけでなく，後療法としての肩甲胸郭関節機能を含めた機能訓練や全身のコンディショニングがより重要であるためと考えられ，手術のみならず後療法の重要性が示唆される[1,2,8]．

### むすび

スポーツ選手の変形性肘関節症の治療の基本は理学療法であり，ほとんどの症例で最も有効な治療法である．保存療法抵抗例に手術適応があるが，手術に際しては詳細な病態の吟味が必要である．手術療法は，関節鏡視下クリーニング手術は基本になり，遊離体や肘頭後内側部の不安定骨片摘出や余剰骨棘の切除が中心となる．手術後も，理学療法が不可欠であり，完全復帰に向けてあるいは復帰後も定期的な機能診断と異常があればその機能の修正を行っていく必要がある．

■文献
1) 菅谷啓之．上肢のスポーツ障害に対するリハビリテーション．関節外科．2010；29（4月増刊号）：148-58.
2) 菅谷啓之，鈴木 智．コンディショニングの概要 医学的診断・治療に有用なコンディショニング関連情報：上肢．臨床スポーツ医学．2011；28（臨時増刊号）：21-7.
3) 瀬戸口芳正，百済はつえ，山口尚子，他．アスリートの反復性肩関節脱臼に対する後療法および再発予防 スローイングアスリートの運動連鎖と前方不安定性．臨床スポーツ医学．2010；27：1359-68.
4) 菅谷啓之．トップレベルアスリートの野球肘 関節鏡視下手術．臨床スポーツ医学．2012；29：285-92.
5) 前田和彦，菅谷啓之．肘関節鏡視下手術の基本．Monthly Book Orthopaedics．2006；19：73-81.
6) 髙橋憲正，菅谷啓之．関節鏡手術のセッティング．金谷文則，編．Knack & Pitfalls 肘関節外科の要点と盲点．1版．東京：文光堂；2011．p.102-6.
7) 菅谷啓之．変形性関節症 鏡視下手術．In: 金谷文則，編．Knack & Pitfalls 肘関節外科の要点と盲点，1版．東京：文光堂；2011．p.259-61.
8) 菅谷啓之，髙橋憲正，仲島佑紀，他．スポーツ整形外科術後リハビリテーションプログラム第18回 上肢のスポーツ損傷 変形性肘関節症．臨床スポーツ医学．2012；29：327-36.
9) O'Driscoll SW. Arthroscopic treatment for osteoarthritis of the elbow. Orthop Clin North Am. 1995；26：691-706.
10) Ogilvie-Harris DJ, Gordon R, MacKay M. Arthroscopic treatment for posterior impingement in degenerative arthritis of the elbow. Arthroscopy. 1995；11：437-43.
11) Krishnan SG, Harkins DC, Pennington SD, et al. Arthroscopic ulnohumeral arthroplasty for degenerative arthritis of the elbow in patients under fifty years of age. J Shoulder Elbow Surg. 2007；16：443-8.
12) Kelly EW, Bryce R, Coghlan J, et al. Arthroscopic debridement without radial head excision of the osteoarthritic elbow. Arthroscopy. 2007；23：151-6.
13) Adams JE, Wolff LH 3rd, Merten SM, et al. Osteoarthritis of the elbow: results of arthroscopic osteophyte resection and capsulectomy. J Shoulder Elbow Surg. 2008；17：126-31.

［菅谷啓之］

### 6 肘のスポーツ障害

# 上腕骨外側上顆炎の病態と治療法

## 1 病態

　上腕骨外側上顆炎は一般的にはテニス肘と呼称される．テニスプレーヤーに発症する上腕骨外側上顆炎では手関節背屈時に負荷のかかるバックハンドストロークのインパクトの瞬間に肘外側部痛をきたす．スポーツ障害として発症する場合は若年層で発症することは少なく，筋肉の柔軟性の低下や短橈側手根伸筋起始部の変性も発症に関与している関係から中高年齢層に発症することが多い．上腕骨外側上顆炎の病態についてであるが，古くは1873年にRung Fによりはじめて定義されており，その後1964年にGoldieにより伸筋腱群の上腕骨外側上顆付着部における炎症性変化が主体となり発症することが述べられた．Nirschlは上腕骨外側上顆炎の病態について，上腕骨外側上顆における短橈側手根伸筋（ECRB）の血管線維性の慢性腱症であると定義しており，Nirschl法ではその部での異常な肉芽組織を切除，郭清する手術法を報告している．また滑膜ヒダや滑膜炎などの関節内病変の存在も指摘しているが，手術症例におけるその頻度をNirschl自身は5％程度と報告している．近年，enthesis（筋腱の骨付着部）の構造が詳細に検討され，上腕骨外側上顆炎はECRBの上腕骨起始部における腱付着部症（enthesopathy）と定義されている．肘外側部痛をきたす疾患の病態を関節外病変と関節内病変とに分けて考えると，関節内病変としては滑膜ヒダの存在や滑膜炎が注目されてきており，難治性の上腕骨外側上顆炎ではその関与が指摘されている．

## 2 診断

　上腕骨外側上顆炎の診断では圧痛部位が重要である．上腕骨外側上顆の圧痛以外に腕橈関節の圧痛，橈骨頭より末梢側での圧痛などをチェックすることにより橈骨神経管症候群を鑑別する必要がある．さらに理学所見としてThomsen test, middle finger extension testを行い診断する．また関節内病変の補助診断として前腕を回内しながら肘伸展ストレスを加えて腕橈関節後方に疼痛を誘発するfringe impingement testをチェックする．画像診断では単純X線以外にMRI（図6-87）と超音波検査（図6-88）を施行し，ECRB起始部の病変や関節内の滑膜ヒダの存在について確認を行う．

## 3 治療

### A 保存療法

　上腕骨外側上顆炎は一般的に保存療法が奏効する．非ステロイド性消炎鎮痛薬の内服，外用剤，理学療法，テニスエルボーバンドなどの装具療法，ステロイド注射などの保存療法を施行する．なかでも理学療法は特に重要である．前腕伸筋群のストレッチエクササイズを十分に行う（図6-89）．スポーツ障害時にはパフォーマンスの前後に十分なストレッチを行うが，スポーツ後に肘外側に熱

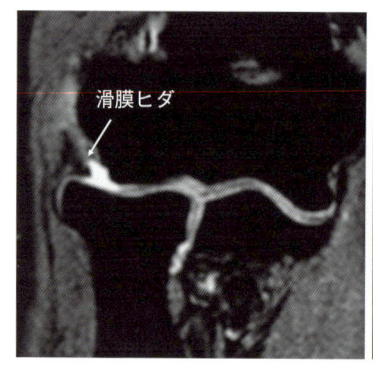

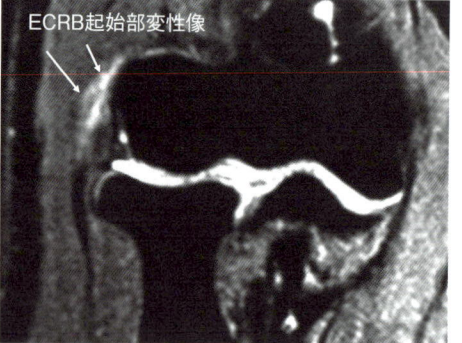

図 6-87 MRI 像

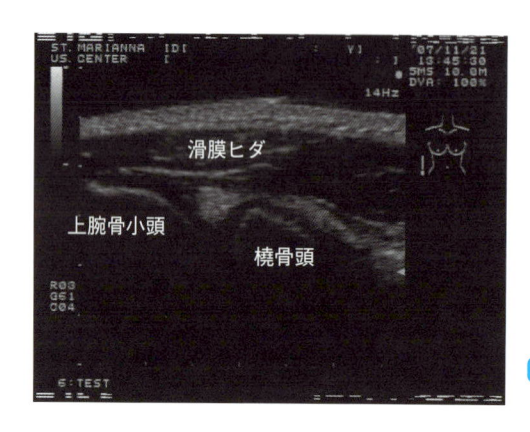

図 6-88 超音波検査

感をきたしている場合はアイスマッサージやクーリングを施行する（図 6-90）．ストレッチエクササイズにて伸筋群の柔軟性が得られた後，前腕伸筋群の筋力強化を施行する（図 6-91）．ステロイド注射は，非ステロイド性消炎鎮痛薬内服や外用剤の使用およびストレッチエクササイズなどの治療を施行しても疼痛が軽減しない場合に検討する．注射は圧痛部位に局注として行うが，3～6 週間の間隔で 4～5 回を限度とすべきである．

### B 手術適応

保存療法を 6 カ月以上施行しても症状が軽快しない場合で，日常生活上またはスポーツのパフォーマンス上で支障をきたしている症例を手術適応としている．

### C 手術方法

手術法は様々な方法がある．伸筋腱起始部の解離手術，伸筋筋膜切開術，伸筋腱の V-Y スライド法，伸筋腱共同腱起始部の単独解離ならびに解離と外側上顆ドリリング法などである．その他，代表的な手術法の Nirschl-Pettrone 法は ECRB 起始部の変性部を切除し，腱起始部に血行改善を目的として数カ所のドリル孔を開け，伸筋腱の切除端を隣接する伸筋腱に縫着する方法である．Bosworth や Boyd らにより報告された手術法では ECRB 起始部への処置に加え，関節内病変として synovial fringe（滑膜ヒダ）の切除や輪状靱帯の一部切除も追加するとしている．

近年，関節鏡視下手術が行われている．鏡視下手術は比較的侵襲が少ない手術法であり，関節内の病変に対する処置も低侵襲で可能である．従来の方法に比較して術後の外固定も不要でありス

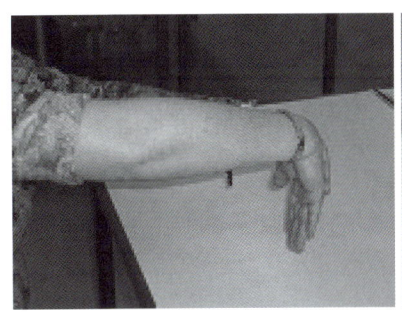

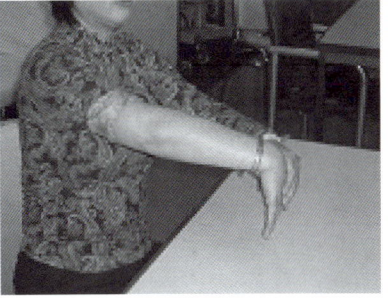

**図 6-89** 前腕伸筋群のストレッチ

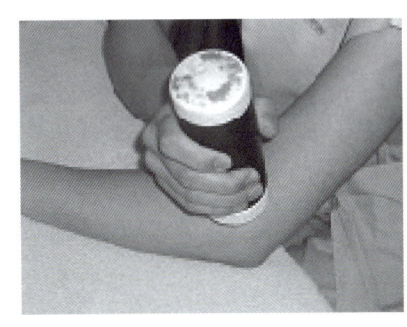

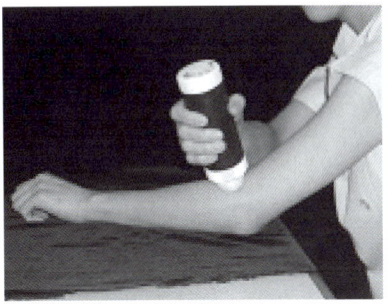

**図 6-90** 肘外側部のアイスマッサージ

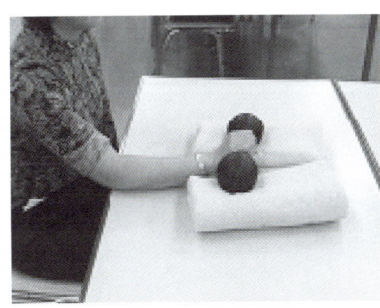

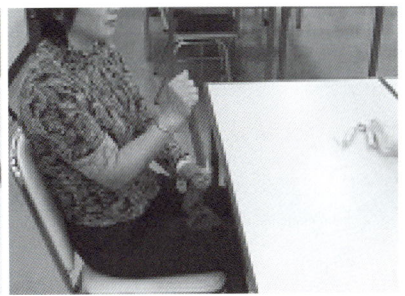

**図 6-91** 前腕伸筋群の筋力トレーニング

ポーツ復帰も比較的早期に可能なため，スポーツ障害での治療としては最もよい適応である．この鏡視下手術法について詳述する．

　麻酔は全身麻酔で行う．腹臥位または側臥位として行う．患肢をエルボーポジショナーで肘 90°屈曲位，前腕下垂位にセッティングする．ターニケットはスタンバイしておくが加圧することはほとんどない．モニターや器械類は患者の背中側に位置する（図 6-92）．関節鏡は 4.0 mm で 30°の斜視鏡を用いている．肘関節は肩関節や膝関節と異なり関節内は狭く，常に灌流液を満たし関節包を膨らませておく必要があるため流量や圧の調整が可能な持続灌流装置は必須である．灌流圧は関節内の出血などの状況により適宜 40〜80 mmHg に調節しながら行う．手術器具はシェーバーとradio-frequent device（RF）である．Soft spot から生食水を関節内に約 20 mL を注入し関節包を膨らませておいてから上腕骨内側上顆から 2 cm 中枢，1 cm 前方からカニューラを挿入し上腕内側ポータルを作成，肘内側から肘外側部の鏡視を行う．鏡視所見では外側関節包の断裂の有無，滑膜

I．上腕骨外側上顆炎の病態と治療法

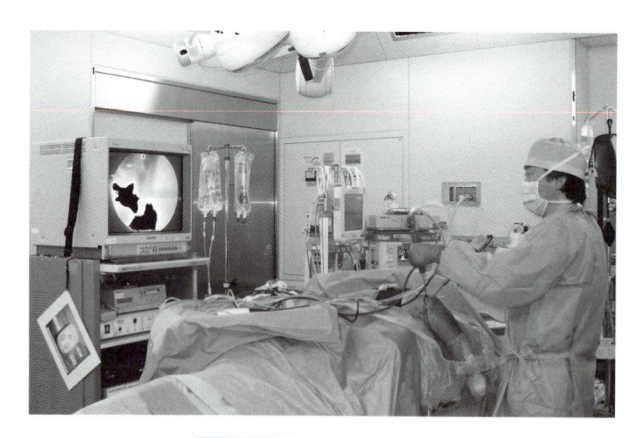

図 6-92 関節鏡視下手術

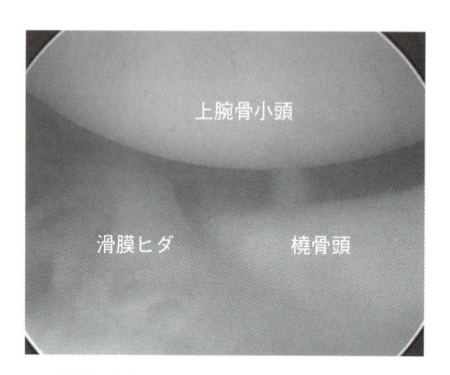

図 6-93 鏡視下手術の前方鏡視像

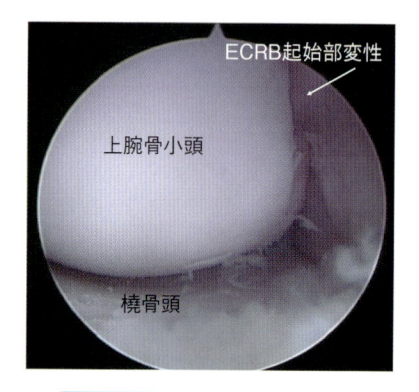

図 6-94 腕橈関節後方鏡視像

ヒダの有無，滑膜増生の有無の観察，橈骨頭の関節軟骨変性所見，輪状靱帯などの観察を行う（図6-93）．さらに鏡視しながらの fringe impingement test も必ずチェックする．Outside-in 法で前外側に操作ポータルを作成する．肘関節前方での処置は滑膜切除と腕橈関節の滑膜ヒダを切除し，さらに ECRB 起始部への処置を前外側ポータルより施行する．ECRB は肘 90° 屈曲位で橈骨軸より前方に位置するがその幅は約 10 mm 程度であり，幅は約 1.4 mm 程度である．腕橈関節レベルでは ECRB は腱成分が主体となるが，長橈側手根伸筋は筋成分が主体となるため切離の際に目安となる．橈骨軸より伸側の部位で切離を行うと外側側副靱帯損傷の可能性があるため注意を要する．また橈骨頭より末梢側では橈骨神経が走行するため ECRB への処置はなるべく橈骨頭より中枢側で施行する．関節前方の処置が終了したら後方の soft spot からの処置に移る．Soft spot には 2 カ所のポータルを作成し交互に鏡視と操作を入れ替えて滑膜および後方の滑膜ヒダ切除を施行するが，最初は滑膜増生のため鏡視が困難であるため丹念に滑膜切除を施行する．やがて後方の腕橈関節が鏡視可能となってくるが，肘を伸展しても滑膜ヒダが腕橈関節内に impinge されないのを確認されるまで十分滑膜切除を行う（図 6-94）．

## D 後療法

術後に特に外固定は施行しない．術後 3〜4 週間までは極力安静を保持するが，伸筋群のストレッチを中心に理学療法をなるべく術後早期に施行する．関節内の炎症が治まってから徐々に伸筋群や屈筋群の筋力強化を行っていく．手術に至る例は罹病期間が長い例も多いため筋力低下をきたして

いる例が多く，術後3カ月は理学療法に専念し，重労働やスポーツへの復帰は少なくとも術後3カ月以降とする．

■**文献**
1) Boyd HB, McLeod AC. Tennis elbow. J Bone Joint Surg Am. 1973; 55: 1183-7.
2) Bosworth DM. The role of the orbicular ligament in tennis elbow. J Bone Joint Surg. 1965; 37-A: 527-33.
3) Nirschl RP, Pettrone FA. Tennis elbow. The surgical treatment of lateral epicondylitis. J Bone Joint Surg Am. 1979; 61: 832-8.
4) Ando R, Arai T, Beppu M, et al. Anatomical study of arthroscopic surgery for lateral epicondylitis. Hand Surg. 2008; 13: 85-91.
5) 新井　猛, 別府諸兄, 大森みかよ, 他. 上腕骨外側上顆炎の後療法. Monthly Book Orthopaedics. 2008; 21: 93-6.
6) 新井　猛, 安藤　亮, 里見嘉昭, 他. 肘外側部痛症候群に対する関節鏡視下手術の治療経験. 日本手の外科学会雑誌. 2009; 25: 644-6.
7) 安藤　亮, 新井　猛, 別府諸兄. 肘関節鏡視に必要な解剖. 関節外科. 2008; 27: 40-5.
8) 新井　猛, 別府諸兄. 上腕骨外側上顆炎（テニス肘）に対する関節鏡. 関節外科. 2008; 27: 52-5.
9) 新井　猛, 別府諸兄. 上腕骨外側上顆炎（テニス肘）に対する肘関節鏡. 整形・災害外科. 2008; 51: 1561-6.
10) 新井　猛, 松下和彦, 清水弘之, 他. 上腕骨外側上顆炎の鏡視下手術のための解剖学的検討. 日本肘関節学会雑誌. 2006; 13: 81-2.

［新井　猛］

# 索引

## あ行

| | |
|---|---|
| アーケード | 17 |
| アーチ障害 | 84 |
| アスレティック | |
| 　リハビリテーション | 154, 165 |
| 伊藤法 | 251, 258 |
| インターナルインピンジメント | 56, 132 |
| インピンジメントテスト | 31 |
| ウエストポイント法 | 52 |
| 烏口鎖骨靱帯 | 193 |
| 烏口上腕靱帯 | 7 |
| 烏口突起 | 28 |
| 運動療法 | 178 |
| 運動連鎖 | 26, 82 |
| 腋窩神経 | 203 |
| 円回内筋 | 251 |
| 円錐靱帯 | 193 |
| お祈りテスト | 38 |
| 横走靱帯 | 14 |
| オーバーユース | 120, 145 |

## か行

| | |
|---|---|
| 外上顆炎 | 43 |
| 外側尺側側副靱帯 | 15 |
| 外側側副靱帯 | 14 |
| 外側側副靱帯損傷 | 43, 48 |
| 外側壁 | 222 |
| 過角形成 | 132 |
| 下肩甲横靱帯 | 205 |
| 片脚起立テスト | 124 |
| 片脚スクワッティングテスト | 34, 125 |
| 肩肩肘ライン | 128 |
| 肩関節後方不安定症 | 58 |
| 肩水平過伸展 | 128, 132 |
| 肩石灰性腱炎 | 171 |
| 滑車上肘筋 | 241 |
| 滑車上肘靱帯 | 241 |
| 滑車離断性骨軟骨炎 | 42 |
| 滑膜ひだ | 15, 234, 280 |
| 滑膜ひだ障害 | 112, 252 |

| | |
|---|---|
| 兼松らの分類 | 178 |
| 関節上腕靱帯 | 3 |
| 関節包 | 2, 13 |
| 機能的肘屈曲テスト | 243 |
| 弓状靱帯 | 237 |
| 競泳動作 | 145 |
| 胸郭出口症候群 | 202, 240, 257 |
| 棘下筋 | 5 |
| 棘下筋テスト | 150 |
| 棘下切痕部 | 204 |
| 棘上筋 | 4 |
| 近位橈尺関節 | 13 |
| 筋皮神経 | 18 |
| 肩甲下筋 | 4 |
| 肩甲胸郭関節機能障害 | 177, 271 |
| 肩甲骨機能不全 | 89 |
| 肩甲骨フォースカップル | 151 |
| 肩甲上神経 | 6, 204 |
| 肩甲上神経麻痺 | 29 |
| 肩甲上腕関節 | 1 |
| 肩甲切痕部 | 204 |
| 肩甲帯の柔軟性 | 178 |
| 肩甲背神経 | 206 |
| 肩鎖関節 | 28 |
| 肩鎖靱帯 | 193 |
| 腱板機能検査 | 149 |
| 腱板疎部 | 2, 28 |
| 腱板疎部損傷 | 74, 117 |
| 腱板損傷 | 147 |
| 腱板断裂 | 74, 116 |
| 腱板不全断裂 | 181, 188 |
| 腱付着部症 | 114, 279 |
| 肩峰下インピンジメント症候群 | 147 |
| 肩峰下滑液包炎 | 74 |
| 後外側回旋不安定症 | 15, 48 |
| 後斜走靱帯 | 14 |
| 後内側インピンジメント | 231 |
| 後方関節包拘縮 | 118 |
| 股関節可動域制限 | 85 |
| 股関節内旋可動域 | 34 |
| 股関節内転可動域 | 34 |
| 股関節内転筋力テスト | 38 |

| | |
|---|---|
| 骨棘形成 | 112, 273 |
| 骨棘切除術 | 236, 248 |
| 骨髄刺激法 | 236 |
| 骨性 Bankart 病変 | 77 |
| 骨端核障害 | 109 |
| 骨釘移植 | 216 |
| 骨軟骨障害 | 225 |
| 骨軟骨柱移植術 | 216, 220 |
| 骨盤入れ替えテスト | 38 |
| コンディショニング不良 | 120 |

## さ行

| | |
|---|---|
| 再灌流障害 | 242 |
| 支持動作 | 145 |
| 姿勢評価 | 160 |
| 尺側手根屈筋 | 251, 253 |
| 尺側手根屈筋腱膜 | 241 |
| 斜索 | 15 |
| 尺骨 | 10 |
| 尺骨鉤状結節 | 253 |
| 尺骨神経 | 22, 253 |
| 尺骨神経溝形成術 | 249 |
| 尺骨神経障害 | 43, 49, 114, 240, 252 |
| シャドーピッチング | 122 |
| 重複神経障害 | 242 |
| 小円筋 | 6 |
| 小円筋テスト | 150 |
| 上肩甲横靱帯 | 205 |
| 上方関節唇損傷 | 115 |
| 上腕骨 | 9 |
| 上腕骨外側上顆炎 | 47, 81, 168, 172, 279 |
| 上腕骨近位骨端線離開（損傷） | 74, 114, 145, 175 |
| 上腕骨小頭離断性骨軟骨炎 | 43, 49, 61, 79, 110, 207, 218, 252 |
| 上腕骨頭窩 | 4 |
| 上腕骨内側上顆炎 | 173 |
| 上腕三頭筋内側頭 | 241 |
| 上腕内旋テスト | 244 |
| 上腕内側筋間中隔切除術 | 247 |
| 上腕二頭筋長頭筋腱炎 | 74 |

索引　285

| | |
|---|---|
| 上腕二頭筋長頭腱 | 2 |
| 初期外転テスト | 29 |
| 神経剝離術 | 236 |
| 神経麻痺 | 201 |
| 新法 | 52 |
| 垂直跳び | 139 |
| 随伴病変 | 65 |
| 水平内転テスト | 33 |
| スクワッティング | 139 |
| スクワットテスト | 38 |
| ストライカー法 | 52 |
| 正拳テスト | 92 |
| 正中神経 | 18 |
| 石灰沈着性腱板炎 | 168 |
| 浅指屈筋 | 251 |
| 前斜走靭帯（線維） | 14, 251, 260 |
| 僧帽靭帯 | 193 |

### た行

| | |
|---|---|
| 体外衝撃波療法 | 168 |
| 体幹回旋テスト | 38 |
| 大結節骨折 | 77 |
| 代償性筋肉肥大 | 201 |
| 単純除圧法 | 246 |
| 肘頭窩インピンジメント | 44 |
| 肘頭後内側部の骨棘形成 | 273 |
| 肘頭骨端線離開 | 44, 231 |
| 肘頭障害 | 80 |
| 肘頭疲労骨折 | 112, 231, 234, 252 |
| 肘部管形成術 | 248 |
| 肘部管症候群 | 240 |
| 肘部管内圧 | 241 |
| 肘部管容積 | 241 |
| 超音波検査 | 69, 71 |
| 長胸神経 | 205 |
| 長胸神経麻痺 | 202 |
| 長掌筋腱 | 254 |
| 手投げ | 130 |
| テニス肘 | 81, 168, 279 |
| 投球障害 | 34, 82, 120 |
| 投球障害肩 | 175, 181 |
| 投球障害肘 | 68 |
| 投球動作 | 120, 145 |
| 投球フォーム | 120, 178 |
| 投球フォーム指導 | 134 |
| 橈骨 | 11 |
| 橈骨神経 | 19 |
| 橈骨頭の亜脱臼 | 223 |
| 疼痛誘発テスト | 158 |

### な行

| | |
|---|---|
| 内上顆炎 | 43 |
| 内上顆骨折 | 42 |
| 内上顆骨端線離開 | 42 |
| 内旋投げ | 131 |
| 内側上顆骨端核障害 | 109 |
| 内側上腕筋間中隔 | 241 |
| 内側側副靭帯 | 13, 251 |
| 内側側副靭帯弛緩 | 273 |
| 内側側副靭帯損傷 | 42, 47, 80 |
| 二重回旋運動 | 122 |
| 二重振り子運動 | 101 |

### は行・ま行

| | |
|---|---|
| 発育急進期 | 145 |
| バンザイ位 | 50 |
| 反復性肩関節脱臼 | 52, 54 |
| 皮下前方移行術 | 247 |
| 肘関節の後方障害 | 62 |
| 肘関節の骨化過程 | 59 |
| 肘関節の骨端核 | 60 |
| 肘下がり | 128 |
| 肘内側側副靭帯損傷 | 111 |
| 肘45°屈曲位正面像 | 60, 227 |
| 吻合 | 17 |
| 変形性肘関節症 | 63, 231, 270 |
| 方形靭帯 | 15 |
| 真下投げ | 142 |

### や行

| | |
|---|---|
| 野球肘内側型 | 266 |
| 野球肘内側支持機構障害 | 68 |
| 遊離体 | 252 |
| 翼状肩甲 | 205 |

### ら行

| | |
|---|---|
| リトルリーガーズショルダー | 50, 74, 114, 145, 175 |
| リュックサック麻痺 | 201 |
| 菱形靭帯 | 193 |
| 輪状靭帯 | 14 |

### わ行

| | |
|---|---|
| 腕尺関節 | 12 |
| 腕神経叢麻痺 | 201 |
| 腕橈関節 | 13 |

### A

| | |
|---|---|
| ABER 位 | 56, 185, 189 |
| active radiocapitellar compression test | 49 |
| ADIR 位 | 57 |
| Adson test | 202 |
| anterior apprehension test | 32 |

### B

| | |
|---|---|
| ball plane | 99 |
| Bankart 病変 | 77 |
| bare area | 2 |
| bare spot | 1 |
| bear-hug test | 30 |
| belly press test | 151 |
| Bennett 病変（骨棘） | 51, 75, 119, 204 |
| Bosworth 法 | 197 |

### C

| | |
|---|---|
| Cadenat 変法 | 198 |
| carrying angle | 13 |
| chair test | 47 |
| cock up 期 | 105 |
| combined abduction test（CAT） | 33, 148, 178, 272 |
| Crank test | 32 |
| cuff test | 30 |

### D

| | |
|---|---|
| deep pronator-flexor aponeurosis | 241 |
| Dewar 法 | 198 |
| double plane | 97 |
| dynamic Trendelenburg test | 34, 125 |

### E

| | |
|---|---|
| elbow extension test | 34 |
| elbow flexion test | 49, 243 |
| elbow plane | 99 |
| elbow push test | 34 |
| empty can test | 150 |
| enthesis | 279 |
| enthesopathy | 114, 279 |
| extracorporeal shock wave therapy（ESWT） | 168 |

## F

finger floor distance（FFD） 37
forearm flexion test 173
full can test 150

## G

glenoid notch 1
gravity ストレス撮影 261
growth spurt 期 177

## H

HAGL 病変 58
Hawkins-Kennedy impingement test 148
Hawkins test 31
heel buttock distance（HBD） 38
Hill-Sachs 病変 50, 54, 78
hook type 98, 105
horizontal flexion test（HFT） 34, 148, 178, 272
hyper-angulation 132
hyper external rotation test（HERT） 34

## I

IGHL 3
initial abduction test 29
interference screw 268
internal impingement 56, 132
International Cartilage Repair Society（ICRS） 208

## J

Janda 腹筋評価 38
Jobe's relocation test 184

## K

Keegan 型麻痺 26
Kenny Howard brace 197

## L

lateral pivot shift test 48
lift off test 30, 151
little leaguer's elbow 109, 225
little leaguer's shoulder 50, 74, 114, 145, 175

loose type 98, 105

## M

MGHL 3
middle finger（extension）test 47
milking（maneuver）test 47, 251, 227, 232
Morley test 202
mosaic plasty 220
moving valgus stress test 47, 251
MR アンギオグラフィ 202
muscle-splitting approach 264

## N

Neer test 31, 148
neuralgic amyotrophy 26
neurapraxia 202
Neviaser 変法 198

## O

O'Brien test 32, 148, 184
Osborne band 232, 241
Osborne 法 246
osteochondritis dissecans（OCD） 110
osteochondrosis 225

## P

Panner 病 207
pelvic mobility test 87, 88
Phemister 変法 197
piano key phenomenon 194
pie thrower type 98, 104
posterior jerk test 33
posterolateral rotatory drawer test 49
posterolateral rotatory instability 48

## Q

quadrilateral space 204
quadrilateral space syndrome 203

## R

relocation test 32
Rockwood の分類 195

## S

scapular dyskinesia 89
SEA（shoulder plane = elbow plane angle） 99
SGHL 3
shoulder internal rotation test 243
shoulder plane 99
SLAP 損傷 55, 75, 115, 147, 181
small King 法 248
Speed test 32, 184
stiff type 98, 104
straight leg raising（SLR） 37
Struthers' arcade 232, 241

## T

take back 期 105
tangential 像 60
THABER（total horizontal abduction & external rotation）concept 107, 125
Thomsen test 47
throwing plane 97, 132
Tinel sign 49, 243
TJ screw 265
total external rotation（TER） 97

## V

valgus stress test 47, 251
varus stress test 48

## W

Whipple test 30
Wright test 202
wrist flexion test 173

## Y・Z

Yergason test 32
0-position 128

| | | | |
|---|---|---|---|
| 肩と肘のスポーツ障害 | | | |
| 診断と治療のテクニック | | | ⓒ |

| | | |
|---|---|---|
| 発　行 | 2012 年 9 月 20 日　1 版 1 刷 | |
| | 2014 年 5 月 20 日　1 版 2 刷 | |
| 編集者 | 菅　谷　啓　之 | |
| 発行者 | 株式会社　中外医学社 | |
| | 代表取締役　青　木　　滋 | |

〒162-0805　東京都新宿区矢来町62
電　話　(03) 3268―2701 (代)
振替口座　　00190-1-98814番

印刷・製本／三報社印刷(株)　　　〈MM・HU〉
ISBN 978-4-498-07310-4　　　　Printed in Japan

JCOPY　＜(社)出版者著作権管理機構 委託出版物＞

本書の無断複写は著作権法上での例外を除き禁じられています．
複写される場合は，そのつど事前に，(社)出版者著作権管理機構
(電話 03-3513-6969，FAX 03-3513-6979，e-mail: info@jcopy.
or.jp) の許諾を得てください．